법학의
길을
새로
묻다

• 한국법학교수회 •

박영사

목 차

제3장 한국의 법학교육

제4장 한국의 법학연구

제 1 부 한국법학교수회 60주년 기념행사

개 회 사

한국법학교수회 회장을 맡고 있는 서울대학교 법학전문대학원 교수 조홍식, 인사드립니다. 한국법학교수회 창립 60주년을 기념하기 위하여 지난 1년간 저와 함께 오늘 행사를 준비하고 참석해 주신 모든 회원 여러분, 반갑습니다.

어느 시인은 "매미 울음소리가 왠지 녹슬었다고 생각될 때 가을은 온다."라고 하였는데, 끝날 것 같지 않았던 무더위도 이제는 슬슬 떠날 채비를 끝낸 듯합니다. 팽나무 열매가 갈색으로 익어가고, 냇물 소리가 귓가에서 차가워지며, 하늘을 올려다보는 시간이 많아지고 있으니 말입니다.

오늘 저희의 행사에 삼부(三府) 요인들께서 이렇게 참석해 주신 까닭에, 적어도 이 시간에는 저희가 심각하게 생각하는 문제가 그 무엇과도 비교할 수 없을 만큼 중요한 의제로 거듭났습니다. 말하자면 저희의 주장이 내빈 여러분의 참여로 '비교 불능'의 '가치'로 새롭게 '구성'된 것입니다.

존경하는 내외 귀빈 여러분!

올해는 법학 및 법률문화 발전에 중요한 역할을 해 온 저희 한국법학교수회가 설립된 지 60년이 되는 해입니다. 우리나라에서 60주년을 기념하는 전통은 매우 중요한 의미를 지녀왔습니다. '환갑'은 60년 주기의 끝을 맞이하는 동시에, 새로운 주기를 시작하는 시점으로, 말하자면 두 번째 생애의 출발을 의미합니다. 그래서 우리 조상들은 환갑을 맞이한 사람에게 경의를 표하고 큰 잔치를 열어 축하했습니다.

그러나 그럼에도 불구하고 저희는 뜻 깊은 기념식을 여는 이 순간, 마냥 웃는 낯으로 희희낙락(喜喜樂樂)할 수가 없습니다. 우리 법학 및 법학교육의 현실이 필설로 형용할 수 없을 정도로 심각한 위기에 처해 있기 때문입니다.

모든 문명사회의 법 교육기관은 일반적으로 세 가지 열망 사이에서 줄다리기를 하고 있습니다. ① 학문 공동체의 정식 구성원으로 수용되고자 하는 열망,

② 거리를 두면서도 여전히 참여해서 사회의 법·제도의 비평가이자 검열자가 되고자 하는 열망, ③ 숭고한 이상을 좇으면서 사회의 혼란을 낭만적이지 않게 정리함과 동시에, 수익성 있는 전문 직업을 위한 서비스 기관이 되고자 하는 열망이 그것입니다. 하지만 우리나라의 법학 교수들은 이런 열망을 떠올리기조차 어려운 힘든 나날을 보내고 있습니다.

기실, 지난 몇 십 년 동안 우리 사회에서 법의 중요성은 비약적으로 부각(浮刻)되어 왔습니다. 1985년 7백여 개였던 법률의 수는 40년이 지난 현재 1천6백여 개로 두 배 이상 증가했습니다. 이는 법체계의 복잡성이 증대한 것을 의미하기에, 법률가 역할은 그에 비례해 날로 중요해지고 있습니다. 2023년 등록 변호사 수는 3만4천여 명으로, 10년 전인 2012년(1만4천여 명) 대비 두 배 넘게 증가했습니다. 국세청이 집계한 2022년 국내 법률시장 규모는 약 8조2천억 원으로, 통계에 잡히지 않는 사내 변호사 시장을 제외하고도 2012년(3조6천여 억원) 대비 두 배 남짓 커졌습니다. 요컨대 로스쿨 도입 이후 변호사 수가 늘고, 법률시장도 그만큼 커졌습니다.

그러나 이와는 대조적으로, 법학은 "찬물 맞은 불티"처럼 쪼그라들어버렸습니다. 우리나라 전체 법학과 수는 2023년 117개로 2009년 209개에 비하여 반감(半減)하였고, 로스쿨이 설립되던 2008년 당시 만 명 이상이던 대학교 법학전공 입학정원은 2023년에는 3천 명 미만으로 급감하였습니다. 법학논문의 수와 법학 박사학위 취득자도 이와 마찬가지로 감소일로에 있습니다. 현재의 실무 중심 교육방식으로 인해 이러한 추세는 심화할 것입니다. 바야흐로 학문 후속세대 양성은 말할 것도 없고, 학부 법학교육은 존폐(存廢)의 기로에 서 있습니다.

로스쿨 법학교육도 심각한 위기에 처해 있습니다. 요컨대 로스쿨은 변호사시험("변시") 응시에 필요한 정보와 요령을 배우는 "변시학원"으로 전락하였습니다. 로스쿨 학생들은 변시 준비를 위해 무려 1만2천 개에 달하는 판례 암기에 치중하고 있고, 변시 합격률은 인위적으로 50%대에 고착되어 「기초법학 과목」은 말할 것도 없고 「변시 선택과목」조차 외면받고 있습니다. 법의 근본 문제와 기본 원리를 탐구하는 「기초법학」은 철저하게 외면되어 폐강되고 있으며, 그 사이에 기초법학 교수는 로스쿨 교수 788명 중 30명에 불과한 지경에 이르렀습니다. 새롭게 임용된 법철학 교수는 지난 10년 동안 한 사람에 불과합니다. 법학전문대학원의 교육이념, 즉 '복잡다기한 법적 분쟁을 전문적·창의적으로 해결할 수 있는 법조인 양성'은 공염불이 되었습니다. 로스쿨 교육에서 이론과 실무의 균형은 사라졌고, 우리 사회에 필요한 공적 가치에 대한 고민은 로스쿨 학생들에게는 불감당의 사치가 되었습니다. 공적 의무와 봉사가 오랫동안 법학교육의 주요한 덕목으로 자리매김했음에도 불구하고 말입니다.

그런데 우리를 둘러싼 세계의 정세는 어떻습니까? 세계화에 대한 반작용으로 지역간 관계를 강화하는 새로운 블록화가 가속되고 있고, 정치 양극화와 사회적 갈등으로 인하여 입헌민주주의에 대한 부담이 가중되고 있으며, 사법체제의 이상과 현실 사이에 심각한 틈새가 발생하여 법의 지배가 위기를 맞고 있습니다. 물적 환경 측면에서는, 기후변화와 정보혁명의 흐름 속에서 AI와 같은 교란적 혁신이 일상화되어 기존의 패러다임이 새로운 것으로 대체되고 있습니다. 수많은 미래학자가 "대전환(grand transition)"의 시대라고 말하는 지금, 미국, 독일, 중국, 심지어 인도와 브라질까지도 법학교육의 혁신과 일신을 말하고 있는 상황입니다. 법 자체와 마찬가지로, 법학은 전통을 유지하면서도 변화를 가능하게 하고, 과거의 관행과 법률에 대한 의존을 보호하는 동시에 개혁을 촉진할 수 있는 능력을 갖추고 있기 때문입니다. 안타깝게도 저희는 이런 변화가 요구하는 법률가를 키우기는커녕 법학의 지속가능성 자체를 걱정하는 실정입니다.

존경하는 내외 귀빈 여러분,

법의 지배는, 현대 문명사회의 정치 문법인 민주주의가 다수자의 독재로 흐르는 것을 제약할 수 있는 사실상 유일한 메커니즘입니다. 일찍이 플라톤은 주저 중 하나인 『법률』에서 '법'의 중요성을 이렇게 강조합니다. "법이 통치자들의 주인이고 통치자들은 법의 종인 곳에서 구원이 생긴다"라고 말입니다.

나아가, 그는 법학교육의 중요성을 이렇게 강조합니다. "모든 종류의 지식 중에서, 좋은 법에 대한 지식은 학습자에게 가장 큰 이익을 가져다줄 수 있다. 법학을 깊이 연구하는 것은 다른 모든 저술보다 우리의 판단을 올바르게 하고 국가를 안정시키는 데 더 큰 기여를 할 수 있다"라고 말입니다.

미국의 카도조 대법관이 말했듯이, "법의 목적은 논리가 아니라 정의"입니다. 법학은 정의로운 사회의 구성과 운영을 위해 필요한 근본 원리를 규명하는 학문입니다. 법학은 단지 법조인 자격시험을 위한 기술적 지식이 아니라 국가의 토대를 만들고 다지는 학문인 것입니다. 그래서 법학이 무너지면 우리 공동체의 가치와 약속이 파기되고, 법학이 무너지면 우리 사회의 정의 관념이 변화의 물결 속으로 빨려 들어갑니다. 대전환기일수록 법적 사고의 중요성이 강조되는 이유가 여기에 있습니다,

존경하는 내외 귀빈 여러분!

현재 우리 사회는 이념적 양극화가 심화하면서 대화와 타협이 설 자리를 잃게 되었습니다. 자신의 이해관계를 앞세운 나머지 자신과 다른 관점에 대해서는 눈감아버리는 일이 다반사입니다. 타인의 의견을 함부로 재단하고 왜곡하는 행위가 우리의 공론장을 질식시키고 있습니다. 그 결과, 절충과 균형을 구하는 호소는 극단적 고함에 의해 압도되고 있습니다.

이런 상황에서 우리 사회에 필요한 것은, 법학교육이 지속해서 강조해온 합리적 논증, 즉 증거와 논리로 반대 의견과 이의를 아우르며 설득하는 노력일 것입니다. 미국의 홈즈 대법관은 "사업가는 혼란 속에서 기회를 보지만, 법률가는 수많은 극적인 세부 사항에서 원칙을 본다"라고 하였습니다. 법적 논증은 상이(相異)한 관점들을 인정하면서 그 각 논거를 반성적으로 분석하고, 상충하는 관점을 형량하여 균형 잡힌 해결책을 제시하려 합니다. 이는 자신이 속한 집단의 이해관계를 넘어서 모든 사람의 관점에서 생각하는 태도, 그러니까 칸트가 그토록 강조했던 '이성의 공적인 사용'의 범례(範例)입니다. 법학이 소생(蘇生)해야 법이 살고, 법이 살아야 나라가 바로 섭니다.

존경하는 내외 귀빈 여러분!

저희는 이 자리에서 법학과 법학교육의 정상화를 위해 다음의 세 가지를 제안하고자 합니다.

첫째, 학부 법학교육이 강화되어야 합니다. 학부 법학교육은 법학 전공자에 대한 교육뿐 아니라 '시민을 위한 법 교육'이라는 측면에서 중요한 의의가 있습니다. '법의 지배'를 연구한 수많은 학자는 이구동성으로 이렇게 말합니다. '법의 지배'가 착근(着根)하기 위해서는 국민이 법적 사고양식(legal mind)을 널리 공유해야

한다고 말입니다. 법을 배운다는 것은, 지켜야 할 보편적 가치를 인식하고 세상의 변화를 읽어내서 법리와 제도로 번역하고, 차이점과 공통점을 식별하고 재구성함으로써 상충하는 이익을 조정하는 지적 역량을 키우는 것입니다. 우리 시민들이 법의 본성을 깨닫고 법적 사고양식을 공유한다면 '법의 지배'는 공고해질 것입니다. 그 중차대한 역할을 학부 법학교육이 담당해야 합니다.

둘째, 로스쿨 커리큘럼은 이론과 실무가 균형 잡힌 본연의 모습을 회복하고 대전환에 대응하는 교육수요를 반영해야 합니다. 이를 위한 커리큘럼 개선은 반드시 법제화되어야 합니다. 로스쿨 교과과정이 나름대로 정비되어 있지만, 학생들은 변시 과목 일변도로 학습하며 기초법학 과목은 물론 선택과목조차 외면하고 있습니다. 특히 피상적 지식보다는 법의 근본 원리를 탐구하는 기초법학은 학생들의 무관심 속에 고사하기 직전입니다. 로스쿨 커리큘럼이 정상화되어야만, 법학교육이 상정하는 법률가, 그러니까 실정법의 토대에 대한 깊은 이해를 바탕으로 사회 전반을 비판적으로 돌아보며, 융합적인 사고로 미래를 대비한 제도와 관행을 만들어 나가는 법률가를 양성할 수 있습니다.

셋째, 법학전문대학원이 본래의 도입 취지, 그러니까 "'시험을 통한 선발'이 아닌 '교육을 통한 양성'"에 맞게 운영되기 위해서는, ① 소정의 기준을 충족한 법과대학 모두에게 로스쿨 참여의 기회가 주어져야 하고("준칙주의"), ② 변호사 시험은 명실상부한 '자격시험'으로 변화해야 합니다("자격주의"). 이 두 가지는 로스쿨 법학교육이 정상화되고 법학연구가 발전하기 위해 반드시 갖춰져야 할 조건입니다. 법학전문대학원이 '변시학원'으로 전락하게 된 주된 원인은 그 설립취지에 반하는 낮은 변시 합격률에 있습니다. 낮은 합격률에 내몰린 학생들은, '넓고, 깊고, 멀리' 보는 법률가가 아니라 '좁고, 얕고, 가까이만' 보는 법기술자가 되고 맙니다. 이제는 '준칙주의'와 '자격주의'가 적극적으로 검토되어야 합니다.

존경하는 내외 귀빈 여러분!
저희는 오늘 이곳에서 한마음으로 펼치는 오늘의 연찬(研鑽)이 여러분 가슴 속에 다가가 공감을 산출하고, 여러분의 응원과 격려에 힘입어 현재 법학이 마주한 난관을 극복하고 새로운 시작으로 가는 전기(轉機)가 되기를 바라 마지않습니다. 법학교육이 정상화될 때, 우리 학생들은 잘하는 것뿐만 아니라 좋은 일을 할 기회를 포착할 것이고, 법을 만드는 데 참여할 기회도 없이 종종 그 무게만을 감당해야 하는 소외계층을 바라보게 될 것입니다. 우리 학생들은 법과 법률 직업을 비판하면서 동시에 강화할 것이고, 사회 문제를 해결하고 질서 있는 변화를 확보하며, 인류애를 계발(啓發)하고 인류의 복지를 향상시켜 나갈 것입니다. 법학교육을 정상화하지 못한다면 저희는 맡겨진 역할에 실패한 것입니다. 저희에게 부여된 소명에 헌신할 것을 약속하면서, 내외 귀빈 여러분께 전폭적이고 열렬한 연대와 성원을 간곡히 부탁드립니다.

감사합니다.

2024. 9. 6.
한국법학교수회 회장 趙弘植

기조강연

　　사단법인 한국법학교수회는 우리에게 상법 분야에서 큰 발자취를 남기신 최태영 선생님을 1964년 초대 회장으로 모신 이래 이제 회갑을 맞이하였으니 우선 축하의 말씀을 드립니다. 본회의 설립목적은 그대로 인용하자면, "회원의 학술활동을 증진시키고 법학교육의 발전, 법학계와 법조실무계의 협력 및 법률문화의 향상에 노력함으로써 우리나라 법치주의 창달과 국가 발전에 공헌을 도모하자는 것"이라고 되어 있습니다.

　　우선 우리 한국법학교수회의 현황을 파악하기 위하여 설립 목적을 잠시 뜯어봅시다. 저는 '회원의 학술활동을 증진시킨다'는 일반적 표현은 법학을 연구하는 분에게는 누구나 해당하는 말이어서 당연히 설립 목적에 포함되어 마땅하다고 보나, 회원의 전문 학술활동을 실천적으로 증진시키는 책무는 법학 전문분야의 각 학회들이 더 잘 맡아서 수행할 일이라고 생각합니다. 그러므로 한국법학교수회의 가장 중요한 임무는 설립목적이 말하는 바와 같이 법학교육의 발전, 즉 법학 교육현장의 개선에 더욱 힘써서 그 현장의 파수꾼 노릇을 하는 것이 가장 핵심이라고 생각합니다. 제가 1972년에 교수로 취임하고 보니 전국에서 사법고시에 합격한 법학 교수가 저 혼자였기 때문이었는지 같은 반에서 국가시험에 합격하여 빠짐없이 재조나 재야로 진출한 동료 선후배와 법학 교수 간의 소통이란 전혀 없었습니다. 아무튼 한국법학교수회의 설립 목적을 좀 더 법학 교육의 현장 지킴이 역할 등 구체적으로 분명히 하는 방향으로 정관을 개정하거나, 오늘 회의의 선언문에서라도 한국법학교수회의 정체성, 즉 자기네가 무엇을 하는 기관인지를 분명히 밝히면 좋겠습니다.

　　한국법학교수회 60주년기념회의는 법학의 한 시대를 마감하는 것을 계기로 법학의 과거를 점검하고 현재의 문제점을 드러내며, 미래를 대비하고자 법학자들이 함께 숙의하는 자리로 조홍식 현 회장이 기획위원회를 구성하여 1년 이상 광범위한 의견을 수렴한 바를 토대로 기획한 것으로 압니다.

최근 3회에 걸친 사전 학술대회를 통하여 문제의식과 여러 대안을 공유하신 것들을 정리해 보면 첫째, 법학 교육과 법치주의의 위기 극복, 둘째, 기초법학의 죽음에서 보듯 법학의 위기와 대안의 모색 그리고 셋째, 법학과 법치주의의 위기와 대응 방안이라고 요약하겠습니다. 문제점의 지적은 대체로 정확하다고 생각합니다. 이러한 문제점에 관하여서는 본회의에서 활발한 토론을 통하여 좋은 방안이 제시되리라고 믿습니다. 위기의 진단은 정확하더라도 다소 추상적인 면이 있으므로 제가 1990년대 말에 한국법학교수회장의 책임을 맡아본 소감을 정리하여 말씀드려 보겠습니다. 제가 드릴 말씀은 위기의식을 진단하여 장래에 어떻게 함께 잘 할 것인가를 모색해 본다는 취지에서 말씀드리는 것이지 우리 자신의 허물을 드러내자는 뜻은 결코 아닙니다.

첫째, 법학교수회를 인수하고 보니 이 단체의 존재 이유와 목적을 잘 모르는 것 같아서 충격을 받았습니다. 한국법학교수회가 당시 겨우 명맥을 이어가는 활동이란 주로 각 법학 분야의 학회들의 연구발표모임을 대행 내지 보조한다고나 할까, 각 학회들과 같이 협조하고 편의를 봐주는 것이 고작이었습니다. 법학교수회란 법과대학 강단에서 후학을 가르치는 선생님들의 모임이므로 법과대학 강단의 개선점, 학생과 교수의 올바른 관계설정, 수업방법이나 분위기의 개선, 교수들의 복지 문제, 법학교수들의 재교육, 교수의 기본적 행동기준 설정, 교수편람 제정, 무분별한 저작권 침해 방지와 자료 인용기준 설정 등 할 일이 많은데 법학교수회가 각 학회의 기본임무인 연구발표모임을 스스로 한다는 것은 소속교수들이 이 단체의 기본 목적과 성격조차 정확한 인식이 없다는 것을 의미합니다.

둘째, 한국법학교수회와 같은 동업자 단체는 회원인 교수들 간의 잦은 소통의 기회를 갖고 단결하여 한 목소리를 내는 것이 아주 중요합니다. 미국처럼 faculty union이 되어 오직 자기네 이익만 챙기는 노조적 성격은 곤란하지만, 한국법학교수회는 창립 후 자기네들끼리 1년에 한 번이라도 모인 일이 없습니다. 따라서 단결된 목표와 요구를 낸 일이 없습니다. 자주 모여서 학문 분야의 새로운 변화를 인식하고 그동안의 인간적 소통을 통하여 법학 교수들의 유대를 강화하고 축제모임을 갖는 것이 자연스러운데, 이러한 기회를 한 번도 안 가졌다는 것이 너무 이상했습니다. 독일의 Jahrestagung이나 미국의 법학 교수 단체가 여러 가지 유사한 행사를 힘써 기획하는 것을 예로 들 필요도 없습니다. 엄청난 토론을 거쳐서 매년 개최하기가 힘드니 앞으로 2년마다 한 번씩 한국법학자대회를 갖기로 어렵사리 결정했습니다. 마침내 준비에 참여한 분들의 모든 희생을 무릅쓰고 1998년 10월 22일 '헌정 50년과 법학 — 한국법의 과거·현재·미래'라는 주제로 제1회 한국법학자대회를 개최했습니다. 그러나 법학교수들의 호응이 미약하고 법원이나 법무부 등이 공동주최를 제안하는 바람에 2000년 10월에 열린 제2회 행사부터는 '한국법률가대회'로 명칭을 변경하여 한국법학교수회, 대법원, 헌법재판소, 법무부, 대한변호사협회 등 5개 기관이 공동으로 주관하는 것으로 변경되었습니다. 그 후 제가 국제형사재판소장으로서 몹시 바쁜 중에 기조연설을 하고자 어렵게 귀국해 보니 커다란 회의장 대강당에 판·검사, 변호사 및 법학 교수를 합쳐서 약 50인 미만이 자리를 채운 채 넓은 회의장이 텅텅 비어 있었습니다. 2007년 한국법학원육성법 시행 이후 한국법학원이 이 대회를 주관하고 대법원, 헌법재판소, 법무부, 대한변호사협회, 한국법학교수회 등이 주최하고 참여하는 큰 행사로 이어지고는 있으나, 이제는 실무법조인 중심으로 행사의 성격이 바뀐 상황입니다. 교수들의 인식 부족으로 자기네의 안방을 실무가에게 넘겨준 격이 되었습니다. 그런데 이것은 한국법학자대회의 본뜻을 모르는 조치라고 생각됩니다. 사실 세계 어느 곳에서도 사건을 위임받아 처리하는 변호사 집단이 사건에 대한 수사와 재판을 담당하는 판·검사 집단을 만나는 모임을 갖거나, 판사와 검사 그리고 변호사가 서로 연례행사를 핑계로 모여서 사교하는 경우는 없습니다. 모두들 법조윤리적으로 남에게 의심을 살만한 모임을 아예 하지 않기 때문입니다. 설사 법조인들의 투철한 윤리의식으로 아무 문제없는 모임을 갖더라도 사건 당사자와 일반국민이 사건처리의 공정성을 의심합니다. 결국 세계의 새로운 학문 동향을 알아내어 학계를 살찌게 선진화하고 판례 형성에 영향을 주는 것은 법학자들만이 할 일이지, 재조나 재야에서 활동하는 법조인들이 모두 같이 할 일은 아닙니다. 법학자들은 자기들끼리 모여서 부지런히 새로운 사회변화에 맞는 새로운 법리를 치열하게 연구·토론하고, 이를 발전시켜 실무에 자연스럽게 도움을 주는 것이, 내실 있는 기여의 방법이자 재조 법률가들의 독립성을 존중하는 일일 것입니다. 실무법률가들은 변호사 연수대회라든지, 법관이나 검사의 재교육 기회가 별도로 마련되어 있으므로 그들대로 따로 멋진 대회를 하면 됩니다. 사실 법관이나 검사가 한국법률가대회를 핑계로 참여한다고 해도 그들은 본질적으로 계급사회이므로 유용한 소통과 토론이 이루어지지도 않으므로 그들만의 재교육 프로그램 외에는 한국법률가대회에 모두 섞여서 참석하는 것은 부적절합니다. 선정된 제목에 관하여 토의하는 시간 외에는 자연히 재조, 재야 그리고 법학자들의 사교모임이 되고 마는데, 이러한 어울림이 국민의 의심을 촉발시키지 않는다면 이상하겠지요. 미국이나 영국의 법관이 친척을 포함, 아무도 안 만나는 바람에 얼마나 외로운 일상생활을 영위하는 직업인지 잘 아실 것입니다. 대법관의 방을 브로커가 여덟 번씩 드나들었다는 뉴스는 이제 전 세계가 다 알고 있습니다. 저는 외국여행 기회마다 누가 시키지 않더라도 우리 법조인의 우수성과 높은 윤리성 그리고 제2차 대전 후 독립한 나라 중에서 정치적 만난을 극복하고 사법부의 독립을 한국만큼 유지해온 나라가 없다는 점을 입이 아프게 말하다가 이제는 입을 다물어 버렸습니다.

셋째, 연구하여 논문을 쓰는 것이 본업인 교수들이 남의 글을 인용하는 기준도 없고, 무슨 종류의 잡지를 인용해야 하는지도 모르는 듯하여 너무 충격이었습니다. 저작권 보호상 남의 글을 한 번에 얼마나 길게 인용할 수 있는지를 모르는지 심지어는 남이 평생 연구한 결과를 모아 단행본으로 출간한 것을 저자 이름만 바꾸어 자기 책으로 출간하면서 출처를 밝혔으니 잘못이 없다는 변명을 하는 것을 보았습니다. 요컨대 남의 저작물을 인용하는 기준과 방법이 우리나라에서는 통일이 되지 않아서 한국법학교수회가 "논문작성 및 문헌인용에 관한 표준"이라는 책자를 2000년에 발간하여 전국의 법대에 보냈으나, 아무런 반응을 들은 일이 없습니다. 그 후로 일부 법대 또는 법학연구소에서 동일한 작업을 중복적으로 해서 법과대학에 배포했으나 역시 반응은 전무했습니다. 미국에서는 법학교수들이 인용기준과 방법을 만들어 전체적 합의가 이루어질 때까지 토론하여 확립하고 또 빈번한 개정을 하기도 합니다. 그리고 도서관 협회와 협력하여 남의 글을 3분의 1 이상 복사하지 않도록 제지하는 등 실천적·구체적 조치도 실시하고 있습니다. 한편, 서울대에서조차 제출된 심사용 학위논문을 보면 참고문헌으로 수험 잡지를 인용하는 경우가 많았습니다. 또한 교수 임용 내지 승진 심사를 하는 데 학문적 업적으로 자기 교과서를 제출하는 경우도 많이 보았습니다. 수험 잡지가 학문적 인용 자료로 쓰일 가치가 있을 리도 없고, 수강생의 편의를 위하여 상재한 강의

노트가 학문적 연구업적이 될 수 없는 것은 분명한데, 이를 타파하기 위해 엄청난 노력이 필요했던 것이 현실이었습니다.

넷째, 법학교수는 공채과정을 통하여 임명되면 초창기의 짧은 대학별 오리엔테이션 과정 외에는 정년퇴직할 때까지 재교육을 받는 일이 없는 특이한 직종입니다. 판·검사, 변호사와 비교해 보면 더욱 극명합니다. 세상이 급변하고 교수가 가르쳐야 할 지식이 빠르게 발전하고 변화하는데, 이를 새롭게 배우고 익히는 데 무관심합니다. 법학 교수 재교육 문제를 열심히 주장했으나, 역시 호응은 전무했습니다. 가능하면 한국법학교수회가 매년 주제를 정해서 교수들의 재교육 프로그램을 추진하기를 간절히 희망합니다.

다섯째, 교수로 임명되면 한국법학교수회는 그들의 교수 사회에서의 행동준칙을 담은 교수편람을 한 부씩 나누어 드려서 참고하도록 조치했습니다. 우선 남의 글을 인용할 때의 기준과 기본 예의, 논문에 표시되는 연구자의 표시방법, 캠퍼스에서 자주 발생하는 성희롱의 기준과 대처, 외부활동의 기준과 범위 및 우선순위, 교수방법과 강의안 준비 등 여러 가지 기초적 문제를 담은 편람을 작성하여 이를 전체 교수에게 배포하였으나, 지금껏 어느 교수가 문의를 했다거나 업데이트된 개정보완판이 나왔다는 소식을 들은 바 없습니다.

로스쿨을 도입하자는 논의는 전연 준비 없이 김영삼 정부 초기에 불쑥 정책담당자의 아이디어 발표가 효시가 되어 갑작스럽게 시작되었습니다. 법학계는 갑자기 퍽 혼란스러웠습니다. 저는 당시 하버드 로스쿨에서 강의를 하고 있었는데, 아무 준비도 없이 문교부 고위직을 비롯하여 경쟁적으로 들이닥치는 수많은 한국 시찰단을 한 학기 내내 맞이하느라 강의에 무척 지장을 받았습니다. 관광이 목적인지 사적 용무를 보는 것이 중요한지 경쟁적으로 들이닥쳐서 자녀가 하버드 로스쿨에 들어가는 방법 등 사적 용무만을 주로 문의했었습니다.

그 후 노무현 대통령은 사법개혁을 그의 선거공약으로 내세운 분이므로 당선되자마자 사법개혁추진대통령위원회(사개추위)를 구성했습니다. 저는 헤이그에서 국제형사재판소장의 일에 너무 바빠서 위원 위촉을 극력 사양했으나, 로스쿨 도입이라는 중요한 의제가 있으므로 대통령의 강권으로 한 달에 한 번씩 개인 비용으로 참석했습니다. 위원 구성은 당연직으로 내각의 10여 명 관계 장관들이 참석했으나 일체 관심이 없었고, 로스쿨 도입과 같은 중요한 문제에 관해 민간인

위원 중 미국 로스쿨에 경험이 있거나 정통한 분이 없어서 의미 있는 논의 자체가 이루어지기 어려웠습니다. 답답한 나머지 노대통령과 독대를 하면서 미국의 법률문화 발달의 이유와 로스쿨의 연혁, 현재 미국 사회에서 로스쿨의 역할과 기능 및 이를 가능하게 하기 위한 기업들과 동문들의 막대한 기부 등을 설명했습니다. 우리나라에서는 정부나 어느 기업이 어느 한 로스쿨에 막대한 후원자금을 지원하는 경우를 생각하기 어려우니, 정부가 당장 필요한대로 1조 원을 로스쿨 지원자금으로 확보할 수 있는지 물었습니다. 아울러 교수들의 의식이 바뀌어서 새로운 로스쿨에서는 강의 방법도 달라져야 하고 학문 후속세대 양성의 틀도 바뀌어야 마땅하다고 주장했습니다. 그래야지 다른 변화는 전혀 없이 간판만 바꿔 단다고 새로운 로스쿨이 탄생할 수는 없는 것 아니냐고 말씀드렸습니다. 노대통령은 자금조달은 본인이 앞장서서 궁리해 볼 테니 필요한 교수들의 의식전환 등은 송 교수가 한국법학교수회를 중심으로 맡아서 성공해 주기 바란다고 말씀하셨습니다. 저는 그 후 한국법학교수회를 중심으로 "로스쿨이 도입되면 민법의 경우 무엇을 어떻게 가르쳐야 할 것인가?"라는 식으로 법 분야별 시리즈 토론 준비회를 개최했습니다. 하지만 여기에 호응해서 참가한 분의 숫자는 말씀드리기 창피할 지경으로 아무런 반응이 없었습니다. 로스쿨이 도입되면 어떻게 소위 소크라틱 메소드를 도입해서 가르쳐야 하는가, 교실에서 일방적으로 떠먹여 주는 강의 방식 대신 다양한 토론방식을 어떻게 리드할 것인가, 이에 따른 시험문제 출제와 채점기준은 어떻게 변해야 하는가, 로스쿨을 도입하면 학문 후속세대 양성의 방법은 어떠해야 하는가와 같은 끝없는 문제제기가 줄기차게 이루어져도, 어느 교수도 관심을 보이는 분이 없었습니다. 지금도 마찬가지인 듯하여 안타깝습니다. 이것이 로스쿨이 당면한 가장 큰 현실입니다.

로스쿨 도입과 관련한 또 한 가지 문제로 당시 교수들에게 목이 터지게 강조했으나 아무도 관심이 없더니 요즈음 그 대가를 톡톡히 치르는 것이 있습니다. 로스쿨 도입이 결국 미국의 제도를 가져오는 것인데, 미국의 경우에는 매 7년마다 로스쿨을 평가하므로, 법조 실무자보다 교수님들이 적극적으로 참여하여 평가의 주도권을 잡지 않으면 곤란해질 것으로 예상되어 그에 대한 방법을 강구하도록 힘주어 말했지만 역시 듣는 분이 전무했습니다. 저는 NYU의 석좌교수로 있으면서 매 7년마다 로스쿨을 평가하는 팀을 맞이하여 NYU 로스쿨의 평가를 준비하고 이에 대응한 경험이 있었습니다. 퍽 힘든 과정이었습니다. 이런 경험을 토대로 일찍부터 교수의 평가주도권 문제를 강조하였으나 허공의 메아리였습니다. 지금 변호사회가 강한 권한을 갖고 로스쿨을 평가하면서 학문적 사정을 헤아리지 않은 채 대부분의 로스쿨을 박하게 평가하여, 여러분이 창피한 것은 둘째이고 학사행정에 지장이 많은 것으로 알고 있습니다.

마지막으로 한국법학교수회는 전 법학교수 1,600여 명이 단결해도 모자랄 텐데 모두들 일부를 쪼개는 명분을 세워서 새 간판을 들고 나갑니다. 로스쿨 교수와 법과대학 교수가 다른 단체를 구성할 만큼 성질, 기능, 목적 등에 있어 차이가 있나요? 한국법학교수회를 법을 가르치고 연구하는 학자들의 모임이라고 보면, 법학자들과 주변의 유사법학자들이 단일한 단체로 모여도 아무 지장이 없고 오히려 단결된 힘으로 공통의 이해관계를 더 잘 헤쳐 나갈 수 있다고 생각합니다. 법학교수들의 분열적 태도는 엄청난 자해를 초래했다고 할 수 있습니다.

이 같은 문제점들이 누적된 결과, 오늘날 법학 교육의 위기 상황은 통계로도 명백히 확인되고 있습니다. 법학전문대학원제도 시행 이후 법학전공 학생 숫자는 2023년 기준 19,672명으로 약 72%가 감소하였고, 법학 분야의 4년제 대학 전임교원은 2022년 기준 1,606명으로 15년 만에 100여 명이 줄어 전체 전임교원의 2.19% 수준으로 축소되는 등, 법학교육이 전반적으로 위축되었습니다. 또한 15년의 운영 결과 법학전문대학원 재정은 사립대가 평균 13% 감소하였고, 국공립대는 강원대, 서울대, 제주대, 충북대에서 약간 증가한 것을 제외하고는 평균 26%가 감소하는 등, 대학들도 저마다 현실적 난관에 부딪힌 실정입니다. 대학에서의 법학 교육에 대한 내실 있는 지원이 어느 때보다 필요한 시점입니다.

이러한 상황은 로스쿨제도의 표본으로 인식되는 미국과는 매우 대비되는 현상입니다. 미국은 법률가 수가 지난 20년간 약 30만 명이 증가하여 현재 약 133만 명에 달하고, 법률서비스 시장 규모도 지난 20년간 3배 가까이 성장하였습니다. 특히 미국의 주요 로펌들은 약 200개에 가까운 해외 사무소를 개설하고, 서울에는 한미 FTA에 따른 법률시장 개방 이후 2019년까지 18개의 사무소를 개설하는 등 국제무대로 눈을 돌리고 있습니다. 즉, 변호사 수를 제한하는 것이 아니라 반대로 경제규모에 맞게 법률시장 규모를 확대하고 해외무대를 향하여 공격적으로 진출함으로써 국가 경제에 이바지하는 양상입니다. 이에 반해 우리나라에서는 각자 이해득실을 따지고 법률가의 수를 제한하는 데 급급하여 법학 교육의 파행과 법학의 위기를 자초하였으니, 실로 안타까운 일이 아닐 수 없습니다. 이제라도 넓은 시야로 우리 수준에 맞는 법률시장 규모를 갖추고, 국제무대로 적극 진출해야 할 것입니다.

　마지막으로 두 가지 방향만 말씀드리고 제 말씀을 마치겠습니다. 우선 교수님들이 모두 미래를 향하여 관심을 가질 방향은 법조 직역의 국제화와 AI 대응성이라고 생각합니다.

　먼저, 오늘날 우리 법학의 국제성 내지 국제화는 과거와는 차원을 달리하는 중요한 과제입니다. 우리의 법학은 일제의 영향을 그동안 꾸준한 노력으로 어느만큼 극복하였고, 일본학계가 서구의 연구결과를 그대로 가져다가 일본인의 입맛에 맞게 번안한 것을 그대로 우리의 것으로 의지해 왔던 불가피한 시절이 있었습니다. 일본학자의 저서를 번역하여 최초에는 역(譯)으로 출간하다가 조금 지나면 슬쩍 편역(編譯)으로 바뀌었고 기회가 되면 뻔뻔하게 저(著)라고 하는 기막힌 진화과정을 겪었습니다. 어느 분은 일본 또는 독일의 교과서를 그대로 번역하여 자기 저서로 삼는 교수도 있습니다. 그러나 현재 법학 교수 여러분은 일제 강점기에 교육을 받으신 선배들과 달리 일본어 대신 영어나 유럽어를 하시기 때문에, 이제는 서양의 원전을 일본 사람보다 먼저 또는 동시에 접하여 우리에게 필요한 정보를 취득 또는 각색할 수 있습니다. 법학 교수 여러분은 이러한 국제적 학문의 발전과 새로운 동향을 가장 먼저 접하여 연구하면서 법조실무계에 그들이 필요로 하는 지식을 공급하시는 것은 물론 어느만큼의 자극도 주실 수 있는 입장에 있습니다. 이것은 법학자만이 할 수 있는 황금역할인데 이를 왜 방기하시는지 이해하기가 어렵습니다. 다 아시다시피 지금 세계는 우리가 사는 환경이 급변하기 때문에 이를 규제하거나 여기에 적용되는 법리가 엄청난 속도로 변화·발전하고 있습니다. 기후변화, ICC의 창립으로 인한 국제형사법의 발전, 윤리·도덕 기준의 변경, 우크라이나와 중동전쟁으로 인한 국제법의 새로운 형성과 같이, 이전에는 생각하지 못했던 법적인 쟁점들이 날마다 등장하고 관련 법리가 새로 생성되고 있습니다. 이러한 국제적인 새로운 환경에 빠르게 대응하면서도 그 근간이 되는 기본적 이념과 법리에 맞게 한국의 방향을 제시하는 것이 바로 법학자의 중요한 역할입니다. 또 한 가지 법학 연구의 국제화를 위하여 말씀드릴 것은 국내에서 법률문제를 다루더라도 국내의 학설과 대법원의 판례에만 의존할 것이 아니라, 앞으로는 2015년 유엔에서 마련한 SDG 17개, 그중에서도 특히 SDG 16이 내포하는 가치기준을 우리의 입법이나 법률 조문의 해석하는데 어떤 의미나 영향이 있는지 늘 같이 검토하는 습관을 들이셔야 앞으로 법학의 국제화가 진전됩니다.

또한 한국은 세계적으로 선진국으로 분류되었지만 우리들은 아직도 후진국의 의식에 그대로 머물러 있습니다. 상대방 국가들이 우리를 우러러보면서 우리로부터 배울 기대를 갖고 있음에도 불구하고, 우리의 의식구조와 행태는 그들이 기대하는 만큼 상향되지 못하고 있습니다. 한국으로부터 배우려고 하는 사람들을 위해서는 우선 남북한도 구별 못하는 상황을 바로잡아주기 위하여 우리의 분단의 역사를 포함한 자랑스러운 역사와 문화를 잘 정리하여 간단히 준비하고, 한국의 법제도 전반을 요약함과 아울러 자기가 다루는 직무에 관한 경험과 현실을 요령 있게 서술하여 그들과 주고받아야 합니다. 그들이 묻거나 제공하는 것에 관하여는 격조 높은 상호토론을 리드하여 확인함이 꼭 필요합니다. 외국을 방문하면서 막연히 자료를 요구하고는 관광에만 주로 관심이 있는 분들이 아직도 많이 있습니다. 제가 국제형사재판소장을 할 때도 만나자는 요구는 엄청나게 많아도 막상 만나서는 할 말이 없거나 개인적인 질문을 하여 시간을 낭비하고는 비싼 선물을 강제로 떠맡기고 지키지 못할 약속을 하고 떠나는 수많은 후진국의 관리와 교수들을 보고 저는 우리의 현실을 보는 듯 씁쓸한 기분이 들었습니다. 고급선물은 일정한 가치가 넘으면 신고하는 절차가 복잡하니 차라리 안 받는 것이 더 낫습니다. 통역도 현지 대사관의 말단 젊은 외교관을 데리고 오니 의사소통이 어렵습니다. 그런데 가끔 방문하시는 한국 학자들이 준비를 철저히 해오시고 태도가 당당한 것이 좋아 보였습니다. 법조인이 모두 뛰어난 인재임에 틀림없지만, 조금 더 국제적인 안목을 구비한 선진국인의 입장에서 우리를 만나는 상대방의 기대를 만족스럽게 채워 줄 만큼 준비를 철저히 해야 합니다.

또 한 가지는 AI 대응성입니다. 지금 과학기술 환경이 너무 빨리 변하므로, 법학이 따라갈 수가 없습니다. 날마다 조금씩 기술개선이 이루어지는데 그때마다 지적재산권적 보호조치를 취하기가 어렵기도 합니다. 지금 Naver만 가보셔도 AI 전쟁의 격전지이고, 우선 세계 최초로 110대의 AI 로봇이 근무하는 Humanoid 복합생태건물임을 알 수 있습니다. 즉, 인간과 로봇이 공생하여 수평적 상호작용을 통하여 새로운 미래문명을 위한 협력적 시너지 창출을 목적으로 한 실험적 digital twin 업무공간입니다. 세계는 바야흐로 치열한 AI 전쟁 중인데 우리 법조인은 가만히 있어서 되겠습니까. 지금의 AI는 단순한 과학기술적 용어를 넘어서 Digital, Smart를 잇는 과학기술문명의 총칭입니다. 현재 이것은 국가 차원의 패권 전쟁의 핵심이기도 하기에, 중국과 미국의 치열한 대립으로 신제국주의적 양상마저 띠고 있습니다. 이제 장차 30여 년 동안 인공지능으로 대변되는 새로운 AI 문명 속에 세계가 기술경쟁체제로 재편되어 가고 있습니다. 이는 단순한 AI 솔루션 차원을 넘어, 반도체와 로봇, 빅데이터, 클라우드, IoT, 메타버스 등이 유기적으로 결합되어 탄생하는 거대한 미래문명의 치열한 헤게모니 싸움이 되고 맙니다. 미래 AI 주권은 데이터의 양이 절대적으로 좌우하므로, 새로운 정보지식이 어떤 언어로 생성되느냐에 따라 종속적 정보식민지의 길로 갑니다. 우리는 다행하게도 미국의 데이터 우산 속에 들어가 있지 않는 드문 나라이고, 자유진영에서는 유일합니다. 또한 이를 위해 필요한 전력, 데이터센터, 인프라, 소프트웨어 등 6−7개 영역이 모두 갖추어진 국가가 한국입니다. 어렵게 일군 우리 조국이 세계 3차 대전인 AI 전쟁에서 맥없이 무너지지 않도록, 법조인이 할 일이 많습니다. 법조인들은 만일 Naver가 제3극(極) 플랫폼 서비스기업이 되었을 때, 즉 미국, 중국의 2극을 제외한 모든 나라에 대해 자립형 AI 생태계 구축을 위한 플랫폼 서비스를 할 수 있도록 준비하는 것입니다.

특히 법률, 금융, 교육 분야는 소위 AI의 '먹잇감'이라고 자타가 인정하고 있습니다. Naver도 Sovereign AI(Sovereign Cloud)를 세계적으로 먼저 개발하여 전반적인 우리 생태계에 사용되도록 불철주야 연구를 계속하고 있습니다. 요컨대, Sovereign Cloud를 이용한 비즈니스 연구개발, 제조, 교육, 공공, 국방, 법률, 문화 등 활용범위가 무한히 넓으므로, 법률분야도 역시 이에 대응하는 연구팀이 필요합니다. 아직은 미국 편향적 거대 AI가 중심이지만, 자국의 문화와 가치, 즉 국가정체성, 역사성, 미래성, 핵심가치와 한국인이 공통적으로 받아들이는 윤리가치관을 정립하여 AI에 집어넣는 작업은 우리의 주권을 보호하기 위하여 무엇보다도 긴요한 일이라고 생각합니다. 특히 법학자와 법률가들은 지금까지 해왔던 많은 연구 기타 작업이 AI에게 잠식되어 일거리를 잃게 된다고만 알고 있습니다. 그러나 반대로 법학자와 법률가들이 앞장서서 다른 분야의 전문가들과 협동하여

Sovereign Cloud에 우리나라 고유의 가치를 불어넣는 중요한 작업을 할 수 있고, 어렵게 개발한 우리의 권리를 보호하는 방법을 연구해낼 수 있습니다. 그 외에도 AI와 관련해 법학자들이 연구할 소재는 무궁무진합니다. 예컨대, 자율주행 자동차의 규제를 위한 새로운 연구를 통해 법조인의 새로운 일거리를 창출할 수도 있고, 이미 일부 연구가 진행되고 있습니다. 다양한 분야에서 로봇의 활용도가 높아지는 만큼, 로봇에 들어가는 비싼 laser scanner를 카메라 사진으로 대체하여 싸게 대량 보급함으로써 건물 내에서 수많은 업무를 수행할 수 있게 된 일상 속의 AI나 AI 환경에 대한 연구 역시 우리 법학계의 큰 도전이라고 할 수 있습니다. 마찬가지로 건물 외부에서조차 또한 값싸고 빠르고 정확한 3D modelling 방식을 사용하여 도시설계 시, 영화 촬영 시, 부동산 매매 서비스 시, 또는 자율주행 시 등에 활용할 수 있으므로, 앞으로 지적도, 각종 대장, 등기부에 의존하지 않고 거래를 할 수 있게 될 때 과연 개인의 재산권을 다루는 법학자들은 무엇을 어떻게 대응할 것인가 생각해 내야 합니다. 지금 든 예는 민간 부문에서 AI의 사용 문제를 말한 것이고 곧 한국이 소집하는 REAIM(Responsile AI in the Military Domain) 회의에서는 AI를 군사 분야에서 활용하는 방안을 논합니다. 법학자들은 새로운 기술에 대응하는 규범을 형성하는 일뿐 아니라, 이러한 기술적 발전을 뒷받침하는 핵심가치와 가치관을 형성하는 데 있어서도 중요한 역할을 수행해야 할 것입니다. 요컨대 국제성과 AI 대응성이라는 새로운 방향은, 우리 법학 연구와 교육에 있어 관점의 대전환을 요구하는 큰 과제를 던져주고 있는 것입니다.

저는 저의 경험을 통해서 법학교수 여러분의 각성과 단결 그리고 새로운 변화와 변화하는 패러다임 속에서 으뜸가는 학문의 첨병이 되시기를 간절히 바라면서 제 말을 끝마치겠습니다.

서울법대 명예교수, 전 한국법학교수회장 송상현

한국법학교수회 60주년 선언문

하나.

법학은 인류의 유원한 학문사에서 각별한 지위에 있다. 근대 학문의 발전을 추동한 대학 교육의 중심에는 법학이 있었다. 이것은 법학이 사회의 정의로운 운영을 위해 필수적인 법의 원리와 작동을 규명하는 학문이기 때문이다. 100여 년 전 서구의 법체계를 받아들인 우리는, 우리 현실에 적합한 법학의 모습을 끊임없이 고민해 왔다. 그 결과 우리 법학은 지금의 수준을 성취하게 되었다.

그러나 다른 한편, 법학을 단지 법조인 자격시험을 위한 기술적 지식으로 여기는 세간의 깊은 오해도 존재한다. 이러한 인식은 법학전문대학원 체제의 출범 이후 더욱 커져 왔다. 그와 동시에 학문 체계의 일원으로서 법학이 온당히 누려야 할 지위도 흔들리고 있다. 여러 법학과들이 폐지됨에 따라, 법학전공 학생과 교원의 수가 급감했고, 그에 따라 법학논문의 수도 줄었다. 이것은 개별 법학 분과를 초월한 전반적인 현상이지만, 법의 근본문제와 배후원리를 탐구하는 기초법학의 두드러진 퇴조는 특히 뼈아픈 징후가 아닐 수 없다.

법학의 환경은 이처럼 빠르게 악화되었으나, 우리 사회의 대응은 부진하다. 우리는 이 상황을 '법학의 위기'로 규정해 경각심을 촉구했으나, 상황은 나아지지 않았고, 오히려 갈수록 열악해지고 있다. 이제는 '위기'라는 말로도 충분하지 않다. 지금, 우리는 실로 법학의 삶과 죽음이 갈리는 시간을 맞이하고 있기 때문이다. 더 이상 막연한 기대로 미래를 낙관하기 어려운 상황이다.

이에 우리는, 오늘 이곳에서, 법학의 사명을 함께 되새기고, 법학이 미래를 희망하기 위해 지금 무엇이 필요한지를 힘주어 말하려 한다.

둘.

우리는 법학이 추구하는 목표를 다음과 같이 확인한다.

첫째, 법학은 민주주의와 법치주의의 실현에 복무한다. 우리 사회는 자유롭고 평등한 법적 인격체들의 결사체로서, 자의와 폭력이 아닌, 정당한 법의 지배를 추구한다. 이를 추진하는 법학은 민주적 법치국가의 이념을 실천하는 수단이다.

둘째, 법학은 정의의 실현에 헌신한다. 법학은 권리와 의무를 명확히 하고, 이를 보장함으로써 사회를 정의롭게 만든다. 이해관계를 공정하게 조정하고, 갈등을 해결하며, 권력과 강자의 횡포를 방지해 약자를 보호하는 것은 법학의 중차대한 과제이다.

셋째, 법학은 비판정신을 구현한다. 법학은 법이념과 법원리에 입각해 현행법에 대한 비판의 근거를 제공하고, 이로써 사회 전반에 대한 비판적 성찰을 돕는다.

넷째, 법학은 이론과 실무의 균형을 추구한다. 실무 없는 이론은 자족적이기 쉽고, 이론 없는 실무는 맹목적이기 쉽다. 양자를 통합적으로 사고하지 못하는 법학은 주어진 문제를 충분히 해결할 수 없다. 법학전문대학원 설립 이후 실무교육의 비중이 늘었지만, 실무적 역량은 충분한 이론적 토대 위에서 꽃피울 수 있다.

다섯째, 법학은 자신의 이념과 원리를 다음 세대에 전수하는 교육을 필요로 한다. 이 교육은, 학문 연구에 매진할 '법학자', 분쟁의 실무적 해결에 기여할 '법조인', 법적 소양을 갖춘 '민주시민'을 포괄적으로 양성하는 전문적 과정이다. 특히 학문 후속 세대의 양성은 법학의 지속과 발전을 위한 주춧돌이다.

여섯째, 법학교육은 문제의 새로움을 포착하는 '분별력'과 새로운 문제를 해결하는 '추론력'을 함양하는 과정이다. 사회와 법의 구조적 변동은 늘 새로운 법적 문제를 수반한다. 법학교육의 성공 여부는, 이 문제를 효과적으로 해결할 법학자와 법조인, 그리고 민주시민을 올곧게 양성할 수 있는가에 달려 있다. 이 문제를 해결하는 데 필요한 법적 추론력은 법의 원리를 충실히 이해하는 데에서 출발한다. 법적 지식은, 반복된 주입이 아니라, 법의 원리에 기초한 추론의 결과로서 습득되어야 한다.

셋.

우리는 법학이 당면한 난관을 넘어서기 위해 다음 사항을 심도 있게 논의해야 한다는 데 공감한다.

첫째, 법학의 지속과 발전을 위한 사회적 차원의 논의가 있어야 한다. 법학의 위기는 현행 법학전문대학원이나 변호사시험 같은 제도의 문제로 초래되었고, 법학의 쇠퇴는 법학이 수행해 온 기능을 해쳐 사회에 악영향을 끼친다. 이 상황을 단지 법학자들의 문제로만 볼 수 없는 이유가 여기에 있다.

둘째, 기초법학을 위한 특별한 관심이 요구된다. 실무나 자격시험에서 즉각적인 효용을 발휘하기 어렵다는 구조적 특성으로 인해, 우리는 기초법학의 중요성을 간과하기 쉽다. 그러나 기초법학의 뒷받침이 없는 법학의 발전이란 주춧돌 없이 집을 짓는 일과 같다. 기초법학의 발전을 위한 제도적 대책이 조속히 마련되어야 한다.

셋째, 법학전문대학원 교육과정은 교육을 통한 법조인 양성이라는 본연의 목표에 맞게 재검토되어야 한다. 변호사시험 과목에 해당하는지 여부에 관계없이, 모든 법학 분과는 각각의 사회적 기능과 교육적 필요성을 가진다. 우리가 원하는 '다양한 법 분야의 전문가'를 양성하는 힘은 '다양한 법 분야의 교육'에서 찾아야 한다. 법학전문대학원의 존재 이유가 여기에 있다.

넷째, 학부 법학의 중요성이 재조명되어야 한다. 법학전문대학원 체제 이후 학부 법학의 지위는 계속 약화되어 왔다. 그러나 법학교육의 공급이 큰 폭으로 축소된 현재, 학부 법학의 독자적 가치는 더욱 커지고 있다. 특히 학부 법학은 법적 소양을 갖춘 민주시민의 양성을 위해 중추적인 역할을 수행한다. 이 역할은 우리 법치주의의 발전을 위한 소중한 자원이다.

다섯째, 변호사시험은 법조인으로서 갖추어야 할 지식과 능력을 가늠하는 수단일 뿐만 아니라 법학교육에도 큰 영향을 미친다. 법학교육의 목표를 실현하는 데 변호사시험의 역할이 중요한 것은 이 때문이다. 변호사시험 제도는 법학교육의 목표를 반영한 것이어야 한다. 합격률을 포함하여, 기존 시험제도가 법학교육의 목표에 부합하는지를 면밀히 평가하고, 미흡한 부분이 있다면 과감히 개혁해야 한다.

넷.

우리는 오늘 이곳에서 울려 퍼진 이 선언이 법학의 새로운 희망과 도약을 위한 의미 있는 계기가 될 것이라고 믿는다. 법학의 미래는 지금 우리가 무엇을 하느냐에 달려 있다. 우리는 법학이 앞으로도 여전히 자신의 학문적 역할을 충실히 이행하기를 기대한다. 이를 위해 우리 모두는 온 힘을 다해 최선을 다할 것이다.

2024. 9. 6.

한국법학교수회

제 2 부   한국법학교수회 60주년 기념학술대회

제 1 장 법학의 길을 새로 묻다

법학의 길을 새로 묻다

김 현 철*

1.

올해는 한국법학교수회가 창립된 지 60주년이 되는 해이다. 60이라는 숫자가 동아시아에서는 한 인생의 주기를 상징하는 의미를 가지고 있다는 점을 생각하면, 한국법학교수회 60주년은 법학의 한 시대를 마감하는 상징적인 시간이다. 그러나 한 시대가 마감한다는 것은 영원히 그 시대가 저무는 것을 의미하는 것이 아니다. 오히려 그 시대를 이어서 다시 새로운 시대가 시작될 것이라는 희망을 함축한다고 할 수 있다. 시간은 쉼 없이 흐르기 때문에, 어느 시대의 마감과 새로운 시대의 시작이라는 화두는 과학의 문제라기보다 정신과 문화의 문제이며, 과거를 반성하고 미래의 과업을 조망하는 규범적 성찰의 사건일 것이다.

길이란 무엇인가? 사전적으로는 길이란 사람들이 특정한 공간을 지속적으로 오고 가는 결과로 생긴 통로이지만, '길이 있다는 것'은 일응 그 장소로 이동하라는 규범적 기대가 사람들 사이에 관행으로 존재한다는 것을 뜻한다. 이를 시간에 관한 비유로 사용한다면, 한국에서 법학이 형성되고 전개되고 지속되었던 시간을 '법학의 길'이라고 할 수 있다. 한국법학교수회 60주년은 이런 '법학의 길'을 걷는 여정 중에 잠깐 이동을 멈추고, 법학의 과거를 점검하고, 현재의 문제를 드러내며, 미래를 대비하기 위한 성찰의 시간이라고 할 수 있다. 그러므로 한국법학교수회 60주년을 맞아 개최되는 오늘의 심포지움은 일회적인 사건이 아니라, 법학자들의 집단지성이 어우러져 '법학의 길을 새로 묻는' 숙의의 시간으로 자리매김할 수 있다. 즉 이는 과거와 현재에 대한 냉정한 점검을 통한 기록의 시간이면서 동시에 새로운 대안을 같이 고민하고 공유하는 희망의 시간이 될 것이다.

---

* 이화여자대학교 법학전문대학원 교수.

2.

한국법학교수회가 창립된 1964년은 한국의 법과 법학에서 그 이전과 그 이후를 구분할 수 있는 일종의 시간적 교차로라는 함의를 가지고 있다. 우선 해방 이후 독자적인 법체계를 수립하고자 하는 고민이 오랜 시간 무르익어 이즈음에 비로소 완성되었다. 1960년에 민법과 민사소송법이 시행되었고 1963년에 상법이 시행되어, 1964년에는 주요 법률이 대부분 정비되었다. 법학자들도 일제 강점기에 일본을 통해 법학을 배웠던 것에 비해, 미국, 독일, 프랑스 등에 유학하여 직접 법학을 배운 학자들이 대거 귀국한 것도 이즈음의 일이었다. 즉 법체계와 법학연구의 기반이 마련되었던 시절 한국법학교수회가 창립되었던 것이다.

1971년 한국법학교수회는 창립된 지 7년이 지난 시점에서 「韓國의 法學敎育-오늘과 내일」이라는 책을 편찬한 바 있다. 이 책이 발간되기 전에, 한국의 법학교육에 대한 체계적 저술은 한국인이 아니라 외국인 학자였던 머피 교수에 의해 1967년에 처음 이루어졌다.[1] 이후 본격적으로 우리나라에서 법학교육을 어떻게 해야 할 것인가에 대한 모색이 이루어지게 되었고, 그 결과가 위의 한국법학교수회가 편찬한 책이다.

당시 한국법학교수회 회장이었던 서돈각은 이 책의 서론에서 다음과 같이 언급하고 있다.

> 법학교육은, 그러니까 그것이 법조교육에 몰두하든 그렇지 않으면 교양으로서의 법학교육까지 포괄하든 간에, 이와 같이 한 나라 한 사회의 민주주의의 확립 내지 사회개조에 충실한 봉사역할을 하지 않으면 안되는 것이다. 그런 점에서 현재의 법학교육이 이유야 어쨌든 비정상화의 도정을 밟아 왔다는 것은, 가깝게는 사법정의의 실현을 위하여 그리고 멀게는 이 나라 민주주의 이상사회의 건설을 위하여 매우 불행한 일이 아닐 수 없다. 따라서 법학교육의 일선담당자인 법학교수는 물론 조야법조인과 민주사회의 모든 시민이 법학교육에 보다 큰 관심을 가지고 그 정상화 내지 개혁을 위한 공동의 노력을 아껴서는 안될 것이다.[2]

---

1) 이는 「韓國法學敎育」(Legal Education in a Developing Nation: The Korean Experience)이라는 책으로 한글과 영어로 같이 발간되었다.
2) 한국법학교수회, 『韓國의 法學敎育-오늘과 내일』, 서울대학교출판부, 1971, 8면.

　서돈각은 법학교육의 문제는 민주주의와 사법정의의 문제이며, 법학교육의
정상화와 개혁은 당면한 과제로서, 법학교수, 법조인뿐만 아니라 모든 시민이 관
심을 가져야 한다고 호소하고 있다. 서돈각의 이 언급이 50여 년을 넘어 2024년
현재에도 여전히 울림을 주는 것은 안타까운 일이다. 아마 서돈각이 미처 예상하
지 못했던 것이 있다면, 현재에도 여전히 논란이 되는 법학교육의 문제 이외에도,
법학연구 및 법학자의 양성과 수급에서도 많은 문제점이 드러나서, 이를 '법학의
위기'로까지 일컫게 되었다는 점이다.

3.

　'법학의 위기'라는 표어는 어쩌면 진부한 표현일 수도 있다. 사실 우리나라
법학이 위기가 아닌 적이 언제 있었던가? 그럼에도 불구하고, 지금 법학의 위기라
는 표어가 진부하지 않은 것은, 우리나라 법학의 전개 과정에서 법학전문대학원
체제라는 중요한 제도적 변화가 있었고, 그 변화의 결과 과거와 결이 다른 법학
의 새로운 상황이 초래되었기 때문이다.

　잘 알려져 있듯이, 법학전문대학원 체제는 법률가 양성을 위한 법학교육 방
식의 변화를 추구하고 있다. 즉 법학전문대학원 체제는 '시험을 통한 법률가 선
발'이 아닌 '교육을 통한 법률가 양성'을 목표로 하였다. 그러나 이경렬은 법학전
문대학원 체제가 법학에 미친 영향에 대해 '말기법학'이라고 진단하고 '연명장치
마련'이 필요하다고 제언하고 있으며,[3] 이를 포함하여, 법학전문대학원 체제가
가지는 문제점을 지적하는 글들은 헤아릴 수 없이 많은 것이 사실이다. 이 책에
서는 법학교육, 법학연구 그리고 교육과 연구의 토대가 되는 법학자라는 3가지
주제로 범주화하여 그 문제점을 조망하고자 한다.

3.1
　법학교육의 맥락에서 보자면, 대부분의 학자들이 동의하는 것처럼, 우리나라
법학교육은 1895년 법관양성소의 설립에서부터 시작한다. 그러나 일제강점기를

---

3) 이경렬, "말기법학의 연명장치 마련을 위한 제언-학문후속세대 양성과 법학교육의 미래", 법학논
　고 제66집, 경북대학교 법학연구원, 2019.

거치면서 우리나라 법학교육의 공백기가 있었고, 해방 이후 지금까지 본격적인 법학교육의 시대가 전개되었다. 그러나 그동안 법학 교육의 의의와 목표에 대한 본격적인 성찰이 있었다고 보기에는 어려움이 있다. 비록 법학전문대학원 체제가 출범하면서 법률가 양성 교육 체계의 변화가 있었지만, 그렇다고 법학교육이 법률가 양성 교육만을 의미하지는 않을 것이다. 법학교육은 글자 그대로 '법학'을 교육하는 것이므로, 어떤 맥락에서는 법학 지식을 토대로 한 법률 전문직(legal profession)을 양성하는 교육을 의미할 수 있지만, '법학' 그 자체의 학문적 지속가능성을 담보하기 위한 학문후속세대를 양성하는 '학술적' 법학교육은 당연히 포함되어야 할 것이다. 나아가 '법학'에 토대를 둔 법적 해득력(legal literacy)을 보유한 민주시민을 양성하기 위한 '시민법교육(Law-related Education)'도 법학교육의 범주에 포함될 수 있을 것이다. 그러나 그동안 우리나라의 법학교육의 발자취를 살펴보면, '법학'의 측면에서 또 '교육'의 측면에서 토대를 굳건히 하고 튼튼하게 진행되었는지에 대해서는 의구심이 든다.

이 책에서는 정긍식, 홍영기, 안정빈 3명의 법학교육에 대한 글을 싣고 있다. 정긍식은[4] 법관양성소 설립 이후부터 현재에 이르는 법학교육의 역사를 개괄한다. 정긍식은 이 글에서 '그동안 우리 법학교육의 난맥상은 목표와 이념에 대한 논의 없이 현실적 필요성에 대응하여 해왔기 때문이므로 법학교육의 일반적 이념과 목표에 대한 합의가 필요'함을 지적하고 있다. 홍영기[5]는 법률가 양성 교육에 관하여 '변호사시험에 합격하기 위한 학습이 이루어지고 있는 것은 분명하지만, 그것을 도대체 법률가를 양성하는 교육이라 부를 수 있을 것인지 의문'이라고 문제를 제기한 후, '법률가 양성교육은 고정된 법률, 유사한 선판례를 찾아 사안에 대조하는 것이 아니라, 아직 판례로 정리되지 않은 새로운 문제를 어떻게 해결할 수 있는지를 가르치고 습득하는 데 초점을 맞추어야' 한다고 제안하고 있다. 안정빈[6]은 학부 법학교육의 현황에 대해 직업적 측면과 비직업적 측면으로 나누어 고찰하면서 그 위기 상황을 잘 보여주고 있으며, 학부 법학교육의 회생을 위한 다양한 방안을 검토하고 있다.

---

4) 정긍식, "근대 한국 법학교육 제도사", 『법학의 길을 새로 묻다』 제2장.
5) 홍영기, "법률가 양성 교육에 대한 성찰-리걸테크의 시대를 맞아", 『법학의 길을 새로 묻다』 제3장.
6) 안정빈, "학부 법학 교육의 위기와 대안", 『법학의 길을 새로 묻다』 제4장.

3.2

우리나라 법학연구의 역사는 일제강점기를 거치면서 일본 법학연구로부터 큰 영향을 받아서 시작하였다. 일본도 우리나라와 마찬가지로 동아시아의 법체계를 유지하지 않고 서구 법체계를 계수하여 사용하였으므로, 법체계 운용을 위한 법학적 지식도 서구에서 받아들였다. 그러므로 우리나라 법학연구는 서구법학으로부터 직접 영향을 받지 못하고 일본법학의 시각으로 변형된 서구법학을 학습하면서 시작한 셈이다. 그러나 해방 이후 서구로 직접 법학을 배우러 간 법학자들이 늘어나면서, 점차 우리나라의 법학이 일본법학의 영향으로부터 벗어나기 시작하였다. 그럼에도 불구하고, 한동안 우리나라 법학은 일본법학 혹은 서구법학 어느 쪽이든 외국의 이론을 소개하는 수입법학의 성격을 갖고 있었다. 동시에 우리나라 법학은 사법시험 등 공무원 시험과 연계된 수험법학의 성격도 갖고 있었다. 즉 법률가나 공무원 양성을 위한 교육 체제와 법학연구 체제가 결합한 형태로 진행되었는데, 이는 교육자료이면서 연구서라는 복합적 성격을 가지고 있는 '교과서'의 형태에서 잘 나타난다. 그러나 최근에는 우리나라 법학연구도 독자성을 점차 갖추기 시작하였고, 학계에서 개발된 이론이 대법원 판례나 입법에 영향을 미치는 사례가 늘어나고 있다. 다만 이러한 추세가 계속 유지될 수 있을지에 대해서는 선뜻 긍정적인 답을 하기는 어려워 보인다. 왜냐하면, 법학전문대학원 체제에서 법학자의 역량은 대부분 법률가 양성 교육에 소진되고 있고, 법학연구를 위한 체계적인 토대가 여전히 구축되고 있지 않아 법학의 학문성, 새로운 시대 상황에 대한 법학의 대처 능력, 법치주의와 민주주의 확립에 대한 법학 기여 등 여러 과제들이 부유하고 있기 때문이다.

이 책에서는 양천수, 이계일, 박혜진, 김정연 등의 법학연구에 대한 글을 싣고 있다. 우선 양천수[7]는 우리나라의 법학연구를 4단계로 나누어 고찰한다. 그는 제1단계를 일본 법학 의존 시대로, 제2단계를 학설 계수와 교과서 법학의 시대로, 제3단계를 우리 법학의 독자적 발전의 시대로, 제4단계를 우리 법학의 위기의 시대로 제안한다. 특히 '법학전문대학원 교육이 철저하게 변호사시험에 초점을 맞추면서 법학전문대학원 전임 교원은 연구보다는 교육에 더욱 관심을 기울이

---

7) 양천수, "법학 연구의 역사–학문의 전통과 방법을 중심으로 하여", 『법학의 길을 새로 묻다』 제5장.

게 되었고, 법학을 학문적으로 다룬다는 것은 법학전문대학원에서는 그다지 의미 있는 일이 아니게 되었음'을 지적한다. 이계일[8]은 법학의 학문성에 대해 검토하면서, 민사법과 형사법 분야의 2002년 3월부터 2006년 6월까지 신규 임용된 교수의 학술지 연구물과 2019년 3월부터 2024년 6월까지 신규 임용된 교수의 학술지 연구물을 11개 로스쿨을 대상으로 비교연구하고 있다. 그 결과로 사례중심적 연구가 현저하게 증대되었고, 도그마틱과 법학이론 연구가 상대적으로 약화되었으며, 특히 기초법학 연구가 현저히 약화되었다는 점을 도출하였다. 이는 법학연구의 위기가 법학의 학문성 측면에서 어떤 특징을 보여주고 있는지를 실증적으로 구체적으로 보여주고 있다는 점에서 의미있다고 할 수 있다. 박혜진과 김정연[9]은 새로운 시대환경을 다루는 법학 분야에 대한 실증적 연구를 통해 이 분야에 대한 법학연구자들의 관심이 필요함을 역설하고 있다. 그들은 '한국의 법학 연구가 시대적 문제를 해결하는 과제를 선도하려면 세계적인 눈높이에 부응할 수 있어야 하고, 다른 사회과학 등 학문분야와 활발히 소통할 수 있어야 하며, 이를 수행할 후속 연구자들이 많이 배출되어야 한다'는 숙제를 지적하고 있다.

3.3

법학자는 법학교육과 법학연구의 주체라고 할 수 있는데, 법학교육과 법학연구가 지속가능하기 위해서는 법학자의 양성과 수급이 원활하게 이루어져야 한다. 해방 이후 우리나라의 법학자는 법학연구자의 역할보다 법학교육자의 역할을 주로 수행하면서 시작하였다. 1960년대를 지나면서 국내에서도 법학박사 학위 수여가 시작되었고, 1980년대 이후에는 석사 이상의 학위를 가진 법학자 수가 급증하게 되었다. 이때 배출된 법학자들의 상당수는 법과대학을 졸업하고 이른바 전일제(full-time) 대학원생으로 대학원 과정을 이수하고 국내외에서 학위논문을 제출하여 학위를 취득하였다. 그러나 법학전문대학원 체제 이후 학부에서 법학사를 취득한 학생 수가 절대적으로 감소하였고,[10] 이에 따라 일반대학원 법학석사 과

---

8) 이계일, "전환기, 법학의 학문성 재고-현황, 분석, 대응", 『법학의 길을 새로 묻다』 제6장.
9) 박혜진, 김정연, "새로운 시대환경에서 법학의 사회적 기여와 세계화", 『법학의 길을 새로 묻다』 제7장.
10) 한국교육개발원의 교육통계연보에 의하면 2008년 학부 법학전공 입학정원은 10,270명이었으나, 2023년에는 2,907명으로 무려 5,363명이 감소하였다.

정에 진학하는 학생 수도 절대적으로 감소하였다. 비록 법학전문대학원 체제에서 법학전문대학원을 졸업하면 법학전문석사 학위를 수여하지만, 일반대학원 법학석사가 석사학위 논문을 제출하는데 반해 법학전문석사는 졸업시험으로 학위를 취득한다는 점에서 큰 차이가 있다. 학위논문을 써 본 경험 유무는 법학자로서 훈련받는 과정에서 매우 중요한 과업이라고 할 수 있는데, 법학전문석사는 이런 경험이 없다는 것은 법학자로서 역량을 키우는 과정의 일부를 놓치게 된다고 할 수 있다. 그리고 법학박사 과정도 일반대학원의 법학박사와 법학전문대학원의 전문법학박사로 나뉘게 되는데, 박사과정 이수를 위한 기간의 차이는 있지만 어느 쪽이든 학위논문 제출이 필수적이라는 점은 동일하다. 그러나 법학전문대학원 체제에서 법학박사 과정에 진학하는 학생들은 일반대학원 법학석사 학위자가 적다 보니 대부분 법학전문대학원을 졸업한 법학전문석사 학위자들이다. 이들은 대체로 변호사 자격을 가지고 있으면서 법률실무와 박사학위 과정을 병행하고, 대부분 석사학위 논문을 써 본 경험이 없다는 특징이 있다. 결국 법학전문대학원 체제 이전과는 달리 박사학위 과정을 이수하는 학생들은 학위논문 제출을 위한 연구에 매진하는 시간이 절대적으로 줄어들게 되었다. 개인 역량에 따라 그 과정에서도 우수한 법학자가 배출될 수 있지만, 시스템적으로는 이 부분이 법학자 양성에서 현재 가장 큰 난관으로 작용한다.

나아가 법학전문대학원 체제에서 현재 왜곡된 변호사시험 운용으로 인해, 법학연구자가 연구직을 수행할 수 있는 자리에도 왜곡이 일어나게 되었다. 변호사시험 합격이 각 법학전문대학원의 지상과제가 된 관계로 변호사시험에 적합한 교육을 제공할 수 있는 사람들이 교수로 채용되고, 반면 교육 역량보다 연구 역량이 더 뛰어난 학자들이나 변호사시험과 관련 없는 전공을 연구하는 학자들은 정규직으로 취업하기 매우 어려운 상황이 되어 버렸다. 현황이 이렇다 보니, 각 대학에서 변호사시험 과목 이외의 연구 분야를 전공하려는 학생 수가 급감하게 되어 학문후속세대 양성이라는 법학자 양성의 역할을 수행하지 못하는 학교가 늘어나고 있는 실정이다.

이런 문제의식은 이 책에서 이영록, 천경훈, 이국운이 다루게 되는데, 먼저 이영록[11]은 제1세대 법학자를 중심으로 법학자의 정체성과 모델을 탐색한다. 그

---

11) 이영록, "한국 법학자의 초기 정체성－제1세대 법학자를 중심으로", 『법학의 길을 새로 묻다』 제8장.

는 '빵의 유혹을 이길 수 있는 법학에 대한 순수한 열정, 지적 공정성, 법학자로서의 활동과 다른 인격으로서의 활동의 경계를 분명히 함, 실무에 빛을 던질 수 있는 이론의 깊이 추구와 이론에 대한 사회적 책임성, 법학이라는 공동 목표를 향한 상호 협력과 정직한 동료 평가 등'을 과거의 경험으로부터 끌어낸 오늘날 법학자의 과제로 제시한다. 천경훈[12)은 현재 학문후속세대 양성 실태를 실증적으로 조사하여 분석하는 과제를 수행한다. 그는 이를 통해 박사과정의 대학별 편차가 너무 크기 때문에 이를 완화해야 한다는 점, 우수한 전업연구자에 대한 공공적 지원, 대학원 교육 과정의 체계화, 학문후속세대 공동체의 형성, 교원 채용의 합리화, 선택법 이수제 등을 대안으로 제시하고 있다. 이국운[13)은 우선 법학전문대학원 체제가 법률가 양성 교육의 문제를 넘어 사법개혁의 일환임을 잊지 말아야 한다고 강조하고 있다. 다만 법학전문대학원 체제를 '사법개혁자 없는 사법개혁의 빈곤'이라고 평가하면서 '경세의 법학 전통'이 거세된 이후 로스쿨 개혁은 불투명한 전망 속의 혼돈과 타협에 머무르고 말았다고 분석한다. 그는 이런 상황에서 법학자들은 '본격 학문으로서의 법학'을 재건하는 작업에 힘을 모을 것을 주문하고 있다.

4.

결국 성찰의 주요 소재는 현재의 법학전문대학원 체제이다. 앞서 언급했듯이, 법학전문대학원 체제는 사법개혁을 염두에 두고 만들어진 것이며, 그 이전의 법학교육에 대한 반성에서 출발한 것이다. 그렇다면 법학전문대학원 체제에서 법학교육은 어떤 의미를 가지고 있으며, 무엇을 추구하고 있는가? 이는 나아가 법학연구의 의미, 법학의 학문성, 법학자의 정체성 문제에도 연결되는 질문이라고 할 수 있다.

이 질문에 답하기 위해 우선 법령에서 규정하고 있는 내용을 살펴볼 필요가 있다. 왜냐하면 법학전문대학원 체제는 교육을 통한 법률가 양성 체제로 기획된 것이므로 '교육'의 의미와 체제의 구조는 일응 법령에서 설명하고 있을 것이기 때

---

12) 천경훈, "학문후속세대 양성 체제의 현재와 미래", 『법학의 길을 새로 묻다』 제9장.
13) 이국운, "로스쿨 체제에서 대한민국 법학자의 정체성 확립-'비판적 비교법사회학'의 문제의식을 되새기며", 『법학의 길을 새로 묻다』 제10장.

문이다. 또한 법령에 의한 설명이 가장 권위 있는 자료일 것이기 때문이다. 어쨌든 「법학전문대학원 설치·운영에 관한 법률」(이하 법전원법) 제2조는 다음과 같이 규정하고 있다.

법학전문대학원의 교육이념은 국민의 다양한 기대와 요청에 부응하는 양질의 법률서비스를 제공하기 위하여 <u>풍부한 교양, 인간 및 사회에 대한 깊은 이해와 자유·평등·정의를 지향하는 가치관</u>을 바탕으로 <u>건전한 직업윤리관</u>과 복잡다기한 법적 분쟁을 <u>전문적·효율적으로 해결할 수 있는 지식 및 능력</u>을 갖춘 법조인의 양성에 있다.(밑줄은 발표자)

법전원법에서 제시하고 있는 교육이념의 틀은 단적으로 말하면 '국민의 다양한 기대와 요청에 부응하는 양질의 법률서비스를 제공하기 위'한 '법조인 양성'이라고 요약할 수 있다. 즉 주지하듯이, 법학전문대학원은 법조인 양성을 목표로 하는 교육기관이다.

법전원법이 제시하고 있는 교육이념에 따르면 법학전문대학원은 다음과 같은 법조인을 양성해야 한다. 먼저, 법학전문대학원이 양성해야 하는 법조인은 (1) 풍부한 교양이 있어야 하며, (2) 인간 및 사회에 대한 깊은 이해가 있어야 한다. 나아가 (3) 자유·평등·정의를 지향하는 가치관을 가지고 있어야 한다. 그러나 현실적으로 법학전문대학원 교육과정에서 이를 교육할 수 있는 계기는 전무하다고 해도 될 정도이다. 또한 법학전문대학원이 양성해야 할 법조인은 (4) 건전한 직업윤리관과 (5) 복잡다기한 법적 분쟁을 전문적·효율적으로 해결할 수 있는 지식 및 능력을 갖추어야 한다. 그러나 현실적으로 (4)는 법조윤리 시험으로 갈음되고, (5)는 변호사 시험 준비를 위한 교육과 학습으로 대체되고 있다. 즉 현실은 변호사시험 합격 자체가 목표이므로, 위의 교육이념과 상관없는 "그냥" 법조인 배출만 할 수 있어도 좋은 것이 법학전문대학원 법학교육의 실상이라고 할 수 있다.

그리고 법전원법은 법학전문대학원 교육과정에 대해 제20조 제1항에서 "법학전문대학원은 제2조의 교육이념의 취지에 부합하는 법조인의 양성에 필요한 교과목을 개설하는 등 체계적인 교육과정을 운영하여야 한다."라고 규정하고 있다. 그러나 (1) 풍부한 교양, (2) 인간 및 사회에 대한 깊은 이해, (3) 자유·평등·정의를 지향하는 가치관에 부합하는 교과목을 두고 있는지, 실제 개설하고

있는지, 제대로 수업이 되고 있는지 등에 대해서는 주지하듯이 부정적인 대답만
이 가능한 것이 현실이다. 또한 법전원법은 제20조 제2항에서 제1항의 교과목에
대해 대통령령으로 정하도록 하고 있는데, 대통령령은 "법조인으로서 가져야 할
가치, 법률지식 및 전문기술 등을 지도할 수 있도록"이라는 표현을 사용하고 있
다. 이 중에서 "법조인으로서 가져야 할 가치"는 당연히 법전원법 제2조의 교육
이념에 해당하는 가치여야 할 것인데, 현재 필수과목이자 시험과목인 법조윤리의
내용만으로 그 가치를 교육할 수 있는지 의문이 든다. 나아가 이런 점을 고려한
다면, 법조윤리의 교과목 내용과 시험내용이 "법조인으로서 가져야 할 가치"의
학습과 연계될 수 있도록 조정되어야 하는 것은 아닌지 의문이 든다.

　　또한 법조인 양성이 법학전문대학원의 교육 목표라면 최종적으로 법조인을
선발하는 변호사시험과 법학전문대학원 교육이 연관되어야 한다. 실제로 「변호사
시험법」 제2조는 "변호사시험 시행의 기본원칙"이라는 표제 아래 "변호사시험은
법학전문대학원의 교육과정과 유기적으로 연계하여 시행되어야 한다"라고 규정
하고 있다. 그리고 법전원법에 따르면 법학전문대학원 교육과정은 "제2조의 교육
이념의 취지에 부합하는 법조인의 양성에 필요한 교과목을 개설"하는 것으로 구
성되어 있으므로, 이를 종합하면 변호사시험은 법전원법 제2조의 교육이념의 취
지에 부합하는 방식으로 시행되어야 할 것이다. 그러나 주지하듯이 변호사시험은
교육이념의 내용 중 위 (4), (5)는 형식적으로 담고 있으나, (1), (2), (3)의 내용
은 전혀 반영하지 않고 있다.

　　나아가 법학전문대학원은 법률 체계상 전문대학원의 한 유형이기 때문에, 전
문대학원에 관한 법령도 살펴볼 필요가 있다. 「고등교육법」 제29조의2 제1항 제2
호에 따르면, 전문대학원은 '전문 직업 분야의 인력양성에 필요한 실천적 이론의
적용과 연구개발을 주된 교육목적으로 하는 대학원'이다. 이를 법학전문대학원에
대입시키면, 법학전문대학원은 전문대학원으로서 전문직업 인력으로 법조인을
양성하기 위해 필요한 '실천적 이론의 적용과 연구개발'이 또 하나의 교육목적이
된다. 즉 '실천적 이론의 적용'뿐 아니라 '실천적 이론의 연구개발'도 교육목적이
라고 할 수 있다. 한편, 법전원법 제18조 제1항은 "법학전문대학원에 석사학위과
정을 두며, 학칙으로 정하는 바에 따라 박사학위과정을 둘 수 있다"고 규정하고
있으며, 법전원법 제9조 제2항에 따라 법전원법에 정하지 않은 내용은 「고등교육

법」 등을 적용한다고 하고 있다. 이 두 법률 규정 및 법학전문대학원 교육의 현실을 참고하면, '실천적 이론의 적용'과 구별되는 '실천적 이론의 연구개발'은 일응 법학전문대학원에 둘 수 있는 "박사학위과정"에 해당한다고 할 수 있다. 그러나 이런 규정에도 불구하고 연구개발을 위한 박사학위과정은 법률가를 배출하기 위한 전문석사학위 과정에 비해 현실적으로 법학전문대학원 체제에서 중요하게 다루어지지 못하고 있다.

결론적으로 법학전문대학원 교육은 법조인 양성을 목표로 하는 '전문대학원' 교육으로서 이루어지고 있다. 그렇다면 그것은 '법학' 교육인가? 위 질문에 대한 대답을 위해 전제로서 '법학교육'은 무엇인가? 법학교육의 측면에서, 법학전문대학원은 법학 '전문대학원'이면서 동시에 '법학' 전문대학원이 될 수 있는가?

5.

법학 교육에 대해 논의하기 위해서는 '법학'과 '교육'에 대한 논의가 필요하다.[14] 현실에서 법학전문대학원, 법학과, 법학자가 존재하지만, '법학의 학문성'이라는 주제에 관한 일부 논의를 제외하면 '법학'이 무엇인지에 대한 논의는 법학자에게 큰 관심 사항이 아니었다. 나아가 '교육', 그리고 '법학교육'이 무엇인지에 대한 논의도 매우 부족한 상황이다. 대부분의 법학자들이 '교육' 혹은 '교육방법론'에 대한 체계적 학습 없이, 법과대학에서 수업받은 경험에 따라 교육하고 있는 것이 현실이기도 하다.[15]

우선 '법학교육'의 의미를 살펴보기 위해 그 유형에 대해 생각해 보자. 법학교육의 유형에 대해서는 일단 전문법학교육(전공법학교육)과 교양법학교육으로 구분하기도 하고,[16] 법학교육(Legal Education)과 법교육(Law-related Education/LRE)으로 구분하기도 한다.[17] 이 분류는 법학전공자를 대상으로 하는지(전문법학교육 또는 법학교육) 아니면 비법학전공자를 대상으로 하는지에 따른 구분이라고 할 수

---

14) 이에 대해서는 천경훈의 글에서도 다루어지고 있다. 천경훈, "학문후속세대 양성 체제의 현재와 미래", 『법학의 길을 새로 묻다』 제9장.

15) 채이식, "법학교육 및 연구방법론에 관한 소고", 고려법학 제76호, 2015.

16) 최봉경, "교양교육으로의 법학교육", 법교육연구 제12권 제3호, 2017.

17) 김현철, "국민 법의식의 변화와 법교육", 저스티스 제121호, 2010.

있다. 그런데 이 분류에 따르면 법학전공자를 대상으로 하는 전공법학교육도 반드시 법조인 양성을 목표로 하는 것이 아니라는 점을 유의해야 한다. 법조인 이외에도 법학전공자를 사회 및 정부에서 필요로 하는 영역은 많으며, 법조인 이외 법학전공자에 대한 교육도 전공법학교육의 범주에 포함되는 것은 당연하다. 과거 법과대학 체제에서 법과대학 졸업생은 법조인 이외에도 법학 전공을 살려 공무원, 기업 등 다양한 분야로 진출하였다. 이런 점을 생각한다면, 법조인 양성을 법률상 교육목표로 삼고 있는 법학전문대학원 체제에서는 법조인 이외의 법학전공자를 대상으로 하는 전공법학교육의 중요한 부분이 외면되고 있다고도 할 수 있다. 그리고 전통적으로 비법학전공자, 즉 일반 시민을 위한 법학교육도 중요한 부분을 차지하고 있었다. 특히 법치주의, 입헌주의, 민주주의 등의 가치 확산을 위해 종래 체제에서 법과대학의 사회적 사명의 하나로 시민을 위한 법학교육이 이루어졌다. 그러나 현실적으로 여러 대학에서 생활법률 또는 법학개론 강좌가 흥행에 성공하고 있다 하더라도, 법조인 양성을 목표로 하는 법학전문대학원 체제에서 시민을 위한 교양법학교육 또는 법교육(LRE)의 위상은 모호한 것이 사실이다.

　전공법학교육은 법학전문대학원 체제에서는 '법조인 양성을 위한 교육'의 위상을 가지게 된다. 특히 이 점을 강조하면, '법조인 양성을 위한 교육'은 따로 전문법학교육이라는 표현을 사용하여 전공법학교육과 구분할 수도 있을 것으로 생각된다. 과거에도 전공법학교육은 이론법학교육과 실무법학교육으로 구별할 수 있었는데, 법학전문대학원에서는 특히 체계상 실무법학교육을 중시한다는 점에서 이론법학교육을 중심으로 이루어진 기존 법과대학 체제의 교육과 구별할 수 있다. 그러나 그럼에도 불구하고 현실의 법학전문대학원에서는 변호사시험을 위한 이론법학교육이 교육과정의 대부분을 차지하고 있다. 다만, 법과대학 체제와 다른 점이 있는데, 그것은 판례 교육이 이론법학교육에서 많은 비중을 차지하고 있다는 점이다. 아울러, 변호사시험 대비 사례형, 기록형 스킬을 연습하는 과목의 비중이 크다는 점도 법학전문대학원 전문법학교육의 특징이다. 그리고 전문적 법률분야에 대한 선택과목 시험이 변호사시험에 포함되어 있고, 특성화 교육이 강조되고 있지만 이에 대한 강의개설이나 수강 등 현황을 고려하면 그 비중이 미미한 것이 현실이다. 그런데 이런 논의는 논리적으로 따지면 '이론법학', '실무법학',

'임상법학' 등의 '법학' 유형을 전제로 한다. 그러나 '실무법학'이나 '임상법학'에 대해서는 일응 정의가 있기는 하지만, 그 학문성에 대한 본격적인 논의는 찾기 어려운 것이 현실이다. 법학전문대학원 체제가 교육하고자 하는 법학의 유형이 '실무법학'이나 '임상법학'이라면 법률 규정이나 변호사시험의 관점이 아니라 그 자체로 법학 또는 법학교육의 위상을 공고하는 학문적인 작업이 필요하다. 그리고 이에 근거할 때 법학전문대학원에서 어떻게 교육할 것인가라는 문제에 대한 논의도 풍성해질 것이다.

나아가 법과대학 체제와 법학전문대학원 체제 모두 그동안 근본적으로 성찰되지 않은 부분이 있는데, 그것은 '교육'에 대한 관심이다. 즉 어떻게 법을(혹은 법학을) 교육할 것인가라는 교육기관과 교육자의 기본적인 문제의식의 부재는 우리나라 법학교육의 근본적인 문제점이다. 법학전문대학원 인가신청서를 쓰기 위해 멋있게 포장한 경우를 제외하면, 우리나라에서는 그동안 교육이론에 근거하여 '교육과정'을 구성해 본 경험도 없고, 법학에 적용할 '교육방법론'을 고민해 본 적도 없는 것이 사실이다. 그러나 '교육' 차원에 대한 관심은 법학 교육의 수월성 제고를 위해 매우 필요한 부분이 아닐 수 없다.

6.

현실적으로 우리나라에는 법과대학과 법학전문대학원이 공존하고 있지만, 과거 법과대학 및 법학과만 존재하던 체제와는 구별되는 법학전문대학원 중심 체제로 법학 교육이 이루어지고 있다는 점을 부정할 수는 없다. 그리고 법학전문대학원은 법률상 법조인 양성을 교육 목표로 하고 있다는 점도 현실이다. 그럼에도 불구하고, 법학전문대학원이 우리 사회의 법치주의, 입헌주의, 민주주의의 보루로서 사회적 사명을 해야 한다는 당위가 흔들려서도 안 될 것이다. 그 사회적 사명을 진지하게 고려한다면, 법학전문대학원의 법학교육은 적어도 법조인 양성에 국한되는 것이 아니라 이를 넘어서는 부분까지 포괄할 수 있어야 할 것이다. 그런 측면을 고려한다면, 우리 사회의 법치주의, 입헌주의, 민주주의를 지탱하는 사람들은 모두 법학교육의 대상이 되어야 할 것이고, 현재 법학전문대학원 중심 체제에서 이는 대부분 법학전문대학원이 감당해야 할 몫이어야 할 것이다.

법학전문대학원 법학교육의 대상은 첫째, 법조인이 되고자 하는 전문석사과 정의 학생 즉 예비 법률가가 되는 것은 당연하다. 하지만 둘째, 예비 법률가 이외에도 일반 국민(시민)이야말로 우리 사회의 법치주의, 입헌주의, 민주주의를 지탱하는 사람들이기 때문에, 이들을 대상으로 한 법학교육 혹은 법교육(LRE)도 법학전문대학원이 관심을 가져야 할 부분이다. 이때, 시민을 위한 법교육은 대학 내 주로 학부생을 대상으로 하는 법교육과 대학 외 일반 시민을 위한 법교육으로 구분할 수 있다. 그 중 대학 내 법교육의 경우, 학부를 두지 못하게 되어 있는 법학전문대학원의 체계상 학부 법학교육을 법학전문대학원에서 어떻게 수행할 것인지에 대해 논의가 필요하다. 그리고 대학 외 일반시민을 위한 법교육은 초중고 학생들을 대상으로 하는 학교 법교육과 성인을 대상으로 하는 시민 법교육으로 구분할 수 있는데(「법교육지원법」 제2조 제2호, 제3호) 법학전문대학원이 이에 어떻게 기여할 것인지에 대해서도 진지한 논의가 필요하다. 그리고 위 두 대상에 대한 교육의 토대를 이루는 것으로 셋째, 법학교육의 지속가능성을 담보할 수 있는 법학 학문후속세대 양성이라는 중요한 과제가 있다. 학문후속세대 양성체계의 위기는 이미 법학전문대학원 체제에서 심각한 문제로 제기되고 있다. 현재 대부분의 법학전문대학원에서는 일반대학원 체제를 병행하고 있기는 하지만, 법학전문대학원과 일반대학원은 구별되는 기관이기 때문에 그 관계 설정의 문제가 있으며, 나아가 학문후속세대 교육의 내실화 과제, 변호사시험에 따른 전공의 편중 현상 우려 등 산적한 과업이 많은 것이 현실이다. 넷째, 법조인 이외의 법무 수행 인원에 대한 법학교육도 요구된다. 이 대상에는 기업 법무 담당자, 법무 관련 공무원, 유사 법조직역 등이 포함되며, 일반 공무원도 입법과 법률집행을 담당하므로 정기적인 법학교육을 받을 필요가 있다. 현재 법학전문대학원 체제에서는 법전원법에 의한 '연구과정'을 활용하거나, 법무대학원 등 특수대학원을 운영하는 방식을 채택하고 있다. 다섯째, 기성 법조인에 대한 보수교육도 법학전문대학원이 해야 할 부분이다. 이는 기성 법조인이 전문박사과정이나 일반대학원에 참여하는 방식으로 이루어질 수도 있으나, 연구과정 활용 등을 통한 적극적인 교육 기회를 창출하는 것도 필요할 것이다.

그러나 앞의 교육 대상에 따른 법학교육의 다섯 가지 유형은 '이상적'인 차원의 모색일 뿐 현실에서 제대로 시행될 수 없는 것이 사실이다. 예비 법조인 교육은 변호사 시험 대비 교육으로 대체되었으며, 일반 국민 대상 교육은 대학 내 학부 생활법률 강좌 외에 거의 이루어지지 않으며, 학문후속세대 교육은 여전히 좌초 중이고, 법조인 이외의 법무 수행 인력 교육이나 기성 법조인 교육도 경제적 이익을 고려하는 경우가 아니라면 거의 이루어지지 않고 있다. 그럼에도 불구하고, 법학교육의 차원에서 그 목표를 체계적으로 제시하는 것은 여전히 필요하다.

위 다섯 가지 유형 중 특히 법조인 양성은 법학전문대학원의 기본적인 교육목표이므로 법학교육의 측면에서 특히 중요하게 다루어져야 할 것이다. 이하에서는 이에 대해 몇 가지 제언을 제시하고자 한다.

첫째, 변호사시험 합격자가 곧 법조인인 것은 맞지만, 앞서 언급했듯, 변호사시험만 합격시키는 법조인 양성이라면 법학전문대학원 체제의 존재 의의는 없다고 할 수 있다. 즉 시험을 통한 법조인 선발이라는 과거 사법시험 체제와 크게 다르지 않다고 할 수 있다. 이는 주지하듯이, 변호사시험이 자격시험으로 시행되지 않고 있는 현실에 기인하고 있으며, 법학전문대학원 자체로 해결할 수 있는 부분이 아니다. 즉 변호사시험 제도의 전면적인 개선이 필요하다.

둘째, 변호사시험은 변호사시험법 제2조에서 규정한 대로 법학전문대학원 교육과정과 유기적으로 연계해야 한다. 이는 두 가지 함의를 갖는데, 우선 법학전문대학원 교육과정이 주가 되고 변호사시험이 종이 되어야 법학전문대학원 체제가 존재 의의를 가진다는 점이고, 다른 하나는 현 변호사시험법에 제시되어 있는 시험방법(제8조, 제9조 등)이 제2조의 기본원리에 맞게 개선되어야 한다는 점이다.

셋째, 위 첫째와 둘째가 실현된다는 가정하에서는 법학전문대학원 교육과정을 제대로 구성하는 것이 필요하다. 이는 두 가지 함의가 있는데, 먼저, 앞서 언급한 것처럼, 법전원법에서 교육이념으로 제시하고 있는 (1) 풍부한 교양, (2) 인간 및 사회에 대한 깊은 이해, (3) 자유·평등·정의를 지향하는 가치관을 바탕으로 한 법조인을 양성할 수 있는 교육과정을 구성하는 것이다. 이를 위해 '기초법학, 법조윤리' 등 교육이 위 취지에 맞게 체계적으로 이루어질 수 있도록 하는 것이 필요하다. 개인적으로 변호사법 제1조에서 말하는 '기본적 인권을 옹호하고 사회정의를 실현'하는 변호사의 사명에 대한 교육은 모든 법학교육의 토대여야 한다고 생각한다.

다음으로, 법학전문대학원 교육과정을 '교육학적' 관점에서 구성할 수 있도록 '법학교육학'이 정립될 수 있는 계기를 만드는 것이 필요하다. 교육과정은 교과목명을 나열하는 것이 아니다. 교육과정은 교육목표를 달성하기 위해 교육내용과 학습활동을 체계적으로 제시하는 것이므로, 각 교수의 교과목 개설을 단순히 합한 것은 교육과정이라고 할 수 없다. 특히 3년의 짧은 기간에 훌륭한 예비 법조인을 양성해야 하는 법학전문대학원 체제의 특성상 교육의 수월성뿐 아니라 효율성을 위해서도 교육과정에 대한 체계적 접근이 필요하다.

넷째, 법학교육학의 또다른 축이라고 할 수 있는 교육방법론에 대한 체계적인 연구와 이를 통한 정립이 필요하다. 이는 교수법에 대한 부분뿐 아니라, 학습내용의 체계적 편성, 교재 및 부교재의 적절한 구성과 활용, 시험 등 평가 방법 업그레이드 및 체계화 등을 포함한다. 이런 교육방법론에 대한 모색의 필요성이라는 요청은 법학교육을 넘어 법학연구에도 필요하다. 즉 법학교육에 대한 진지한 방법론적 탐색이 없었던 것만큼은 아니라 하더라도 법학연구에 대한 진지한 방법론적 탐색이 본격적으로 이루어졌다고 하기는 어려울 것이기 때문이다.

7.

지속가능한 법학을 위해서는 학문후속세대 양성이 필수 조건이지만, 주지하듯이 현재 법학전문대학원 체제에서는 위기를 맞고 있다. 더구나 현 법학전문대학원 체제에서 학문후속세대 양성에 관해서는 새로운 환경의 변화가 있다.

첫째, 법학을 전업으로 연구하는 연구자가 없어지고 있다. 법학전문대학원을 졸업한 기성 법조인이 일반대학원 진학 등을 통해 학문연구자로 수련을 받고 있고, 그러다 보니 법률실무를 병행하는 경우가 많아 공부량이 부족할 수 있다. 법률실무를 병행하기 때문에 실무관련 쟁점에 대해서는 좋은 학위논문이 나올 가능성이 높지만, 반대로 전공에 따라서는 순수 이론적인 쟁점에 대해서는 학위논문을 시도하는 빈도수가 줄어들 가능성이 있다. 만일 이런 현상이 고착화되면, 이론적인 쟁점을 다루는 학문후속세대의 수가 줄어들어 법학 자체가 실무지향적으로 변화할 수 있는데, 이는 균형 있는 법학 발전에 크게 도움이 되지 않을 것이다. 따라서 법조인 출신 학문후속세대들이 이론적인 쟁점을 깊이 연구할 수 있는 다양한 지원체계를 마련할 필요가 있다.

둘째, 법률실무를 병행하는 법조인이 학문후속세대의 주류를 이루기 때문에, 앞서 언급한 대로 실무 현실에 관련된 전공에는 대학원생이 많은 반면 그렇지 않은 전공에는 대학원생이 적은 전공의 쏠림 현상이 있다. 주관적인 경험으로는 민법 등 기본법, 법철학 등 기초법학 및 국제법, 과학기술법, 에너지법 등 기존 법학 전공 분류에 포섭되지 않는 분야의 전공생은 적은 것으로 보인다. 따라서 기본법, 기초법학, 국제법 등에 대한 체계적인 지원책 마련이 필요하다.

셋째, 전공별 쏠림 현상 이상으로 법학전문대학원별 쏠림 현상도 심해지고 있다. 이른바 서울대 등 이른바 명문 법학전문대학원에는 학문후속세대가 많은 반면, 나머지 법학전문대학원에서는 학문후속세대 지원자가 적어 양성이 매우 어려운 상황이다. 각 법학전문대학원에서 자체적으로 교수요원을 양성하여 선발하는 체계를 갖춘다면, 자신이 졸업한 법학전문대학원의 전임교원을 지망하는 학생들이 늘어날 것으로 예상된다.

넷째, 법학전문대학원 전임교원이 되기 위해 반드시 법학박사 학위가 필요하지 않은 것이 현실이다. 특히 실무법학 과목 전임교원은 거의 석사학위 취득 및 5년 이상의 법조경력으로 충분하므로 법학전문대학원을 졸업하여 석사학위를 받은 법조인은 법조경력만으로 전임교원이 될 수 있다. 이 때문에 박사학위까지 연구를 진행하고 박사학위 논문을 집필하는 학문후속세대의 노력을 요구할 근거가 박약해지게 된다. 그러나 법학연구자는 논문을 쓰는 사람이고 학위논문을 쓰는 것은 그 기본적인 훈련이라는 점을 감안하면, 실무법학 과목이라도 학위논문을 쓴 사람을 우대하는 정책이 필요하다고 생각한다.

무엇보다 학문후속세대의 체계적인 양성을 위한 법학계 전체의 공동 노력이 무엇보다 필요하며, 이를 위해 한국법학교수회, 법학전문대학원협의회 등 법학 유관단체에서 체계적인 학문후속세대 양성 지원을 위한 프로그램을 개발하고 시행하는 것이 필요하다. 법학교육의 수월성은 결국 법학교육을 하는 교육자의 역량으로 돌아오는 것이므로, 학문후속세대에 대한 대책 없이는 법학교육의 미래도 없을 것이다.

8.

우리나라 법학의 길은 어느덧 100여 년이 훌쩍 넘었고, 한국법학교수회가 창립된 지도 60년이 되었다. 지금까지 열심히 노력한 선배 법학자의 노고와 이를 이어받은 후학들의 긴 릴레이도 꽤 많은 시간이 흘렀다. 그럼에도 여전히 법학은 위기이고 할 일은 많은 것이 현실이다. 하지만 이 고난은 사실 희망을 품지 않았으면 생기지 않는 것이다. 더 나은 법학교육, 더 나은 법학연구에 대한 열망이 없었으면, 위기의식도 없이 현실에 안주할 것이기 때문이다. 법학의 위기는 이런 의미에서 법학의 희망을 의미한다. 이 역설이 실제 조금이라도 더 나은 결과로 이어지기 위해 여전히 현실의 법학자들은 지난한 노력을 기울여야 할 것이다. 그러나 이 노력은 혼자서 할 수 있는 것은 아니다. 법학의 새로운 길은 같이 걷는 동료와 함께 만들어가야 할 것이다. 한국법학교수회도 상아탑 안의 법학 전임교수의 틀을 넘어서, 비전임 법학교원, 연구기관의 법학연구자, 학문후속세대 연구자, 퇴직한 법학 교원 및 연구자를 모두 포괄할 수 있어야 한다. 그래야 법학자로서 정체성이 생기고, 소속감이 생기며, 이에 기반한 사명감을 발휘할 수 있을 것이기 때문이다. 나아가 한국법학교수회는 법학교육, 법학연구의 토대를 마련하는 기획을 추구하여야 한다. 법학교육과 법학연구가 지속가능하게 이루어지고 사회에 기여하기 위해서는 '교육'과 '연구'라는 주제에 대한 본격적인 성찰과 진지한 토론이 필요하기 때문이다. 한국법학교수회의 향후 60년은 바로 법학자의 정체성과 법학교육과 연구의 토대를 구축하는 긴 여정이어야 할 것이다.

제 2 장   한국의 법학자

한국 법학자의 초기 정체성
- 제1세대 법학자를 중심으로 -

이 영 록*

Ⅰ. 머리말

일찍이 『한국의 법학자』라는 단행본을 출간하고 이 분야에서 선구적 역할을 해 온 최종고는 그 서문에서 다음과 같이 법학자의 한국적 정체성에 대한 문제의식을 드러낸 바 있다. "한국에서 법학자란 독특한 실존적 의미를 지닌 존재라고 생각된다. 법학자란 법을 학문적으로 연구하고 가르치는 학자를 가리키는 것은 사실이지만, 구체적인 역사와 사회 속에 살기 때문에 나라마다 특수한 의미가 생기는 것이다."[1] 과연 한국 법학자의 독특한 정체성이 존재하는가? 그렇다면 그것은 어떤 모습인가?

정체성을 고민한다는 것이 원래 인간의 고유한 특징이기는 하다. 그러나 법학전문대학원 체제의 도입으로 야기된 현재의 상황이 법학자들로 하여금 정체성에 대한 질문을 더 절박하게 만드는 것 같다. 이 글은 현재 법학전문대학원 체제에서의 법학자의 정체성의 문제를 과거 역사로부터 돌아보고자 하는 취지로부터 시작되었다. 그러나 우리나라에서 과거 법학자들의 정체성이 어떻게 형성되고 변화되어 갔는지를 포괄적으로 규명하는 것은 필자의 눈에는 거의 불가능한 일로 비친다. 한마디로 말해서 주제의 경계가 불분명하고, 너무 광범위하다. 이런 이유로 글의 범위와 한계를 먼저 명확하게 하고 시작하는 것이 좋을 것 같다.

주제를 명확히 하기 위해 해결해야 할 문제는 먼저 법학자와 법학 교수의 관계이다. 일상 용어에서 양자는 보통 동일한 대상에 대해 교환적으로 사용되는 것

---

* 조선대학교 법학과 교수.
1) 최종고, 『한국의 법학자』, 개정판, 서울대학교출판부, 2007, 서문 ⅴ.

같다. 그러나 양자가 반드시 일치하는 것은 아니다. 학자가 연구에 중점을 둔 용어라면, 교수라는 용어에는 연구 못지않게 교육의 역할도 강조되고 있다고 보인다. 따라서 법학자이면서 법학 교수가 아닐 수도 있으며, 반대로 법학 교수이지만 진정한 의미에서 법학자로서의 역할이 기대되지 않는 경우도 얼마든지 있을 수 있다.

또 다른 구분도 있을 수 있다. 이런 구분에는 우리말로 소명과 직업이라는 뜻을 함께 가진 독일어 'Beruf'(영어로는 'vocation')를 참조하는 것이 도움이 된다. 즉 법학 교수가 직업의 측면이 강조된 용어라고 한다면, 법학자는 소명의 측면이 강조된 용어로 이해할 수 있다는 것이다. 물론 독일어 'Beruf'라는 단어에는 모든 직업을 소명으로 바라본 종교개혁가 루터(Martin Luther)의 흔적이 깊이 각인된 특수성이 있다. 그렇다 하더라도 단순히 사회적 신분의 표시를 뛰어넘어, 법학이라는 학문의 내적 목적을 지향하는 사람으로 법학자라는 용어를 사용하는 것이 그렇게 무리라고 생각되지는 않는다.

다음으로 대상 시기와 관련해서 이 글에서는 우선 법학자 형성의 초창기를 중심으로 범위를 좁히려 한다. 좀 더 구체적으로 말하면 해방 후 제1세대 법학자들, 즉 우리 자신의 양성시스템으로 법학자들을 배출하기 전의 법학자들의 활동 시기에 집중하고자 한다. 한국법학사에 대한 다른 서술들을 참조할 때, 이 글에서 지적할 초창기의 원형적 특징이 숱한 변화에도 불구하고 소위 민주화 시기 전까지는 지속된 것으로 보인다는 점이 시기 제한의 하나의 변명이 될 수 있을 것 같다. 따라서 그 후의 변화가 현재를 이해하고 미래를 전망하는 데 중요하다고 판단되면, 예외적으로 시기에 구애받지 않고 간단히 언급하고 넘어갈 것이다.

마지막으로 미리 밝혀둘 것은 방법론상의 한계이다. 지금까지 법학자에 대한 탐구는 개별 학자들에 대한 생애와 업적에 대한 서술이 주를 이루는 것 같다. 법학자 집단 전체를 객관적으로 탐구하기 위한 방법론이 잘 개발되지 않은 탓으로 짐작된다. 특히 이 글이 집중하고자 하는 해방 후 초창기 법학자 집단에 대해서는 기본적인 사회학적 데이터조차 구하기가 힘든 것이 사실이다. 이런 이유로 이 글에서 먼저는 우리 법학에 대한 회고나 반성에서 반복적으로 표출된 문제의식을 그대로 채택하고, 그 원인이 된 초기의 조건들과 문제 양상을 살피고자 한다. 그런 후에 지적된 문제의식에 비추어 선구적 모범에 근접했다고 생각되는 제1세대

법학자 두 명을 선택하여 그들의 성취와 한계를 살피는 방식으로 진행하려고 한다. 후대의 법학자들이 머리로서가 아니라 실질에서 법학자로서의 야망이나 태도, 규범 등을 습득하게 되는 것은 이렇게 앞서 살았던 모델들의 영향이 크다고 보기 때문이다. 마지막으로 맺음말을 통해 민주화 시기와 현재의 법학전문대학원 체제에서의 상황을 과거와의 연결 속에 간단히 진단해 보는 것으로 마치고자 한다.

II. 법학자의 소명과 초창기 한국의 특수성

1. 소명으로서의 법학

앞에서 언급한 대로 베버(Max Weber)의 한 강연 제목을 빗대어 말하면 법학자란 법학을 소명으로 삼은 사람이라고 할 수 있을 것이다. 따라서 법학자의 이상적인 정체성은 법학이 무엇이며, 무엇을 추구하느냐와 결부되어 있다. 그러나 소명으로서의 법학을 이야기하기 전에 먼저 학문 일반에 관한 베버의 이야기로부터 시작해 보자. 학문이 진리의 발견 또는 창출에 이바지하는 것이라는 데에는 의문의 여지가 없을 것이다. 이런 점에서 베버는 학문에 대한 소명의 내적 측면을 다음과 같이 표현하였다. "지금 앞에 있는 불분명한 원고의 이 부분을 정확히 하는 데 영혼의 운명이 달려있다는 생각"[2]에 빠져드는 저 기괴한 열정이 없는 자는 학문에 대한 소명이 없는 자이며, 오로지 학문 그 자체를 위해 몰두하고 헌신하지 않는 자는 학문 영역에서는 "인격(Persönlichkeit)"[3]이 없다. 이 말을 받아들인다면, 진리 그 자체를 향한 순수한 열정이야말로 법학자에게도 이상적 정체성의 내적 측면을 구성한다고 말할 수 있을 것이다.

그러나 법학은 오랫동안 '빵을 위한 학문'(Brotwissenschaft)이라는 비하에 시달려 왔다. 법학은 진리에 대해 말할 수 없고, 단지 빵을 구하는 데나 유리한 사이비 학문에 불과하다는 것이다. 베버 자신은 법학의 학문성을 결코 의심하지 않았다. 그러나 법학의 학문성에 대한 회의가 집중적으로 표출된 배경에는 사실과

---

2) 막스 베버 지음 / 이상률 옮김, 『직업으로서의 학문』, 문예출판사, 1994, 19면. 번역은 필요한 경우 다음 원문을 참고하여 수정하였다. 이하 같다. Max Weber, *Wissenschaft als Beruf*, S. 482. <https://www.molnut.uni-kiel.de/pdfs/neues/2017/Max_Weber.pdf> (검색일: 2024.8.20).

3) 위의 책, 23면; a.a.O., S. 486.

가치를 엄격히 준별하는 19세기와 20세기 초반의 실증주의적 사고가 배경이 되고 있는데, 동시대의 인물이었던 베버 역시 비슷한 사고의 일단을 내비치고 있다. 즉 문화 내용의 가치에 대한 물음과 어떻게 행동해야 하는가라는 물음에 답하는 것은 학자의 임무가 아니라는 것이다.[4] 그것은 과학적으로 증명이 불가능하기 때문이다. 학문은 오로지 사실관계의 분석과 확인에 종사할 뿐이라고 베버는 말한다.

그런데 법학은 가치와 어떻게 행동해야 하는가에 관한 학문이 아닌가? 물론 베버가 가치의 문제는 아예 학문의 대상이 될 수 없다고 말하는 것은 아니다. 단지 가치의 문제를 학문적으로 다룰 때에는 그 사실적 귀결 또는 그것을 실현하기 위한 수단과의 관계를 명확하게 드러내는 것에 그쳐야지, 가치에 대한 당파적 입장을 옹호해서는 안 된다는 것이 베버의 주장이다. 그런 점에서 학자에게는 지적 공정성이 필수적이다. 당파적 입장에 불편한 사실이더라도 그대로 인정하게 하는 것이 학문의 실천적 기여 중의 하나라는 것이다.[5]

이런 전제 위에서 베버는 학문으로서의 법학의 임무를 매우 엄격히 규정했다. 그에 따르면,

> 법학은 혹은 논리적 필연성에 의해, 혹은 관행으로 주어진 기본틀에 의한 구속을 받는 법적 사고의 규칙에 의거하여 무엇이 타당한지를 확정한다. 즉 특정 규정과 그것을 해석하는 특정 방법이 언제 구속력이 있는 것으로 인정되는지를 확정한다. 법이 있어야 하는지, 그리고 바로 이 특정 규정을 입법해야 하는지에 대해서는 법학은 대답하지 않는다. 다만 결과를 얻고자 한다면, 이 규정이 우리의 법적 사고의 규범에 따라 취할 수 있는 적합한 수단이라는 것을 제시할 뿐이다.[6]

그러나 오늘날은 베버의 시대와는 다르게 사실이 가치로부터 그렇게 철저하게 분리될 수 없다는 것을 안다. 베버가 말하는 법적 사고의 규칙이란 것도 주어진 사실로서 확정되어 있는 것은 아니다. 특정 사안에서 법적 사고의 규칙이 무엇인지 자체가 논란의 대상이 되는 경우가 대부분이다. 그것은 법적 사고의 규칙은 어떠해야 하는가에 대한 가치판단에 의존하며, 때로는 해당 사안의 결론에 대

---

4) 위의 책, 39면. a.a.O., S. 498.
5) 위의 책, 41면; a.a.O., S. 499.
6) 위의 책, 37면; a.a.O., S. 496.

한 선(先)판단에 영향을 받기도 한다. 그렇다고 그것이 자의적이 되는 것은 아니다. 어떤 방법과 결론이 더 타당한지를 어느 정도는 객관적으로 판단할 수 있기 때문이다. 즉 논증의 방식을 통해 먼저는 공동체의 법전문가들, 더 나가서는 법공동체 전체를 대상으로 이성적으로 얼마나 더 설득할 수 있는가가 기준이 될 수 있다.[7]

법적 진리가 법공동체에 대한 이성적 설득력에 의존한다는 사실은 논증이 보편성에 호소할 뿐만 아니라, 공동체마다의 특수성을 지닌다는 사실도 암시한다. 즉 논증은 논리 규칙과 함께 궁극적으로는 법공동체의 이념적 가치에 기반한다. 물론 법의 이념적 가치는 일차적으로는 공동체의 법제도로부터 추출된다. 그러나 그것은 법제도 내에 고정된 형태로 존재하는 것이 아니다. 해당 공동체의 열망과 문화, 그리고 역사적으로 형성된 현재 상황에 비추어 검증되고, 또 최선으로 구성되는 것이다. 이런 점에서 법학이 다루는 법적 진리는 발견할 뿐 아니라, 이성적 논증을 통해 형성해 가는 것이기도 하다. 그러나 이 과정에서 다른 공동체와의 비교도 중요하다. 모든 법공동체는 인류라는 보편성과 각자의 특수성을 겸유하기 때문이다. 이런 이유로 훌륭한 법학자는 비교법적 통찰을 무기로 법의 현지화와 세계화를 동시에 추구한다.

법적 진리의 이런 성격 때문에 법실무가와는 구별되는 법학자의 정체성이 보다 구체화될 수 있다. 법학자는 법적 진리의 발견 또는 구성에 전념하는 자이지만, 법실무가는 법적 진리의 선언도 중요하지만 당장의 분쟁에 대해 권위적 결정을 내려야만 한다는 것이 더 중요하다. 따라서 법실무가의 결정에는 주관적 편파성이 법적 진리로 포장되기가 상대적으로 더 쉽고, 시간의 제약 속에서 두루 검증된 논증을 구사하기가 어렵다.

훌륭한 논증일수록 논거를 뒷받침하는 배후의 논거를 찾아, 마침내 최대한 많은 사람의 동의를 얻을 수 있는 전제(이념)에 이르거나, 그런 전제를 구성해낸다. 따라서 논증은 체계 정합적일뿐만 아니라, 깊이를 더할수록 기초법학이나 인접 학문과 긴밀히 얽힐 수밖에 없게 된다. 그러나 실무가는 결정에 이르는 시간적 제약 때문에 논거에 대한 깊은 수준의 검증이 불가능하다. 그렇기 때문에 법

---

7) 법학의 학문성에 관한 포괄적인 논의로는 이계일, "법학의 학문성에 대한 반성적 고찰", 공법학연구, 제19권 제1호, 2018, 133-185면이 참고할 만하다.

실무가의 활동을 더 넓고 깊은 수준에서 검증하고 선도하는 데서 법학자의 고유한 역할이 존재한다. 물론 모든 법학자들이 기초법학적 기초 위에서 출발해야 하는 것은 아니다. 실무가와 법학자 사이에 역할 분담이 존재하듯이, 법학자 상호간에도 단계에 따른 역할 분담이 존재한다. 그러나 분명한 것은 분담이 단절이 아니라, 상호 의존적 관계를 형성해야 한다는 사실일 것이다.

그런 점에서 법학자는 먼저 실무자 앞에 놓인 문제의 구체성을 잘 이해하고 출발하는 것이 중요하다. 그러나 눈앞의 그 문제 해결에 필요한 정도와 수준에서 법학자의 작업이 그쳐서는 안 된다. 법학자는 당장을 넘어 장래에도 통용될 수 있는 일관된 방향을 제시하며, 최대한 넓게 다른 사안들의 해결에도 도움이 되는 통합된 이론을 창출하는 것이어야 한다. 그렇지 않다면 법학자는 실무가의 보조이거나 아류, 그것도 아니라면 쓸모없는 공상가에 그치고 말 것이다.

다른 한편으로 이 점은 법학자들에게 소명의 경계를 설정해 주기도 한다. 아무리 학문적으로 충실한 작업이라고 해도, 구체적인 사안에서는 특정 결론에 이르기 전에 논증의 힘이 소진될 수 있기 때문이다. 즉 어느 지점에서는 결단이 논증을 대신한다. 따라서 이런 경우라면, 법학은 학문적 작업으로 도달할 수 있는 마지막 지점에서 가능한 결론의 범위를 좁혀주거나 결론의 방향을 제시하는 데 그쳐야 할 것이다. 실무가들과는 달리 법학자들은 반드시 구체적인 답을 내야 하는 의무를 지는 것은 아니기 때문이다. 만일 이런 경우에까지 구체적인 답을 제시하고자 한다면, 그것은 여론의 선도자나 정책 자문가로서의 활동일 수는 있을지언정, 더 이상 법학자의 정체성을 드러내는 활동은 아니라고 보아야 할 것이다.

2. 초기 법학자의 정체성 형성과 제약 요소들

(1) 법학자 전통의 부재와 고시(考試)의 영향

법학자의 정체성이란 집단 속에서 형성되는 것이다. 학문이란 무엇인지, 법학의 학문적 임무와 방법은 무엇인지, 그 임무를 수행하기 위한 내적 열정과 자세, 능력 등의 많은 것이 학문공동체 안에서의 수련과 참여를 통해 습득된다. 그런데 제1세대 법학자들은 그런 법학공동체를 충분히 경험하지 못한 채, 그들 자신이 법학자로서의 길을 개척해 가야 했다. 식민지 시기 조선에 경성제국대학이 존재했고, 적지 않은 엘리트들이 일본 대학으로 유학을 다녀오기는 했다. 그러나 조선인에게는 법학 교수직을 허락하지 않았기 때문에, 법학자의 길을 희망하는 경우는 거의 없었다.

해방 직후 법학 교수에 임용된 자로서 학자로서의 최소한의 수련이라고 할 수 있는 대학의 조수 경험이 있는 자라면, 유진오, 고병국, 유기천, 김증한, 주재황 등 극소수를 들 수 있다. 그 외 대부분은 갓 대학을 졸업한 사람들이거나, 그보다 조금 나은 경우로 대학 졸업 후 보성, 연희, 경성 등의 전문학교에서 연구라기보다는 법학 교육에 종사한 경력, 또는 고시에 합격하여 법조나 행정 계통에 종사했던 경력의 사람들이었다. 이처럼 우리 법학자 집단이 제대로 된 학문공동체의 전통 속에서 정체성을 체득할 기회를 갖지 못했다는 사실은 법학자로서의 소명을 추구하는 데 근원적인 한계로 작용할 수밖에 없었다.

이런 한계의 객관적 표출은 처음에는 '번역법학' 또는 '번안법학'이라는 형태로 나타났다. 일제강점기의 법체계가 기본적으로 이어지는 상황에서 당장의 교육용 교재의 필요에 응하기 위해 일본의 교과서들을 번역하거나 약간의 수정을 가하여 출판하는 것은 당시로서는 불가피한 일이었을 것이다. 그런데 이렇게 번역 또는 번안된 교과서들이 상업적으로 크게 성공을 거두자, 이것이 법학자들에게 지식 창출을 위한 연구보다는 교육용 교재 발간을 중심으로 작업하도록 하는 유인으로 작용했던 것 같다.[8]

물론 그 상업적 성공이라는 것도 교과서 자체의 가치라든가 순수한 의미에서의 교육상 필요에서 기인한 것은 아니었던 것으로 보인다. 다른 학문 분야에 비해서도 유독 법학 교과서에 대한 수요가 컸기 때문이다. 따라서 더 큰 원인은 짐작하는 대로 수험상의 필요에서 찾아질 수밖에 없다. 주지하듯이 일제강점기 동안 고등문관시험의 합격은 일반 식민지인이 신분 상승을 이룰 수 있는 최고의 지름길이었다. 이런 경험이 오랜 관료 숭상의 전통, 그리고 해방 후에는 국가 건설의 인재가 되겠다는 명분과 결합하여 거대한 고시 열풍을 자아냈다. 해방 후 출발부터 법대가 누렸던 엄청난 인기와 많은 대학에서 가졌던 최고의 지위는 바로 이런 고시 열풍과 떨어져서 이해할 수 없다. 교육용 내지는 수험용 교과서는 바로 이런 필요에 정확히 부응했던 것이다.

---

8) 양창수, "법학의 도덕성: 자기증식적 교과서법학과 관련하여", 『노모스의 뜨락』, 박영사, 2019, 147면.

번역 또는 번안법학 자체는 1960년대 이후 서구, 특히 독일에서 법학박사학위를 취득하고 귀국한 유학자들이 많아지면서 어느 정도 극복할 수 있었다. 물론 한동안 서구의 법제도나 이론을 소개하는 것이 법학의 최고 경지인 것처럼 여기는 소위 '수입법학'의 시대가 이어졌고, 이 역시 우리 공동체에 적합한 이론을 창출해야 하는 법학의 본령에서 한참 벗어나 있기는 마찬가지였다. 그러나 번역법학이 번안법학을 거쳐 수입법학으로 대체되면서도 '교과서법학', 더 근본적으로는 '수험법학'의 일관된 흐름은 오랫동안 그대로 이어졌다.

물론 교과서법학이나 수험법학을 마냥 폄훼할 수만은 없다. 교과서로 공부한 수많은 법대생들과 고시 준비생들이, 고시에 합격한 경우가 아니더라도, 각계에 진출하여 행정체계나 사회질서의 기틀을 잡는 데 크게 기여했기 때문이다. 그러나 교과서법학이나 수험법학의 만연이 법학의 본래적 연구에 천착하는 것을 방해한 측면이 있었다는 것은 틀림없는 사실이다. 시간이 한참 지나 2000년대 초반 교수들의 업적평가에 논문의 양적 평가가 도입되고 난 후로 법학에서도 연구 논문의 수가 비약적으로 증가하기는 했다. 그리고 양적 증가가 질적 향상을 가져오는 측면도 존재했다. 그러나 긴 호흡으로 완결성과 독창성을 추구하는 연구 풍토를 정착하는 데는 그것이 오히려 저해되는 요인이 되기도 했다. 양적 평가 제도 아래서는 빠른 생산이 굉장한 미덕이 되었기 때문이다. 여전한 수험법학의 압박 속에서 양적 평가에 대한 순응이라는 새로운 형태가 법학자로서의 정체성에 대한 시험으로 작용하였다.

(2) 실무계와의 유리

법학자의 정체성은 숙명적으로 법실무 내지 실무가와의 관계를 도외시하고서는 규정될 수 없을 것이다. 이와 관련하여 짧은 판사 생활을 거쳐 오랜 기간 법학자로 지내다가 대법관을 역임하고 다시 학계로 돌아온 양창수는 2017년 한국법학원의 한 강좌에서 다음과 같이 과거를 회고하였다. "우리 법학 교수가 하는 일은 재판을, 또 재판 일은 법학 교수들의 작업을 서로 외면해서 저 멀리 동떨어져 있는 듯 했습니다."[9] 도대체 실무와 무관한 법학이라는 이런 한국적 기현상의 원인은 어디서 유래하는가?

---

9) 양창수, "어느 법학교수가 살아온 이야기", 『민법연구』 제10권, 박영사, 2019, 16면.

법학계가 출범할 당시 법학자와 법조 실무가에 대한 사회적 인식에는 상당한 격차가 있었다는 사실로부터 출발하는 것이 좋을 것 같다. 앞서 언급하였듯이 일제강점기를 거치면서 법조에서 활동하는 법실무가들에 대한 사회적 선망은 대단했다. 그리고 그것은 그들이 최고 난도의 시험을 통과하였다는 점만으로도 정당화되었다. 반면에 김기두의 회고에 따르면, 법학 교수란 "거의가 새출발하는 인사들"로서 "이것도 본인이 원한다는 것보다는 교수 자격 있는 사람들이 없기 때문에 거의 강제로 징용되다시피 하여 교수 또는 강사가 된" 경우였다.10) 다소 과장이 섞였겠지만, 대학을 졸업했다는 이유만으로 상대적으로 쉽게 교수직에 진입했다는 인식이 충분히 있을 수 있는 상황이었던 것 같다.

그럼에도 불구하고 해방 직후에는 양 직역 사이에 상호 문호가 개방되는 것이 바람직하다는 인식과 그 실현 움직임이 존재했다. 미군정기인 1946년 2월 27일자 법무국법령 제11호에서는 "공인된 대학이나 전문학교에서 법률과정을 오개년 이상 교수한 자는 소정 시험을 경유치 않고 법무국장에게 신청하야 허가에 의하야 법률사무를 개업할 자격이 유함"이라고 규정하였고, 1948년 5월 4일에 제정된 법원조직법(법령 제192호)에 따르면, 인정된 법과대학의 법률학 교수, 조교수의 직에 15년 이상 종사한 자는 대법원장과 고등법원장에, 8년 이상은 고등법원 판사 등에, 2년 이상 종사한 자는 일반 판사에 임명할 수 있었다. 이는 변호사 경력 연수와 동등한 조건이었다.

물론 법조 자격자나 경력자가 학계에 지원하는 것도 적극 환영받았다. 이들이 대학교수를 지망한 이유는 다양할 것이다. 그러나 전전 일본에서 법학자에 대한 일반적 인식이 높았던 점도 분명 하나의 배경이 되었을 것이다. 전전 일본의 경우 조선인에게는 해당되지 않았지만, 최고 엘리트 관료 산실이었던 동경대학에서도 법대 졸업자 중 가장 우수한 인력이 학계로 진출하는 것이 일반적 경향이었다고 하기 때문이다.11) 사실 그것은 당연하기도 했다. 대륙법계 전통에서는 법학자들이 실무의 변화를 선도하고 법의 발전을 주도해 왔기 때문이다. 반드시 전임교수가 아니더라도, 이 시기 신생 법과대학에는 실무가들이 대거 겸임교수로 참여하여 법학교육의 상당 부분을 담당하였다.12)

---

10) 김기두, "형사법학계의 회고", 법학(서울대), 제19권 제1호, 1978, 169면.
11) 유기천, "나의 초학시절", 시민과 변호사, 1994. 4월호, 138면.
12) 서울 외 지역에서 최초로 설립된 조선대학의 경우 법학교수진 거의가 겸임의 실무가들이었고, 그

그러던 것이 정부수립 후 제정된 법원조직법이나 변호사법에서는 법학 교수에게도 고등고시 사법과를 합격한 경우에만 변호사 자격을 부여했으며, 변호사 자격자만 법관이 될 수 있도록 변경되었다. 그리고 초기 법학 교수로 임용되었던 법조 경력자들도 얼마 지나지 않아 대부분이 학계를 떠나게 되었다. 뒤에서 보듯이 학문의 자유가 보장되지 않는 데서 오는 심한 자괴감과 함께 양 직역 사이에 존재하는 경제적 대우의 차이도 무시할 수 없는 영향을 미쳤던 것같다.13) 어쨌든 이로써 학계와 실무 사이의 경계가 뚜렷해지기 시작했고, 우리나라는 오늘날까지 법학과 법실무 영역을 제도적으로 분리시킨 유례가 드문 나라가 되었다.14)

학계와 실무계의 분리는 서로의 작업에 상호 무관심이라는 불행을 낳았다. 법학자들은 실무가들의 일을 은연중 기술적인 작업에 불과한 것으로 치부하는 경향이 있었고, 반면에 실무가들은 법학자들의 작업이 실무에 별 도움이 되지 않는다고 생각했다. 법학이 일본의 번역법학에 머무는 한, 그것이 실무가들이 도달할 수 없는 미지의 영역은 아니었기 때문이다. 후일 학계의 경향이 서구법학의 수입으로 전환하면서 비로소 법학은 당분간 실무계가 쉽게 접근할 수 없는 독자의 영역을 개척할 수 있었다. 그러나 수입법학은 그 자체만으로는 우리 현실과 유리되었기 때문에, 실무에 직접적 도움을 줄 수 없었다. 이런 연유로 시간이 한참 지나기까지 우리 실무는 일본의 실무태도와 해석론에서 벗어날 자극을 받지 못하였다.15) 반면에 법학자들도 실무에 대한 무관심으로 인한 대가를 치루어야 했다. 법학자의 작업이 현실의 문제가 던지는 구체성과는 유리된 채 공론(空論)에 머물고 있다는 비난에 시달려야 했던 것이다.

시간이 지나면서 판례의 중요성이 학계에서 점점 더 인정되어 가기는 했다. 그러나 판례가 대학에서 급격히 중요하게 취급된 계기는 연구라기보다는 사법시

것도 무보수로 참여했다고 알려져 있다[이영록, "해방 후 지방에서의 법학교육 태동에 관한 연구: 조선대학의 사례를 중심으로", 법학논총(조선대), 제28집 제2호, 2021, 164면]. 전수조사해 보지는 않았지만, 서울대학교를 비롯하여 당시 가장 이른 시기 설립된 동아대나 국민대의 경우도 법조인들이 겸임으로 참여하는 경우가 많았다. 교수진이 현저히 부족한 상황에서 해방 조국의 부름에 응한다는 의기와 함께, 일제강점기에 특권을 누린 계층이라는 자의식에 대한 보상 동기가 작용했을 것이다.

13) 김기두, 앞의 글, 169면.
14) 정용상, "실질적 법률가일원화를 위한 정책적 제안: 법학교수의 변호사자격 부여를 위한 변호사법 개정과 관련하여", 법과 정책연구, 제9집 제2호, 2009, 8면.
15) 양창수, "어느 법학교수가 살아온 이야기", 16면.

험 때문이었고, 그것도 시간이 한참 흐른 후의 일로 기억한다. 객관식 문제에서 학설 차이로 인한 오답 시비를 피하기 위한 방책으로 판례의 입장을 묻는 문제가 출제되면서, 교과서와 수험용 도서에서 중요 판례들를 다루지 않을 수 없게 된 것이다. 그러나 이런 교육 현실은 의도하지 않게 법학의 본령과는 반대로 판례 추종적 경향을 낳았다.

　물론 판례를 비판적으로 평석하는 연구 역시 증가하기는 했다. 그러나 법학 자들이 판례를 평석의 대상으로 삼는 만큼이나, 실무계도 연구의 조직을 구축하고 연수 기회 확대 등을 통해 조금씩 자체 연구 능력을 확대해 갔다. 그 결과 법학자들의 판례 평석도 많은 경우는 실무가들과 경쟁적 수준에 머물렀다. 이것도 물론 의미가 적지는 않다. 새로운 사건들이 빠르게 쏟아지는 현실 속에서 고를 수 있는 선택지들을 빠르게 제공해 줄 수 있기 때문이다. 그러나 법학자의 고유한 영역은 기존의 이론을 적용하여 특정 사안의 문제를 해결하는 것에 머물지 않는다. 오히려 그 본질적 역할은 해당 사안을 해결할 수 있는 이론적 틀을 창출하는 것이다. 그럼으로써 해당 사안만이 아니라, 유사 사례, 또는 일견 이질적으로 보이는 사례까지도 새로운 관계성을 포착하여 해결의 토대를 제공하는 것이다. 그런 점에서 법학자만이 할 수 있는 수준과 방법으로 실무에 더 튼튼한 기초와 더 넓고 긴 전망을 제공하는 법학자 고유의 정체성을 인정받을 만큼에는 이르지 못한 것이 현실이었다고 생각한다.

(3) 권력의 압력과 유혹

　학문의 자유는 학자로서의 정체성을 유지하기 위한 가장 기본이 되는 조건이라고 할 수 있을 것이다. 학문의 자유는 국가권력이나 사회 권력의 학문에 대한 존중과 함께 학문의 자유 훼손을 용납지 않으려는 학자들의 주관적 결기가 밑바탕이 되어야 함은 두말할 필요도 없다. 그러나 해방 이래 우리의 정치적 상황은 학문의 자유에 결코 우호적인 환경이 아니었다. 특히 법학은 권력과 밀접한 관련을 갖는 실천학문이기 때문에 권력의 간섭과 유혹이 법학자의 정체성 추구에 크게 영향을 미쳤다.

　해방 직후부터 몰아닥친 우리 사회의 극심한 좌우 대립은 캠퍼스에도 예외가 아니었다. 그 결과 학문의 전통을 세워가야 할 바로 그 시기에 이념으로 학문을 재단하는 일이 빈번하게 발생했다. 교수들이 학생들에게 공개적 지탄의 대상이 되는 경우는 다반사였고, 심지어는 테러를 당하는 일도 종종 발생했다. 서울대학교의 창립 계기가 되는 1946년 8월의 국립대학안 파동은 대학자치권의 문제가 정치투쟁과 연계되어 얼마나 큰 후유증을 남겼는지를 보여주는 가장 상징적인 사건이라고 할 수 있다. 이 사건으로 약 380명의 교수들이 해임되고, 거의 5,000명에 육박하는 학생들이 제적을 당했는데,[16] 이 과정에서 유진오를 비롯한 서울대의 법문학부 교수들도 일괄 사직하게 되었다. 그들 중의 일부는 고려대학교에서 법학자로서의 삶을 이어갔으나, 일부는 학계를 아예 떠나는 결과로 이어졌다.

격렬한 이념투쟁은 정부수립 후 권력에 의한 법치의 무시로 이어졌다. 반공이라는 초법적 이념의 이름으로 권력자들이 법을 자의로 운영하는 일이 비일비재했기 때문이다. 서울대학교에서 형사법과 법철학을 담당하던 황산덕은 "법학자의 반성(1)"이라는 글에서 이런 상황이 법실증주의 퇴조라는 세계사적 조류와 결합하여 어떻게 법학자의 자기 인식에 영향을 미쳤는지를 잘 보여주고 있다. 법실증주의 시대에는 법학자들은 "육법전서의 노예"[17]라는 외부인들의 비웃음에도 불구하고, 예측가능성을 확보하는 실정법 내재적 정의의 실현자라는 점에서 "가장 확실성 있는 정의의 대변인"[18]이라는 자부심을 가질 수 있었다. 그러나 오늘날은 실정법 체계가 더 이상 법실증주의가 가정한 대로 논리적으로 완전무결하지 않다는 것이 밝혀지게 되었다. 여기에 정치가들이 실정법의 다의성과 틈을 비집고 편의적 해석을 강요하는 한편, 편의에 따라 '악법도 법이다'는 법실증주의 슬로건을 내세우며 독재의 길로 내달았다. 이런 상황에서 법학자들은 "허무주의적 현실추종자가 되거나, 백해무익한 독설가"[19]가 될 수밖에 없었다는 것이다.

황산덕 본인은 독설가에 가까운 편을 택했다. 그러나 그의 눈에는 "사회의 지도적 역할을 포기한 채 일신의 안락을 위해 권력에 아부하는"[20] 허무주의적 현실추종자 부류도 분명 존재했다. 이렇듯 권력과의 관계에서 법학자를 빵을 위해 학문을 이용하는 자로 여기는 인식은 비단 황산덕만은 아니었다. 특히 교수가 권

---

16) "국대안 반대운동", 한국민족문화대백과사전 <https://encykorea.aks.ac.kr/Article/E0006182> (검색일: 2024.8.20.).

17) 황산덕, 『법학자의 반성(1)』, 69면.

18) 위의 글, 72면.

19) 위의 글, 76면.

20) 위의 글, 72면.

력의 부름에 응해 정부 요직에 진출하는 문제가 예민하게 의식되었다. 그만큼 그런 일이 많았다는 이야기다. 흥미로운 점은 권력과의 결탁을 그렇게 경계하던 황산덕조차 가장 엄혹했던 유신 시절에 법무부장관과 문교부장관을 역임했다는 사실이다.

특히 정당성의 문제에 시달렸던 권력의 입장에서는 통치 기술로서 법학 지식이 필요했고, 허약한 정당성의 보충을 위해 법학자의 명망이 중요했을 것이다. 따라서 법학 교수의 경우에는 이것은 단지 학문 밖으로의 외도의 문제에 그치는 것이 아니라, 법학자로서의 학문적 소신이 걸린 문제일 수 있었다. 서울대학교 형사법 동료였던 김기두는 여러 차례에 걸쳐 교수들의 제도권 정치 참여에 대해 부정적 인식을 표출한 바 있는데, 법학 교수야말로 가장 그에 해당되는 부류였을 것이다.

> 교수의 생리와 정치의 생리에는 근본적인 간격이 있는 것이다. … 즉 대학교수란 이상과 비판에 사는 사람들이다. 현실을 무자비하게 비판하고 그를 진리의 대도로 인도하려는 이상에 불타고 있는 사람들이다. 그렇기 때문에 대학교수란 세상을 모르는 사람들이라고 어린애 취급을 당하는 것이다. … 따라서 교수의 현실적 정치참여는 정치적 현실이 자기의 원칙과 이상의 방향을 따르고 있을 때 그에 격려와 자료를 제공하는 협력이 가능한 것이고, 그 이외의 경우에는 정치는 이상적 입장에서의 비판의 대상이 될 수 있을 뿐인 것이다. … 따라서 교수의 정치참여의 공과의 문제는 먼저 그들이 실질적 의미에 있어서의 교수인가 아닌가의 문제로 환원되는 것이니[21]

그러나 정작 더 큰 문제는 교수가 정계나 고위 정무직에 진출했다가 다시 학교로 복귀하는 데도 아무런 제약이 없었다는 사실이다. 그 과정에서 학자로서의 정체성이 유지되고 있는지에 대한 학문적 평가조차도 제대로 이루어지는 일이 없었다. 그 결과 교수의 대외활동의 바람직한 기준이 묵시적 관행으로도 확립되지는 않았다.

과연 법학자가 자신의 전문적 지식으로 기여할 수 있는 영역에서 활동하는 것도 정체성에 반하는 것으로 보아야 하는가? 현장에서 자신의 학문적 지론이 관

---

21) 김기두, 『수재론』, 박영사, 1970, 254-255면.

철될 수 있는 상황이 아니면, 곧바로 다시 본직인 학자의 자리로 복귀해야 하는가? 법학자가 '법학자로서'만이 아니라, 법학자이면서 동시에, 가령 칼럼니스트로서, 위원회의 위원으로서, 혹은 법 관련 영역의 전문가로서 활동할 수도 있지 않을까? 그렇다면 전자의 활동은 후자의 활동과 어떻게 달라야 하며, 법학자이기를 포기하지 않는 한 후자의 활동의 한계는 무엇이어야 하는가? 우리 사회가 출발부터 법학자에 대해 현장에서 실질적 기여를 요구하는 사회적 기대가 높았기 때문에 이런 질문들에 대한 대답을 전통으로 확립해 가야 할 필요가 있었다.

그러기 위해서는 적어도 법학자의 정체성을 표방하는 한, 학문 외의 활동에 참여하는 자의 활동에 대해서도 학문적 차원에서의 평가가 법학계 내부에서 활발히 일어나야 했다. 그러나 전반적 상황을 말한다면, 학문에 대한 소명 의식을 능가하는 동양적 온정주의가 그런 건전한 토론을 방해했다. 그 결과 법학자는 한편으로는 사회와 국가의 발전에 실질적으로 기여할 수 있는 전문가라는 사회적 인식과, 다른 한편으로는 '빵을 추구하는 법학자'라는 상반된 인식이 오랫동안 공존했다고 생각한다.

Ⅲ. 법학자 모델을 찾아서: 유진오와 유기천

1. 왜 유진오와 유기천인가?

앞에서는 우리 초창기 법학자들이 한국적 상황에서 이상적인 법학자로서의 정체성을 추구하기가 어려웠던 점들을 이야기해 보았다. 그러나 개별적으로는 이런 제약 조건 속에서도 시대가 법학자에게 요구하는 바를 이루기 위해 노력하고, 실제로도 놀라운 성취를 이룬 법학자들도 적지 않았다. 오늘날 법학자라는 이름에 어떤 자부심과 긍정적 어감이 담겨 있다면, 바로 그와 같은 이들의 노력과 영향력 덕분일 것이다. 유진오와 유기천은 그 상징적인 인물이다. 이 둘은 한국 법학의 첫 출발자들에 속했지만, 후대의 어떤 세대와 견주더라도 결코 희미해지지 않는 법학자로서의 빛을 비추었다고 생각한다.

둘은 당시로서는 흔치 않게 학자로서의 수련을 거칠 수 있었다. 유진오는 경성제국대학 법문학부를 졸업하고 같은 대학에서 형법과 법철학 조수로 4년을 보낸 후, 보성전문에서 법학 교육에 종사했다. 유기천은 동경제대를 졸업한 후 1939년 12월부터 1946년 2월까지 토후쿠(東北)대학 민법 교실에서 조수를 역임하였다. 유진오는 경성지방법원의 판사직 특별채용 제의도 거절하면서 학교에 남았고, 유기천 역시 동경제대 시절 "교수를 가히 외경의 눈으로 바라보면서 혹시나 내가 교수가 될 수 있지 않을까 하는 막연한 꿈"[22)]에서 조수를 지원하였다고 한다. 비록 그들이 해방 후 전공과는 다른 전공으로 조수 생활을 경험했지만, 학문에 대한 동경과 합쳐져서 그 정도 준비만으로도 가장 뛰어난 법학자 반열에 오를 수 있었다고 본다.

그러나 뛰어났다는 사실만이 그들을 선택한 이유가 아니다. 그들의 업적이 이후 후속 세대에 의해 계승되거나, 또는 극복되는 과정이 보이지 않았다는 문제의식 때문이기도 하다. 이를 통해 법학자 집단의 일원으로서의 정체성에 관해 조금 언급할 기회를 얻고자 한다.

2. 현민(玄民) 유진오

현민 유진오는 제헌헌법의 주도적 기초자이자 한국 헌법학의 토대를 구축했다고 평가되는 가장 대표적인 1세대 헌법학자이다. 잘 알려진 대로 헌법학자로서 그가 명성을 날리게 된 것은 제헌헌법의 기초 과정에 참여하면서부터이다. 1947년 과도정부 산하 법전기초위원회의 헌법 분과에 위촉되었는데, 위원회에는 김병로, 김용무, 이인 등 연배가 높은 쟁쟁한 법률가들이 참여하고 있었다. 그럼에도 불구하고 대학교 때 배운 헌법 이론과 해외 문헌을 통해 습득한 해박한 헌법 지식을 통해 헌법 기초의 전 과정을 주도해 갈 수 있었다. 국회 심의에 부쳐진 헌법안도 그가 이때 작성한 사안(私案)이 뼈대가 되었고, 국회 심의 과정에서도 직책은 비록 헌법기초위원회 전문위원이었지만 거의 모든 수정 사항이 그의 자문을 거쳐야 할 만큼 "이 헌법의 전문권위가"[23)]로서 영향력을 행사하였다.

그는 자신이 작성한 헌법안의 이념을 정치적 민주주의와 경제적·사회적 민주주의의 조화에 있다고 역설하였다. 그러나 이런 보편적 표현의 이면에는 당시

---

22) 유기천, 앞의 글, 138면.
23) 제헌국회 본회의에서 헌법기초위원장이던 서상일 의원이 헌법안의 대체설명을 유진오에게 넘기면서 의원들 앞에 소개한 표현이다. 이영록, 『유진오 헌법사상의 형성과 전개』, 한국학술정보, 2006, 145면.

우리의 특수한 상황에 대한 나름의 고려가 작용하였다. 그것은 해방 후 민주주의의 표본으로 인식된 영미식의 강한 개인주의와 자유주의 물결을 적정선에서 제어하고, 개화기 이래로 일제강점기를 거쳐 면면히 흘러온 민족주의적 요구를 헌법에 접목하는 것이었다. 이를 위해 한편으로는 국가권력의 강화를 도모하되, 다른 한편으로는 그것이 전체주의나 독재로 전락하지 않도록 최소한 방파제를 구축하는 데 헌법의 주안점을 두었다.[24] 그것은 또한 우파의 입장에서 좌파 주장을 일정 부분 수용함으로써 우파의 정통성을 강화하려는 목적에도 이바지하였다.

여기서 주목되는 점은 그가 일개 헌법학자로서 쟁쟁한 법조 실무가들이나 정치가들과 제헌이라는 엄청난 실무 작업을 함께 하면서도, 단순한 기능인으로서가 아니라 법학자만이 기여할 수 있는 고유한 역할로써 작업을 주도했다는 점이다. 물론 그의 학문적 소신이 그대로 관철된 것은 아니었다. 그럼에도 불구하고 제헌헌법은 거의 모든 곳에 그의 흔적을 간직한 문서가 되었다. 법학자로서 그가 가진 이런 독보성의 요인에는 여러 가지가 있을 것이다. 우선 영어는 물론 독어와 불어 독해에 능통했고, 이런 외국어 능력을 바탕으로 해외의 헌법 상황을 빠르고 체계적으로 습득할 수 있었다는 점을 들 수 있다. 이는 전전 일본의 헌법 지식에 갇혀 있고, 이제 막 밀려드는 미국의 단편적인 헌법 지식에 혼란스러워하던 다른 법 전문가들이 넘볼 수 없는 경지였다. 또 한 가지는 대학과 조수 시절이 맑시즘에 몰두했던 시기와 겹치고, 그가 우리나라 문학사의 유명한 소설가였다는 점을 들 수 있다. 덕분에 그는 조문법학에 갇히지 않고 폭넓게 인간과 사회, 정치의 문제에 대한 안목을 넓힐 수 있었다. 그것도 단순히 책 속의 지식으로서가 아니라 참여적 관심 속에서 그랬다. 그가 직접 사회주의 운동에 투신한 적은 없으나, 학창 시절 직접 방대한 사회실태 조사에 나서 결과를 발표하기도 했고, 해방 후에도 보성 설립자 김성수와 가까이 지내면서 비교적 정치 현장을 잘 이해할 수 있었다. 이론과 현실에 걸친 이런 미덕들을 바탕으로 당시 헌법적 과제들을 민감하게 파악하고, 그 해결을 지도할 나름의 헌법 이념을 제시하며, 그 이념 아래 해외 각국의 헌법, 그리고 임시정부 이래의 우리의 헌법문서들을 엮을 수 있는 유일한 사람으로 인정받을 수 있었던 것으로 보인다.

물론 그가 이처럼 독보적 권위가로 인정받을 수 있었던 것은 당시의 상황에

---

24) 위의 책, 335면.

서 헌법이라는 특수한 분야였기 때문에 가능했다는 점을 무시할 수 없다. 해방 후 주요한 활동을 할 사람으로서 식민지 기간 동안 헌법에 관심을 가졌을 사람은 없었을 것이기 때문이다. 오늘날도 법학자의 그런 뛰어난 역할은 아주 신생 분야에서나 기대할 수 있을 것이다. 그럼에도 불구하고 조그만 역할이라도 법학자가 법학자의 정체성을 가지고 실무의 작업에 참여하고자 할 때, 이 시기 유진오의 모범은 계속 이야기되고 전승될 필요가 있었다. 물론 학문적 소신이 일치한다면, 단순한 기능적 봉사도 가능할 것이다. 그러나 적어도 책임감을 가질 수 있는 학문적 소신이 없거나, 소신과 무관하게 기능인의 역할을 하는 사람은 법학자의 정체성을 버리고 작업을 하는 것이라고 생각한다.

그에게 주목해야 할 또 하나의 점은 학문적 성과이다. 그의 학문적 업적의 정수는 제헌헌법을 해설한 『헌법해의』(1949)와 그것을 개정한 『신고 헌법해의』(1953), 헌법 제정 과정 중 발표한 글들을 모아 편집한 『헌법의 기초이론』(1950), 그리고 헌법 제정 후 헌정에 관한 논평을 모은 『헌정의 이론과 실제』(1954)에서 찾을 수 있다. 이들 업적을 통해 그는 우리 헌법을 보는 고유한 이론적 틀을 형성했다. 그의 위대함은 치열한 정치세력 간 다툼의 와중에서 타협이 가능한 이념을 제시하고, 이를 개념화하여 학문적으로 정당화하는 데 어느 정도 성공했다는 점이다. 한 마디로 그에 의해 정치적 의지가 이성의 언어로 바뀌었다. 그가 아니었다면 제헌헌법의 모든 조항은 제각각이 정치투쟁의 산물로만 이해되었을 것이다. 비교헌법사적으로 볼 때, 유진오에게 가장 크게 영향을 미친 헌법사상은 제1차 세계대전 직후의 유럽에 머무르고 있었다.[25] 그런 점에서 그의 헌법학은 다소 시대착오적이었다고 판단할 수도 있다. 그러나 그는 이를 당시 우리 상황에 대입하여 다른 어떤 법학 분야보다도 한국적 현실을 고려한 헌법학을 전개할 수 있었다. 적어도 이 점에 관한 한 법학자로서의 소명을 누구보다도 가깝게 완수한 인물이라고 평가하기 부족함이 없을 것이다.

아쉬운 점은 그가 헌법학자로 활동한 기간이 극히 짧았다는 사실이다. 헌법 제정 후에는 바로 초대 법제처장으로 발탁되어 복무하다가, 대학에 복귀한 이후에도 헌법학자라기보다는 대학 행정가로서의 활동에 치중했고, 그 후에는 아예 정계로 진출했다. 그의 헌법 이론이 과연 그의 뜻대로 보편성과 특수성을 제대로

---

25) 위의 책, 108면.

구현한 것이었는지도 사실 의문이다. 주지하듯이 제헌 이후로 우리 헌정은 파행을 거듭했기 때문이다. 그래도 『헌정의 이론과 실제』를 발표할 때까지만 해도 부분적으로는 자신의 오류를 솔직히 인정하면서도, 자신의 이론 틀 안에서 헌정을 냉철히 비판하는 논평을 이어갔다.[26] 그렇기 때문에 그가 학문적 활동에 계속 몰두했더라면, 시행착오를 거친 좀 더 성숙한 한국적 헌법학의 성장을 목도할 수 있었을지도 모른다는 아쉬움이 진하게 남는다. 아니라면 최소한 엄혹한 시대의 고민이 담긴 헌법학 정도라도 볼 수 있지 않았을까?

물론 대학행정가와 정치가로의 길이 그의 개인사에서 불가피한 경로였을 수도 있고, 또 그 길이 보기에 따라서는 헌법학자로서의 기여 못지않게 컸다고 평가할 수도 있을지 모른다. 그렇다면 그의 헌법학을 비판하고 발전시키는 것은 후학의 몫이 되었어야 했다. 그러나 그 후 오랫동안 한국 헌법학이 걸은 길은 유진오의 고민이 담긴 관점과 개념들을 보편적 언어로 해체하는 과정이 아니었나 생각이 든다. 그 결과 헌법학이 현실과는 완전히 유리된 공허한 학문이 되거나, 유신헌법의 정당화에 이르기까지 급속히 어용법학으로 변질해 갔다.

3. 월송(月松) 유기천

초기 한국 법학자 중에서 세계적 수준에서 한국법을 논한 인물을 꼽는다면, 단연 형법학자 유기천을 들지 않을 수 없다. 우리 법학계가 아직 걸음마 단계를 벗어나지 못하던 때 그는 이미 영어와 독일어로 해외 학술잡지에 기고하고, 국제 학술회의의 발표를 맡는 등, 국제적으로 통용되는 활동을 하였다. "지성사의 본류에 참가할 수 있었던 마지막 법학자"[27]로 칭송되기까지 하는 법학자가 제1세대 법학자 중에서 나왔다는 사실은 놀라운 일이다.

이런 성취는 학문에 대한 그의 넘볼 수 없는 순수한 열정을 빼고는 설명할 수 없다. 그는 여러 기고문을 통해 누구보다도 "학자적 양심, 지조",[28] 어떤 외부적 힘으로도 침해당할 수 없는 내적 가치인 "학자로서의 가치와 존엄성"[29]을 강조하였다. 대학인은 "진리 체득이 이 세상의 모든 가치를 생산하는 모체임을 자

---

26) 이 시기 유진오의 활동과 사상에 대해서는 위의 책, 265-282면.
27) 안경환, "인간 유기천", 유기천 저 / 음선필 역, 『세계혁명』, 지학사, 2014, 387면.
28) 유기천교수기념사업출판재단, 『다시 유기천을 생각한다』, 법문사, 2015, 14면.
29) 위의 책, 11면.

각하고 … 학문의 자립과 존엄성을 세우는 일이 어느 다른 일보다도 가장 궁극적이고 기초적인 작업임을 재인식"할 것을 주문하였다. 당연히 법에서도 실무는 학문적 기초 위에서 이루어져야 했다.

이런 신념은 그가 서울대학교 법과대학장 재임 시절 불굴의 의지로 추진한 사법대학원 설립으로 이어졌다. 사법시험 합격자들을 대상으로 기존의 실무수습을 대신해 석사 수준의 교육을 시킬 필요가 있다는 발상이었다. 사법대학원에서의 교육은 "전통적인 법률 기본과목 외에 법의학, 사실인정법, 영미증거법, 국제관계, 비교국제사법, 외국판례연구, 그리고 교양과목으로서 심리학, 현대철학, 법과 문화 등 인문학과 사회학을 동원한 학제적인 수업으로서 총체적인 학문으로서 법학교육을 시도"[30]한 것이었다. 그의 열정에도 불구하고 사법대학원 시도는 반발에 부딪쳐 그야말로 실험에 그친 채 단명하였다. 그러나 훗날 회고록에서 언젠가는 사법대학원 설립이념은 그와 비슷한 교육기관을 통해 되살아 날 것이라고 신념을 포기하지 않았다. "단지 지식기능공이 아닌 민주 발전의 가치에 대해 깊이 관심을 두고 있는 참된 법관이라면, 그 필요성을 깨달을"[31] 것이라고 했다.

이런 학자적 자존심은 항상 학문의 자유, 특히 정치권력으로부터 자유에 대한 절박한 외침으로 연결되었고, 그 자신이 미국 망명 사건[32]에서 보듯이 목숨을 무릅쓰고라도 자유사회에 대한 자신의 학문적 소신[33]을 굽히려 하지 않았다. 나가서는 학내외를 불문하고 교수의 일체의 정치활동에도 극히 비판적 태도를 보였다. "교수의 직에 있으면서 학생들을 정치적으로 선동하는 「데마곡」형 교수이거나 혹은 권력층에 아부하며 다니는 Running dog 형의 교수이거나 모두 허용할 수 없다. 그들은 모두 '진리에 대한 배반자'[필자 강조]"[34]라고 일갈하기도 했다.

---

30) 최공웅, "유기천과 한국법학교육: 사법대학원을 중심으로", 이시윤 외 5인, 『유기천과 한국법학』, 법문사, 2014, 162면.
31) 위의 글, 157면.
32) 1972년 한 수업에서 정권이 총통제를 획책하고 있다고 작심 발언하여 여러 달을 은신하다가 겨우 미국으로 망명하게 되는데, 이로써 그의 학자로서의 국내 활동은 종료된다.
33) 자유사회에 대한 학문적 소신은 단순히 자신의 이념적 선호를 천명한 것도 아니고, 그것을 학문 외적으로 주어진 전제로 받아들인 것도 아니었다. 세계사적 설명과 우리 역사를 통해, 그리고 철학적으로 자유사회 이념의 타당성을 논증하고자 했고, 형법의 존재 자체가 자유사회 이념을 전제하고 있음을 근거로 했다. 형법학자로서 부딪치게 되는 이런 근본적인 문제들과도 지적인 대결을 회피하지 않았다는 점에서도 그의 학자적 근성을 엿볼 수 있다.
34) 유기천교수기념사업출판재단, 앞의 책, 89면.

학문의 순수성을 지키려는 투쟁에서 제1세대 법학자 중 그를 능가하는 사람이 있을지 모르겠다.

그러나 열정이 지나친 나머지 그림자도 진했다. 그가 서울대학교 총장 시절에 법대 동료 황산덕을 비롯한 몇몇 교수들을 정치교수로 낙인찍어 내쫓은 사건이 있었다. 그런데 그것이 과연 학문의 자유에 대한 그의 열렬한 소신과 부합하는 일이었을까? 사실 그는 이 사건 이전부터 학생 시위에 대한 강경일변도의 대학 행정으로 어용 총장이라는 인식을 받고 있었다. 그러나 그것은 권력에 대한 아부라기보다는 순교자 집안의 보수 기독교 세계관에서 바라본 당시 세태에 대한 신념 때문이었을 것이다. 그러나 동료 교수를 정치교수로 낙인찍어 해직시키는 데 깊이 관여한 일은 변명할 여지가 없다. 학문의 자유에 대한 그의 뜨거운 열정과 정치권력에 굴하지 않는 학자적 기백이 좀 더 우리의 전통으로 연결되었어야 한다는 점에서 이 점은 크게 아쉬움으로 남는다.

유진오의 경우처럼 법의 근본에 닿아 있는 것에 대한 폭넓은 관심 또한 그가 높은 수준에서 형법학을 전개하는 데 영향을 미쳤을 것이다. 그는 이미 학부 시절에 형법에 가장 큰 흥미를 느끼고 있었는데, 그 이유는 다른 법과 달리, 형법학만이 "인간의 근본 문제를 다루는 학문다운 학문"으로서, "인간의 근본적 심성에 대한 성찰"을 담고 있으며, "형법은 단순히 죄에 대한 법"을 넘어, "도덕, 윤리, 종교, 철학, 나아가서 인간의 삶 그 자체였던 것"이라고 생각했고, 히메지(姬路)고등학교 시절의 철학 공부, 특히 "데카르트, 칸트, 쇼펜하우어 철학 등 자유주의, 이상주의에 심취하였던 것"도 영향을 미쳤다고 한다.[35] 그가 전형적인 형법학의 틀을 탈피하여 새로운 경지로 나갈 수 있었던 것은 바로 그와 같은 근본적인 문제를 회피하지 않았기 때문이라고 생각한다.

특히 그가 학문적으로 비약하는 데는 외국어 능력에 더하여 미국 유학의 영향이 컸던 것으로 알려져 있다.[36] 오늘날이야 조금 덜 하지만, 책으로든 직접 피부로든 국내의 좁은 울타리를 넘어 해외의 학문적 공기를 자유롭게 호흡할 수 있다는 것은 얼마나 큰 특권인가? 그는 전쟁 중이던 1952년 스미스 문트(Smith-Mundt) 장학금을 받아 1년간 예일대학에서 연구교수로 지낸 것을 시작으

---

35) 유기천, 앞의 글, 139면.
36) 미국 유학 시기의 영향에 대한 평가로는 오병두, "유기천의 생애와 형법학: '과학적 형법관'의 이해를 위한 시론", 형사법연구, 제31권 제3호, 2019, 7-11면.

로, 1954-56년에 하버드 로스쿨 객원교수, 그리고 1958년에는 다시 예일 로스쿨로 돌아가 법학박사학위(S.J.D.)를 취득하여, 한국 최초의 미국법학박사가 되었다. 이 논문에 대해서는 최종고의 평가를 인용·요약한 오병두의 글을 그대로 소개할 만하다.

> 850개가 넘는 각주, 고전에서부터 현대에 이르는 영·독·불의 문헌과 한국, 일본, 중국문헌을 섭렵한 논문으로, 법학을 문화인류학과 깊이 관련지어 연구하면서, 동시에 법을 철저히 민주주의를 위한 정책과학을 뿌리내리려고 했던 예일학파의 영향을 받아, 법학을 폐쇄적인 도그마가 아니라 사회과학과 인문과학, 나아가 자연과학까지도 포괄적으로 대화하는 자세(방법론)를 택하였고, 이를 신생 한국 법학의 기초로 삼았다는 사실에 비추어 한국 법학교육사에 매우 중요한 의미가 있다.[37]

그의 학문 여정에서 빠뜨릴 수 없는 것 하나는 하버드 로스쿨 시절에 만난 폴란드계 유대인 형법학자 실빙(Helen Silving)과의 결혼(1959)이다. 그는 실빙과 공저로 여러 저작을 발표하였고, 특히 그가 형법학에서 심층심리학을 강조한 것은 실빙의 영향이 컸던 것으로 평가된다.[38]

법학자로서 유기천의 가장 위대한 점은 우리 문화의 풍토를 고려한 고유의 형법학을 개척하고자 했다는 점이라고 생각한다. 그의 박사학위논문의 제목이 "한국문화와 형사책임"인 데서도 그것을 알 수 있다. 그는 우리 문화의 특징을 샤머니즘과 인격의 비개별성(impersonality)으로 규정하고, 이런 특징이 어떻게 형법과 관련되는지를 보이고자 했다. 그의 형법학의 특징을 드러내는 상징형법학과 심층심리학의 강조도 그 자체로 형법학에 큰 통찰을 주는 것이지만, 한국적 형법학을 전개하는 형법철학적 토대가 되고 있다는 점에서도 중요하다. 상징형법학은 언어를 상징적 기호로 보고 형법 규정의 맥락적 해석을 주장한 것인데, 이것이 해석 과정에서 문화의 진입로 역할을 하고 있기 때문이다. 오늘날 형법학에서 뇌과학이나 심리학에 대한 관심이 점증하는 현상을 볼 때, 형사책임의 판단에서 심층심

---

37) 최종고, "유기천의 예일대학 박사학위논문(1958): 한국문화와 형사책임: 법률학의 과학적 방법의 한 적용", Paul K. Ryu, Korean Culture and Criminal Responsibility, 법문사, 331-332면; 오병두, 앞의 글, 13면.
38) 최종고, 『한국의 법학자』, 268면.

리, 즉 무의식의 측면을 강조한 것도 매우 선구적이었다. "심층심리학적 인간상에 따라 새로운 형법학을 정초하고자" 한 그의 시도는 아쉽게도 "미완"에 그치고 말았지만,[39] 우리는 무의식에 미치는 문화의 영향을 예기해 볼 수 있을 것이다.

아쉬운 점은 이런 뛰어난 업적들이 후속 학자들에 의해 비판적으로 계승되지 못했다는 점이다. 그가 한국문화의 특징을 샤머니즘으로 규정한 것에는 비판이 따르기도 했다. 그러나 그런 비판이 샤머니즘이 아닌 다른 어떤 것으로 한국문화와 형법학을 접목하려는 시도로 이어지지는 않았다. 따르는 많은 제자들이 있었음에도 불구하고 그들이 스승의 이론을 발전시키거나 극복하는 일에 나서지 않았다. 이 점은 황산덕이 우리나라에 목적적 행위론을 처음 소개한 이래 활발한 행위론 논쟁이 이루어진 것과 비교된다. 물론 그 논쟁은 독일과 일본에서의 논쟁을 대리한 것이었기에 가능했을 것이다. 그런데도 정작 세계적 수준에서 이루어진 우리 학자의 독창적 업적이 그만큼 활발한 논쟁을 일으키지 못한 점은 아쉽다. 물론 이것이 유기천 자신의 잘못은 아니지만, 그런 협력을 끌어낼 만한 학문적 소통에 성공하지 못한 것은 사실이다. 다행히도 최근 들어 유기천기념재단의 후원 아래 그의 학문적 업적에 대한 평가가 활발히 이루어지고 있다. 그러나 그의 성과가 형법이론 그 자체에 녹아들어 독창적인 우리 형법학의 발전으로까지 이어지지 않은 아쉬움은 사라지지 않는다.

4. 계승(극복)의 문제와 소명의 집단성

바로 앞 부분에서 유진오나 유기천과 같은 뛰어난 법학자의 업적이 계승이나 극복의 과정 없이 그저 유물로 남는 것의 아쉬움을 표현하였다. 법학자로서의 소명은 집단성의 측면도 갖고 있다고 보기 때문이다. 즉 우리 현실에 맞는 법적 이론의 체계를 세우는 법학자의 소명은 최종적으로는 공동 목표를 추구하는 법학자들의 협력 작업에 의해 완수될 수 있다는 것이다. 그런 점에서 바람직한 법학자의 정체성은 공동 목표를 추구하는 집단의 일원이라는 측면을 포함한다고 생각한다.

그러나 이 점에서 보면, 우리 법학계에는 선배나 동료 학자들의 문제의식 내지 업적과의 연계 속에서 자신의 작업을 위치시키는 전통이 매우 약했다고 본다.

---

39) 양천수, "법과 문화: 유기천 교수의 형법철학을 예로 하여", 법과사회, 제60권, 2019, 245면.

연구사 연구가 독자적 영역으로 활성화되어 있지도 않았고, 연구사를 통해 제기된 문제의식이나 과제가 후속 연구들에 의해 다루어지는 경우도 드물었던 것으로 보인다. 문제의식 자체가 외국 법학으로부터 수입되는 경우가 대부분이었기 때문이다. 그러나 그런 경우라도 개인적으로는 가능한 대로 국내의 선행 연구와 관련시키려는 노력이 필요했다고 생각한다. 그런 노력 속에서 알게 모르게 법학의 토착화, 즉 우리 현실에 맞는 변용이 진행될 수 있기 때문이다.

그러나 그런 노력이 전혀 없었던 것은 아니지만, 전체적으로 보면 매우 미약했다. 한국 법학의 산 증언자인 김증한은 조금 다른 각도에서 소명의 집단성 측면에 관해 다음과 같이 아쉬움을 토로하였다.

> 논문을 발표한 후에 찬부간에 아무런 반응이 없는 것처럼 저각감을 느끼게 하는 일은 없다. 비판이나 논전이 없는 학계는 그것만으로도 벌써 침체한 증좌라고 단언하여도 과언이 아닐 것이다. 왜냐하면 학문은 비판을 통하여 전진하는 것이기 때문이다. … 학문이 진보하는 과정이 이렇거늘 해방 후 십여 년간 우리나라의 학계에는 비판이나 논전이 태무하였다. 이것은 한편으로는 학계의 미성숙에도 기인할 것이고 다른 편으로는 남과 시비하기를 꺼리고 후환이 있을까 두려워하는 따위의 학문과는 관계없는 딴 고려에도 기인할 것이다. … 욕을 먹을 것을 각오하고 남의 학설을 비판하는 편이 서평이랍시고 내용이 빈약한 책을 큰 권위서인 것처럼 추어주는 것보다는 학구적인 태도라고 생각한다.[40]

이어 비판의 도덕성 문제를 다음과 같이 덧붙였다.

> 비판은 오로지 학문을 위해서만 허용될 수 있고 학문을 위해서만 의의가 있는 것일진대 비판의 대상은 엄격히 그 논문에만 국한되어야 할 것이고, 야유 중상 등의 객쩍은 말이나 논자 그 사람을 평하는 따위의 언사는 일체 있어서는 안 될 것이다.[41]

당연한 이야기였지만, 오히려 그런 언급은 그런 사실의 발생이 종종 일어났다는 것을 암시한다. 사실 김증한은 이 점에서 드물게 본을 보인 법학자였다. 그

---

40) 김증한, "비판의 모랄", 『한국법학의 증언』, 272-273면.
41) 위의 글, 275면.

러나 그런 그조차도 유명한 물권행위 성질 논쟁과 관련해서는 자신의 학설을 따르지 않는 답안지에 좋은 점수를 주지 않거나, 학위논문을 통과시키지 않았다는 이야기가 파다했다. 이성이 아닌, 권력에 의해 진리가 진전되는 것은 아니지 않는가? 그런데도 다른 영역에서도 일급 학자들 사이에 그런 일은 종종 일어났다. 이런 일들이 이제는 더 이상 흔하지는 않지만, 선행의 업적을 정직하게 비평하고 이어가는 일은 집단적 소명을 이루어 할 한국 법학자의 여전히 취약한 측면이 아닌가 생각된다.

Ⅳ. 맺음말을 대신하여

한국에서 법학자란 어떤 존재였는가? 과연 법학에 부여된 소명을 충실히 수행해 왔다고 자부할 수 있을까? 답은 당연히 예, 그리고 아니오다. 법학자에게 요구되는 이상으로부터 벗어나게 하는 현실적 흐름은 분명히 존재했다. 그럼에도 불구하고 그런 상황을 예리하게 의식하며 맞서 싸운 선대의 법학자들도 있었다. 그러나 그들의 모범이 발전적으로 충분히 전승되지는 못했다.

법학계에 완전히 새로운 국면이 전개된 것은 1980년대의 소위 민주화 시기부터였다고 생각한다. 특히 젊은 법학자들을 중심으로 이제까지의 법학을 "현실을 도피하는 법학,"[42] "외국 이론의 번안에 급급한 법학",[43] "식민법학"[44]으로 규정하면서, '우리' 법학을 구축해야 한다는 자성의 목소리가 분출하게 된 것이다. 이들이 주장한 우리 법학은 다분히 정치적 함의에 초점이 담긴 주장이기는 했다. 그동안 법학자들이 외국 이론의 수입에만 급급한 나머지 권위주의 체제의 현실을 외면하거나, 오히려 공고화하는 데 이바지했다는 것이다. 심지어는 당시의 현실을 신식민지로 규정하고, 이를 타파하는 법학이 우리 법학으로 이해되기도 했다.[45] 실제로도 이때부터 법학자들이 정치적 현안에 대해 집단적 목소리를 상시적으로 내기 시작했고, 그런 참여가 용기 있는 미덕으로 간주되었다. 그런 점에서 오히려 법학은 베버가 경계하였던 바와는 정반대로 실천적 정치 목적을 위

---

42) 법과사회이론학회 홈페이지(https://klsa.jams.or.kr/) '학회소개'에 설명된 '지향점'.
43) "자료: 민주주의법학연구회 발족선언문(1989)", 민주법학, 제56호, 2014, 285면.
44) 위의 글, 285면.
45) 위의 글, 285면.

한 수단의 자리에 놓이게 되기도 했다.

　이런 특수성에도 불구하고 이때의 법학운동은 법학자 집단 전체에 법학자란 어떤 존재이고, 어떻게 법학을 해야 하는가라는 심각한 자문을 불러일으켰다. 이런 현상에 더하여 마침 2000년대 들어서는 앞서 언급한 대로 연구 논문이 양적으로 대폭 증가하였고, 판례평석 또한 연구의 중요한 부분을 차지할 만큼 증가했다. 그러나 그것이 법학의 학문성을 충분히 구현하는 것이었는가에 대해서는 회의가 표출되곤 했다. 그 대표적인 증상으로 거론되는 것이 기초법학과 실정법학의 단절이었다. 앞에서 말했듯이, 법학의 학문성은 논증의 깊이와 튼튼한 전제에 의존하기 때문에 기초법학과 실정법학은 유기적 관련을 갖는 분담이어야 했다. 그러나 실정법학자들은 기초법학이 실정법학에 전혀 도움이 되지 않는 문제에 몰두하고 있다고 불만을 표시했고, 기초법학자들은 실정법학자들이 기초법학에 대한 소양 없이 표피적 논의에 머물고 있다고 개탄했다.

　이런 불만이 이 시기 법학전문대학원 구상이 본격적으로 등장하게 되는 하나의 원인이었다고 생각한다. 그 기본 발상은 마침 불기 시작한 세계화에 부응하고 양질의 법률서비스를 확대하기 위해 법조인 자격이 시험에 의한 선발이 아니라, 교육에 의한 양성에 중점이 주어져야 한다는 것이었다. 그것은 법실무에 대한 법학의 선도성이 회복되어야 한다는 의미이기도 했다. 법실무가들이 법학적 소양으로 무장함으로써 사회의 변화에 대한 성찰 없이 기능적으로 과거를 답습하는 작업에서 벗어나야 한다고 생각했기 때문이다.

　그러기 위해서는 법학이 실천적인 '학문'으로서의 본령에 충실해야 했고, 그것은 사법시험이 강요하는 수험법학을 타파하지 않고서는 불가능하다고 보았다. 전문법학도 그렇지만, 법학에 학문성을 공급하는 마르지 않는 샘으로서의 기초법학이 사법시험 체제에서는 홀대받을 수밖에 없다고 보았기 때문이다. 이것이 법학전문대학원 체제의 구상이 갖는 하나의 분명한 함의였다고 생각한다. 그리고 드디어 몇 번의 시도와 좌절의 우여곡절 끝에 2007년 법학전문대학원 체제의 도입이 결정되었다. 「법학전문대학원 설치·운영에 관한 법률」 제2조는 법학전문대학원의 교육이념이 "풍부한 교양, 인간 및 사회에 대한 깊은 이해와 자유·평등·정의를 지향하는 가치관을 바탕으로 건전한 직업윤리관과 복잡다기한 법적 분쟁을 전문적·효율적으로 해결할 수 있는 지식 및 능력을 갖춘 법조인의 양성에 있다"고 천명하였다.

그러나 법학전문대학원 체제가 도입된 지 상당한 시일이 지난 오늘날 오히려 이론법학에 대한 효능감 불신은 더 커지는 것 같다. 기초법학과 전문법학의 고사 우려나 판례의 맹목적 추종 경향에 대한 한탄이 어디서나 쉽게 들리고, 법학자의 전문성에 대한 사회의 신뢰 저하도 그 어느 때보다 심각한 듯하다. 아마도 법학전문대학원 체제에서도 변호사시험이라는 형태로 수험법학의 압박이 지속되고 있는 데서 그 원인을 찾을 수 있을 것이다. 그렇다면 법학전문대학원의 도입 취지에 비추어 다시 제도 개혁이 모색되는 것이 마땅할 것이다.

그러나 불리한 제도와 여건 속에서도 법학자로서의 소명을 놓치지 않으려 노력했던 선대 법학자들의 모범을 더 발전적으로 계승하려는 주체적 노력이 병행되지 않는다면, 어떤 개혁의 목소리도 공허하지 않겠는가? 빵의 유혹을 이길 수 있는 법학에 대한 순수한 열정, 지적 공정성, 법학자로서의 활동과 다른 인격으로서의 활동의 경계를 분명히 함, 실무에 빛을 던질 수 있는 이론의 깊이 추구와 이론에 대한 사회적 책임성 제고, 법학이라는 공동 목표를 향한 상호 협력과 정직한 동료 평가 등이 과거의 경험으로부터 끌어낸 오늘날 정체성을 고민하는 법학자의 과제가 아닐까 한다.

법학 학문후속세대 양성 체제의 현재와 미래

천 경 훈*

Ⅰ. 머리말

2009년 3월 법학전문대학원이 첫 신입생을 받아들이면서 법전원 체제가 출범한 이래 학문으로서의 법학이 위기에 빠졌다는 우려가 많이 제기되고 있다. 법전원이 설치되지 않은 여러 대학에서는 법학과가 폐지되거나 타학과와 통합 내지 축소되고 있고, 그에 따라 학생 수가 감소함은 물론 교수 충원도 거의 중단되고 있다고 호소한다. 여러 법전원에서도 학생들의 관심사가 변호사시험에 집중되면서 시험과목이 아닌 과목은 수강생이 줄어 폐강 위기에 처하고 있고, 일부 변호사시험 과목 이외에는 교수 충원도 잘 이루어지지 않으며, 변호사시험 과목 여부를 불문하고 대부분의 대학에서 박사과정생이 감소하고 전업 연구자가 급감하고 있다는 점 등이 문제로 지적된다.

이 글은 이러한 법학 내지 법학교육의 여러 문제들 중에서도 학문후속세대 양성의 문제를 다루고자 한다. 법전원 체제로 전환된 후 미래의 법학자 내지 법학연구자들을 우리 사회가 어떻게 길러내고 있으며 앞으로 어떻게 길러내야 하는가라는 문제를 검토하려는 것이다.

법학 분야의 학문후속세대 양성에 관해서는 이미 다양한 논의들이 이루어져 왔다. 법전원 내에 학자 양성을 위한 별도의 박사학위 과정을 만들자는 제안,[1] 독일의 막스플랑크연구소와 같이 법학분야별 전문연구소를 설치·운영하여 박사학위를 받은 후속세대들의 국가통합관리 시스템을 구축하자는 제안,[2] 학부 법학의 재건 또는 학부 법학교육이 가능한 제도적 장치를 마련해야 한다거나[3] 법학

---

* 서울대학교 법학전문대학원 교수.

1) 최병조, "법학 학문후속세대 양성 방안", 서울대학교 법학 제47권 제4호(2006), 103-121면.
2) 김봉수, "법학 후속세대 양성에 대한 소고", 법학연구(부산대) 제64권 제4호(2023), 19면.
3) 김성룡, "학문후속세대의 양성과 법학교육의 미래에 관한 몇 가지 단상", 법학논고(경북대) 제66

부를 폐지한 25개 법전원에 법학부를 부활해야 한다는 제안,4) 박사학위를 소지한 전업 시간강사에 대한 연구비 지원 및 법전원 교육 참여 등을 강조하는 제안5), 학부대학의 전공기초교육, 법학전문대학원의 전공응용교육, 대학원 대학의 전공심화교육으로 역할을 분담하자는 제안6) 등이 그 예이다. 그러나 이 한 편의 글에서 기존의 모든 논의들을 일일이 비교 및 평가하는 것은 가능하지 않을 것이다. 또한 법학의 세부전공 및 각 대학 별로 학문후속세대 양성의 현실과 방법론에는 많은 차이가 있을 것이므로, 모든 전공과 대학에 적용되는 성급한 일반론을 제시하는 것도 바람직하지 않을 것이다.

이에 이 글은 법학의 모든 전공 및 모든 대학에 적용되는 포괄적이고 종합적인 대안 제시를 섣불리 목적으로 하지는 않는다. 그보다는 현재의 법학 학문후속세대 양성 실태를 실증적으로 조사하여 분석하고, 주요 외국의 사례로부터 우리가 참고할 수 있는 요소들을 추출해보며, 학문후속세대의 양성을 위한 제도개선방안은 물론 현재의 교육제도를 근본적으로 변경하지 않고 시도해 볼 수 있는 방안들도 모색해보려고 한다. 즉 학문후속세대 양성에 관한 현황을 정확히 파악하고 그 문제점 및 대처방안을 미시적, 구체적, 각론적으로 접근해 보려는 것이다.

이를 위해 이 글은 다음과 같이 구성된다. 먼저 학문후속세대라는 용어의 의의를 법학이라는 학문의 특수성에 비추어 재음미하고, 그로부터 학문후속세대 양성에 있어 놓치지 말아야 할 지향점 내지 기본원칙들을 제시해 본다(Ⅱ). 다음으로 대학원의 운영 현황과 법학교수들의 충원 경로 등 학문후속세대 양성의 현황을 실제 데이터를 기반으로 분석하고(Ⅲ), 주요 외국의 학문후속세대 양성 시스템을 검토하여 우리에의 시사점을 파악한다(Ⅳ). 이를 통해 드러난 문제 상황을 극복하기 위해 현재 우리나라에서 이루어지고 있는 하나의 시도로서 서울대학교 학문후속세대양성센터의 경험을 공유하고 그 기여와 한계를 살펴본 다음(Ⅴ), 향후 학문후속세대 양성제도의 미래를 위한 몇 가지 제언을 하고자 한다(Ⅵ).

집(2019), 1면.

4) 박찬운, "영국 법학교육의 현실과 그것이 한국 로스쿨 교육에 주는 함의", 저스티스 제159호(2017), 424면.

5) 신정규, "시간강사의 시각에서 바라본 한국의 법학학문후속세대 양성의 현황과 과제", 법학논고(경북대) 제60집(2017), 53-54면.

6) 김혜경, "법학에서 학문 후속세대 양성을 위한 방안", 법학논고(경북대) 제66집(2019), 55면.

Ⅱ. 기초적 고찰

1. 학문후속세대의 의의

(1) 용례

"학문후속세대"라는 용어는 미래에 학문을 이어나갈 차세대 연구자를 지칭한다. 이 용어는 필자가 이해하는 한 한국에 특유한 용어로서, 영어권, 유럽, 일본 등에서 직접 유래한 것 같지는 않다. 이 용어를 정확히 언제, 누가 처음 사용했는지는 확인하지 못했으나 1992년 10월 9일 서울대학교 교수협의회 주최로 열린 학문후속세대 육성을 위한 발표 및 토론회에서 비롯되었다는 언급이 있다.[7] 한국연구재단 등재지 수록 논문의 제목에 이 단어가 가장 먼저 등장한 것은 2005년이다.[8] 법령상으로는 학술진흥법 제7조에서 '학문후속세대의 육성'이라는 표제 하에 "교육부장관은 대학생, 대학원생, 관련 기술 및 지식을 가진 사람 또는 산업체 근무자 등이 연구자의 학술활동에 적극 참여하고 활용될 수 있도록 노력하며, 우수 연구자로 성장할 수 있도록 지원하고 필요한 조치를 하여야 한다"고 규정하고 있다.

오늘날 이 단어는 특히 '다음 세대의 학자 양성이 잘 되지 않고 있으니 지원이 필요하다'라는 맥락에서 자주 사용되는 관용어가 되었다. 2024. 8. 1. 현재 KCI 등재논문 중 '학문후속세대'를 키워드로 하여 검색되는 논문은 263개나 되고, 이 중 제목에 '학문후속세대' 또는 '후속세대'라는 말이 들어간 것은 37개이다.[9] 이 37개 중에서 무려 15개가 법학에 관한 것이고, 나머지는 인문사회분야 일반 또는 국문학, 언론학, 교육학, 행정학 등에 관한 것이었다. 이공계 분야에 관한 것은 4편 있었으나 이것들도 주로 행정학, 정책학, 교육학 전문가들이 작성하였다. 법학을 필두로 한 인문사회 분야에서 주로 '학문후속세대'를 글감으로 하여 글을 쓰고, 의학, 공학, 자연과학 등에서는 별로 이에 대한 글이 없다는 점이 주목할 만하다.

---

7) 최병조, 전게논문, 100면.
8) 우양호·김인·홍미영, "행정학 분야 학문후속세대의 연구실태 및 지원정책에 관한 연구", 한국사회와 행정연구 제16권 제1호(2005).
9) https://www.kci.go.kr/ 검색 결과.

(2) 개념 요소

학문후속세대라는 용어는 '학문', '후속', '세대'라는 세 가지를 개념 요소로 하므로, 그 정확한 의의를 파악하기 위해 이를 하나씩 분석해볼 필요가 있다.[10]

1) '학문(學問)'은 인간이 자연, 사회, 문화, 인간 자신에 대해 체계적이고 이론적으로 연구하고 탐구하는 활동을 의미한다. 학문의 정의 및 외연 획정은 쉽지 않지만, 일정한 방법론에 따르고 개별 지식 간의 체계적 관련성을 중시하며 객관성과 검증가능성을 핵심으로 한다는 점 등을 그 핵심요소로 뽑을 수 있을 것이다. 법학을 '법공동체의 실정법에 대한 방법적 인식'이라고 정의하며 (i) 방법적 객관성과 합리성, (ii) 가치중립성, (iii) 인식과 개념의 체계화를 법학의 학문성의 근본 요소로 제시하는 견해[11])도 이러한 측면을 잘 설명하고 있다.

다른 다수의 학문과 달리 법학에서는 실무와 구분되는 학문 활동의 외연을 설정하는 문제가 중요하다. 예를 들어 판사의 판결문 작성과 변호사의 서면 작성은 학문 활동이 아니지만, 이들이 실무를 하는 과정에서 특정 법적 문제에 관심을 가지고 연구하여 논문을 작성했다면, 이것은 학문 활동에 속할 수 있다. 반면 법학교수가 소송이나 중재에서(법원이나 중재판정부의 의뢰가 아니라) 일방 당사자의 의뢰를 받아 의견서를 제출하는 것은 본래의 학문 활동이라고 하기 어려울 것이다. 즉 법과 관련한 어떤 활동의 학문성 여부는 반드시 그 활동의 주체에 의하여 결정된다기보다는 그 활동의 맥락과 내용에 따라 결정된다. 그것은 법실무와 어느 정도 구분된 별개의 활동으로서, 기존의 판례 등 법실무와 관련성을 가질 때에도 이를 보완 또는 비판하거나 체계를 부여하거나 발전적 제안을 하는 등 법실무 그 자체로부터는 일정한 거리를 두고 이루어지는 활동이어야 한다.

2) '후속'이란 기성세대와의 건전한 연속성을 전제로 하는 개념이다. 기성학자들의 직접적, 간접적인 지도를 통해 일정한 지식, 방법론, 태도, 가치관 등이 전수될 때에 이러한 연속성이 인정될 수 있다. 이는 정규 학위과정의 코스워크, 정

---

10) 종래 학문후속세대에 대한 문헌상의 정의로는, "다음 세대 법학연구작업을 주도할 인력으로서 구체적으로 일단 대학원 박사과정 이상 연구종사인력"(최병조, 전게논문, 100면), "교육과 연구를 통하여 지식을 유지·전달하고 재창조함으로써 학문을 계승·발전시키는 예비인력 또는 차세대 인력으로서 박사과정 이상의 교육 및 연구 종사자"(김배원, "공법학 학문후속세대 양성방안-법학전문대학원(로스쿨) 체제와 공법학 학문후속세대 양성방안을 중심으로", 공법연구 제36권 제1호 (2007), 238면) 등이 발견된다.

11) 심헌섭, "법학의 학문성", 법철학연구 제9권 제1호(2006), 10-13면.

규 교과과정 이외의 세미나와 독회, 기성학자들의 저작을 읽고 분석하는 연구 활동, 학위논문 지도 및 학회 활동 등을 통해 이루어진다. 물론 이러한 연속성은 무비판적 수용이 아닌 비판적 수용을 의미하는 것이고, 때로는 의식적 부정과 극복까지도 포함하는 것이다.

3) '세대'라는 것은 일정한 군집의 사람들을 일컫는 개념이다. 개별적으로 공부하는 개개인을 넘어, 학문을 한다는 동질감을 기반으로 장래에 대한 비전과 현재에 대한 고민을 공유하는 사람들의 공동체일 것을 요구한다. 느슨한 형태로라도 이러한 공동체가 구성되어 있어야 그 구성원들이 서로 토론하고 배우고 자극을 주고받으며 학문적 성장을 기할 수 있고, 그래야 '세대'라는 용어에 부합할 것이다.

4) 이처럼 학문후속세대라는 용어는 (i) 실무 그 자체와는 구분되는 연구와 교육활동('학문'이라는 말이 요구하는 학문성), (ii) 기성 학자들과의 건전한 연속성('후속'이라는 말이 요구하는 연속성), (iii) 개별적 연구 활동을 넘어선 공동체의 형성('세대'라는 말이 요구하는 공동체성)을 그 개념요소로 한다고 정의할 수 있겠다. 우리가 마련해야 하는 '학문후속세대 양성체제'는 이러한 세 요소, 즉 학문성, 연속성, 공동체성의 관점에서 설계되고 시행되어야 할 것이다.

이러한 학문적 전통 속에서 수련을 거쳤는지를 묻지 않고, 그때그때 우수한 실무가를 교수요원으로 리크루트하는 것은 '학문' '후속' '세대'라는 세 요소 중 하나 이상을 충족시키지 못할 우려가 크다.[12] 물론 그와 같이 리크루트된 우수한 실무가가 연구자로서의 적성을 드러내고 활발한 연구활동을 통해 학문적 전통을 훌륭히 이어갈 수도 있고 실제로 그런 경우도 적지 않지만, 그런 요행에 기대어 모든 교수요원을 매번 일종의 오디션처럼 선발할 수는 없을 것이다.

---

12) 뛰어난 실무가라도 교육, 더 나아가 이론과 연구 측면에서 뛰어나다는 근거는 희박함을 지적하며 실무가의 법전원 교수 채용에 부정적인 견해로, 김성룡, 전게논문, 24면. 그러나 그 실무가가 일정 기간 대학원 수학 및 논문 작성 경험이 있다면 그는 앞서본 학문후속세대의 요소들을 충족할 수도 있다. 즉 그가 현재 실무가인가 아닌가의 문제보다 중요한 것은 그가 학문공동체의 경험 및 그 일원으로서의 정체성을 가지고 있느냐의 문제일 것이다.

2. 다른 학문과 비교되는 법학의 특수성

(1) 법학의 특수성

인문사회 분야의 다른 학문에서도 학문후속세대 양성에 관한 논의가 활발함은 전술하였다. 그런데 법학은 다음과 같은 측면에서 다른 학문 분야(예컨대 사회과학 중에서도 정치학, 경제학, 인류학, 심리학 등)와 구별되는 특수성을 가진다.

첫째, 법학 자체의 실무관련성이다. 전공별로 차이는 있지만 법학의 가장 중요한 연구대상은 현재 적용되는 법규범 및 이를 둘러싼 법현실이라고 할 수 있다. 적어도 실정법 분야에서는 현실을 도외시하는 연구는 그 가치를 인정받기 어렵고, 실정법 또는 판례에 대한 분석 및 대안 제시가 법학의 중요한 과제로 인식된다. 이런 의미에서 법학은 여타 사회과학이나 인문학에 비해 실무와의 접점 내지 교차 영역이 넓다고 할 수 있겠다.

둘째, 법학교육의 직업교육적 성격이다. 법전원 체제 이전의 법과대학도 향후 법률가 또는 법과 관련된 직종에 종사하고자 하는 학생들을 위한 직업교육을 제공하는 것을 중요한 임무로 하고 있었고, 현재의 법전원은 그러한 경향이 비교할 수 없이 강해졌다. 법전원에 진학하는 학생들의 수요도 기본적으로 학문연구보다는 직업교육에 있다. 따라서 전공별로 차이는 있지만 교수들의 교육 활동에서도 현행 법규범과 법현실에 대한 지식이 중시되는 등 직업교육으로서의 성격이 강하게 나타나고, 이것은 연구의 관심사에도 영향을 미친다.

셋째, 해당 국가의 법에 강하게 구속되는 지역성이다. 법학 내에서도 분야별로 차이는 있지만, 특히 국내 실정법을 대상으로 하는 전공의 경우 그 나라의 법규범과 법현실을 주된 연구 대상으로 삼게 된다. 따라서 여러 나라의 학자들이 국적을 불문하고 영어로 된 학술지를 통해 연구 성과를 공유하고 경쟁하는 다른 학문들, 예컨대 자연과학, 공학, 의학, 경제학, 경영학 등과는 매우 다른 지역관련적 속성을 가진다.

(2) 위 특성들의 시사점

위 특성들로 인하여 법학에서는 다른 학문과는 다른 독특한 현상이 발견되고, 이는 학문후속세대 양성체제를 논함에 있어서도 중요한 요소로 고려되어야 한다.

　우선 특히 실정법 분야의 경우 법학의 직업교육적 성격 및 실무관련성으로
인해 학계와 실무계의 거리가 다른 주요 학문에서보다 가깝다고 할 수 있다. 예
컨대 실무가들이 대학원 석박사 과정에 진학하여 실무와 학업을 병행하는 경우도
많고, 심지어 박사학위 취득 또는 박사과정 수료라는 경력을 고객확보나 취업에
이용하려는 현실적 이유에서 대학원에 진학하기도 한다. 보다 진지한 차원에서,
실무에 종사하면서도 주석서 집필에 참여하거나 논문을 쓰는 등 학구적 관심을
이어가는 '학구적 실무가' 층도 상당히 두텁게 존재한다. 실무가들이 법학교수가
되어 학계에 진입하는 경우도 많고, 정식 법학교수가 아니더라도 임상교수, 객원
교수, 겸임교수 등 비전임교수로서 법학교육에 참여하는 경우도 많다. 이런 현상
은 예컨대 자연과학, 경제학, 정치학, 어문학 등에서는 쉽게 찾기 어렵고, 상대적
으로 의학, 일부 공학 분야에서는 비슷한 현상을 찾아볼 수 있다.

　다음으로 법학의 지역성으로 인해 특히 실정법 분야의 경우 오로지 외국 학
위자들만으로 학문후속세대를 구성하기는 곤란한 면이 있다. 반면 자연과학 및
공학은 물론 경제학, 정치학 등 대부분의 사회과학 분야의 국내 주요 대학 교수
들은 상당수가 외국 박사학위 소지자로 충원되고 있다.13) 이들 분야의 학문후속
세대 양성 계획 역시 우수한 학생들을 외국의 좋은 대학에 보내서 박사학위를 받
고 (또는 박사후 연구원을 마치고) 돌아오도록 하는 데에 초점을 맞추게 된다. 거칠
게 표현하면 우리나라 대부분의 학문 분야에서는 우수한 학문후속세대 구성원들
의 최종학위를 외국대학에 아웃소싱하고 있는 셈인데, 법학은 적어도 상당 부분
은 자체적으로 양성해야 하는 것이다.

Ⅲ. 국내의 현황 분석

　이상의 논의를 염두에 두고 국내 법학연구 및 학문후속세대의 현황을 살펴
본다.

---

13) 다만 상대적으로 자연과학과 공학은 최근 들어 국내 박사들이 국내 대학은 물론 해외 대학의 교수
　　로 진출하는 예가 늘어나고 있다. 이는 역설적으로 이들 분야의 국제성이 가장 강하기 때문인 것
　　으로 보인다. 즉 어차피 영어로 된 저널을 통해 전세계적으로 연구성과의 평가와 경쟁이 일어나기
　　때문에 국내 대학 박사학위자들의 국제적 경쟁력 및 인지도 확보가 가능해지는 것이다.

1. 학생 관련

(1) 법학전공 학생 수의 변화[14]

전국 대학교의 법학전공 입학정원 및 재적 학생 수(학부 기준)는 2004년 10,978명, 66,692명에서 2008년까지 대체로 비슷한 숫자가 유지되었다. 그러나 2009년 법전원이 설립된 25개 대학교에서 법학부 신입생 모집이 중단되면서 입학정원 5,493명(법전원 포함시 7,493명), 재적학생 수 65,700명으로 줄어들었다. 그후 계속 감소하여 2023년은 입학정원 2,907명(법전원 포함시 4,907명), 재적학생수 19,672명(법전원 포함시 약 26,000명)으로 축소되었다. 법전원 설립 전 마지막 해인 2008년과 2023년을 대비하면, 입학정원은 10,270명에서 4,907명(법전원 포함)으로 50% 이상 감소하였고, 재학생 수는 70,597명에서 약 26,000명(법전원 포함)으로 63% 이상 감소하였다.[15]

(2) 대학원 박사과정의 변화

법학분야 박사학위 취득자는 232명(2014년), 224명(2015년), 240명(2016년), 193명(2017년), 189명(2018년), 227명(2019년), 221명(2020년), 257명(2021년), 246명(2022년), 226명(2023년)으로 변화하고 있다고 한다.[16] 2017년~2018년에 200명 이하로 떨어지기는 했지만 2021년에는 257명으로 급증하는 등 적어도 지난 10년간 뚜렷한 감소세는 보이지 않는다. 오히려 전국 법학교수의 숫자가 1326명(법전원은 793명)에 불과한 상황에서[17] 매년 200명~250명의 법학박사가 신규 배출된다는 것은 숫자 통제가 필요한 상황이 아닌가라는 의문을 갖게도 한다.

다만 이러한 전체 수치의 이면에는 극심한 학교별 편차가 존재한다. 이번 발표를 위해 (사)한국법학교수회의 도움을 받아 전국 25개 법전원에 발송하여 회신 받은 자료에 의하면, 2024년 1학기 말을 기준으로 한 박사과정 재학생 수, 지난 5년간 각 법전원의 박사과정(일반박사 및 전문박사) 입학생 및 학위취득자의 숫자

---

14) 한국교육개발원의 교육통계연보에 따라 작성된 (사)한국법학교수회의 내부 자료에 의한 것이다.
15) 종전 법과대학은 4년제이고 사실상 5년 이상 재학하는 경우가 많았으나 법전원은 3년제이고 졸업을 연기하는 비율도 학부에 비해 적으므로, 입학정원의 감소보다 재학생의 감소폭이 더 크다. 재학생의 숫자는 입학정원에 평균 재학연수를 곱한 숫자이기 때문이다.
16) 법률신문, "로스쿨은 인기, 법학논문은 '가뭄'", 2024.2.9.
17) 이러한 교수 숫자는 (사)한국법학교수회의 내부 자료에 의함.

는 다음과 같다.[18]

[표 1] 전국 법전원 박사과정 재학생 수 (2024. 1학기 말 기준)

	일반박사	전문박사	계
A	23	10	33
B	122	14	136
C	15	6	21
D	304	33	337
E	14	–	14
계	478	63	541

[표 2] 전국 법전원 박사과정 5년간 입학생 수 (2020~2024)

	입학생수																	
	2020			2021			2022			2023			2024			계		
	PhD	SJD	계	PhD	SJD	계	PhD	SJD	계	PhD	SJD	계	PhD	SJD	계	PhD	SJD	계
A	14	1	15	16	1	17	9	8	17	14	6	20	9	3	12	62	19	81
B	104	9	113	76	10	86	69	8	77	59	10	69	64	10	74	372	47	419
C	7	2	9	6	2	8	10	6	16	6	3	9	3	5	8	32	18	50
D	115	20	135	110	20	130	127	23	150	113	23	136	110	21	131	575	107	682
E	13	–	13	12	–	12	14	–	14	10	–	10	18	–	18	67	–	67
계			285			253			274			244			243			1299

[표 3] 전국 법전원 박사학위 취득자 수 (2020~2024)

	졸업생(학위취득자) 수																	
	2020			2021			2022			2023			2024			계		
	PhD	SJD	계	PhD	SJD	계	PhD	SJD	계	PhD	SJD	계	PhD	SJD	계	PhD	SJD	계
A	2	1	3	4	5	9	6	3	9	9	2	11	4	3	7	25	14	39
B	23	1	24	33	0	33	40	1	41	32	1	33	34	4	38	162	7	169
C	6	0	6	6	1	7	5	0	5	2	0	2	1	0	1	20	1	21
D	15	7	22	27	3	30	32	3	35	33	5	38	35	4	39	142	22	164

---

18) 아래 표1, 2, 3에 나온 정보를 요청하는 공문을 한국법학교수회 명의로 25개 법전원에 송부하였으나 회신이 온 학교는 5개 교에 불과하였다. 알파벳 번호는 발표자에게 자료가 도착한 순서에 따라 임의 부여하였으며, 학교명은 익명으로 하였다. A교는 서울의 사립 법전원(정원 100명), B교는 서울의 사립 법전원(정원 120명), C교는 지방의 국립 법전원(정원 100명), D교는 서울의 국립 법전원(정원 150명), E교는 서울의 소형 사립 법전원이다. 회신한 학교의 숫자가 매우 적지만, 5개의 표본이 서울 대형국립대, 서울 대형사립대, 서울 소형사립대, 지방 대형국립대를 포괄하고 있어서 전체적인 흐름을 살피는 데에는 유효하다고 본다.

E	4	–	4	2	–	2	4	–	4	6	–	6	7	–	7	23	–	23
계			59			81			94			90			92			416

위 표에서 볼 수 있듯이 지난 5년간의 추세만 보면 박사과정 입학자의 숫자와 학위취득자의 숫자는 뚜렷한 감소 추세를 보이지는 않지만, 학교별 편차가 매우 크다. 서울에 있는 대형 법전원들(B, D교)의 경우 박사과정 재학생의 수가 337명, 136명에 달하고, 5년간 박사학위 취득자의 수도 164명, 169명에 달한다. 다만 입학생 내지 재학생 대비 박사학위 취득자의 비율은 낮은 편이어서, 5년간 입학생 대비 졸업생의 비율은 각각 24.05%(164/682), 40.33%(169/419)로 나타난다.

반면 여타 대학의 경우 이들 중 2개는 입학정원이 100명을 넘는 대형 법전원임에도 박사과정 재학생 및 박사학위 취득자의 수는 매우 적음을 알 수 있다. 또한 답변을 보내오지 않은 20개 법전원 중 대부분은 이보다도 재학생 및 학위취득자 수가 훨씬 적을 것으로 추측된다. 박사과정 재학생 숫자가 20명 이하인 경우에는 전공당 재학생 수는 한두명에 그칠 경우도 많을 것인데, 그렇다면 지도교수에 의한 개별지도는 용이하겠지만 과목 개설 등 코스워크가 제대로 진행되기 어려울 것이다.

또한 이 표에는 드러나지 않았지만 위 박사과정생 중에서 해외에서 온 유학생들을 제외한 상당수가 다른 직업이 있는 겸업 대학원생이고 그들의 비중이 점점 늘어나고 있다는 점도 주목해야 한다.[19] 즉 대학원이 활성화된 것으로 보이는 서울 대형 법전원의 경우에도 박사과정생의 대부분은 주말/야간 강의 또는 비대면 강의를 통해 박사과정에 재학 중인 변호사, 군법무관, 공익법무관, 판사, 검사 등이다.

(3) 박사학위 논문들의 주제 및 분야

한편 최근 박사학위 논문들의 분야 내지 주제도 살펴볼 필요가 있다. 법전원 교육에 대해 "수험법학에 매몰되어 있다"거나 "판례를 절대시한다"는 정당한 비판이 많은데, 법전원 3년 과정을 넘어 박사과정에서의 연구주제 선정 및 연구 경향에도 그런 문제가 발견되는지 살펴볼 필요가 있는 것이다. 이를 위해 발표자가 재직 중인 서울대에서 2023년 이후 서울대 법학연구소 법학연구총서[20]로 발간된

---

19) 이 점도 조사의 대상으로 삼고 싶었으나, 각 대학에 학생별로 전업 여부를 일일이 확인하여 자료를 작성해달라고 부탁하는 것은 불가능하다고 보아 진행하지 않았다.

박사학위논문 26건의 제목을 열거해 보면 다음과 같다.

[표 4] 서울대 주요 박사학위 논문 제목 (2022~2024년 법학연구총서 출간분)

연번	분야[21]	제목
1	헌법	매체환경 변화와 검열금지
2	행정법	도시계획법과 지적 - 한국과 일본의 비교를 중심으로
3	상법	채무면제계약의 보험성
4	세법	법인 과세와 주주 과세의 통합
5	금융규제법	중앙은행의 디지털화폐(CBDC) 발행에 관한 연구
6	국제거래법	국제거래에 관한 분쟁해결절차의 경합 - 소송과 중재
7	지적재산권법	보건의료 빅데이터의 활용과 개인정보보호
8	금융규제법	가상자산사업자의 실제소유자 확인제도
9	법경제학	비용편익분석에 대한 법원의 심사 기준 및 방법
10	환경법	기후위기 시대의 기후·에너지법
11	노동법	프랑스의 공무원 파업권
12	행정법	토지보상법과 건축물 - 건축물 수용과 보상의 법적 쟁점
13	지적재산권법	의약발명의 명세서 기재요건 및 진보성
14	경제법	공정거래법상 불공정거래행위의 위법성
15	형법	임의제출물 압수에 관한 연구
16	금융규제법	자금세탁방지의 법적 구조
17	행정법	독립규제위원회의 처분과 사법심사
18	형법	부작위범의 인과관계
19	상법	독일의 회사존립파괴책임
20	환경법	탈석탄의 법정책학
21	세법	공식배분법의 입장에서 바라본 Pillar 1 비판
22	상법	기업집단의 주주 보호
23	국제거래법	국제도산에서 도산절차와 도산관련재판의 승인 및 집행에 관한 연구
24	상법	스타트업의 지배구조에 관한 법적 연구
25	국제법	역외 디지털증거 수집에 관한 국제법적 쟁점과 대안
26	상법	법인 대표자의 대표권 제한에 관한 연구

---

20) 서울대학교 법학연구소에서는 박사학위 또는 전문박사학위 논문 중에서 일정한 심사를 거쳐 1년에 10건 내외를 선정하여 서울대학교 법학연구소 법학연구총서로 발간한다. 위 26건은 2022년 1월부터 2024년 9월까지 간행된 것으로서, 학위논문 통과 시기로는 대체로 2020~2022년의 것이 많으나 그 전의 것들도 포함되어 있다. 또한 총서는 단행본으로 출간되는 것이므로 박사학위 논문과는 제목에 차이가 있는 경우도 있으나, 그 내용은 대체로 동일하므로 위 표에서는 총서 제목으로 정리하였다.

21) 이는 서울대학교 법전원 내부 규정 및 관행에 따른 전공 구분에 따른 것이다.

위 목록을 보면 대체로 연구분야 및 주제에 있어서 '수험'적 관련성은 찾아보기 어렵다. 오히려 수험적 관심이 집중되는 민법, 민사소송법 등의 논문이 위 목록에서는 거의 발견되지 않는다. 판례가 많이 집적된 영역에 대한 연구보다는 오히려 아직 판례의 형성은 물론 입법조차 미진한 새로운 영역에 대한 연구가 많다. 전체적으로 주제 선정의 경향에 있어 (i) 광범위한 주제보다는 세부적 주제, (ii) 전통적 주제보다는 새로운 주제, (iii) 이론적·추상적 주제보다는 현실적·구체적 주제, (iv) 해석론보다는 입법론적 접근이 주종을 이루는 것으로 보인다.

2. 교수 관련

(1) 법학전공 교수 수의 변화

법학전공 교수의 수는 법전원 도입 전의 현황은 정확한 수치를 확보하지 못하였으나, 법전원 도입 이후로 계속 감소추세인 것으로 보인다. 한국연구재단의 대학연구활동실태조사에 따르면, 법학 분야의 4년제 대학 전임교원은 2018년 1,706명으로 전체 전임교원 중 2.32%를 차지하였으나 2022년에는 1,606명(전체 전임교원 중 2.19%)으로 100명이 감소하였다.[22] 또한 2014년-2023년 10년간 법전원 교수의 숫자는 119명 감소하였다.[23] 2023년 기준 전국의 법학전공 교수 수는 법전원 793명, 법과대학 222명, 비법과대학 311명 등 총 1,326명에 달한다.[24]

(2) 법학교수진의 구성 변화

1) 법학전문대학원의 출범으로 실무교수가 대거 채용되기 전까지는 우리나라 대학의 법학분야 교수요원은 대개 다음 두 가지 방식으로 양성되었다.

첫째, 실무가의 길을 걷지 않고 이른 단계부터 학자를 지망하여 전업연구자로서 석사 및 박사과정을 마치는 경로이다(제1유형). 일반적으로 국내 대학원에서 석사학위를 마친 후 국내외 박사과정에 진학하게 되는데, 박사과정을 독일·미국 등 외국에서 마치는 경우를 제1-1유형, 국내에서 마치는 경우를 제1-2유형으로

---

22) https://krd.nrf.re.kr/mng/rb/tables/rb_02_01_06

23) 법률신문, "25개 로스쿨 실무교수 비율 44.5% 역대 최고", 2024.2.18. https://www.lawtimes.co.kr/news/195980

24) (사)한국법학교수회 내부자료에 근거하였다. 이는 2022년에 법학전공교수가 1,606명이라는 위 한국연구재단 자료와 상이한데, 차이가 나는 이유를 정확히 검증하지는 못했으나 한국법학교수회 자료는 명단과 함께 확보된 자료이므로 더 정확할 것으로 생각된다.

구분해 볼 수 있을 것이다. 이들은 석박사 과정 재학 중 또는 학위 취득을 전후한 시점에 강의조교 또는 연구조교로 일하거나 연구소 또는 학회의 간사 업무 등에 종사하기도 한다.

둘째, 법률실무에 일정 기간 종사하면서도 학문적 관심을 유지하며 대학원 석박사과정에서 수학하고 학계와의 인연을 유지하다가 일정 시점에 학계로 진입하는 경로이다(제2유형). 이들 중에는 사법시험에 합격하여 국내 법률가 자격을 가진 경우가 대부분이지만, 외교관, 행정공무원, 외국변호사 등으로 실무에 종사하였던 경우도 있다. 교수가 되는 시점에서 박사학위를 취득한 경우도 있고, 박사과정을 수료만 한 상태에서 교수가 된 후에 학위논문을 작성하고 박사학위를 취득하는 경우도 있다. 이들 중 박사과정을 외국에서 마치는 경우를 제2-1유형, 국내에서 마치는 경우를 제2-2유형으로 구분할 수 있을 것이다.

전체 교수요원 중 제1유형이 압도적 다수였고, 일부 법과대학에는 제2유형의 교수들도 적은 수이지만 꾸준히 존재하였다. 그러던 중 법학전문대학원 출범에 즈음하여 2007년 무렵부터 훨씬 많은 수의 실무가들이 교수로 임용되었는데, 이들 중에는 제2유형과 같은 경우도 있지만, 대학원 석박사과정에서의 수학 경험 없이 순수한 실무가로서 경력을 쌓은 후에 교수로 임용된 경우도 있었다(제3유형).

2) 대체로 제1유형은 감소하고 제2유형, 제3유형이 증가하는 추세라는 것은 법학계 종사자들이 체감하고 있는 바이지만, 이를 조사한 통계자료는 존재하지 않는 것으로 보인다. 발표자 역시 전체 법학교수를 상대로 이를 확인하지는 못하였고, 발표자가 재직 중인 서울대학교 및 발표자가 속한 상법학계(그 중 25개 법전원 소속 교수)를 대상으로 교수 구성 추이를 비교해 보았다. 다만 위 유형별 구분이 쉽지 않은 경우가 많았으므로, 한국 법률가 자격 보유 여부[25] 및 박사학위 소지 여부[26]에 따라 구분해 보았다.

---

25) 사법시험 또는 군법무관시험에 합격하여 사법연수원을 수료했거나, 법학전문대학원을 졸업하고 변호사시험에 합격한 경우를 말한다.

26) 고등교육법에 따른 박사 또는 전문박사학위를 의미하며, 영미의 PhD, SJD, JSD, 독일의 Doktor 등을 포함하되, 미국의 JD는 박사학위로 계산하지 않았다.

[표 5] 서울대학교 법전원 교수들의 경로별 현황

	한국법률가 자격 미보유			한국 법률가 자격 보유			계
	외국박사	국내박사	박사미보유	외국박사	국내박사	박사미보유	
2014.9.1	29	8	0	5	15	2	59
2024.9.1	24	5	1*	7	23	2**	62

* 외국인 교원 (J.D. 학위 소지)
** 박사과정 수료 후 박사학위 논문 작성 중

[표 5]에 따르면 서울대 법전원의 경우 과거 10년간 한국 법률가 자격을 갖춘 교원의 수가 증가하였고(22→32), 특히 한국 법률가 자격과 국내 박사학위를 동시에 갖춘 교원의 수와 비율이 늘어났다(15→23). 외국박사의 수는 법률가 자격 보유자와 미보유자를 합하면 약간 감소하였으나 감소 규모가 크지는 않다(34→31). 실무 출신 여부를 불문하고 전체 교원의 절대다수가 국내외 박사학위를 소지하고 있다는 점(57/59→59/62)이 특징이라고 할 수 있다.

[표 6] 상법 학계 법전원 교수들의 경로별 현황[27]

	한국법률가 자격 미보유			한국 법률가 자격 보유			계
	외국박사	국내박사	박사미보유	외국박사	국내박사	박사미보유	
2017.3.1	33	41	0	2	11	18	104
2024.9.1	26	25	0	4	19	11	85

법전원 소속 상법 교수들을 상대로 조사한 [표 6]에 따르면, 2017년에서 2024년에 이르는 7년반 사이에 교수의 숫자가 크게 감소한 것이 눈에 띈다(104→85). 실무에서는 협의의 상법(회사법, 보험법 등)은 물론 증권법, 금융법 등 상사관련법의 수요가 많고, 법전원 인가신청 당시 여러 대학에서 기업 또는 금융 관련 특성화를 내세웠으므로, 법전원 출범을 전후하여 여러 대학에서 다수의 상법 관련 교수들을 임용하였다. 그러나 변호사시험에서 상법의 비중이 미미하고 비변시

---

27) 이 자료는 필자가 한국상사법학회 등 다수 학회의 연구이사, 총무이사 등으로 재직하며 확보하고 있던 회원명단을 기초로 한국연구자정보 및 각 대학의 홈페이지에 나온 정보를 일일이 수집하여 작성하였다. 대상 여부는 학교 홈페이지에 기재된 담당과목을 기준으로 하였다. 즉 경제법, 세법, 외국법 등을 주로 강의ㆍ연구하는 경우에도 학교 홈페이지에 상법, 증권법, 금융법 등이 담당과목 중 하나로 표시된 경우에는 이 자료에 포함시켰고, 반대로 상법 또는 금융법 연구도 하지만 학교 홈페이지에 담당 과목으로 상법, 증권법, 금융법 등이 표시되지 않고 다른 과목만 표시된 경우에는 이 자료에 포함시키지 않았다.

과목의 수강생이 급감하는 등의 사정으로 인해 상법 담당 교원의 퇴직 이후 충원을 하지 않는 학교가 많았고, 이것이 교수 숫자의 현격한 감소로 나타난 것으로 보인다.

그중에서도 한국 법률가 자격을 보유하지 않은 교수의 감소폭이 컸고(74→51), 한국 법률가 자격을 보유한 교수는 오히려 소폭 증가하였다(31→34). 특히 한국 법률가 자격과 박사학위를 모두 보유한 교수가 증가하였고(13→23), 박사학위를 갖지 않은 교수의 숫자는 감소하였다(18→11). 특히 박사학위 미보유 교수의 감소가 인상적인데, 법전원 체제 출범 당시 박사학위 없이 실무가 자격으로 학계에 진입한 교수 중 일부는 정년퇴직 또는 사직하고, 일부는 이후에 학위를 취득한 데 따른 결과이다.

요컨대 위 두 자료에 기하여 최근 7년 내지 10년 사이의 변화를 살펴보면 다음과 같은 점을 관찰할 수 있다: (i) 한국 법률가 자격을 가진 교수의 수가 증가하고, 이를 갖지 않은 교수의 수가 감소하였다. (ii) 특히 한국 법률가 자격과 박사학위를 아울러 가진 교수의 수가 증가하였다. (iii) 박사학위를 갖지 않은 실무가 출신 교수의 수는 적어도 상법의 경우 오히려 감소하는 추세이다.

3) 위와 같은 현상이 다른 학교, 다른 전공에서도 동일하게 관찰될지는 모르겠다. 아마도 위 (i)과 (ii)는 다른 전공에서도 대체로 타당할 것이지만, (iii)이 타당할지는 의문이다. 변호사시험 대비를 위한 기록형 강의 등 실무적합적 강의를 위해 박사학위를 갖지 않은 실무가들이 민사실무 또는 형사실무 담당교수로 여전히 많이 임용되고 있기 때문이다. 예컨대 2018년 3월부터 2022년 3월까지 4년간 대법원 재판연구관을 지낸 295명 중 10.2%에 해당하는 30명이 법원을 떠났는데, 이들 중 17%인 5명은 법전원 교수로 자리를 옮겼다는 보고도 있다.[28] 어쨌든 과거의 제1유형, 즉 이른 시기에 학계로 진로를 정하고, 전업 대학원생으로서 청년기의 상당 부분을 연구에 전념하는 전업 연구자 출신의 교수가 줄어들고 있음은 분명하다.

---

28) 법률신문, "[심층분석] 대법원 재판연구관 출신 30명 중 9명 김앤장으로", 2022.10.17. https://www.lawtimes.co.kr/news/182365?serial=182365

3. 법학논문의 양

법률신문이 한국연구재단 학술지 인용색인 데이터를 통해 조사한 바에 따르면, 지난 10년간 한국연구재단 등재학술지에 게재된 법학논문의 수는 4584개(2014년), 4413개(2015년), 4476개(2016년), 4411개(2017년), 4325개(2018년), 4429개(2019년), 4474개(2020년), 4464개(2021년), 4294개(2022년), 4005개(2023년)로 변화하고 있다고 한다.[29] 이 기사의 제목은 "법학논문은 가뭄"이라는 자극적인 표현을 사용하고 있지만, 10년간 대체로 4200~4400건을 오르락내리락 하고 있어 논문 수가 급격히 감소하고 있다고 단정하기는 어렵다. 실제로 한국연구재단 학술지 인용색인에서 2년분씩 집계한 법학 학술지 논문 수는 8718개(2019~2020년), 8900개(2020~2021년), 8929개(2021~2022년), 8702개(2022~2023년)로서 일관된 감소 추세를 보이지는 않는다.[30]

한편 위 자료에서는 전공별 집계는 하고 있지 않으나, 논문의 수를 비롯한 연구의 양적 활성화 정도는 전공 분야에 따라 차이가 있을 것으로 보인다. 다만 이를 확인할 수 있는 근거 데이터는 확보하지 못했다.

4. 총평

(1) 현황의 요약

전체적으로 법학전공 학생 수가 크게 줄었고, 학부의 법학과 수 및 법학전공 교수의 숫자도 크게 줄었다. 그나마 법전원에 새로 충원되는 교수들도 민사법, 민사실무, 형사실무 등 변호사시험 수요가 큰 과목에 집중되어 있고, 다른 법 분야에서는 신규채용이 감소하여 교수진이 노령화되고 있다.

그럼에도 불구하고 전국적인 차원에서 박사과정 입학생의 수, 박사학위 신규 취득자의 수, 법학논문의 수 등은 뚜렷이 감소하고 있지 않다. 전업연구자 출신의 교수가 줄고 실무가 출신의 교수가 늘고 있지만, 실무가 중에서 박사학위를 가진

---

29) 법률신문, "로스쿨은 인기, 법학논문은 '가뭄'", 2024.2.9.

30) https://www.kci.go.kr/kciportal/po/statistics/poStatisticsMain.kci?tab_code＝Tab5. 위 법률신문 기사에 나온 숫자와는 조금씩 다르고, 특히 2023년의 경우 법률신문 기사의 숫자보다 더 많은 수의 논문이 나왔음을 보여준다. 2023년 12월 발간 학술지의 논문들은 2024년 1월 중순 이후에야 한국연구재단 데이터베이스에 등록되므로 2월 9일에 나온 위 법률신문 기사 작성시에 참고한 자료에는 미처 반영되지 않았을 수 있다.

사람의 비율 및 숫자는 적어도 발표자가 다룬 범위에서는 오히려 늘었다. 학위논문 및 학술지논문들은 점점 전통적 주제보다 새로운 주제, 일반적 주제보다 전문적 주제를 추구하고 있고 그 점에서 실무지향성이 강화되고 있다고 할 수 있겠다.

    문제는 전국 단위 수치 이면에서 학교별, 전공별 차이가 심화되고 있다는 점이다. 위 표에서도 드러났듯이 특히 지방 소재 법전원 또는 중소형 법전원의 경우 대학원 박사과정의 입학생, 재학생, 졸업생이 급감하여 과목의 개설 및 운영이 곤란한 지경에 있다. 반면 일부 서울의 대형 법전원들은 매우 많은 수의 학생을 박사과정에 받아들이고 있어서, 다른 법전원의 졸업생들마저 빨아들이는 형국이다. 주요 실정법 분야에서는 박사학위와 법률가 자격을 아울러 갖춘 교수지원자들이 꾸준히 존재하고 전공에 따라 오히려 늘어나는 경우도 있지만, 기초법과 국제법 등 실무와의 관련성이 적은 분야는 채용 자체가 드물다. 특히 법전원 교육과정의 변호사시험 위주 파행으로 말미암아 상당수 법전원에서 비변시과목이 폐강 또는 미개설되면서 해당 분야의 신규채용이 드물어지고 있다.

(2) 학문후속세대 양성 측면에서의 시사점

    1) 과거 사법시험 체제에서는 학문적 관심과 소양이 있는 우수한 학생이 상당히 이른 시기부터 전업 연구자의 길(제1유형)을 걷는 경우가 많았다. 특히 기초법학이라든가 사회법, 국제법 등 사법시험과의 관련성이 적은 전공의 경우에는, 사법시험 준비에 시간과 노력을 들이는 대신 4년의 학부과정을 마치자마자 대학원에서 일찍 전공공부를 시작하고 유학을 준비하는 것이 훨씬 더 효과적인 선택인 경우가 있었다. 실정법 전공의 경우에도 1990년~2000년대까지만 해도 사법시험에 응시하지 않고 조교 생활을 하며 국내외에서 학위과정을 밟는 경우가 꾸준히 있었다.

    그러나 법학전문대학원 도입 이후에는 법전원을 설치한 25개 대학교에서는 학부 법학전공자가 사라지게 되어 학문후속세대로의 리크루트 대상 자체가 급격히 감소하였다. 법전원 도입 이전의 학부 법학 전공자들도 일반대학원보다는 3년의 수학만으로 변호사자격이 부여되는 법학전문대학원 진학을 선호하게 되었다. 우수한 학생들을 제1유형의 길로 이끌 당근이 급속히 사라져버린 것이다.

    2) 이에 대해서는 제2유형, 제3유형에 의한 교수요원 충원이 가능하지 않은

가라는 반문이 제기될 수 있다. 그러나 여기에는 다음과 같은 한계가 있다.

첫째, 제2, 제3유형이 교수진의 일부 또는 상당수를 구성할 수는 있어도 오로지 이들만으로 교수진을 이룬 예는 역사적으로나 비교법적으로나 찾기 어렵다. 후술할 미국, 독일, 일본은 물론 필자가 아는 한 다른 선진국에서도 법학교육 및 연구기관의 근간을 이루는 구성원들은 '직업으로서의 학문'을 익히고 종사하는 학자들이고, 실정법학이 아닌 기초법학의 경우에는 더욱 그러하다. 그것은 연구자로서의 미덕·역량과 실무가로서의 미덕·역량이 상당히 다르기 때문이기도 하다. 연구에 흥미와 재능을 갖춘 실무가들도 상당수 있지만, 그들만으로 교수진을 충원하겠다는 것은 지나친 요행에 기대는 것이다.

둘째, 제2유형의 주된 공급처였던 "학구적 실무가" 집단 역시 약화가 우려되는 형편이다. 우리 법조계에는 과거부터 상당히 탄탄한 학구적 실무가 층이 형성되어 있었고, 이들은 대학원 수학, 연구회 활동, 논문 발표, 주석서 집필 등을 통해 넓은 의미의 학술활동에도 참여해 왔다. 이들은 대개 학구적 관심이나 적성을 가진 사람들로서, 사법연수원 재학 시절 또는 군법무관 복무 중에 대학원에 다니면서 학계와 인연을 맺고, 일부는 그 시기에 석박사 과정을 수료하거나 학위를 취득하기도 한다. 그 후 소속기관이 보내주는 해외유학을 통해 견문을 넓히고 해외학위를 취득하기도 하며, 실무가로 성장하면서도 학구적 관심을 유지하여 틈틈이 연구 및 집필을 계속하는 경우가 많다. 이들 중 일부가 일정한 시기에 교수로서 학계에 진출하는 것이 제2유형의 대표적인 경우였다.

그러나 2010년대 이후에는 경력 법관제 및 재판연구원 제도의 도입, 로펌간 경쟁심화, 해외유학 기회의 축소 또는 중단 등에 따라 상황에 변화가 있는 것으로 보인다. 종래 이런 학구적 실무가의 가장 큰 비중을 차지하는 것은 법조인으로서의 첫 경력을 법관으로 시작한 직업법관들이었는데, 경력법관제의 도입으로 인해 이제는 일정 기간(현재 5년)의 법조경력을 갖춰야 비로소 법관임용이 가능하게 되었으므로, 종전과 같은 우수한 젊은 법관들의 수가 줄었다. 현 제도상 법관이 되기 전에는 진로가 불투명한 상황이므로 시간을 할애하여 연구나 집필에 종사하기도 어렵게 되었다. 우수한 법전원 졸업생들이 많이 진출하는 주요 로펌들도 경쟁 심화에 대응하여 종래 5-7년차 변호사들에게 제공하던 해외유학 프로그램을 폐지하거나 축소하고 있는데, 이는 실무가들이 학구적 관심을 되살릴 休止

期 없이 계속 실무에만 종사하게 됨을 의미한다. 이 모든 상황이 종래의 학구적 실무가 집단을 약화시킬 우려가 있다.

셋째, 이러한 제2, 제3유형을 통한 충원은 실정법 과목에서는 어느 정도 가능하겠지만, 기초법 등의 과목에서는 훨씬 어렵다. 또한 소수의 수도권 대형 법전원들은 일종의 명성 자본을 인센티브로 활용하여 학구적 관심과 소양을 갖춘 실무가들을 교수요원으로 선발할 수 있겠으나, 그 외의 법전원들은 훨씬 더 어려움을 겪을 수밖에 없다.

3) 따라서 이제는 법전원 재학생 중에서 제1유형의 학문후속세대 및 제2유형의 잠재적 학문후속세대를 의식적으로 양성해야 한다. 그러나 여기에는 몇 가지 해결해야 할 문제가 있다.

첫째는 관심의 문제이다. 대부분의 법전원 학생들은 학자가 되기 위해서가 아니라 실무가가 되기 위해서 진학을 하였으므로, 학자로서의 생활과 진로에 대해 관심을 갖기도 어렵고 정보도 부족하다. 따라서 일단 이들에게 법학자라는 진로가 있다는 점을 알리고, 자신의 적성에 비추어 그 진로를 고민해 볼 수 있는 기회를 마련해 주는 것이 필요하다.

둘째는 인센티브의 문제이다. 과거 학문후속세대로의 진입 여부를 고민하는 법대생에게 주어진 선택지가 학문으로서 법학의 길에 들어설 것인가 사법시험 준비에 몰입할 것인가였다면, 이제 우수한 법전원생에게 주어진 선택지는 (고액연봉을 제시하는) 로펌에 입사할 것인가 (당장 아무런 보수나 지위도 없는) 학문으로서의 법학의 길에 들어설 것인가이다. 학문으로서의 법학을 계속 추구하는 데 대한 기회비용이 크게 늘어난 것이다. 이처럼 법학의 후속세대양성은 다른 학문의 경우보다 (훨씬 더 강한 경쟁자를 만나) 훨씬 더 어려운 입장에 놓여 있다고도 할 수 있다.[31] 결국 우수한 학문후속세대를 양성하려면 유형적, 무형적 인센티브의 개발을 고민해야 한다.

---

31) 여기서 참고로 미국의 예와 비교하면, 미국 로스쿨 교수들의 연봉은 (주요 상위 대학의 경우) 이미 2012년에도 30만 달러 이상으로 추산되고 학점 부담도 1년에 9학점 이내이며 논문 의무량도 없거나 있어도 2년에 1편 이내인 등(브라이언 타마나하, 김상우역, 로스쿨은 끝났다, 미래인, 2013, 84-89면. 물론 이처럼 과도한 대우를 비판하는 취지의 글이다), 우리나라의 법전원 교수들이 받는 대우와는 비교가 되지 않는다. 즉 미국의 경우에는 로스쿨 교수가 될 수 있다는 전망이 우수한 로스쿨생을 학문후속세대로 이끌 만한 현실적 인센티브를 (적어도 한국에 비해서는 훨씬 더 크게) 제공하는 것으로 보인다.

셋째는 연구시간의 문제이다. 학부에서 법학이 아닌 다른 학문을 전공한 후에 법전원에서 3년간 암기 위주의 공부만을 한 상태에서, 독자적으로 연구를 수행하고 논문을 집필할 만큼의 학문적 역량을 가지려면 상당한 시간, 적어도 집중된 일정한 시간이 필요할 것이다. 과거에는 학부 4~5년, 석사과정 2~3년, 박사과정 3년 이상의 연찬을 거쳐야 제1유형의 교수가 될 수 있었고, 제2유형도 최소한 학부 4~5년, 사법시험 준비기간, 사법연수원 2년, (많은 경우 파트타임이기는 하나) 석박사과정 4~5년 이상을 거쳐야 '학구적 실무가'를 거쳐 제2유형의 교수가 될 수 있었다. 즉 최소한 10년 이상의 시간을 법학과 씨름해야 했는데, 이것이 여전히 필요한지, 만약 필요하다면 법전원 학생에게 관심과 인센티브를 제공한들 그만큼의 연구시간을 확보할 수 있을 것인지 문제되는 것이다.[32]

이런 문제들을 염두에 두면서 해외의 현황을 간략히 살펴본다.

IV. 외국의 현황 개관

1. 미국

(1) 제도의 개관[33]

미국의 법학교수들은 법학학위로는 법학사에 해당하는 J.D.만을 가지고 있는 경우가 대부분이다. 법학석사에 해당하는 LL.M., 법학박사에 해당하는 S.J.D. 등은 주로 외국에서 온 유학생들을 위한 과정이다. 예일대 로스쿨 등 극소수의 로스쿨에서 법학박사(Ph.D. in Law) 과정을 운영하고 있으나, 배출되는 인원은 극소수이다.

최근 미국 법학교수의 전형적인 채용과정은 대개 다음과 같다. 법학교수를 희망하는 학생들은 J.D. 과정에서부터 로리뷰 편집에 참여하고 교수의 연구를 보

---

32) 특히 이러한 시간 투입의 문제를 중요한 문제로 지적하며 법전원생을 학문후속세대로 양성하는 것에 부정적인 견해로 김성룡, 전게논문, 9면 이하.

33) 이에 관한 국내 문헌으로는 이유경, "미국의 법학 학문후속세대 양성체계와 시사점-최종학위 취득 이후 과정을 중심으로", 법학연구(전북대) 제61집(2019), 1-23; 최정희, "미국 로스쿨 체제 하에서의 학문후속세대 양성의 현황과 시사점", 법학논고(경북대) 제60집(2017), 61-79면; 공영호, "미국 로스쿨 교수의 양성 방식 및 로스쿨 로리뷰에 관한 쟁점-한국의 법학 학문후속세대 양성에 시사점", 법학연구(충남대) 제29권 제2호(2018), 165-192면 참조.

조하는 등 학구적인 관심을 보인다.[34] 이들 중 졸업성적이 우수하거나 교수의 인정을 받아 학계진출의 전망을 유지한 학생들은 대개 법원의 로클럭이나 로펌의 변호사 등으로 짧은 기간 실무에 종사한다. 그 기간 중에 또는 잠시 휴직하고 리서치를 수행하는데, 최근에는 대학이나 각종 재단의 후원을 받아 대학이나 연구소에 펠로우(fellow)로 있으면서 논문을 작성하는 경우가 늘어나고 있다. 이러한 리서치의 결과로 로리뷰에 꽤 장문의 법학논문을 게재하고, 그 학문적 평가에 따라 로스쿨 교수로 채용된다.[35]

이들의 실무경험은 2-3년에 불과한 경우가 많고, 오히려 이들 중에는 철학, 역사학, 경제학, 정치학, 통계학 등 다른 학문 분야의 박사학위(Ph.D.)를 가진 경우가 많다.[36] 그런 타학문 박사과정을 먼저 마친 후에 J.D. 과정에 들어오기도 하고, J.D.와 병행하기도 하며, J.D.를 마친 후에 타학문 박사학위를 받거나 심지어 로스쿨 교수가 된 후에 타학문 박사학위를 취득하기도 한다. 즉 이들은 비록 실무경험이 있더라도 커리어 및 개인 성향으로 보아 본질적으로 실무가(practitioner)라기보다 학자(scholar)이다. 이로 인해 실무교육이 부실해진다는 비판이 많이 제기되고 있는데, 이에 대해서는 실무교육을 담당하는 겸임교수(adjunct professor), 임상교수(clinical professor) 등의 비전임교수들에게 많은 강의를 소화하게 함으로써 대응하고 있다.

한편 미국의 경우 처음으로 학계에 진출하는 단계(entry level)의 교수 취업은 전미로스쿨협회(AALS; The Association of American Law Schools)에서 운영하는 FAR (Faculty Appointment Register) 웹사이트를 통해 이루어지고 있다.[37] 교수직을 희망하는 사람들은 FAR에 자신의 경력과 연구업적 등을 제출하고, 각 로스쿨의 채용

---

34) 사실상 아이비리그 또는 그에 준하는 로스쿨의 J.D.를 가지고 있어야 어느 로스쿨이든 교수가 될 수 있다고 보는 것이 미국 현지의 인식이다. Denning/McCormick/Lipshaw, Becoming a Law Professor: A Candidate's Guide, American Bar Association, 2010. 실제로 Top 14 로스쿨 교수들은 예일, 하버드, 콜럼비아, 스탠포드, 시카고 등 5개 로스쿨 출신이 절대 다수를 차지하고, Top 50 로스쿨의 교수들 중에서 Top 14 미만 로스쿨 출신은 찾아보기 어렵다.

35) 이는 학위논문은 아니지만 실질적으로는 다른 학문의 학위논문과 유사한 구실을 한다는 점에서 일본 법학의 조수논문과 유사하다. 전혀 다른 역사적 배경에서 유사한 구조가 형성된 예라 하겠다.

36) 일부 국내 문헌에서는 이들이 "법학과 관련한" 타학문 박사학위를 취득한다고 설명하는데, 이들의 박사학위 논문주제들을 보면 법학과 무관한 그 분야의 일반적인 주제인 경우가 많다는 점에서 정확한 설명은 아니라고 본다.

37) https://www.aals.org/recruitment/current-faculty-staff/far/

담당자들은 여기에 제출된 자료들을 살펴서 관심 있는 후보자에게 연락하여 학교로 불러 소위 잡토크(job talk)라고 하는 일정한 발표를 하게 한다. 이 잡토크에는 그 학교의 교수들은 물론 경우에 따라 펠로우와 학생들도 참여하여 대상자의 학문적 능력과 강의 능력을 평가한다. 그 평가 여하에 따라 본격적인 개별 접촉을 통해 임용 절차가 진행된다. 이처럼 전국 규모의 공식적인 채용시장(job market)이 열리므로 교수 지망생으로서는 개별 로스쿨별로 일일이 지원서류를 작성하여 제출하는 절차를 거치는 것보다 훨씬 효율적이고 안정적으로 취업을 준비할 수 있다. 또한 FAR에 관련 자료를 제출했는데도 아무 학교도 관심을 가져주지 않는다면, 역설적으로 일찌감치 정년 트랙 교수 채용을 포기하고 다른 길을 모색할 수 있다.

(2) 교수들의 커리어 분석

이처럼 미국 로스쿨 교수들에 대해서는 (i) 법학 학위는 대개 JD에 불과하고, (ii) 연방대법원 등 주요 법원의 로클럭을 거친 경우가 많으며, (iii) 다른 학문의 PhD를 받는 경우가 많다는 점 정도가 널리 알려져 있다. 그러나 실제 그 숫자나 비율이 어떤지에 대해서는 국내는 물론 미국에서도 신뢰할 만한 통계를 얻지 못했다. 이에 예일, 하버드, 스탠포드, 컬럼비아 등 4개 주요 로스쿨의 정년임용 트랙 교수들의 CV를 전수조사하여 다음과 같이 정리해 보았다.[38]

[표 7] 미국 4개 로스쿨 교수들의 경력 분석 (2024. 8. 23. 현재)

	Law clerk o 법학외박사 o	Law clerk o 법학외박사 x	Law clerk x 법학외박사 o	Law clerk x 법학외박사 x	법학박사[39]	교수 총수
Yale	13 (21%)	23 (38%)	14 (23%)	11 (18%)	0	61
Harvard	21 (23%)	40 (43%)	18 (19%)	14 (15%)	10	93
Standford	11 (17%)	28 (42%)	13 (20%)	14 (21%)	2	66
Columbia	13 (18%)	32 (43%)	15 (20%)	14 (19%)	7	74

---

38) 각 학교 홈페이지에 나온 교원 중 명예/퇴임교수(professor emeritus), 실무/임상교수 (clinical professor, professor of practice 등), 강사(lecturer), 펠로우(fellow), 방문교수(visiting professor), 겸임교수(adjunct professor), 직책에 professor라는 단어 없이 director라는 말만 있는 경우 등은 제외하였다. 반면 정년보장을 받은 교수 외에 associate professor, assistance professor는 포함하였다. 홈페이지에 나온 정보가 불충분한 경우에는 인터넷의 다른 정보도 확인하였으나 완전한 정보라고 자신할 수는 없고, 다만 대략적인 경향을 짐작하기에는 충분하다고 본다. 이 조사는 서울대학교 대학원 법학과 이임령 박사과정생(중국변호사)의 도움을 받았다.

이에 따르면 네 학교는 상당히 비슷한 패턴을 보인다. 연방대법원을 비롯한 각급 법원에서 로클럭을 거친 교수가 59~66%이고, 법학 이외의 박사학위를 가진 교수가 37~44%였으며,[40] 두 개를 겸비한 교수가 17~23%, 둘 다 갖지 않은 교수가 15~21%였다. 마지막 유형, 즉 로클럭도 거치지 않고 법학 이외의 박사학위도 갖지 않은 교수들은, 로클럭이 아닌 로펌 변호사로 근무한 경험이 있거나 외국에서 법대를 졸업한 교수들이 대부분이었다. 한편 JD 이외의 법학박사 학위(SJD, JSD, PhD in Law)를 가진 교수는 많지 않았고, 대부분 캐나다, 이스라엘, 독일 등 외국에서 법학부를 나온 뒤 미국에서 SJD를 한 경우가 여기에 해당하였다.

다만 위 분석은 미국 내 최고의 엘리트 로스쿨 네 곳을 대상으로 한 것이다. 이 학교들은 이론적 지향이 매우 뚜렷하므로 실무가 양성에 초점을 둔 중하위 로스쿨과는 교수진의 성향, 경력, 역할 면에서 현저한 차이를 보인다. 특히 법학 이외 박사학위를 가진 교수의 비중은 다른 상위권 로스쿨에서는 다소 적을 것이고, 중하위권 로스쿨 교수 중에서는 훨씬 더 적을 것으로 추측된다.

(3) 평가

앞서 언급한 관심, 인센티브, 연구시간 측면에서 미국의 제도를 살펴본다.

1) 우선 학문적 관심이 있는 학생들은 로스쿨 단계에서부터 로리뷰 편집에 참여하고 강의조교, 연구조교[41] 등을 하면서 자연스럽게 자신의 학문적 적성을 파악하고 교수들과 관계를 맺을 수 있다. 즉 로스쿨 생활을 통해 자연스럽게 학문후속세대의 후보군이 추려진다.

2) 교수가 되면 로펌 주니어 변호사 또는 정부 소속 변호사에 비해 적지 않은 보수를 받고, 교수가 되기 전 단계의 로클럭 경험은 교수가 되는 데에는 물론 다른 법조직역으로 진출하는 데에도 큰 도움이 되며, 교수가 되지 않더라도 로클럭 경험과 변호사 자격에 기반하여 좋은 직장을 구할 수 있으므로, 연구에 흥미

---

39) SJD, JSD, PhD in Law, 독일에서 받은 Doktor 등을 포함한다. 역사학과에서 Legal History로 박사학위를 받은 경우에는 법학박사가 아닌 법학외 박사로 분류하였다.

40) 이들이 가진 박사학위는 역사학, 철학, 경제학, 정치학이 많았고 그 외 수학, 통계학, 사회학, 언어학, 회계학, 영문학, 인류학, 미국학(American studies), 동양학(oriental studies) 등 다양하였다.

41) 미국 로스쿨 교수들의 논문을 보면 자료 수집과 각주 정리 등을 학생 조교가 도와주었다는 감사문이 붙어 있는 경우가 많은데, 미국 로스쿨에는 (유학생을 상대로 한 소수의 SJD 외에는) 박사과정이 따로 없으므로 이들 학생 조교 대부분은 로스쿨 J.D. 과정 재학생들이다.

와 적성이 있다면 학계를 고민해볼 인센티브는 충분하다. 특히 전술한 FAR 시스템을 통해 전국 단위의 채용이 이루어지므로, 지원자로서는 불확실성이 훨씬 적다. 다만 로스쿨 졸업 후 빠르면 3-4년 내에 교수가 되던 과거에 비해, 최근에는 특히 상위권 로스쿨의 경우 교수 채용을 둘러싼 경쟁이 심해지면서 교수가 될 때까지 시간이 길어지는 현상이 나타나고 있고, 이는 우수한 인재가 학계로 올 인센티브를 줄이고 있다고 한다.

　　3) 연구시간 측면에서 보면, 이들이 전업으로 법을 공부하는 시간은 로스쿨 3년이 거의 전부이고 나머지는 로클럭 등으로 실무에 종사하거나 법학 이외의 학문을 공부하여 박사학위를 취득하는 데 소요된다. 다만 최근에는 1~2년 정도 로스쿨 또는 연구기관에서 펠로우로 지내며 논문작성에 전념하는 시간을 가지는 예가 늘어나고 있다. 그렇더라도 후술하는 독일의 예에 비하면 개개인이 교수가 되기 전까지 가지는 연구시간은 현저히 적다. 그럼에도 미국 문헌을 보면 법학교수가 되기까지 기간이 길어지는 (그래봤자 로스쿨 졸업 후 5~6년) 현상을 문제점으로 지적할 뿐 연구시간의 부족을 문제로 인식하지는 않는 것으로 보인다. 실제로 경제학을 비롯한 사회과학, 자연과학, 공학 등 다른 학문 분야에서도 미국은 대개 석박사통합으로 운영하여 학부 졸업 후 3-5년 내에 박사학위를 취득하는 경우가 많으므로, 법학의 경우에도 학부에 이은 로스쿨 3년 수학으로 코스워크의 양은 충분하다고 생각하는 경향이 있는 것 같다.

2. 일본

(1) 제도의 개관[42]

　　주지하듯이 일본은 2004년 한국의 법전원에 해당하는 '법과대학원'을 도입하여 로스쿨 체제를 운영하고 있으나, 다음과 같은 점에서 한국과 다르다. 첫째, 법전원 설치 대학에서 법학과를 폐지한 한국과 달리, 일본은 여전히 4년제 학부 법학과를 존치하고 그것이 주된 교육기관으로 기능하고 있다. 둘째, 학부 법학전공자(기수자)와 비법학전공자(미수자) 사이에 교육과정에 차이가 없는 한국과 달리,

---

42) 이에 관하여는 천경훈·이상훈, "로스쿨 도입 이후 일본의 학문후속세대 양성-서울대와 도쿄대·교토대의 비교", 서울대학교 법학 제56권 제3호(2015), 223-248면 참조. 한편 도쿄대학에서 박사학위를 취득한 고일훈 연구위원(일본증권경제연구소)으로부터도 현재의 상황에 관해 조언을 받았다.

일본은 기수자는 2년 과정, 미수자는 3년 과정으로 로스쿨을 수료하도록 한다. 셋째, 변호사시험에 응시하려면 반드시 법전원을 졸업하거나 그해 2월 졸업예정일 것을 요구하는 한국과 달리, 일본에서는 로스쿨을 졸업하지 않더라도 예비시험에 합격하면 사법시험 응시자격이 주어진다. 그 결과 우수한 학생들은 굳이 로스쿨에 진학하지 않고 학부 재학 중에 예비시험과 사법시험에 합격하고, 로펌 등 채용처에서도 그런 사람들을 우선적으로 선발한다. 넷째, 사법연수원에서의 일괄수습을 폐지한 한국과 달리, 일본은 사법연수소에서의 1년간 수습을 여전히 요구한다.[43]

종래 일본의 학문후속세대 양성은 조수 시스템이었다. 즉 학부 때에 두각을 나타낸 학생들을 장래의 교수요원으로 점찍어 助手로 선발하여 연구에 전념하게 하고, 3-4년 이상의 조수생활 동안 조수논문을 작성·발표하게 한 후, 주로 그 논문에 대한 평가에 따라 각 대학의 교수요원으로 선발하는 것이 가장 일반적인 관행이었다. 조수는 교원의 일원으로 대우받고 상당한 보수를 지급받았다. 즉 일본의 교수는 앞서 본 유형구분에 따르면 대부분 전업연구자 출신인 제1유형이었고, 실무에서 환류한 제2, 제3유형은 드물었다.

로스쿨 도입 이후 미세한 변화가 있지만 근본적인 변화는 없는 것으로 보인다. (i) 도쿄대의 경우 명칭을 조수에서 '조교'로 변경하였지만, 3년간 조교로 재직하며 정기적인 연구회에 참여하고 논문을 쓰는 것이 주된 학자양성 코스라는 것은 변함이 없다. 도쿄대의 박사과정에는 과거에는 주로 외국인들이 많이 재학하였으나, 최근에는 외국인과 일본인이 골고루 재학하고 있고, 이들 역시 학위수여 후 학문적 직업을 찾을 것으로 기대하고 있다. (ii) 교토대의 경우 기존 조수들을 박사과정(일본어로 박사후기과정)으로 옮길 것을 권유하였고 2015년에는 이미 박사학위 소지자를 교수를 임용하는 쪽으로 정착하였다고 한다.

도쿄대의 조교 및 교토대의 박사후기생 모두 성적이 상위권이고 지도교수의 추천이 있는 우수한 인재들이므로, 대부분 사법시험에 합격한 사람들이라고 한다.[44] 이 중에는 시험합격 및 사법연수소 수료 후 1~3년간의 짧은 실무경력을

---

43) 천경훈·이상훈, 전게논문, 225-226면.

44) 도쿄대는 2023년 이전에는 조교(로스쿨 졸업 또는 석사학위 요구) 또는 조수(학사학위)가 되기 위해서는 사법시험 합격을 요건으로 하고 있었으나, 2023년 조교제도를 개정하면서 학부생, 로스쿨생, 석사생 모두 조교가 될 수 있게 되었고, 사법시험 합격은 조건에서 제외하였다고 한다. 도쿄대 법학정치학연구과, "조교제도의 개정에 관하여"(2023).

가지고 있는 경우도 있고, 사법연수소 수료 후 바로 학교로 돌아온 경우도 있으며, 사법시험에만 합격하고 사법연수소에 가지 않고 학교에 남아 있는 경우도 있다.

　　조교 및 박사후기과정생의 숫자는 한국에 비하면 매우 적다. 예컨대 도쿄대 상사법의 경우 지난 10년 간 조교의 채용은 3명에 불과하고[45] 상사법 박사과정생의 숫자도 10명 내외에 불과하다고 한다. 일본 교수들과의 대화에 따르면, 최근들어 학생들이 급여 및 대우가 좋은 직장을 선호하는 경향이 더 강해져서 학문후속세대를 리크루트하는 데에 어려움을 겪고 있다고 한다.

　　법전원 도입 후에도 일본에서는 여전히 실무와 학계가 하는 일이 서로 다르다고 인식하는 경향이 더 강하고, 한국에서처럼 실무에 종사하던 사람이 교수가 되는 예(제2, 제3유형)는 드물다. 법전원 졸업 후 바로 변호사 자격을 얻어 실무에 종사할 수 있는 한국과 달리 일본은 로스쿨 졸업 및 변호사시험 합격 후 사법연수소에서의 실무수습을 요구하고 있으므로, 로스쿨 단계에서의 실무교육 필요성이 덜하고 그 결과 실무교수의 수는 한국에서처럼 증가하지 않았다. 다만 학계와 실무계의 교류 필요성 자체는 중시하여, 연구회나 학회를 통한 교류와 공동저술 등의 작업은 활발하다.

(2) 평가

　　앞서 언급한 관심, 인센티브, 연구시간 측면에서 일본의 제도를 살펴본다.

　　1) 일본의 대학들은 법학부를 존치하고 있으므로, 주로 법학부 학생 중에서 학문적 관심을 가진 학생들이 로스쿨에 진학하여 졸업하고 사법시험에도 합격한 뒤, 교수의 추천을 받아 조교가 되거나 박사과정에 진학하는 식으로 학문후속세대를 유치하고 있다.[46] 법학부와 로스쿨 재학 중의 경험을 통해 학계에 관심을 갖게 되는 것이다. 다만 예비시험의 존재로 인해 가장 우수한 학생들은 로스쿨에 진학하지 않고 바로 예비시험 및 사법시험에 합격하여 사법연수소 및 실무로 진출하므로, 이 학생들과 학교의 접점이 줄어든 것을 문제로 인식하고 있다고 한다.

　　2) 대학별로 차이는 있겠으나 도쿄대를 중심으로 한 많은 명문대학들은 조수 또는 조교를 약 3년의 계약직 직원으로 임용하여 보수를 지급한다.[47] 조수/조교

---

45) 2015, 2018, 2024년에 각 한 명이 채용되었다.
46) 물론 이는 학교에 따라 다르겠지만 필자가 조사한 도쿄대와 교토대는 그러하였다.
47) 보수는 학교마다 다르겠으나 월 30만–35만엔 정도인 것으로 알려져 있다.

의 수는 앞서 보았듯이 매우 적고, 박사과정생의 수도 한국에 비하면 극히 적으므로, 교수 또는 연구기관의 연구원 등으로 진출할 가능성은 한국보다는 상대적으로 높은 것으로 보인다. 이처럼 일단 조교 생활을 하면서 안정적으로 논문을 작성할 수 있고, 그 뒤 연구직에 종사할 수 있을 것이라는 기대가 인센티브로 기능하고 있으나, 최근 일본 교수들은 학생들의 실무 선호 경향으로 인해 점점 더 우수한 학문후속세대 확보가 어려워진다고 토로한다.

3) 조교가 되면 3년간 논문작성에 전념할 수 있는 기회를 가진다. 법학부와 로스쿨을 거쳤다면 4+2년의 교육에 더하여 3년의 연구기간을 갖는 것이다. 다만 로스쿨에 진학하지 않고 예비시험을 통과한 학생들이 조교가 되는 경우에는 여기서 로스쿨 재학기간이 제외된다. 조교가 아니라 박사과정생으로 학업을 계속하는 경우에도 시간적으로는 대개 비슷한 수준인 것으로 보인다. 미국이나 한국에서 로스쿨을 졸업한 학문후속세대에 비해서는 연구에 전념할 수 있는 기간이 긴 편이라고 할 수 있다.

3. 독일

(1) 제도의 개관[48]

독일은 법과대학에서 소정의 교육을 이수한 후 제1차 국가시험을 치르고, 다시 소정의 실무수습과정을 이수한 후 제2차 국가시험을 치러서 완전한 법률가의 자격을 취득한다. 학문에 뜻을 둔 학생들은 제1차 국가시험 합격 후에 박사(Doktor)과정에 진학하는데, 국가시험 성적이 우수한 학생들에게만 진학이 허용된다.[49] 박사과정생들도 과정 전후에 실무수습 요건을 충족하고 제2차 국가시험을 치러서 완전한 법률가의 자격을 취득한다. 박사학위 취득자 중 상당수는 실무로 복귀하고, 그중에서도 선별된 우수한 인재만이 교수자격 준비생이 되어 오랜 시간의 연구 활동을 거쳐 교수자격논문이 통과된 후에야 비로소 교수자격(Habilitation)을 갖추게 된다.

---

48) 이에 관하여는 허황, "독일에서의 법학 학문후속세대와 법학교수 양성 체계', 법학논고(경북대) 제58호(2017), 63-92. 그 외에도 독일에서 박사학위를 받은 이성범 교수(서울대), 고명수 교수(서울대)로부터 조언을 받았다.

49) 독일에서 국가시험 합격 성적은 박사과정 진학 및 교수자격 취득과정 진학은 물론 여러 맥락에서 중요하기 때문에, 시험에 합격한 후 더 좋은 성적을 받기 위해 재차 응시하는 예도 드물지 않다고 한다.

이처럼 독일의 교육과정은 일단 실무가로서의 자격을 취득하고, 추가로 장기간의 연구활동을 거쳐 박사 및 교수자격을 취득하는 방식이다. 실무자격을 갖춘 사람들이 연구자가 된다는 점에서는 미국과 비슷하고 한국·일본과 다르지만, 연구자로서의 수련과정이 공식적으로 요구된다는 점에서는 미국과 크게 다르다. 판사·검사·변호사 등도 법학박사(Doktor) 학위를 갖고 있는 경우는 종종 있지만, 교수자격은 교수가 되려는 학자들만 취득한다.

독일의 교수자격 취득은 영미는 물론 다른 유럽국가에 비해서도 시간이 오래 걸리는 것으로 유명한데, 이로 인해 우수한 인재들이 학문을 기피하고 특히 영미에 비해 교수가 되는 시점이 너무 늦어진다는 비판이 많았다. 이에 박사학위 취득 후 교수자격을 취득하지 않고도 대학에 채용되어 독자적인 연구와 강의를 할 수 있는 주니어 교수(Juniorprofessur)제도를 도입하였으나, 여전히 교수자격이 주는 권위나 가치 때문에 법학 분야에서는 주니어 교수가 그리 많이 활용되지 않는다고 하고, 주니어 교수로 임용된 후에도 교수자격 취득을 병행하는 경우가 많다고 한다.[50]

박사과정에 들어오면 교수의 조수(Mitarbeiter)가 될 것을 신청할 수 있다. 조수가 되면 대학의 직원 신분을 갖게 되어 상당한 보수를 받는다. 교수자격 준비생도 조수가 될 수 있음은 물론이고, 대체로 박사과정생보다 더 높은 보수를 받는다. 한명의 교수 아래 박사과정생 및 교수자격 준비생인 여러 명의 조수들이 배치되어 하나의 연구소를 이룬다.

(2) 평가

앞서 언급한 관심, 인센티브, 연구시간 측면에서 독일의 제도를 살펴본다.

1) 독일의 대학생은 인문계 고등학교에서 광범위한 교양수업을 거친 후 대학에 진학하여 4년 반 정도의 법학부를 거친 후에 1차 국가시험을 보므로, 그 시점에서는 자신의 학문적 관심 내지 적성을 발견할 기회가 많이 있는 편이다. 또한 독일은 교수의 사회적 지위와 권위가 매우 높으므로, 학문적 관심이 있는 학생들이 연구직 내지 교수직에 관심을 가지게 될 계기는 많은 편이다. 특별히 이들에게 학문으로서의 법학의 존재를 홍보할 필요성은 크지 않을 것으로 보인다.

---

50) 허황, 전게논문, 75-78면.

2) 전술했듯이 독일은 교수의 사회적 지위와 권위가 매우 높으므로 그 자체가 학계로 진출할 인센티브가 된다. 또한 박사과정 및 교수자격 준비생들은 상당한 보수 및 교직원 지위가 인정되는 조수로 근무할 수 있고,[51] 이들은 이미 국가시험에 합격하여 법률가 자격을 갖추었을 뿐 아니라 박사학위는 실무가로서의 취업과 경력과도 무관하지 않으므로,[52] 교수가 되지 못하는 경우의 안전장치도 존재하는 셈이다. 다만 전술했듯이 교수가 되기까지 너무 긴 시간이 소요된다는 점이 진로선택을 저해하는 요인으로 작용하고 있다.

3) 독일의 교수들은 교수가 될 때까지의 연구시간의 양에서는 다른 어떤 나라보다도 압도적이다. 교수자격 논문의 양과 깊이 역시 이러한 연구시간을 반영한다. 다만 오히려 너무 긴 소요시간이 학문후속세대 양성의 저해 요인이 되어 우수한 인재를 해외로 빼앗긴다는 우려가 있고, 이에 주니어 교수 등 새로운 제도가 고안되고 있음은 전술하였다.

4. 소결

이상과 같이 미국, 일본, 독일의 상황을 간략히 살펴보았다. 이 나라들에서는 상당히 다양한 모델이 역사적으로 형성되었고 그 나름의 장점과 고민을 아울러 가지고 있으므로, 단일한 정답이 있다고 하기는 어렵다. 우리 법전원 체제가 모델로 삼은 미국의 경우 법학 자체의 박사학위는 거의 없으나 법률가 자격과 함께 타학문 박사학위를 가진 자를 교수진으로 많이 채용한다는 점이 특징적이다. 그 결과 교수진의 엄청난 다양성을 확보하고 있지만, 법학이 현실에서 유리되고 실무교육은 임상교원 등에게 외주를 주고 있다는 비판을 받는다. 독일은 실무가 자격은 물론 그에 더해 교수자격이라는 엄정한 자격을 요구함으로써 매우 제한적으로 정예의 교수진을 양성하고 있지만, 교수가 되는 데에 너무 많은 시간이 소요된다는 고민을 가지고 있다. 일본은 조교/조수라는 일종의 도제적 관계를 통해 소수의 정예 연구인력을 양성하여 왔지만, 특히 로스쿨 도입 이후 우수한 학생을

---

51) 2024년 8월 주요 독일대학들의 웹사이트에 올라온 조수(Mitarbeiter) 채용 공고를 보면 박사과정생의 경우 약 25,000유로/연, 박사학위를 받은 교수자격 준비생의 경우 약 50,000유로/연 정도를 지급하는 예들을 발견할 수 있었다.

52) 허황, 전계논문, 83면 ("독일에서는 적지 않은 법조인들이 실무가로서 활동하기로 결정했음에도 불구하고 법학박사학위를 취득하려고 한다"). 필자도 변호사 실무를 하던 때에 업무상 만난 독일 로펌 변호사들이 박사학위를 가지고 있는 경우를 종종 보았다.

유치하는 데에 어려움을 겪고 있고 실무와 학계의 구별도 엄격하다.

이처럼 각국이 특수한 역사적 배경 하에서 매우 다른 제도를 만들어 왔고 각각 장단점을 갖고 있는 점을 고려하면, 우리가 지향할 바는 이 중 어느 하나를 골라 선택하는 것이 될 수는 없을 것이다. 그보다는 박사과정 수학이라는 최소한의 학문적 배경을 갖추되, 전업연구자, 짧은 실무경험자, 긴 실무경험자, 외국학위자와 국내학위자 등을 아우르는 교수진의 다양성을 확보하는 것이 현실적인 대안이 될 것이다. 다만 큰 그림을 구상하는 것만으로는 가시적인 성과를 가져오기 어려운 바, 필자가 재직하는 서울대에서 시도하고 있는 프로그램의 실제 경험을 소개하고자 한다.

V. 서울대 학문후속세대 양성센터의 경험

1. 개관

서울대학교 법전원은 법전원 체제가 도입된 후 학문으로서의 법학이 위기에 처했다는 우려에 대응하여 법전원 체제 하에서도 꾸준히 연구의 전통을 이어갈 학문후속세대를 육성하고 지원하기 위해 2020년 학문후속세대 양성센터를 설립하였다.[53] 이는 서울대학교 학칙에 근거를 둔 조직은 아니고, 서울대학교 법전원 내부 규정에 근거를 둔 단과대학 차원의 조직일 뿐이다. 현재 센터장 1명, 부센터장 1명, 전문위원 3명 등 5명의 교수가 관여하고, 유급조교 1명이 다른 업무와 함께 행정지원을 하는 간소한 조직이다.

이 센터의 목적은 다음과 같다. 첫째, 법학연구자 저변 확대이다. 즉 법전원 단계에서부터 많은 학생들이 법학을 학문적으로 경험할 수 있는 기회와 정보를 제공함으로써 연구자의 길을 진지한 진로로서 고민할 기회를 제공한다. 둘째, 학문후속세대의 연구역량 강화이다. 즉 예비연구자들의 연구능력 배양과 신진법학자들의 연구업적 향상을 위해 논문작성법 강의, 연구윤리 교육, 논문작성 지원 등의 지원을 제공한다. 셋째, 신진학자에 대한 지원이다. 연구펠로우 및 박사후연구

---

53) 이에 앞서 2018년 5월 서울대학교 법학연구소와 아시아태평양법연구소는 교수 17명이 참여한 공동연구를 통해 법학전문대학원 10주년을 기념한 세미나를 개최하고 연구보고서를 발표하였다("로스쿨 10년의 성과와 개선방향"). 이 보고서는 다양한 학문후속세대 양성방안도 담고 있었는데 그 제안들 중 상당수를 제도화한 것이 이 센터라고 할 수 있다.

원 제도를 통해 연구에 전념할 기회를 제공하고자 한다.

2. 단계별 지원의 내용

(1) 법전원 학생들에 대한 동기 부여

법전원 학생들이 학점 관리와 변호사시험 준비에만 매몰되다 보니, 학구적인 흥미와 적성을 가진 학생들도 연구자로서의 진로를 고민해 볼 기회조차 없이 실무로 휩쓸려가는 경우가 많았다. 이에 법전원 학생들에게 실무가 외에 연구자라는 선택지가 있음을 알리고 자신의 적성을 찾을 수 있는 기회를 부여하고자 하였다.

먼저 희망하는 교수들과 연구 및 학자의 생활에 대해 대화를 나눌 수 있는 '교수와의 대화' 프로그램을 연 10회 이상 운영하고, 교수들과의 인터뷰를 녹화한 '연구자의 길' 동영상을 매학기 제작하여 제공한다. 또한 학문적 관심을 가진 법전원 학생들이 서로 관심사를 공유하고 연구자로서의 소양을 쌓을 수 있도록 '미래연구자포럼' 프로그램을 진행하며, 이들에게 석사학위 논문 작성을 독려하고 있다. 매년 법전원 2학년생을 모집하여 졸업시까지 운영하는 이 포럼에는 매년 약 30명의 법전원 학생들이 참여하고 있다.

(2) 박사학위 과정에서의 지원

법률실무에 종사하는 석박사과정생 및 신진 연구자들이 연구의 끈을 놓지 않고 학문적 관심사를 공유하며 학술논문을 작성하도록 독려하는 연구자포럼을 진행하고 있다. 연구자포럼은 1년의 기간 동안 논문을 작성하여 연구재단 등재지에 게재할 것을 권유한다. 매년 약 30명의 학생이 연구자포럼에 참여하여 세미나 등을 통해 서로 교류하며 활동하고, 상당수 학생이 논문을 게재하는 데에 성공하고 있다.

또한 박사학위 논문 준비과정에서 일정 기간 연구에 전념하려는 박사과정생을 지원하는 연구펠로우 제도를 운용한다. 이들에게는 매달 일정한 보수와 연구공간을 제공하여 연구에 전념할 기회를 부여한다.

(3) 박사학위 취득 후 구직 단계에서의 지원

박사학위를 취득한 신진학자들의 안정적 연구를 지원하는 박사후연구원(포닥) 제도를 운영하고 있다. 이들에게는 서울대학교 법학연구소 소속 연구원 신분을 부여하여 학내 도서관 등 시설을 이용할 수 있게 하고, 1년에 최소 2편의 논문을 작성하여 연구재단 등재지 이상의 학술지에 게재할 것을 요구하며, 논문 게재 편수에 따라 마일스톤 개념으로 일정한 연구비를 지원하고 있다.

3. 성과

미래연구자포럼 소속 법전원 학생 중에서는 학칙상 졸업요건으로 요구되지 않는 정규 석사논문을 자발적으로 작성하는 예가 꾸준히 등장하고 있다. 2023년 2월에는 13건, 2024년 2월에는 11건의 석사학위논문이 심사를 통과하였다. 그 외에 일부 학생들은 법전원 재학 중에 연구재단 등재 학술지에 논문을 투고하여 게재에 성공하기도 한다. 이런 경험을 가진 학생들 중 일부는 전업연구자의 길을 걷기를 희망하거나 또는 그런 가능성을 진지하게 고려하고 있다. 다수의 연구자포럼 소속 박사과정생들도 연구재단 등재지에 논문을 출간하고, 본인의 박사학위논문을 준비하고 있다.[54]

중요한 것은 이들을 '(미래)연구자포럼 O기'라는 형태의 공동체로 구성하고 서로 교류할 기회를 부여했다는 점이다. 실제로 많은 학생들이 연구자포럼을 통해 연구자로서 느끼는 막막함을 해소하고 논문작성에 관해 토론하며 외로움을 극복할 수 있었다고 얘기하고 있다.

한편 박사후 연구원과 연구펠로우는 일정한 기간 동안 연구원 직함을 갖고 학교의 시설이용 및 재정적 지원을 받으며 연구에 집중할 수 있으므로, 이를 이용하여 좋은 연구 성과를 내는 경우가 많았다. 특히 박사학위 취득 후 취업이 확정되지 않아 신분이 불안정한 연구자들에게 안정적인 연구 환경(직함, 연구공간, 도서관, DB 접근 등)을 제공해 줄 수 있었다. 실제로 센터의 박사후 연구원 중 3명과 연구펠로우 1명이 이 기간 동안의 연구성과에 힘입어 국내외 대학에 정규교원으로 채용되었다.

---

54) 연구자포럼(주로 박사과정생 및 박사과정 수료생) 및 미래연구자포럼(법전원생) 소속 학생들이 작성한 논문이 지난 3년간 KCI급 이상 학술지에 43건 게재되었다.

4. 한계

교수들을 비롯한 여러 구성원들이 헌신적으로 센터의 프로그램을 기획하고 운영하였으나, 결국 이 과정을 통해 양성할 수 있는 것은 대부분 실무와 연구를 겸하는 제2유형의 학문후속세대였고, 본격적인 전업 연구자를 양성하기는 쉽지 않았다. 박사후연구원 제도도 이미 양성된 전업 연구자에게 1-2년간 박사후연구원으로서의 지원을 해주는 것에 그친 경우가 많았다.

현실적으로는 재원의 문제를 지적하지 않을 수 없다. 현재 박사후연구원의 보수는 논문 게재 성공시마다 지급하는데, 그 금액은 최저임금 수준으로 미미하여 우수한 법률가가 직업을 그만두고 연구에 전념할 수 있게 하기에는 턱없이 부족하다. 예컨대 일본의 조교나 독일의 조수가 받는 보수에는 크게 미치지 못한다. 박사후연구원 보수의 재원은 기부금으로 충당하고 있는데 이것 역시 지속가능성을 보장할 수 없다. 대학 행정의 비탄력성으로 인한 어려움도 매우 많았는데, 예컨대 법인회계에서는 연구비나 센터 보직 교수들의 직책수당을 지급할 수 없는 등의 한계가 있었다.

VI. 몇 가지 제언

이상의 논의를 바탕으로 제도개선을 위한 몇 가지 제언을 정리하면서 글을 마치고자 한다.

1. 박사과정의 대학별 편차 완화

앞서 논의하였듯이 현재 학문후속세대 양성체제의 가장 두드러진 문제는 대학별 상황의 편차가 너무 크다는 점이라고 생각한다. 일부 대형 법전원의 박사과정은 과도하다고 할 정도로 많은 학생을 입학시키며 적어도 외형적으로는 활발하게 운영되고 있는 반면, 다수 학교는 정상적인 과목 개설이 어려울 정도로 박사과정의 규모가 줄어들고 있다. 규모가 줄어들어 제 기능을 못하니 더욱 규모가 줄어드는 악순환이 계속된다. 이는 쉽게 해결책을 제시할 수 없는 구조적이고 근본적인 문제이나, 미봉책이나마 다음과 같은 방안을 생각해 볼 수 있을 것이다.

우선 일부 서울 대형 법전원들이 과다한 수의 박사과정생을 선발함으로써 다른 학교의 박사과정 규모 축소에 간접적으로 영향을 미치고 있는 것은 아닌지 재고할 필요가 있다. 한편 박사과정생의 숫자가 지나치게 적은 경우에는 정상적인 과목개설이 어려우므로, 학교 간의 학점교류, 공동개설, 원격강의 등의 방안을 적극적으로 모색하여 코스워크를 내실화할 필요가 있을 것이다. 또한 협의의 학문후속세대 양성 이외에 대학원 진학희망자들의 다양한 동기를 파악하여 대학별/전공별로 박사과정 프로그램의 차별화를 시도할 수도 있을 것이다.[55]

2. 우수한 전업연구자에 대한 공공적 지원

현재 학문후속세대 양성체제의 심각한 문제는 일정 기간 실무를 떠나 연구에 전념하는 전업연구자를 키워내기 어려운 구조라는 점이다. 실무에 종사하며 야간, 주말, 또는 휴직기간에 대학원 수학을 병행하여 학위를 취득하는 제2유형의 교수요원들은 계속 양성되고 있고 앞으로도 양성할 수 있을 테지만, 이들만으로 법학의 모든 분야의 후속세대를 구성할 수는 없다.

결국 학문에 뜻이 있는 우수한 인재에게 일정 기간 연구와 논문 작성에 전념할 수 있는 기회를 부여하는 것이 필요하다.[56] 이것이 미국의 펠로우 제도, 일본의 조교 제도, 독일의 교수자격 제도 등이 공통적으로 추구하는 바이다. 우수한 인재를 선발해서 일정 기간(2-3년) 논문 작성에 집중할 수 있도록 하는 박사후 연구원, 연구펠로우 등과 같은 제도를 마련하고 이에 대해서는 각 학교의 자력갱생을 넘어 공공적 차원에서의 지원을 제공할 필요가 있다. 특히 실무와 연관성이 높은 실정법 전공보다는 그렇지 않은 전공에 공공적 지원을 집중해야 할 것이다.

3. 대학원 박사과정 교육의 체계화

또 하나 중요하지만 그동안 충분히 지적되지 않았던 문제는 우리나라에서

---

55) 예컨대 지역 소재 공공기관 또는 지역 법조와의 협력을 통한 새로운 프로그램을 구상해 볼 수도 있을 것이다.

56) 송석윤, "법학전문대학원 제도의 성과와 발전방향-그 도입논의 및 최근쟁점과 관련하여", 법교육연구 제10권 제3호(2015), 52면의 다음과 같은 진술도 참조: "법학은 실용학문의 성격이 강하므로 실무경험에 기초하여 학문을 익히는 것은 바람직한 일이다. 연구자로서의 길을 가려는 학생들이 연구에 전념하도록 지원할 수 있는 지원방안을 강구할 필요가 있다."

법학자 양성의 전통이 탄탄히 형성되어 있지 않다보니 대학원 박사과정의 체계적인 모델이 존재하지 않는다는 점이다. 예컨대 이공계에서는 연구실(랩) 운영에 관하여 어느 정도 글로벌 스탠다드라고 할 만한 모델이 존재하고, 그에 맞춰 각 연구실 운영에 대한 객관적인 평가도 어느 정도 가능하다. 반면 한국의 법학에서는 박사과정 지도를 어떻게 해야 하는지에 대한 모델이나 모범사례가 불분명하다. 그나마 전업 대학원생이 다수 존재하던 시대에 형성되었던 관행이나 모델은 그들이 거의 사라진 오늘날 더 이상 작동하지 않게 되었다. 결국 현재 법학 박사과정에서의 지도는 각 교수의 재량이나 취향에 따라 다양하게 주먹구구식으로 이루어지고 있는 것으로 보인다.

하나의 단일한 모델을 제시할 수는 없겠지만, 학계 자율적으로 모범사례를 발굴하여 공유하고 발전시키는 과정이 필요할 것이다. 하나의 모델이 아닌 여러 개의 대안적 모델을 제시할 수도 있을 것이다. 이를 위해서는 학생들의 의견을 듣고 소통하는 과정도 필요할 것이고, 더 열심히 박사과정을 기획하고 지도하는 교수에 대한 인센티브도 필요할지 모른다.

4. 학문후속세대 공동체의 형성

학문후속세대라는 개념 자체가 이들의 공동체성을 전제한다. 실제로 연구에 관심을 가진 대학원생들을 면담해 보면, 연구과정에서 서로 고민을 나누고 토론할 수 있는 동료의 부재를 아쉬워하는 경우가 많았다. "상호교류야 알아서들 하겠지"라고 내버려두기보다는 학문적 관심을 가진 학생들이 서로 교류하고 건전한 자극을 주고받으며 성장할 수 있는 시스템을 만들어줄 필요가 있다. 이는 개별 학교 차원은 물론 여러 학교를 아우르는 개별 전공 차원에서도 구상해 볼 수 있을 것이다.

5. 교원 채용의 합리화

앞서 언급한 미국의 FAR 사례처럼 법학분야 교원 채용시에 여러 학교가 공동으로 운영하는 단일한 웹사이트에 본인 소개 서류를 제출하고, 각 학교의 채용 담당자들이 이를 열람하여 채용을 개시하는 방식도 고민할 필요가 있을 것이다. 이를 통해 각 학교는 우수한 학문후속세대에 관한 접촉기회를 확보하고 개인들은 보다 안정적·효율적으로 취업기회에 접근할 수 있다. 한 번에 채용되는 인원의 규모가 늘어야 학생들도 이를 진로의 하나로 진지하게 생각하고 학문후속세대의 일원이 되려는 결단을 내릴 수 있을 것이다.

6. 선택법 이수제 등

현재의 변호사시험 체제 하에서는 일부 시험과목에 교원채용이 집중되고 있고, 그 외 영역에서는 많은 학교에서 강의 자체가 개설되지 않거나 폐강되는 일이 빈번하다보니, 교원이 퇴임한 후에도 후임을 채용하지 않는 일이 늘어나고 있다. 이는 해당 분야 학문후속세대의 소멸로 이어질 수 있다.

이를 해소하기 위해서는 오래전부터 논의되어 온 선택법 이수제를 하루빨리 실시할 필요가 있다. 현재 선택법 7과목[57] 중 수험의 용이성에 따라 국제거래법 1559명(47.9%), 환경법 744명(22.9%), 국제법 382명(11.7%) 순으로 선택이 집중되고 있는데,[58] 학생들은 이들 과목을 학교에서는 거의 수강하지 않고 학원강의 또는 학원교재에 절대적으로 의존하여 1주 미만의 수박 겉핥기 공부로 때우고 있는 상황이다. 이런 무의미한 시험 대신 법전원 재학 중에 해당 과목의 강의를 듣고 일정 학점을 이수하게 하는 것이 학생들의 학습에도 도움이 되고, 교원 채용 수요를 유지함으로써 학문후속세대 양성에도 이바지할 수 있으며, 국가의 고사관리 비용도 경감할 수 있을 것이다. 또한 일부 대학[59]에서 실시하고 있는 기초법 선택적 필수제의 실시를 확대함으로써 학생들의 기초법 소양을 증진함과 아울러 해당 분야 학문후속세대의 소멸을 방지할 수 있을 것이다.

---

57) 국제거래법, 환경법, 노동법, 경제법, 지적재산권법, 국제법, 세법.

58) 법률신문, "변시 '빅3' 선택과목 국제거래·환경·국제법에 응시자 82.5% 편중"(2024. 4. 7.) https://www.lawtimes.co.kr/news/197381

59) 예컨대 서울대 법전원의 경우 법철학, 한국법사, 법사상사, 로마법, 법경제학, 법정책학, 법인류학, 법사회학, 젠더법학, 인권법 중에서 반드시 1과목을 졸업 전에 이수하도록 하고 있다.

로스쿨 체제와 법학자의 정체성

– '비판적 비교법사회학'의 문제의식을 되새기며 –

이 국 운*

I. 경세(經世)의 법학 전통은 어디로 가버렸는가?

한반도에서 근대적 의미의 법과 법학이 시작된 출발점으로는 대개 1895년에 설치되었던 구한말의 '법관양성소'가 지목되곤 한다.[1] 그 이후 약 130년이 흐르는 동안 한반도의 법과 법학을 이끌어 온 가장 기본적인 흐름을 꼽는다면 무엇이라고 말해야 할까? 굳이 외부의 시선[2]을 빌리지 않더라도 이 시기가 망국과 피식민, 독립과 내전, 그리고 경제개발과 민주화의 연속을 거치면서 서구 근대법을 어떻게든 계수해야만 했던 과정이었음을 생각한다면, 이에 대한 답변은 명확하다고 생각한다. 구체적 분쟁 해결을 위한 법리의 개발과 제공보다는 공동체의 미래 방향 설정 및 개혁을 위한 제도설계와 그 정당화 논변 개발에 진력하는 법학 전통, 이름하여 '경세(經世)의 법학'(jurisprudence of world-management)이 바로 그것이다.[3] 미셸 푸코의 권력/지식론에 따라 생각하면, '경세의 법학 전통'은 지난 130

---

* 한동대학교 법학부 교수.
1) 최종고, 『한국의 서양법 수용사』, 박영사, 1982; 김효전, 『법관양성소와 근대 한국』, 소명출판, 2014.
2) 예를 들어, Yves Dezalay and Bryant G. Garth, 『Asian Legal Revivals: Lawyers in the Shadow of Empire』, University of Chicago Press, 2010 등.
3) '경세의 법학'이라는 명칭에 관하여 다른 연원이 있는지 나는 잘 알지 못한다. 나는 이 용어를 로스쿨개혁논의가 한창이던 2010년을 전후한 시기에 월송 유기천교수기념사업재단이 개최한 한 토론회에 논찬자로 참여하여 발설한 적이 있으나, 글로써 쓰는 것은 처음이다. 이 용어 자체는 이 글의 본문에도 언급되는 위공 박세일 교수의 학풍을 담아보려는 의도에서 고안되었다. 1990년대 초반에 박세일 교수의 법경제학 대학원 세미나에 대학원생으로 출입하던 내 기억에 따르면, 박세일 교수께서는 경세(經世)와 안민(安民)이라는 말을 유독 자주 쓰셨다. 나중에 출간된 박세일 교수의 평전도 같은 용어를 쓰고 있으니 어느 정도 공감대는 확인할 수 있을 듯하다(최창근, 『경세가 위공 박세일』, 한반도선진화재단, 2019).

년 동안 한반도의 법학이 식민 지배 권력, 전쟁 권력, 개발독재 권력, 민주화 이후 통치 권력 모두를 담아내기 위하여 의식적·무의식적으로 형성했던 '통치성'(governmentality)의 틀로 보아야 할 것이다.[4] 같은 맥락에서 이 시기에 한반도의 법학을 규정했던 경세의 주제를 국민국가의 건설로 볼 때, 이를 '경국(經國)의 법학'(jurisprudence of state-management)으로 바꾸어 불러도 무리는 없을 것이다.

국민국가의 건설에 직접 연결되는 공법 분야에서 '경세의 법학 전통'이 뚜렷한 자취를 남기고 있음은 두말할 필요가 없다. 하지만 흔히 상대적으로 거리가 멀 것으로 예상되는 사법 분야에서도 경세 또는 경국의 부담은 짙게 의식되어 왔다. 예를 들어, 1986년에 '한국 사회의 변화와 현대 법학의 과제'를 주제로 열렸던 한 학술대회에서 양창수는 다음과 같이 말하고 있다.[5]

> "우리 민법의 여러 제도는, 대체적으로 말하면, 우리 사회에서 일어나는 구체적 법률분쟁에 대하여 타당한 해결책을 모색하는 과정에서 점차 형성되어 간 것이 아니라, 유럽 대륙법으로부터 완제품으로서 수입된 것이다. 말하자면 그러한 법제도를 만들어 내는 사회경제적 배경이 없는 상태에서 미리 규범의 틀을 그나마 강제적으로 도입하여 놓고, 그 법제도가 예정하고 있는 사회-조잡하나마 '근대적 시민사회'라고 부를 수 있겠다-는 나중에 노력하여 만들어 나가기로 하였다고도 볼 수 있다."

이처럼 완제품으로서의 법제도가 선행하고, 그 법제도가 예정하고 있는 사회는 나중에 만들어야 하는 곤란함은 완제품으로서의 법제도에 근본적인 변동이 발생했을 때 더욱 증폭될 수밖에 없다. 양창수는 부동산 물건변동의 요건에 관하여 대한민국의 민법전이 의용민법의 '의사주의'를 버리고 '등기주의'를 채택했던 것을 바로 그와 같은 상황으로 이해하면서 이에 대한 대법원판례의 대응을 특히 '불연속면'과 '연속면'에 초점을 맞추어 추적한 바 있다.[6] 이러한 접근이야말로 사법 분야에서 '경세의 법학 전통'이 발현된 단적인 예로 볼 수 있을 것이다.

이 글은 한국 사회가 로스쿨 체제를 시작한 뒤 약 15년 이상이 흐른 2024년

---

4) 콜린 고든 등, 『푸코 효과: 통치성에 관한 연구』, 이승철 등 역, 난장, 2014.
5) 양창수, "한국 사회의 변화와 민법학의 과제", 『민법연구』 제1권, 박영사, 1991, 제1장, 2면에서 인용.
6) 양창수, "부동산 물권변동에 관한 판례의 동향", 양창수, 위의 책(1991), 제7장.

10월의 시점에서 대한민국 법학자의 정체성을 정면으로 문제 삼아보려는 시도이다. 나는 이 작업을 앞서 말한 '경세의 법학 전통'이 로스쿨 체제에서 신기하리만큼 매우 약해졌다는 단정으로부터 출발하고자 한다. 물론 이러한 단정에 관해서도 학술적 정당화가 필요하겠지만, 개인적으로는 최근 기초법학자들이 한자리에 모여 '기초법학의 죽음'을 목놓아 호소한 것만으로도 이미 사회적 근거는 충분하지 않을까 생각한다.[7] 여기에 기형적인 로스쿨 체제에서 학부 차원의 법학교육기반이 사실상 붕괴한 것이나, 그동안 법학학술담론의 요람이자 법학자 양성의 핵심 통로이던 주요 대학의 일반대학원 법학과들이 존립 위기에 처한 것을 덧붙인다면, 현재 상황을 과장하는 것이 될까? 전혀 그렇지 않다고 생각한다.[8]

'경세의 법학 전통'에서 보면, 문제의 핵심은 로스쿨 체제에서 대한민국의 법학이 공동체의 미래 방향 설정 및 개혁을 위한 제도설계와 그 정당화 논변 개발보다는 구체적 분쟁 해결을 위한 법리의 개발과 제공에 진력하는 모습으로 바뀌었다는 사실이다.[9] 특히 로스쿨의 입학과 수학, 그리고 졸업 및 변호사시험 준비과정을 관통하는 '수험법학'의 압도적인 위세 앞에서 '경세의 법학 전통'은 어쩌다 공법학자들의 학술행사에서나 등장할 뿐 존재감마저 사라질 위기에 처해 있다. 오래전에 앤터니 크론만이 미합중국의 법률가집단을 위기 상태로 진단하면서 썼

---

7) 한국법철학회·한국법사학회·한국법사회학회·법과사회이론학회·한국젠더법학회·아세아여성법학회·건국대학교 법학연구소·서울대학교 법학연구소 법이론연구센터·전남대학교 법학연구소 법인문학센터 등은 2024년 5월 31일 건국대학교 로스쿨 모의법정에서 "기초법학의 죽음–법학의 위기와 대안모색"을 주제로 학술대회를 공동 주최했다.

8) 이 글이 발표되던 학술대회의 개회식에서 조홍식 한국법학교수회장이 토로한 현실의 한 대목은 다음과 같다. "…법학은 '찬물 맞은 불티'처럼 쪼그라들어 버렸습니다. 우리나라 전체 법학과 수는 2023년 117개로 2009년 209개에 비하여 반감하였고, 로스쿨이 설립되던 2008년 당시 만 명 이상이던 대학교 법학전공 입학정원은 2023년에는 3천명 미만으로 급감하였습니다. 법학논문의 수와 법학박사학위 취득자도 이와 마찬가지로 감소일로에 있습니다.…로스쿨은 변호사시험('변시') 응시에 필요한 정보와 요령을 배우는 '변시학원'으로 전락하였습니다.…법의 근본 문제와 기초 원리를 탐구하는 '기초법학'은 철저히 외면되어 폐강되고 있으며, 그 사이에 기초법학 교수는 로스쿨 교수 788명 중 30명에 불과한 지경에 이르렀습니다. 새롭게 임용된 법철학 교수는 지난 10년 동안 한 사람에 불과합니다. …"(한국법학교수회, 『한국법학교수회 창립 60주년 기념식 및 학술대회 자료집』, 2024. 9. 6.)

9) 이 글이 발표되던 학술대회에서 이계일 교수는 10여개 로스쿨의 최근 5개년 신규충원 교수진과 같은 학교들이 20여년 전에 충원했던 교수진이 특정 기간에 내놓은 연구물을 비교하여 ① 사례중심적 연구의 현저한 증대 ② 도그마틱과 법학이론 연구의 상대적 약화 ③ 기초법학 연구의 현저한 약화 ④ 비교법 연구의 성격 변화라는 결론을 내놓았다(이계일, "전환기, 법학의 학문성 재고–현황, 분석, 대응", 위 자료집(2024) 283면 이하). '경세의 법학 전통'에 주목하는 이 글의 논지와도 통하는 바가 적지 않다고 생각한다.

던 용어를 활용하자면, 대한민국의 법률가집단은 이미 법률가의 역할 모델을 '법률가-정치가'(lawyer-statesman)에서 '법률가-상인'(lawyer-merchant)으로 바꾸었다고 말할 수 있을 정도이다.[10] 그렇다면 이러한 상황에서 대한민국 법학자의 정체성 확립을 위하여 우리가 던져야 할 질문은 무엇일까? 나는 명백하다고 생각한다. 경세의 법학 전통은 어디로 가버렸는가? 지금 우리 앞에 벌어지고 있는 이 어이없는 법학 전통의 상실 또는 약화의 원인은 과연 어디에서 찾을 수 있을까?

이와 같은 질문에 답하기 위하여 이 글은 아래에서 몇 가지를 살펴보고자 한다. 첫째는 로스쿨 개혁의 추진과정에서 지식적·조직적 배경을 이루었던 1980년대 후반에서 1990년대 후반에 이르는 법학교수집단의 변화를 간략하게 분석할것이다(Ⅱ). 둘째, 이를 바탕으로 그 이후 약 10여 년에 걸쳐 진행되었던 실제의 로스쿨 개혁 협상 과정에서 앞서 말한 경세의 법학 전통이 사라져 간 과정을 추적할 것이다(Ⅲ). 셋째로는 이른바 '비판적 비교법사회학'의 문제의식을 법정치학적으로 계승하고자 했던 필자의 선행연구에 터 잡아 로스쿨 개혁과정에서 마땅히 논의되어야 했으나 전혀 논의되지 않았던, 로스쿨 개혁에 함축된 경세 또는 경국의 전망을 이제라도 다시금 확인해 보려고 한다(Ⅳ). 마지막으로는 이러한 분석을 종합한 토대 위에서 로스쿨 체제의 원칙을 재확인하고, 로스쿨 체제에서 법학교육의 새로운 체계와 방식을 제시하면서, 사법개혁 30년 프로젝트의 관점에서 대한민국의 법학자들이 지금 무엇을 해야 하는지를 간략하게나마 제안할 것이다(Ⅴ).

Ⅱ. 한국 사회에서 경세의 법학이 빛나던 시절

15년 전 시작된 로스쿨 제도의 씨앗은 1990년대 중반 다름 아닌 '경세의 법학 전통'으로부터 이른바 '사법개혁'의 핵심에 뿌려졌다.[11] 이 점을 깊이 이해하려면 그 지식적·조직적 배경을 이루었던 법학교수집단의 변화를 살펴야 한다. 한반도에서 근대적 법과 법학이 시작된 이후 130년의 기간 중 법학자의 정체성

---

10) Anthony T. Kronman, 『The Lost Lawyer: Failing Ideals of the Legal Profession』, Belknap Press, 1993

11) 노무현 정부의 사법개혁과정에서 주요한 역할을 맡았고, 후일 재야 출신 대법관을 역임하기도 했던 김선수는 로스쿨법이 통과된 이후 노무현 정부의 사법개혁 논의과정을 충실하게 정리·보고한 바 있다. 하지만 흥미롭게도 사법개혁의 사회적 원인과 정치적 동력, 특히 로스쿨 개혁의 지식정치학적 기원에 관해서는 별다른 관심을 두지 않았다(김선수, 『사법개혁 리포트』, 박영사, 2008).

형성이 가장 활발하게 시도되었던 시대로는 언제를 꼽아야 할까? 이 또한 법사학적 연구가 수반되어야 할 문제이나, 개인적인 관찰로는 1980년대 후반에서 1990년대 후반에 이르는 약 10년간을 반드시 거론해야 한다고 생각한다. 다음의 몇 가지 측면에서 그 이유를 찾아볼 수 있다.

먼저 1980년대 초반 이후 법과대학 및 법학부의 숫자가 폭증하면서, 법학자의 정체성 형성에 물적 기초가 되는 법학교수직의 숫자도 큰 폭으로 증가했음을 주목해야 한다. 이 변화는 자연스럽게 법률가집단 내부에 법학교수집단이라는 하위 집단을 만들었고, 이들은 대학을 매개로 학자집단 일반과 연결된 까닭에 판검사(사법 관료)나 변호사(법실무가)와 구분되는 '학식 법률가'(academic lawyer)의 정체성을 요구받았다. 이러한 요구에 부응하려면 민형사나 공법 분야의 실정법 지식만으로는 턱없이 부족했고, 법지식을 학문 세계 일반의 논리 및 윤리에 연결하는 지적 고리로서 법철학, 법사학, 법사회학·법정치학·법경제학·법인류학 등 법사회과학 전반, 비교법학·정책 법학·법학방법론 등의 기초법학에 관심을 기울여야 했다.

다음으로 대학에서 법학교수직을 수행할 수 있는 학술적인 자격으로서 학술법학박사학위(Ph.D in law)가 공인되었음을 주목해야 한다. 기실 1980년대 중반까지도 법과대학 및 법학부에서는 학술법학박사학위 없이 법학교수직을 수행하는 경우가 적지 않았으나, 1990년대 이후로는 그러한 예가 갈수록 희소해졌고, 기왕의 법학교수들마저 뒤늦게 학술법학박사학위를 취득하는 경우가 있을 정도였다. 이러한 변화는 당시 주요 대학의 일반대학원 법학과에 설치되었던 학술법학석박사학위과정이 비교적 원활하게 운영될 수 있었음을 의미한다. 이는 법학자의 양성과정에 학술법학석박사학위과정에 소요되는 5~6년의 기간이 기본적으로 요구되었고, 대학 및 법학연구자 모두가 앞서 언급한 대로 법학의 교육과 연구를 학문 세계 일반의 논리 및 윤리에 연결하는 기초법학적 수련을 필수적인 요청으로 받아들였음을 뜻하기도 한다.

이처럼 1980년대 후반에서 1990년대 후반에 이르는 약 10년간을 국내에서 법학자의 정체성 형성이 가장 활발하게 시도되었던 시대로 꼽는다면, 그 시대에 형성되었던 대한민국 법학자의 정체성은 무엇으로 요약할 수 있을까? 표면적으로 당시의 학술 담론에서 가장 두드러졌던 특징은 '수험법학'으로부터 탈피하자는 주장이었다. 1981년 군사정권이 사법시험 합격자 숫자를 1년에 300명으로 늘린 다음부터, 한국 사회에는 서울시 관악구 신림동의 고시촌으로 대표되는 '고시산업'이 활황을 보였고, 이러한 현상은 1990년대 말까지 심화되었다. 이 과정에서 법학자의 학술적 성과는 실정법 및 판례의 해석 법리 체계에 대한 효과적인 요약본이자 수험의 출발점인 교과서의 저술 및 출간으로 평가되었다. 각종 고시잡지가 법학 담론의 플랫폼으로 활용되는 가운데, 교과서로 요약된 법리 체계의 실천적 효력을 법실무와 연계하여 담보하고 옹호하는 고시 공부, 즉 실정법 해석의 주요 쟁점들에 대한 답안작성 연습이 법학도와 법률가의 미시공간을 지배하고 있었다.

흥미롭게도 법학교수집단은 '수험법학'으로부터 한 걸음 비켜서서 보편적 진리의 관점에서 실정법의 법리 체계를 비판적으로 성찰하는 '본격 학문으로서의 법학'에 대한 지향을 적극적으로 내세웠다.12) 그 단적인 표현은, 한국공법학회, 한국헌법학회, 한국민사법학회, 한국형사법학회 등의 연혁 및 조직 경과에서 잘 드러나듯, 국내 법학계의 주요 학회들이 이 시기에 이르러 본격적으로 정비되었던 점이다. 비록 교과서 법학에서 완전히 벗어나지는 못했지만, 이 과정에서 지금껏 대한민국을 대표하고 있는 주요 법학학술지들이 체계적으로 발간되기 시작했고,13) 그 이전 시대까지 법학자들의 학술 공간으로 기능했던 각종 고시잡지의 위상은 시간이 갈수록 약해졌다. 법학교수집단의 관점에서 이러한 변화는 학술법학 박사학위의 다음 단계에서 학술적 권위를 담보할 새로운 메커니즘이 구비되었음을 뜻했다.

그렇다면 이처럼 '수험법학'으로부터 자신을 구별한 다음 한국의 법학자들은 어떻게 자신의 정체성을 추구하고자 했을까? 이 지점에서 실정법학자들은 일본의 법과 법학에 의존적이던 '번안(飜案)법학'을 벗어나서 영국, 미국, 독일, 프랑스와

---

12) 이에 관한 기초법학적 집대성은 2006년에 이르러 한국법철학회연구의 [특집: 법학의 학문성]으로 이루어졌다. 특히 이 주제에 관한 오랜 탐구를 법학의 학문성에 관한 옹호로 완결지은 심헌섭의 짧은 글은 지금도 깊은 여운을 남기고 있다(심헌섭, "법학의 학문성", 법철학연구 제9권 제1호) 이 특집에는 서윤호(법철학), 서을오(법사학), 이철우(법사회학), 김정오(비판법학)의 논문도 실려 있다.

13) 대표적으로 공법학계의 대표 학술지로서 한국연구재단의 우수등재학술지인 「공법연구」는 1971년의 제1집 이후 격년 또는 매년 1회 정도 발행되다가 1995년의 제23집 이후 매년 여러 호를 발행하는 것으로 정착되었음을 확인할 수 있다.

같은 서구 근대법 종주국의 법학에 직접 맞닥뜨려야 한다는 문제의식에 매료되었
다. 왜냐하면, 한반도에서 벌어졌던 서구 근대법의 계수과정에서 식민지배 권력
및 개발독재 권력에 의하여 깊고, 복잡하고, 다양한 왜곡이 발생했으며, 이를 교
정·극복하지 않는 한 '본격 학문으로서의 법학'은 요원한 일이었기 때문이다. 간
접적 수입이 아니라 직접적 수입, 짝퉁 경험이 아니라 진본(眞本) 경험을 통해서
대륙법 전통과 영미법 전통을 아우르는 '보편적 종합의 경지'로 나아갈 수 있으리
라는 희망은 해방 이후 세대의 법학자들에게 흔히 확인되는 특징이었다. 예를 들
어, 사법시험 합격 후 독일 유학을 거쳐 1980년대 후반 고려대학교 법과대학에서
정력적인 연구를 진행 중이던 김일수가 첫 작품을 출간하면서 남긴 언급은 이러
한 문제의식을 여지없이 보여 준다.[14]

> "…본서는 저자가 필생의 과제로 삼고자 하는 법철학적·법신학적 형법학 연구
> 의 기초작업에 해당한다. … 국내외의 형법학 수준을 검토하고 우리의 형법학에서
> 뒤처진 부분을 끌어올려 새로운 체계와 해석의 지평을 열어 보고자 여러 군데에서
> 시도해 보았다. 특히 종래의 많은 이론적인 난제들을 되도록 객관적 귀속의 입장
> 에서 해결하려는 입장을 취하였다. 또한 행위론으로부터 모든 범죄체계를 논리일
> 관하게 이끌어 내려고 했던 종래의 사고에서 탈피하여 체계적 사고와 문제변증론
> 적 사고의 합일 위에서 형법해석학과 형사정책을 조화시키려고 하였다. … 저자는
> 이 과정에서 주로 최근의 독일형법학의 이론적 성과로부터 많은 시사를 받았기 때
> 문에 일본서들은 아주 부득이한 경우 이외에는 참고하지 않았다. 저자는 해방후세
> 대로서 일본어가 생소할 뿐만 아니라 일본서의 이론들도 주로 독일의 것을 수입·
> 번안한 것인만큼, 번안과정에서 생각할 수 있는 불가피한 이론적 수정을 감안한다
> 면 오히려 우리의 현실로부터 참신한 이론정립을 시도하는데 거추장스럽고 또한
> 사고의 혼란을 초래할까 우려되었기 때문이다.…"

이에 비하여 법학자집단의 다른 일각에서는 '번안법학'을 넘어 '본격 학문으
로서의 법학'을 추진하기 위하여 '직접 경험' 또는 '진본 경험'만으로 부족하다는
주장이 진지하게 펼쳐졌다. 이들에 따르면, '지금 여기서' 우리의 법학을 시도하
기 위해서는 직접 경험과 간접 경험을 모두 비판적으로 아우를 수 있는 새로운
법학방법론이 필요했다. 바로 이러한 맥락에서 1980년대 후반에는 한국 법학(자)

---

14) 김일수, 『형법학 원론』, 박영사, 1988(초판), 머리말, i ~ ii.

의 정체성을 문제 삼는 법학 운동이 학술단체의 모습으로 형성되었다. 각기 '법 및 법학의 사회적 맥락성' 및 '민주주의라는 시대정신'을 정면에 내세우며 1980년 대 말에 출범했던 '법과사회이론학회'와 '민주주의법학연구회'는 대표적인 예였으 며, 이들은 한국법철학회, 한국법사학회, 한국법사회학회 등 기초법학학회들과 연결되어 있었다.

이들 가운데 '법과사회이론학회(당시 '연구회')'는 법학운동의 한 방법으로서 출범 초기부터 법학 주요 분야에서 한국 법학의 현주소를 따져 묻고 민주화 이행 이후의 진로를 연속적으로 모색하면서, 과감하게 한국 법학의 세대론을 제창하기 까지 했다. 대표적으로 헌법학 분야에서 한국 법학의 현주소를 검토한 정종섭은 유진오에서 한태연·문홍주로 이어지는 제1세대와 김철수, 권영성, 허영의 제2세 대를 넘어서 자신을 포함한 새로운 헌법학자들을 제3세대로 분류하기도 했다.[15] 정종섭에 의하여 제3세대 헌법학자의 필두로 지목되었던 최대권은 헌법학을 넘 어 한국 법학 전반에 법사회학적 방법론을 개발하여 적용할 것을 주창하면서 그 이유를 앞서 말한 대로 '지금 여기서 우리의 법학을 하자'는 취지로 논증했다.[16] 1986년 아직 박사과정 대학원생 신분이던 한인섭은 법과 발전의 관계를 논의하 면서 이상의 문제의식을 '비판적 비교법사회학'에 대한 요청으로 승화시키기까지 했다.[17]

> "…법과 발전에 관한 논의에서 가장 결정적인 쟁점은 "누구를 위한 발전인가"하 는 것이다. … 이러한 문제들을 보다 정확하게 조명하기 위해서는 단순한 법제적 관심사를 넘어서 사회적 갈등이 법을 통해 표출 또는 은폐되는 기제와 과정에 더 욱 주의를 기울일 필요가 있다. 그리고 그를 통해 법적 영역이 정치적·이데올로기 적 투쟁의 장으로 재설정될 수 있을 것이다. … 법에 대해 적절한 사회적·역사적 전망을 확보하기 위해서는 법, 사회, 국가를 두루 문제영역 속에 포섭할 것이 요구 된다. 이러한 요청은 제3세계권의 학자들에게 훨씬 의미있게 다가올 것임에 틀림

---

15) 정종섭, "우리 법학의 올바른 자리매김을 위하여-헌법학의 통합과학적 연구에로", 법과 사회 제2 호, 1990

16) 최대권, "헌법학-법사회학적 접근"; "법사회학은 무엇을 어떻게 하자는 학문인가?", 『법사회학의 이론과 방법』, 일신사, 1995.

17) 한인섭, "법, 사회, 국가 및 제3세계-비판적 비교법사회학을 향하여", 한인섭·이철우 편, 『법, 국 가, 저발전-제3세계에 있어서 법과 사회변동, 혁명을 보는 새로운 시각』, 이성과현실사, 1986, 제 1장, 48면.

없다. 제3세계의 법체험과 법현상에 대해 합당한 설명들을 제공하기 위해서는 기성의 법논리나 법이데올로기에 대한 비판적 관점을 견지하면서 비교적 차원과 법사회학적 시야를 갖출 것이 요구된다 … "비판적 비교법사회학"이라는 다소 생소한 개념을 이 글의 부제로 삼은 것은 바로 이 때문이다."

그렇다면 1980년대 후반에서 1990년대 후반에 이르는 약 10년간 한국 사회에서 법학자의 정체성 형성은 어떠한 구도에서 추진되었다고 말할 수 있을까? 크게 다섯 개의 흐름으로 도식화할 수 있을 것 같다. 일단 한쪽 극단에는 고시산업과 맥을 같이 하는 '수험법학'이 있었고, 다른 쪽 극단에는 기초법학을 중심으로 수험은 물론 법실무로부터도 완전히 분리된 상태를 지향하는 이른바 '순수 학문으로서의 법학'이 있었다. 그리고 이 양극단의 사이에 상대적으로 수험법학에 가까운 '번안법학', 즉 '간접 수입법학'이 있었고, 그보다 조금 더 간극을 벌리면서 법실무에 대한 학술적 지원을 다짐하던 '직접 수입법학'이 그다음을 차지했으며, 상대적으로 '순수 학문으로서의 법학'에 가까운 '비판적 비교법사회학'이 이 양자에 대하여 호기롭게 도전하는 형국이었다.

먼 후일 대한민국의 법학사(法學史)를 정리하는 시점에서 이상의 구도는 반드시 더욱 깊은 차원에서 연구의 대상이 되어야 할 것이다. 하지만 분명하게 확인할 수 있는 것은 로스쿨 개혁이 이 가운데 특히 '비판적 비교법사회학'을 내세우던 비교적 소수의 주도권 아래 '경세의 법학 전통'에서 제기되었다는 사실이다. 1994년 연말 서울대학교 법과대학에서 기초법학과목 중 하나인 법경제학을 강의하던 박세일 교수는 김영삼 대통령의 정책기획수석비서관으로 발탁되어 청와대로 자리를 옮겼다. 그 이후 1995년 1월 김영삼 대통령은 1993년 2월 노태우 대통령으로부터 정권을 인수한 이래 '문민정부'를 기치로 추진했던 일련의 과거청산 작업을 마무리하고 국가경쟁력을 비약적으로 높이려는 명분을 내세워 '세계화' 구상을 발표했고, 곧바로 이를 추진하기 위한 범정부적 기구로서 세계화추진위원회(이하 세추위)를 구성했다. 도하 언론은 이러한 변화를 김영삼 정부가 신자유주의적 글로벌리제이션이라는 시대정신에 발맞추어 '세계화'를 통한 국가경쟁력 강화를 슬로건으로 내세워 집권 2기를 본격적으로 시작하려는 시도로 해석했고, 40대 법학 교수 출신의 박세일 수석비서관을 이 흐름 전체를 기획하고 추진하는 핵심 인물로 지목했다. 박세일 수석비서관은 '세계화' 구상을 구체화하기 위한 개혁 정책의 단적인 예로서 사법개혁, 특히 미국식 로스쿨 제도의 도입을 통한 법학교육 및 법률가양성제도의 전면적인 개편을 제시했다.[18]

이 시기 이전까지 민주화 이행 이후 한국 사회의 사법개혁은 주로 사법부 내부의 과거청산 및 법률서비스의 개선작업에 머물러 있었다. 먼저 노태우 정부 출범 이후 김용철 대법원장의 유임여부를 둘러싸고 벌어졌던 1988년의 소장법관 연판장 파동은 군사정권 하에서 극도로 위축되었던 사법의 독립을 최고 재판부에 서나마 얼마간 회복할 수 있게 만들었고, 문민정부 출범 이후 고위공직자 재산공개과정에서 김덕주 대법원장을 불명예 퇴진시켰던 1993년의 또 다른 파동은 비판적인 국민 여론에 직면한 사법부가 법률서비스의 개선작업에 나서지 않을 수 없도록 만들었다. 이러한 맥락에서 윤관 대법원장 체제는 부적격법관 축출, 법관회의 역할 강화, 법관윤리강령 제정, 비리 변호사 징계, 소송구조 및 심급제도 개선, 법률구조확대 등을 차례로 추진했고, 법원행정처에 '사법정책연구실'을 마련하여 통일에 대비한 사법제도 연구, 재판의 전산화 방안 연구 등과 함께 법관인사제도 및 법률가양성제도의 개선을 중장기적인 연구과제로 삼았다.[19]

이와 같은 대법원 주도의 사법개혁 흐름에 비교할 때, '경세의 법학 전통'을 대변했던 일군의 소장 법학 교수들은 '세계화'라는 시대정신을 곧바로 법률가집단의 규모 및 법률가양성제도의 개선 문제로 직접 연결하여 미국식 로스쿨 제도의 도입이라는 구체적인 대안을 제시한 점에서 매우 대조적이고 획기적인 흐름을 제시했다. 특기할 것은 1995년 전반기 동안 개혁적인 소장 법학자들과 변호사들이 주축이 된 시민단체(참여연대)와 대표적인 보수일간지(조선일보)가 공동으로 기획하여 한국 사회의 사법 현실에 대한 연속적인 보도를 내놓았다는 사실이다. 이 공동기획은 '전관예우'와 같은 부패상징어를 전면에 내세우면서 그동안 법률가

---

18) 이때의 전반적인 분위기는 박세일 교수 자신이 회고한 바 있다(박세일, 『법경제학』, 박영사, 2000(개정판), 머리말).

19) 이 과정에서 주목을 요하는 대목은 김용철 대법원장의 뒤를 이어 노태우 정부의 전기 대법원장으로 취임한 이일규 대법원장에 의해 1990년 1월 '사법정책연구심의관실'이 법원행정처에 설치된 점이다. 엘리트 판사들로 구성된 정책기획인력의 조직화가 이루어짐으로써 김덕주 대법원장의 중도 사퇴 이후 임명된 윤관 대법원장이 1993년 11월 조직한 '사법제도발전위원회'가 비교적 단기간에 몇 가지 개혁입법안을 내놓을 수 있었던 것과 같이 사법개혁에 관한 대법원의 주도권이 실질적으로 행사될 수 있었다. 그리고 이러한 흐름은 1994년 7월 개정 법원조직법에 의해 법원행정처에 설치된 '사법정책연구실'로 이어져 사법개혁에 관한 대법원의 주도권을 결정적으로 뒷받침했다.

숫자의 증원을 극구 반대하던 판사·검사·변호사집단에 대하여 국민 대중으로부터 사상 유례없는 수준의 비난 여론이 형성되도록 선도했고, 이 과정에서 자연스럽게 '국민을 위한 사법'이라는 헌법 원칙을 재발견하면서 이를 실현할 대안적 접근방식의 필요성을 정당화했다.[20] 이러한 흐름의 연장선에서 소장 법학 교수들은 '사법도 서비스'라는 구호를 내세우면서, 사법의 고질적인 부패를 일거에 청산하고, 세계화 시대의 국가경쟁력을 높일 수 있는 새로운 방안으로 미국식 로스쿨 제도의 도입을 통한 법률가양성제도의 근본적인 개혁을 주장했다. 이 과정에서 이들은 대륙법과 영미법의 구조적 차이를 강조하면서 기존의 사법시험-사법연수원 체제를 옹호하던 전통적인 논변에 대항하여 새로운 시대의 법률가를 '거래비용의 적극적 경감자'로 규정하면서 사법 서비스의 자유시장주의를 전제하는 법경제학적 논변과 이를 뒷받침하기 위한 통계분석기법을 동원하기도 했다.[21] 이처럼 비록 별다른 준비 없이 돌출한 측면은 있으나, 로스쿨 제도를 도입하자는 주장의 이면에는 1980년대 후반 이후 한국 사회에서 뚜렷하게 대두했던 '경세의 법학 전통'이 명백하게 작동하고 있었다.

Ⅲ. 불투명한 전망 속의 혼돈과 타협

자유민주주의 체제에서 법률가양성제도는 정치공동체 내부에서 장기적으로 사법과정의 실질적인 운영 주체인 법률가들의 역할, 규모, 위상, 조직 등을 결정하는 핵심 요인으로서, 입법과정에 비견하자면, 선거제도 및 정당제도와 유사한 기능을 수행하는 중요한 제도이다.[22] 따라서 법률가양성제도의 구체적인 면면은 후술하듯이 자유민주주의 체제의 다양한 장기적 전망과 연결될 수밖에 없으며, 이 점에서 법률가양성제도에 대한 개혁논의는 당연히 국가와 사회의 관계, 사법의 정치적 위상 및 법률가의 역할에 대한 입체적인 주장과 논변을 수반해야 한다. 그러나 1995년 봄 '세계화'와 국가경쟁력 강화를 명분으로 갑자기 시작된 로스쿨 제도의 수입 논의에서는 자유민주주의 체제의 장기적 전망에 비추어 사법과정의 성격 변화와 법률가양성제도의 개혁 방향을 연결하려는 '경세의 법학 전통'

---

20) 참여연대 사법감시센터, 『국민을 위한 사법개혁』, 박영률 출판사, 1996.
21) 한상희, "변호사의 적정수", 법과 사회 제11호, 1995.
22) 이국운, "법률가양성제도의 정치적 기능", 민주법학 제17호, 2000.

이 제대로 유지되지 못했다. 흥미롭게도 격렬한 사회적 토론이 한바탕 이루어진 후 실제로 개혁방안을 마련하기 위한 법률가집단의 내부 논의가 시작되자, 시간 이 갈수록 '경세의 법학 전통'은 사라지고 법률가집단 내부의 이익정치 또는 이해 관계 조정이 이를 대체하는 모습을 보였다.

결정적인 계기는 1995년 4월 25일 세추위와 대법원이 1996년 500명을 출발 점으로 1999년까지 매년 100명씩 사법시험 선발인원을 늘려 사법시험 합격자 매 년 1,000명 시대를 열기로 합의하면서, 2000년 이후에 시행될 법률가양성제도에 관해서는 '법조학제위원회'에서 계속 논의하기로 타협한 결정이었다. 이는 당시의 상황에서 로스쿨 제도를 수입하려는 쪽이나 기존의 사법연수원제도를 수호하려는 쪽 모두 국민 대중을 설득할 수 있는 사법체제의 장기적인 전망 및 이를 뒷받침할 만한 정당화 논변을 갖지 못했음을 뜻한다. 그리하여 전자는 사법시험 합격자 수 의 대폭 확대를 통해 사법 서비스의 자유시장주의를 추동할 실질적인 동력을 확 보하고, 후자는 제도개혁의 수준을 법률가자격부여제도 자체가 아니라 법학교육 제도의 수준으로 낮추어 시간을 버는 정도에서 타협에 이르렀던 셈이다. 그러나 이러한 정치적 타협이 어디까지나 불완전한 미봉책에 불과했음은 곧바로 드러났 다. 애당초 1995년 7월까지 보고하기로 했던 새로운 법률가양성제도에 관한 '법조 학제위원회'의 합의는 도출되지 못했고, 같은 해 12월 사법시험 및 사법연수제도 의 개혁은 대법원이 담당하고, 법학교육제도의 개혁은 교육개혁위원회에 설치된 '법학교육개혁을 위한 특별위원회'가 담당한다는 또 다른 타협이 이루어졌기 때문 이다. 이 두 번째 타협 역시 불투명한 전망 속에서 진행되었음은 말할 것도 없다.

1996년 이후 한국 사회에서 법률가양성제도 개혁논의는 주로 법학교수집단 내부의 학제 개편논의로 축소되어 일반 국민의 관심으로부터 멀어졌으며, 그마저 도 1997년에 밀어닥친 IMF 환란으로 인해 실질적인 개혁으로 이어지지 못했다. 1998년 2월에 출범한 김대중 정부는 세추위를 해산하면서 '새교육공동체위원회' (이하 새교위)를 구성하여 교육제도 전반의 개혁작업을 맡겼고, 그 결과는 법학과 의학 분야 등에 '학사 후 전문교육'을 도입하기 위한 '전문대학원제도'를 고등교육 법에 추가하는 입법 조치로 나타났다.[23] 이 구상은 의학과 치의학 분야에서 '의학 전문대학원' 및 '치의학전문대학원'으로 구체화 되어 이후 약 20년간 학부의 전문

---

23) 대통령 자문 새교육공동체위원회, "법학교육 제도개선 연구-'학사 후 법학교육'의 도입", 1999. 8.

교육과 경쟁체제를 형성했지만, 법학 분야에서는 법률가양성제도와 연계되지 않은 까닭에 당시로서는 아무런 변화도 가져오지 못했다.[24] 미국식 로스쿨의 도입을 앞장서서 주장했던 소장 법학교수들 역시 학제 개편논의 이상으로 나아가지 않았다.

　이러한 상황에서 박상천 장관이 이끌던 법무부는 1999년 5월 7일 '사법개혁추진위원회'(이하 사개추)를 조직하여 그동안의 논란을 마무리 짓고자 했다.[25] 마침 기본권 제한의 법률주의 원칙 및 직업선택의 자유에 대한 과잉금지원칙의 관점을 중심으로 정원제사법시험제도의 위헌성을 주장하는 논변들이 제시되자,[26] 사개추는 이를 기존 법률들의 개정을 넘어 '사법시험법'이라는 별도 입법을 추진하기 위한 정치적 동력으로 전유하기도 했다. 사개추는 ① 사법시험관리위원회의 포괄적 구성 ② 법학교육제도와 연계한 응시자격 제한의 도입 ③ 응시 횟수 제한의 철폐 ④ 시험과목의 축소 ⑤ 선발 예정 인원의 증대 및 정원제유지 ⑥ 정보공개의 제한 ⑦ 기득권유지를 위한 다양한 경과조치 등을 내세워 법조실무계, 법학교수집단, 그리고 사법시험수험생들을 포함하는 이해관계집단들 사이에 암묵적 동의를 형성했고, 이를 사법시험법(안)에 반영했다. 사법시험법(안)은 2001년 3월 국회 본회의를 무수정 통과했다.

　1995년 벽두부터 한국 사회를 들끓게 했던 미국식 로스쿨 제도 도입론의 맥락에 비추어 사법시험법의 입법은 용두사미의 결과였다. 매년 배출되는 법률가의

---

24) 다만, 여기서 주목할 점은 고등교육법상 전문대학원제도의 시행으로 인해 대한민국의 로스쿨 개혁에도 간접적으로 영향을 미칠만한 흥미로운 법학교육실험이 시작되었다는 사실이다. 2000년 한동대학교는 동 제도에 근거하여 미국법을 가르치는 미국식 로스쿨인 한동대학교 국제법률대학원의 인가를 받았고, 2002년부터 한 학년 정원 50명 규모로 교육과정을 개시했다. 2024년 현재 한동대학교 국제법률대학원을 졸업하고 미국의 각 주에서 자격을 취득한 변호사 수는 650명을 훌쩍 넘은 것으로 집계되고 있으며, 국내의 대형 로펌과 다국적 기업에서 많은 졸업생들이 일하고 있다. 자세한 상황은 한동대학교 국제법률대학원의 인터넷 홈페이지를 참조할 것. https://lawschool.handong.edu/

25) 1999년 5월 7일 법조계 인사 9인, 비법조계 인사 11인으로 구성된 사법개혁추진위원회가 법무부의 주도로 발족되었다. 이들은 1999년 12월 20일 김대중 대통령에게 사법제도 개혁방안을 보고하면서 세계화추진위원회나 새교육공동체위원회에서 논의되었던 전문법학대학원제도는 우리 실정에 맞지 않으므로 현행 사법시험제도를 개선함이 바람직하다면서, 사법시험의 법무부 관장, 사법시험법 제정, 사법시험과 대학교육과의 연계 등을 골자로 하는 법조인력양성제도를 내놓았다. 그 뒤, 이 내용은 2000년 3월 24일에 구성된 사법시험법제정특별분과위원회(위원장 계희열 교수 등 16인)의 활동에 의하여 대부분 사법시험법의 내용에 포함되었다.

26) 예컨대, 이국운/박경신, "정원제 사법시험제도의 위헌성", 법과사회 제18호, 2000.

숫자가 1000명 수준으로 늘어난 것을 빼면, 종래의 관료사법주의를 뒷받침하던 사법시험-사법연수원체제가 더욱 강고해졌기 때문이다. 그동안 로스쿨 도입론을 대표했던 '사법도 서비스다'라는 짧은 슬로건은 관료사법의 정체성을 고집한 법조계의 기득권층에 의하여 오로지 경제적 시장주의의 관점에서 수용되었다. 이 점에서 사법시험법은 한국 사회의 민주화 이행과정에서 빈번하게 출몰해 온 정치적 관료주의와 경제적 시장주의의 혼합물로 볼 수 있었다.27)

   그러나 사법시험법이 시행되자 '수험법학'의 확산과 심화가 이루어졌다. 일차적으로 '법과대학의 고시학원화'가 극단으로 치달았다. 사법시험합격자를 다수 배출하는 소수의 명문법과대학에서 사법시험과목 중심의 학사운영이 이루어진 지는 이미 오래였으나, 사법시험합격자 1,000명 시대를 맞으면서 그와 같은 파행적인 학사운영이 다수의 중견법과대학으로 급속하게 번졌다. 법전문가 이전에 지식교양인으로서 갖추어야 할 자유인문교양의 중요성은 현실적으로 누구의 주목도 받지 못했다. 나아가 '명문 대학들의 고시학원화'가 대세가 되었다. 명문대생들이 전공을 불문하고 사법시험 준비에 골몰했던 것은 1990년대 이후 대학가를 지배했던 지적 풍토였다. 인문-사회-자연-공학 등 다양한 전공들 간의 조화로운 성장이나, 비판적 공론장으로서 대학의 사회적 기능은 뒷전에 밀렸고, 고시 관련 학원 산업은 눈에 띄게 번창했다. 마지막으로 '사법연수원의 고시학원화'가 체계적으로 시작되었다. 모든 것을 시험으로 결정하고, 시험에 관련된 수험사회학적 행위 패턴이 모든 것을 지배하는 법칙은 사법연수원에도 어김없이 밀어닥쳤다. 사법시험의 합격이 확인되는 순간, 사법연수원에서 높은 성적을 얻기 위해 또다시 학원 수업에 돌입하는 풍경은 신림동 수험가에서 일상이 되기 시작했다. 사법연수원 성적에 따라 판사-대형 로펌 변호사-검사-소형 로펌 변호사-단독 개업 변호사의 순서로 서열이 매겨지는 상황에서 수험법학은 사법연수원마저도 철저하게 지배하기 시작했다.

   이처럼 사법시험법 체제가 오히려 문제를 악화시키자 2003년 2월에 출범한 노무현 정부는 법률가양성제도의 개혁을 처음부터 다시 추진해야 하는 상황에 내몰렸다.28) 때마침 2003년 7월 서성 대법관의 후임자를 제청하기 위한 위원회가

---

27) 이국운, "사법개혁, 처음부터 다시 시작해야 한다!", 사회비평 제32호, 나남출판, 2002.

28) 이하의 다섯 문단의 서술은 필자의 선행연구에서 이루어진 상세한 분석을 간략하게 축약한 것이다. 이국운, "사법서비스 공급자위원회의 한계-노무현 정부의 사법개혁에 대한 분석과 평가", 공

파행을 겪으면서 직접적인 계기가 마련되었고, 이에 최종영 대법원장은 노무현 대통령을 예방하여 청와대와 대법원이 공동으로 사법개혁위원회(이하 사개위)를 설치하여 사법개혁의 주요 대안을 마련하기로 합의했다. 이로써 법률가양성제도 개혁을 포함한 사법개혁 전반의 주도권은 하루아침에 대법원의 리더십 아래 놓이게 되었다. 이와 같은 적극적인 행보에는 법원 지도부가 당시까지 10년 동안 고수해오던 로스쿨 도입에 대한 강경한 반대를 번복하고, 차제에 법조일원화, 대법원과 하급심을 포함한 법원 체제의 정비, 형사사법의 개선 등을 전향적으로 주도하려는 기획이 전제되어 있었다. 예를 들어, 2003년 7월 법조인양성제도에 관한 공개토론회에서 이강국 법원행정처장은 다음과 같이 말했다.[29]

> "…대법원은 10여 년 전부터 사법정책연구실 및 사법제도비교연구회 등을 통하여 법조인양성제도에 관하여 지속적으로 연구하여 왔습니다. 특히 금년 1월에는 '사법발전계획 제2차 추진계획'의 일환으로 그동안 논의된 각종 법학교육 및 법조인양성제도에 관하여 보다 중립적이고 전향적인 자세로 심층적인 연구, 검토를 다시 시작할 계획임을 밝힌 바가 있으며, 이번 토론회는 그 연장선상에서 이루어지는 것이기도 합니다…향후 대법원도 우리 실정에 가장 적합하고 실효성 있는 방안에 관하여, 중립적이고 열린 자세로 허심탄회하게 함께 연구하고 논의하여 국민적 합일점을 이끌어낼 수 있도록 최선을 다하고자 합니다…"

이 언명에서 드러나듯, 이후 대법원은 사개위의 논의과정에 적극적으로 관여하면서 미국식 로스쿨 도입과 형사사법에서 국민참여재판의 실험 및 공판중심주의의 시행으로 대표되는 미국식 사법체제의 도입을 추진했다.[30] 이 과정에서 대법원은 '사법서비스에 대한 시민의 접근권 보장' 및 '정치적 경제적 영역에서 사법의 역할 강화'를 고리로 각급 판사직의 대폭 확충이 전제된 법원 체제의 정비, 형사 절차에서 변호사의 역할 강화, 행정부에서 법무담당관 제도의 확대 실시 요구, 로스쿨에서 실무교원 비율의 확대에 이르기까지 사법서비스에 관한 유효수요를 최대한 확보하고자 했다. '사법 영역의 파이를 키우자!'는 대법원의 이와 같은

법학연구 제8권 제2호, 2007.

29) 대법원, "법조인 양성, 그 새로운 접근: 공개토론회(2003. 7. 25) 결과보고서", 2003. 8. 법원행정처장의 인사말 11-2면.

30) 김선수, 위의 책(2008), 특히 112면 이하.

주장에 검찰, 변호사회, 법학교수집단 모두가 동조했다. 그러나 대법원의 주도권은 사법서비스의 총 공급조절기제, 특히 법률가공급통제권의 문제에 이르러 강력한 반대에 봉착했다. 대법원은 당시의 사법시험합격자 숫자를 고려하여 1200명 수준의 총 입학정원에서 로스쿨 제도를 시작하자고 제안했고, 이는 곧바로 법학교수집단의 강력한 반대에 직면했기 때문이다. 대법원의 견해는 의결정족수(출석위원 3분의 2)를 채우지 못하여 결과적으로 사개위의 다수의견으로 귀착되었고, 최종 건의문에는 법률가공급통제권을 법조삼륜의 외부에 두자는 법학교수들의 소수의견과 함께 기록되었다.

　사개위의 활동이 종료되는 시점에 노무현 정부는 사개위의 성과를 곧바로 입법과정에 회부하여 정치문제화를 시도할 수도 있었다. 그러나 노무현 대통령은 구체적인 입법안을 마련하기 위하여 사개위 후속 기구를 만들자는 대법원장의 제안을 받아들여 2004년 12월 15일 대통령령으로 사법제도개혁추진위원회(이하 사개추위) 규정을 제정한 뒤, 2005년 1월 18일 사개추위를 출범시켰다. 로스쿨 제도의 도입에 관한 사개추위의 논의과정에서 실질적인 주도권은 사개위의 위원 및 전문위원들 중 일부로 구성된 실무추진단에 있었다. 사개위 위원 중 한 사람이었던 김선수 변호사는 청와대의 사법개혁비서관이 되어 사개추위의 실무추진단장을 겸직했고, 실무추진단의 주축은 법원행정처에서 파견된 엘리트 판사들과 민주화를 위한 변호사모임(민변) 출신의 변호사들로 꾸려졌다. 이들은 '사개위가 남긴 숙제를 한다'는 관점에서 법률가집단 내부의 이견을 조율하여 최선의 타협안을 도출하고자 했고, 그 과정을 비정치적인 실무과정으로 진행했다. 사개추위의 주도 그룹은 사개위의 성과인 사법개혁의 이상을 온몸으로 체현하면서 새로운 사법체제의 주역이 될 수 있는 최적의 위치를 차지하고 있었으나, 이들은 막후에서 사법개혁의 실무를 추진하는 방식으로 '비정치적 법률가 정치'(apolitical politics of lawyers)의 관성에 안주했다.

　그러면 '경세의 법학 전통' 속에서 미국식 로스쿨 제도의 도입을 주창한 뒤 10년이 지났던 2005년의 시점에서 대한민국의 법학교수집단은 이러한 사태 전개에 어떻게 대응했을까? 사법시험법이 배태한 '수험법학'의 폐해를 목도한 상황에서 로스쿨 개혁 자체를 포기하고 종래의 사법시험 및 사법연수원 체제를 수호하기는 어려웠다. 따라서 크게 보아 법학교수집단 내부의 대세는 총 입학정원 1200

명 수준의 사개(추)위안을 '관제 특혜분양 사이비 로스쿨 체제'로 규정한 뒤, 조속히 이를 폐기하고, 입학정원의 규제가 없거나 최소한 약 3,000명 정도의 입학정원이 보장되는 체제를 요구하는 방향으로 기울었다.31) 여기에 더하여, 2005년 5월 16일 사개추위의 제3차 전체회의에서 로스쿨 도입방안이 의결되고 10월 27일 '법학전문대학원 설치 · 운영에 관한 법률안'이 국회에 제출되기까지, 법학교수집단은 조직적으로 대응했다. 우선 이들은 각 대학에서 벌어진 로스쿨 유치경쟁을 주도하면서, 로스쿨 개혁과 관련된 국제학술대회 등을 경쟁적으로 개최하고, 로스쿨 유치를 위한 특별조직을 구성했다. 다음으로 법학교수집단의 총의를 모아 입법 대안을 제시했고32) 노무현 정부의 로스쿨법안을 저지하기 위한 법학교수시위를 시도했으며, 2006년 들어서는 한국법학교수회의 지도부를 선거를 통해 재구성하여 민주적 대표성을 강화했다.

그러나 로스쿨 제도의 도입 과정에서 결정적인 분수령은 오히려 법학교수 개개인의 상승이동이었다. 사개추위가 왕성하게 활동하던 2005년 및 2006년에 법학교수들은 대규모로 직장을 옮겼는데, 그 목적지는 말할 것도 없이 누가 보아도 로스쿨 유치가 유력한 수도권의 메이저 법과대학들이나 각 지역의 주요 국립 법과대학들이었다. 특히 사개추위의 로스쿨법안이 유지된다면 경계선에 놓일 것으로 예상된 법과대학 중에는 매우 공격적으로 법학교수진을 확충한 예도 있었다.33) 경력을 갖춘 법학교수 및 실무교원을 다수 확보해야 로스쿨 유치경쟁에 유리하리라는 것은 이미 여러 경로로 예고되었기에34) 법학교수들의 대규모 상승이동은 당연한 일일 수도 있었다. 하지만 그와 동시에 여기에는 법학교수집단의 직업적 이해관계에 변화를 초래하는 의미도 담겨 있었다. 적어도 로스쿨 설치가 유력한 법과대학의 구성원이 된 법학교수들은 이제 사실상 판사-검사-변호사들과 법률가공급통제권을 일정 정도 공유할 수 있게 되었기 때문이다. 이러한 맥락에

---

31) 대표적으로 사개추위의 로스쿨 개혁 관련 공청회에서 발표되었던 두 논문을 볼 것. 김창록, "사개추위 초안의 구조적 문제점"; 박종보, "법학전문대학원법안의 설치·운영상의 문제점", 이 두 논문은 법과 사회 제28호, 2005년 상반기에 수록되었다.

32) 법과사회 제29호(2005년 하반기)의 말미에 수록된 자료 1. 2 참조.

33) 서울특별시의 한 사립대학 법학과가 불과 7명의 교수진을 1년 만에 25명 수준으로 확충한 것이 단적인 보기다.

34) 예를 들어 2004년도 교육인적자원부 교육정책과제였던 '법학전문대학원 도입방안에 관한 연구' (연구책임자: 한상희, 2004년 11월) 제3장 참조.

서 법학교수들의 대규모 상승이동은 '법원 우위의 강한 사법을 지향하면서도 법률가공급통제권한을 법률가집단이 관리한다!'는 사개위의 다수의견에 법학교수들이 개별적으로 투항하는 의미를 지니고 있었다.

2006년 말 사개추위가 해산된 이후 노무현 정부의 로스쿨 개혁은 공중에 붕뜬 상태가 되었다. 조기 레임덕에 시달리는 대통령이나 붕괴 일로에 있는 집권여당은 사법개혁관련법안의 처리에 관하여 별다른 권한을 가지지 못한 채, 제1당 (한나라당)이 주도하는 사립학교 재개정법안과의 협상에 기대를 걸고 있었다. 이러한 상황에서 로스쿨법안과 관련하여, 일부 변호사 국회의원들은 십여 년간의 논의과정에서 비판적으로 극복된 것으로 여겨졌던 로스쿨체제의 문제점을 새삼 제기했고,[35] 민주노동당은 신자유주의적 체제 재편에 저항하는 강력한 반대론을 내세웠다.[36] 총 입학정원제를 유지한 로스쿨법안에 대해서는 정원 없는 변호사자격시험체제가 아니라면 최소한 변호사 3000명 시대를 약속하지 않는 한 동의할 수 없다는 식의 조건부 지지[37]가 존재할 뿐이었고, 법학교수들 가운데는 로스쿨개혁이 좌초할 경우 2천억 원 넘게 투자한 주요 대학들의 로스쿨 유치경쟁이 쓸모없게 된다는 주장까지 등장했다.[38] 짧게는 4년 길게는 12년간에 걸친 사법개혁작업의 결과가 수포로 그칠 수도 있다는 우려 속에서 노무현 정부의 사법개혁 작업을 이끌었던 사개추위는 뒤늦게 입법을 촉구하는 호소문 성격의 결의문을 내놓는 것으로 활동을 마감했다.[39]

주지하듯 미국식 로스쿨 제도의 시행을 위한 이른바 로스쿨 법안은 예상과 달리 약간의 수정을 거쳐 2007년 7월 말 국회 본회의를 통과했고, 이후 수많은

---

35) 이를테면 법률저널 2006년 12월 8일자에 독자투고의 형식으로 제시된 '로스쿨을 반대하는 7가지 이유'는 국회 내의 대표적인 로스쿨반대론자인 안상수, 주호영의원 등의 주장과 일맥상통하는 내용을 담고 있다.

36) 예컨대, 참여연대 사법감시센터 소책자, '우리가 로스쿨을 말하는 이유 – 로스쿨지지자의 편지'에 수록된 민주노동당 소속 최순영 의원의 '법학전문대학원, '법학교육판 새만금사업'으로 전락을 우려한다!'(2006년 11월 23일 작성) 참조.

37) 참여연대 위의 소책자에 실린 로스쿨 지지자의 편지들은 대체로 이런 논조다.

38) 한겨레신문 2006년 11월 12일자 보도.

39) "… 그 동안 국회에서 일부 법안이 처리되었지만 주요 사법개혁 법안이 정기국회의 막바지 단계인 이 시점까지도 결실을 거두지 못하고 있어 안타까울 따름입니다. 사법개혁에 대한 국민들의 강력한 요망과 높은 기대를 감안한다면 사법개혁의 지체로 인하여 사법시스템의 선진화가 좌절되고 사법 불신이 더욱 깊어지지 않을까 걱정됩니다. 앞으로의 정치일정을 고려할 때 사법개혁 법안이 올해 처리되지 못하면 사법개혁 작업이 다시 좌초되는 것은 아닌지 우려되기도 합니다 … " (2006년 11월 20일 사법개혁추진위원회의 결의문 중 일부).

논란을 겪으면서도 2000명의 총입학정원이 확정되었으며, 우여곡절 끝에 25개의 법학전문대학원이 인가되었다. 그러나 이 과정에서 '경세의 법학 전통'에 어울리는 수준으로 국가와 사회의 관계, 사법의 정치적 위상 및 법률가의 역할에 대한 입체적인 주장과 논변이 제시된 적은 없었다. 자유민주주의 체제의 장기적 전망에 비추어 사법과정의 성격 변화와 법률가양성제도의 개혁 방향을 연결하려는 시도도 이루어지지 않았다. 세추위에서 새교위, 사개추, 사개위, 사개추위를 이끌었던 주도 그룹 중 누구도 로스쿨 개혁을 한국 사회 전체의 재구성을 목표하는 '총체적 사회개혁'의 하나로 이해한 뒤 국민 대중을 설득하려는 기획을 내놓지 않았다. 오히려 그 자리는 법률가집단의 내부 정치, 즉 사법서비스 공급자들의 이익정치 또는 이해관계 조정에 의해 채워졌다. 사법개혁이라는 문제의 범위가 문제해결자의 범위를 규정한 것이 아니라 사법서비스의 공급자위원회라는 문제해결자의 범위가 문제의 범위를 규정했다.

'경세의 법학 전통'에서 개혁은 언제나 미래를 보고 해야 한다. 개혁과 관련하여 미래는 언제나 현재의 삶 속에 이미 가능성으로 존재한다. 따라서 관건은 현재 속에서 미래의 가능성을 포착할 수 있는 상상력이며, 이를 바탕으로 새로운 미래의 청사진을 제시할 수 있는 전달 능력이다. 이 능력이 없다면, 개혁을 막아서는 이익집단들의 반대 논리를 뛰어넘어 국민 대중의 동의와 지지를 확보하기란 불가능하다. 그러므로 개혁을 추동하는 미래지향적 사고과정에서 개혁의 주도 그룹은 스스로 새로운 시대의 주역이 되어야 한다. 이 점에서 2007년까지 로스쿨 개혁을 이끌었던 주도 그룹은 비전과 상상력의 측면에서 역부족이었다. 요컨대, 로스쿨 개혁과정은 '사법개혁자 없는 사법개혁의 빈곤'에 머물러 있었다. '경세의 법학 전통'이 거세된 이후 로스쿨 개혁은 그야말로 불투명한 전망 속의 혼돈과 타협에 머무르고 말았다.

Ⅳ. 로스쿨 개혁의 비전과 법률가의 사회적 역할

지금까지 이 글은 지난 세기 한반도의 법학을 이끌어 온 기본 흐름을 '경세의 법학 전통'으로 전제하면서 로스쿨 체제에서 대한민국 법학의 위기 상황을 그러한 법학 전통의 상실 또는 '수험법학'에 의한 대체로 파악한 뒤, 흥미롭게도 로스쿨 개혁이 1980년대 후반에서 1990년대 후반에 이르는 경세의 법학이 빛나던 시절에 그 실천 방략으로 소장 법학 교수들에 의하여 입론되었음에도 불구하고, 정작 법률가집단의 내부 정치로 일관했던 사법개혁 추진과정에서 흔적을 찾기 어려울 정도로 사라져 버렸음을 주마간산(走馬看山) 격으로 살펴보았다. 그렇다면 이제 답해야 할 질문은 명백하다. 대한민국의 법학 교수들이 로스쿨 개혁과 연결했어야 할 비전, 즉 로스쿨 개혁에 전제된 국가와 사회의 관계, 사법의 정치적 위상 및 법률가의 역할에 대한 입체적인 주장과 논변은 과연 무엇이었는가? 경세의 법학은 어떻게 로스쿨 개혁과 사법과정의 성격 변화, 그리고 자유민주주의 체제의 장기적 전망을 연결했어야 했는가?

　다소 민망한 감은 있으나, 나는 이 대목에서 개인적인 경험을 토로하지 않을 수 없다. 박세일 교수께서 청와대로 가셨던 1994년 2학기에 나는 법사회학을 전공하는 서울대학교 대학원 법학과의 박사과정생으로서 마침 해당 학기에 법경제학 세미나를 수강하고 있었다. 그리고 박세일 교수께서 추천해 주신 덕에 10월부터 학부 동기생으로서 박사과정에 함께 있던 로마법 전공의 서을오, 민법 전공의 이은희와 함께 대법원 법원행정처의 사법정책연구실에서 조사위원으로 일했다. 당시 사법정책연구실장은 양승태 고등법원 부장판사였고, 그 아래 김상균, 최완주, 강일원 고등법원 판사들이 있었으며, 1995년 들어 세추위 활동에 대한 대응으로 바빠진 다음부터는 권순일, 문용호, 이기택 고등법원 판사들도 만날 수 있었다. 법사회학 전공으로 대학원 석박사과정을 다니면서 나는 자연스럽게 동료 기초법학 연구자들과 학문적 우정을 돈독하게 나누고 있었고, 앞서 언급했던 '법과 사회이론연구회'를 비롯한 법학운동단체들의 활동에 참여하면서 소장 법학 교수들과 교분을 쌓고 있었다. 세추위-새교위-사개추-사개위-사개추위로 이어진 미국식 로스쿨 도입논의과정에서 이 법학자들의 상당수는 실질적인 주도 그룹을 형성했다.[40]

　1995년 벽두부터 한국 사회에 몰아쳤던 사법개혁 논의, 특히 미국식 로스쿨 도입논의는 내게 진귀한 법사회학적 관찰 경험을 제공했다. 신문과 방송을 뒤덮

---

[40] 이때부터 시작된 법사회학적 관찰과정에서 나는 법조사회 안팎에서 법조오적이 회자되는 것을 직접 경험하기도 했다. 여러 곳에서 전문한 바로는 1995년의 법조오적과 2007년의 법조오적 모두 (총 10인)가 로스쿨 개혁논의에 앞장섰던 법학교수들이었다(이국운, "법학교수의 법관임용에 관한 소고", 한양대학교 법학연구소, 법학논총, 제30집 제1호, 2013, 113면 참조).

는 사법개혁논의의 전선과 쟁점, 그리고 공격 및 방어의 논변들은 모두 내가 낮과 밤을 함께 보내고 있던 두 개의 다른 그룹에서 생산되고 정리된 것이었기 때문이다. 다만 주요 국가의 사법제도와 법률가양성제도를 소개한 뒤, 대한민국의 컨텍스트에 대한 충분한 고려 없이 비교적 단순한 대조와 참조를 통해 곧바로 구체적인 정책적 방향을 끌어내는 논의의 방식은 전혀 만족스럽지 않았다. 앞서 언급했던 '비판적 비교법사회학'의 문제의식이 꿈틀대기 시작한 것은 이즈음부터였다. 1995년 2학기에 이르러 나는 서울대학교 법과대학의 기초법학 조교로 봉직하게 되었다. 그때까지 수개월에 걸쳐 법사회학적 관찰을 진행하면서, 나는 박사과정 코스워크를 마치는 대로 U.C Berkeley의 Jurisprudence & Social Policy 과정에 유학하려던 계획을 접고, 눈앞에서 벌어지는 사법개혁의 현실에 관한 법정치학적 분석을 주제 삼아 박사학위논문을 쓰기로 마음먹었다. 그로부터 꼬박 3년에 걸쳐 완성한 논문의 제목은 '정치적 근대화와 법률가집단의 역할-법률가양성제도 개혁논의의 비교분석을 통한 접근'이었다.

　나는 법률가양성제도개혁논의를 대의기구의 작동 불량에 대한 대중적 저항의 표현으로 해석할 수 있다고 보았다. 특히 사법(司法)적 통로의 대의기구가 제대로 작동하지 않을 때, 법률가양성제도개혁논의는 격화되는 양상을 띤다. 법률가양성제도가 중대한 정치적 함의를 지니는 이유는 '자유주의적 법치주의(liberal legalism)'에서 법률가가 (잠재적인) 사법적 대표의 위상을 가지기 때문이다. 자유주의적 법치주의는 법적 담론에 존재하는 법창조(law-making)와 법발견(law-finding)의 모순적 공존 관계를 서로 연결된 다이내믹스로 정치과정 속에 제도화하려는 정치적 근대화의 기획으로서, 그 속에서 법률가집단은 사법대의기구를 통해 비정당적(非政黨的) 정치권력을 독점하는 특혜를 누린다. 그러므로 법률가만이 사법대의기구를 차지할 수 있는 한, 법률가는 곧 국민의 사법적 대표일 수밖에 없다. 실제로 사법권을 행사하는 판검사가 현실적인 사법적 대표라면, 판검사가 될 자격을 독점하는 변호사는 잠재적인 사법적 대표인 셈이다. 이러한 체제 속에서 판검사의 임용과정은 현실적인 사법적 대표의 선출과정이며, 법률가자격부여과정은 잠재적인 사법적 대표의 선출과정에 해당한다.

　이러한 맥락에서 나는 법률가양성제도 개혁논의의 배후에 사법대의기구, 그 중에서도 (잠재적인) 사법적 대표의 선출과정에 관한 정치적 불만이 존재한다고 생각했다. 곰곰이 따져보면, 이 불만의 실체는 궁극적으로 둘 중 하나일 수밖에 없다. 첫째는 사법대의기구가 제 몫을 못하고 있으니 그 기능을 보강하라는 요청이다. 이는 입법대의기구가 어떤 구조적 한계에 부딪혀 정치적 부하(負荷)를 견디지 못할 때 발생한다. 둘째는 사법대의기구가 너무 강력하니 그 권력을 삭감하라는 요청이다. 이는 사법대의기구의 압도로 인하여 민주정치가 훼손될 때 발생한다. 전자는 '의회주권체제'와 같은 입법 우위의 통치구조가 대중의 정치적 수요를 효과적으로 수용하지 못할 때 등장하고, 후자는 '사법국가체제'와 같은 사법 우위의 통치구조가 법률가의 법독점으로 연결될 때 등장한다. 요컨대, 전자가 '법의 정치화(politicization of law)'라는 법창조 중심의 구조적 정치변동에 대한 반동이라면, 후자는 '정치의 법화(legalization of politics)'라는 법발견 중심의 구조적 정치변동에 대한 반동이다.

서구 근대법은 대체로 영미법 전통과 대륙법 전통의 분계선을 따라 강한 국가를 전제하는 '법적 관료주의'(legal bureaucratism)와 강한 시민을 전제하는 '법적 전문주의'(legal professionalism)로 법률가정치노선을 구분하여 자유민주주의를 구성해 왔다. 하지만 박사학위논문에서 나는 이 두 법전통과 법률가정치노선의 현격한 차이 및 그 압도적인 영향력과 별개로 자유민주주의의 정치체제인 법창조와 법발견의 다이내믹스를 규정하는 또 다른 요인을 확인할 수 있다고 주장했다. 영국과 미국, 독일과 일본의 경험을 입체적으로 비교·분석하면, 아래 [그림 1]이 보여주듯, '법의 정치화'가 나타나는 통치구조에서 법률가집단이 사법대의기구의 협소한 영역만을 지배하는 특수한 전문 엘리트로 관리된 반면, '정치의 법화'가 나타나는 통치구조에서 법률가집단은 입법대의기구와 사법대의기구를 포괄하는 보편적 통치 엘리트로 고양되었기 때문이다.

[그림 1]

	입법＞사법	입법＜사법
국가＜시민	영국	미국
국가＞시민	일본	독일

법률가양성제도 개혁논의의 법정치학적 비교분석을 통해서 나는 '지배적인 법이론의 형태'와 '법률가집단의 내부조직구조'가 이러한 변화의 핵심 변수라고

주장했다. 미국이나 제2차 세계대전 이후의 독일처럼 ① 지배적인 법이론이 실질/
내용-지향적(substance/content-oriented)이고 법률가집단의 내부조직구조가 통일
되어 있을 때, 법률가집단은 정치적으로 활성화되었고, 영국이나 일본처럼 ② 지
배적인 법이론이 형식/권위-지향적(form/authority-oriented)이고 법률가집단의 내
부조직구조가 분열되어 있을 때 법률가집단은 정치적으로 비활성화되었다.

　　이러한 결론에 입각할 때, 주요 국가에서 사법대의기구에 관한 정치적 불만
이 법률가양성제도 개혁논의로 집중되는 공통적인 현상에는 구조적인 이유가 있
었다. 법률가양성제도는 지배적인 법이론을 체계적으로 재생산하는 동시에 법률
가집단의 내부조직구조를 결정하는 핵심 고리이므로, 마치 선거제도가 입법대의
기구 및 이를 운영하는 정당 체제의 결정적인 변수인 것과 유사하게, 사법대의기
구 및 이를 운영하는 법률가집단의 구조적 형성에 결정적인 변수로 작용한다. 따
라서 선거제도와 법률가양성제도로부터 자유민주주의 국가에서 입법대의기구와
사법대의기구, 법창조와 법발견의 다이내믹스를 관통하는 권력 게임의 장기법칙
이 형성될 수 있음은 물론이다. 그러므로 자유민주주의 정치체제에서 권력 게임
의 장기법칙에 대한 정치적 불만이 누적될 경우 그 표출이 선거제도 개혁논의와
마찬가지로 법률가양성제도 개혁논의를 통해 이루어지는 것은 당연한 결과였다.
이때 해당 정치체제에서 정치적 불만의 내용과 의미, 그리고 그 해결의 방향성을
이해하기 위하여, 개혁논의 전반에서 세심하게 살펴야 할 초점은 '지배적인 법이
론의 형태'와 '법률가집단의 내부조직구조'에 관하여 서로 경쟁하는 다양한 구상
의 분포와 상호관계일 수밖에 없었다.[41)]

　　이처럼 박사학위논문을 비교법정치학적 분석으로 마무리하자, 내게는 곧바
로 한국 사회의 법률가양성제도 개혁논의에 대한 분석 작업이 엄청난 학술적 부

---

41) 나와 비슷한 유형론을 전개하는 예로는 미쟌 다마스카의 연구를 들 수 있다. 그는 서구의 근대정
　　치사와 근대법사를 연결시키면서 반응적(reactive)국가와 행동적(activist)국가를 대별한 뒤, 다시
　　분쟁해결적(conflict-solving)절차와 정책보완적(policy-implementing)절차라는 법과정의 이념형
　　들을 연결시켜 네 가지 국가유형을 제시한다. ① 위계구조적 정부하의 정책보완적 (사)법과정, ②
　　위계구조적 정부하의 분쟁해결적 (사)법과정, ③ 대등구조적 정부하의 분쟁해결적 (사)법과정, ④
　　대등구조적 정부하의 정책보완적 (사)법과정(Mijan R. Damaska, 『The Faces of Justice and State
　　Authority: A Comparative Approach to the Legal Process』, Yale University Press, 1986). 이에
　　비하여 필자의 박사학위논문은 좁은 의미의 법과정, 즉 사법과정만이 아니라 입법과정까지를 포
　　함하는 넓은 의미의 법과정을 분석한다는 점에서 다르며, 그 실제적인 가치는 위의 유형론을 각
　　정치시스템의 고유한 딜레마와 연결하는 대목에서 잘 드러난다.

담으로 다가왔다. 나는 '지배적인 법이론의 형태'와 '법률가집단의 내부조직구조'에 관하여 서로 경쟁하는 다양한 구상의 분포와 상호관계에 초점을 맞추어 한국 사회의 사법개혁논의에 통치구조의 근본을 좌우하는 권력 게임의 장기법칙에 관한 치열한 투쟁이 진행되고 있음을 주장했다.[42] 주요 흐름은 '국가 우위 대 시민 우위', '입법강화 대 사법강화'라는 두 축에 따라 ① 강한 국가/약한 사법 ② 강한 국가/강한 사법 ③ 강한 시민/강한 사법 ④ 강한 시민/약한 사법의 네 가지 유형으로 간추릴 수 있었다. 사법시험법의 폐해를 극복하기 위하여 로스쿨 개혁논의가 다시 불붙던 노무현 정부 초기를 기준으로, 각 유형의 요지는 다음과 같이 묘사될 수 있었다.

첫째, '강한 국가/약한 사법'의 입장은 지배 연합의 주변부에서 신분적 이익을 확보했던 고위 사법관료들이 내세우는 관료적 수구의 논리였다. 형식주의적 법이론과 법률가집단의 내부분열을 고수하려는 집착이 있을 뿐, 강한 국가를 전제하면서도 입법대의기구에 우선권을 양보하는 민주적 사법소극주의의 가능성은 미개척지(未開拓地)로 남아 있었다. 둘째, '강한 국가/강한 사법'의 입장은 법집행기구를 견제하라는 대중적 개혁요청에 사법대의기구의 강화로 대응하자는 사법적 보수의 논리였다. 사회 전체의 법화(legalization)현상과 맞물리면서 이 실질적 법치국가론은 법조 내부의 사법개혁론을 주도함과 동시에 더불어 법률가집단 전체를 이끄는 지배 담론으로 등극했다. 셋째, '강한 시민/강한 사법'의 입장은 세계화의 관점에서 강한 국가의 현실성을 문제 삼는 시장적 개혁의 논리였다. 정치의 법화를 추동하면서 종국에는 법률가집단을 보편적 통치 엘리트로 고양할 전국적 규모의 로스쿨 체제가 이 미완성 기획의 요체였다. 넷째, '강한 시민/약한 사법'의 입장은 사법의 민주화와 분권화에 중점을 두는 민주적 혁신의 논리였다. 이들은 사법의 독립을 사법의 독점과 구분한 뒤, 법률가를 사법적 대표로 이해하면서, 예를 들어 정원제 사법시험의 철폐와 형사배심재판의 도입, 변호사선발권한의 지방분권화와 검사장 직선제 등을 주장하고 있었다.

당시의 상황에서 가장 유력한 것은 '강한 국가/강한 사법'의 입장(保守)이었다. 무엇보다 법률가집단 내부의 이론적 주도권을 확실하게 장악한 상태였기 때

---

42) 이국운, "사법개혁의 정치학", 저스티스, 2003년 6월호. 이하의 세 단락은 선행연구의 일부를 재구성한 것이다.

문이다. 하지만, 이 입장은 공동체적 결단에 반드시 필요한 사법개혁의 정치문제
화에 있어서 근본적인 장애 요인을 가지고 있었다. '사법은 정치와 구분되며, 정
치보다 우위이고, 그 담당자는 사법관료제다'라는 도그마(dogma)가 너무나 강력
하여 극복이 쉽지 않았기 때문이다. 이 점만을 고려한다면, 조만간 펼쳐질 사법개
혁의 정치문제화 과정에서 새롭게 떠오르는 '강한 시민/약한 사법'의 입장(革新)이
의외로 유리한 지위를 점하게 될 수도 있었다. 법률가집단의 외부에는 이미 '사법
의 민주화와 분권화'라는 슬로건이 심정적으로 광범한 지지를 확보하고 있으므로
계기만 주어진다면 공론장의 분위기는 순식간에 바뀔 수 있었다. 이 둘에 비하여
시장만능주의로 각인된 '강한 시민/강한 사법'의 입장(改革)은 사법시험법의 입법
으로 비록 한 번 기세가 꺾였으나, 세계화와 정보화의 흐름 속에서 언제든 다시
각광을 받을 수 있었다. 특히 법률서비스시장의 개방이 본격화되고, 일본형 로스
쿨의 성패가 명확해지면, 국제경쟁력의 강화 차원에서 시민사회의 주도권을 법률
가들에게 맡기자는 로스쿨주의자들의 주장에 탄력이 실리게 될 것은 자명했다.
유사한 맥락에서, 급격히 스러지는 '강한 국가/약한 사법'의 입장(守舊) 역시 잠재
력을 무시할 수는 없었다. 누군가 민주적 사법소극주의의 논리로 섬세하게 다듬
기만 한다면, 적어도 시민적 삶의 지나친 법화와 소송 남용에 질려 강한 국가에
미련을 두는 세력에게 이는 매력적인 대안이 될 것이기 때문이다.

　　그러나 사개위-사개추위를 거치면서도 노무현 정부 당시의 로스쿨 개혁논의
에서 위와 같은 네 개의 서로 다른 정치적 입장 또는 구상은 조명되지 못했다.
그 원인은 앞서 말했듯이 로스쿨 개혁논의의 주도 그룹 자체가 스스로 대변하는
법률가정치노선의 방향조차 제대로 식별하지 못한 채, 법률가집단 내부의 이익정
치 또는 이해관계 조정에 매몰되었기 때문이다. 겉으로 드러나지는 않았지만, 이
로 인한 정치적 폐해는 심대했다. 로스쿨 개혁을 두고 경쟁하는 정치적 입장 또
는 구상이 제대로 드러나지 않으면서 자유민주주의 정치체제의 주권자인 국민 대
중은 법률가양성제도 개혁논의의 진정한 의미를 도무지 알 수 없었기 때문이다.

　　이러한 현실과 대조적으로 나는 비판적 비교법사회학의 문제의식에 입각한
내 나름의 법정치학적 논구를 '경세의 법학 전통' 속에서 당연하게 받아들였다.
로스쿨 개혁논의에 참여하는 법학자들은 위의 유형 중 어느 쪽에 서건 자유민주
주의 정치체제의 권력 운영 방식에 관한 장기법칙과 관련하여 선명한 개혁의 비

전을 제시해야 했고, 동시에 각각의 장점을 강화하고 부작용을 최소화할 보완책도 내놓아야 했으며, 그 연장선에서 법률가의 사회적 역할 및 이를 구현할 법학교육의 방법을 확보해야 했기 때문이다.

나는 로스쿨 개혁논의과정에서 이 네 개의 정치적 입장 또는 구상이 상당 기간 혼란스럽게 각축하리라고 예상했다. 각 입장과 구상의 주창자들은 권력 게임의 장기법칙을 두고 벌어지는 이 세계관적 투쟁에서 물러서지 않으리라 보았기 때문이다. 한 걸음 더 나아가 나는 이러한 세계관적 각축이 어쩌면 '질투의 정치', 즉 지난 세기 내내 한반도의 사람들이 형성해 온 독특한 정치적 삶의 표현방식일 수도 있다고 생각했다.[43] 이와 같은 백가쟁명(百家爭鳴), 즉 '강한 국가 대 강한 시민'의 갈등과 '강한 입법 대 강한 사법' 갈등이 이중적으로 공존하는 독특한 상황은 한국 사회에 잠시도 여유를 찾을 수 없는 정치적 긴장 상태를 초래하며, 그로부터 개화기 이래 한국 사회를 이끌어 온 신묘한 정치적 메커니즘으로서 '질투의 정치'가 발생할 수 있었기 때문이다. 그러나 다른 한편으로는 그와 같은 백가쟁명을 끝없이 계속할 수 없다는 점 또한 명백했다. 주요 국가들 모두 나름의 역사적 과정을 거쳐 권력 게임의 장기법칙을 확립했고, 그로 인한 부작용을 감당하면서 나름의 보완책을 강구했듯이, 대한민국 또한 결국은 같은 길로 나아갈 수밖에 없었다. 그리고 그 과정에는 반드시 '경세의 법학 전통'에 입각한 헌법정책적 정당화 논변이 확보되어야만 했다.

그러나 이러한 시도와 별개로 사개위-사개추위를 거쳐 2007년 7월 로스쿨법이 통과되는 전체 과정은 앞서 보았듯이 사법서비스의 공급자들인 법률가집단 내부의 이익정치 또는 이해관계 조정으로 대체되었다. 그 이후 로스쿨법이 시행되어 25개 로스쿨이 출범하고 새로운 법학교육과정이 시작된 다음에도 '경세의 법학 전통'을 부활시킬만한 특별한 계기는 나타나지 않았다. 그리고 그러한 사정들이 계속되면서, 로스쿨 체제에서 대한민국의 법학은 구체적 분쟁 해결을 위한 법리의 개발과 제공에 진력하는 듯한 외관 속에서 로스쿨의 입학과 수학, 그리고 졸업 및 변호사시험 준비과정을 관통하는 '수험법학'의 압도적인 위세에 짓눌려 버리고 말았다. 도대체 왜 로스쿨 체제를 추진하고 확립해야 하는지를 로스쿨 체제하의 대한민국 법학자들은 정면으로 답하지 않은 채, 단지 그 일원으로서 로스

---

43) 이국운, "질투와 법치", 한국문화연구 제37권, 2019.

쿨의 변시학원화와 학부법학의 토대 붕괴, 그리고 일반대학원 법학과의 몰락을 지켜보고만 있었던 것이 아닌가?

그렇다면, 로스쿨 체제에서 대한민국의 법학은 어떻게 다시금 소생의 희망을 붙잡을 수 있을까? 나는 로스쿨 체제 그 자체의 의미를 '경세의 법학 전통' 속에서 다시 성찰하지 않고는 이 질문에 유효하게 답할 수 없다고 생각한다. 법학교육 및 법률가양성제도는 사법제도의 뿌리를 이루는 근간임은 물론 장기적으로 민주 공화국 프로젝트의 방향과 주요 행위자그룹의 모습을 정하는 데 커다란 영향을 끼칠 수밖에 없는 핵심 제도이므로 지금이라도 로스쿨 개혁을 자유민주주의의 장기적 비전 문제와 연결해야 한다는 말이다. 한 마디로 법학자들이 나서서 로스쿨 개혁의 비전을 다시 확립하는 곳에서 새로운 개혁의 계기를 찾아야 하며, 그 성과를 로스쿨 체제의 법학교육 및 법률가양성제도, 그리고 대한민국 법학자의 새로운 정체성 확립에 연결해야 한다는 것이다.

대한민국에서 어느새 출범 15년을 헤아리는 로스쿨 체제는 사실상 되돌리기가 불가능한 사법 시스템의 새로운 기반이 되었다. 따라서 이를 전제로 변호사자격시험제도의 완비, 법률가집단의 전문직화, 판사임용의 법조일원화, 사법시스템 전체에서 공판중심주의를 통한 법원의 우위 확립, 배심제도 전면 시행 및 법관인사과정에 대한 시민 참여, 법조윤리 확립 및 법률가징계과정에 대한 시민적 통제 등을 실현하는 작업 역시 피할 수 없음은 물론이다. 그렇다면 로스쿨 제도를 물릴 수 없는 이상, 대한민국은 이미 상당히 좁은 범위로 사법 정치 혹은 법률가정치노선에 관한 국가적 비전을 좁혔다고도 말할 수 있다. 위의 네 가지 유형론에서는 미국으로 대변되는 '강한 시민/강한 사법' 유형과 독일로 대변되는 '강한 국가/강한 사법' 유형이 상당히 유력하다고 볼 수 있지 않을까?

다만, 여기서 나는 약 30년 전 박사학위논문을 작업하면서 안출했던 위의 네 가지 유형론이 기본적으로 법정치학적 비교분석을 위한 방법이었음을 인정하지 않을 수 없다. 달리 말해, 사법체제 또는 법률가정치노선의 구체적인 방향 설정을 위해서는 실천적 관점에서 이 유형론을 변형하여 유연하게 활용할 수 있으리라는 것이다. 이를 위하여 나는 그동안 자유민주주의 체제에서 법의 정치가 강화되는 일반적인 추세를 수용하면서 '국가 우위 대 시민 우위', '입법 강화 대 사법 강화'라는 두 축을 유지하는 동시에 그 중간에 다른 유형을 덧붙일 수 있지 않을까 고민해 왔다.[44] 이 중간 유형에서는 입법대의기구와 사법대의기구가 용호상박(龍虎相搏)의 형세로 부딪히는 까닭에 어느 한쪽의 우위를 말하기 어렵고, 그 대신 법창조와 법발견의 다이내믹스가 상대적으로 매우 빠르게 작동하는 특징을 확인할 수 있을 것이다.

이렇게 하면, 위의 네 가지 유형 외에 '강한 국가/입법＝사법'과 '강한 시민/입법＝사법'의 두 유형을 덧붙여 모두 여섯 개의 유형을 설정할 수 있고, 이를 바탕으로 영국, 미국, 독일, 일본과 다른 자유민주주의 사법체제를 유형화하거나 아예 새로운 유형을 생각할 수도 있다. 주요 국가의 법률가정치노선을 비교법정치학적으로 검토할 때, '강한 국가/입법＝사법'의 유형에는, 논의의 여지는 있으나, 일단 2000년대 이후의 프랑스를 염두에 둘 수 있을 것이다. 이에 비하여 '강한 시민/입법＝사법'의 유형은 쉽사리 실제의 예를 찾기가 어렵지만, 어쩌면 로스쿨 체제가 정착된 이후의 대한민국 사법체제를 이 유형으로 예상할 수도 있으리라.

대한민국 사법체제의 진로를 전망하고 이를 구체적인 제도설계로 이어갈 때, [그림 2]에 표현된 여섯 개의 유형론은 한결 유연한 전망을 열어 준다. 다만, '경세의 법학 전통' 속에서 이때의 유연성은 구체적인 제도설계의 방향을 여러 유형 중에서 선택할 수 있다는 의미보다는 그 가운데 어떠한 유형으로 방향이 정해지건, 그로 인한 부작용과 폐해를 최소화하기 위하여 보완책을 고안할 수 있다는 의미로 이해되어야 한다. 예를 들어, 로스쿨 체제 정착 이후의 대한민국 사법체제가 '강한 시민/강한 사법'의 유형이라면 사회 전체의 지나친 법화와 법률가 집단의 법독점을 경계하는 방향에서 '경세의 법학 전통'이 발휘되어야 할 것이고, '강한 국가/강한 사법'의 유형이라면 법관료주의의 잔재가 로스쿨 체제에서 부활할 가능성을 막는 쪽에 집중해야 할 것이다. 이러한 관점에서도 위의 새로운 유형론에서 추가한 '강한 국가/입법＝사법'과 '강한 시민/입법＝사법'의 두 유형은 '경세의 법학 전통'이 발휘될 수 있는 여지 또한 상당히 넓혀주는 효과가 있으리라 기대한다.

---

44) 이국운, 『법률가와 정치』, K-MOOC 강의 제2부 참조.

[그림 2]

	입법>사법	입법=사법	입법<사법
국가<시민	영국	대한민국(?) (로스쿨 체제 정착 이후)	미국
국가>시민	일본	프랑스	독일

Ⅴ. 새로운 방향 설정 이후 법학자들이 해야 할 일

지금까지 나는 로스쿨 체제에서 대한민국 법학자의 정체성을 확립하기 위해서는 서구 근대법의 계수 이후 대한민국 법학의 특징이었던 '경세의 법학 전통'을 되살려야 하며, 이를 위해서는 무엇보다 바로 그 전통에서 입론되었던 로스쿨 체제 자체의 의미를 자유민주주의의 장기적 비전 문제와 연결하여 적극적으로 밝혀야 한다고 주장했다. 하지만 이 주장을 대한민국의 법학자들이 로스쿨 체제의 방향을 정하고 그 정상적인 실현을 위하여 구체적인 제도설계와 운영에 복무해야 한다는 뜻으로 받아들여서는 곤란하다. 이처럼 협소한 정책법학적 이해는 단지 본격 학문으로서 법학의 여러 갈래 중 하나로 이해될 수 있을 뿐이며, 법학 그 자체는 로스쿨 체제의 방향과 제도를 포함한 법현상 자체에 대한 학문적 성찰 및 그 실천으로 동일시되어야 하기 때문이다. 이 점을 전제하면서 이제부터는 '경세의 법학 전통' 속에서 로스쿨 체제의 방향을 설정하거나 새롭게 이해한 이후 대한민국의 법학자들이 반드시 해야 할 일을 짚어 두는 것으로 두서없는 논설을 마무리하고자 한다.

법학자들은 우선 로스쿨 체제의 원칙을 바로 세우는 데 뜻을 모아야 할 것이다. 로스쿨 체제는 충분한 법학 교육과 적절한 훈련을 받으면 어떤 시민이건 법률가자격을 얻을 수 있고, 이를 통해 단지 시민으로서만이 아니라 법률가로서도 민주공화국의 운영에 참여할 수 있다는 명제 위에 존립한다. 이러한 관점에서 현재의 로스쿨 체제는 한 해 2000명의 총입학정원제도를 통해 과거 정원제 사법시험의 체계적 오류를 변형하여 유지해 왔고, 이는 변호사자격시험의 왜곡을 조장해 왔으며, 결과적으로 오늘날 로스쿨 교육과정을 관통하는 '수험법학'의 통치를 방치해 왔다. 로스쿨 체제가 출범한 지 15년이 되는 현재의 시점에서 총입학정원

제도가 법률가양성제도의 구조변경에 따른 과도기적 필요성으로 정당화될 수 없음은 분명하다. 그렇다면 지금이야말로 로스쿨 체제의 원칙을 바로 세워, 총입학 정원제도를 철폐하고 로스쿨 설립 및 유지에 있어서 엄격한 준칙주의를 실현하며, 변호사시험 역시 완전한 자격시험으로 정상화해야 할 때가 아닐까? 이 문제에 관해서는 시급히 로스쿨 안팎의 법학자들 모두가 광범위한 컨센서스를 확인하고 그 결과를 국민 대중에게 보고할 필요가 있다.

그러나 로스쿨 설립 및 유지에 관하여 엄격한 준칙주의를 실현하고, 변호사시험을 완전한 자격시험으로 바꾸는 것만으로 로스쿨 교육을 '수험법학'의 통치로부터 해방시킬 수는 없다. '수험법학'을 구축해낸 바로 그 자리에 무언가 새로운 법학을 채워 넣어야 하며, 이 점에서 결정적인 과제는 한국식 로스쿨 체제에 맞는 전문법학교육의 방식을 새롭게 정립하는 것이다. 주지하듯 미국의 로스쿨 제도는 19세기 말부터 '케이스 메소드'라는 문답식 판례학습법을 전문법학교육에 전면적으로 도입함으로써 로스쿨 교육을 '수험법학'으로부터 이격시키는 데 성공했으며, 1960년대 이후의 독일 법학교육 역시 이른바 '연습과목'의 단계적 배치를 통해 이론교육과 실무교육의 간극을 줄였다. 사견으로는 대한민국 로스쿨 교육에서는 공사 실체법 및 절차법 기본 과목의 '케이스 메소드' 시행 및 기초법학과목의 (선택적) 필수화는 최소한 의무적으로 이루어져야 하지 않을까 생각한다. 여기에 각종 연습과목과 심화과목의 세미나 시리즈를 덧붙인다면, 법전 해설과 판례 평석을 동시에 수행하는 대륙법 전통의 이점을 충분히 살릴 수 있을 것이다.

다음으로 법학자들은 '본격 학문으로서의 법학'(legal academism)을 재건하는 작업에 힘을 모아야 한다. 가장 시급한 것은 로스쿨 체제에서 사실상 몰락 일보 직전에 몰린 학부과정의 법학교육을 재건하는 일이다. 경찰행정이나 정보보안, 경영경제 등과 협업하는 정도로는 '수험법학'의 관성을 벗어나기 어렵다고 생각한다. 대학마다 상황과 조건이 다르긴 하겠지만, 오히려 국내외의 여러 대학에서 이미 상당 정도 성과를 보여주고 있는 '자유교양학문으로서의 법'(law as liberal art)을 대안으로 고려할 필요가 있다.[45] 학부교육과정에서 진리 탐구에 복무하는 학문의 정신을 경험한 법학도만이 로스쿨에서 '수험법학'의 유혹을 말 그대로 유

---

45) 이국운, "앰허스트로 가는 길", 법사학연구 제43호, 2011; "대학교육에서 자유교양법학의 자리", 법과 사회 제72호, 2023.

혹으로 떨쳐낼 수 있을 것이기 때문이다. 그래야만 로스쿨에서 전문법학석사학위를 받은 변호사가 일반대학원 학술법학박사과정에 지원하여 인생의 황금기를 전적으로 법학 연구에 투자하고, 그 가치를 귀히 여겨 충분한 공공적 지원이 이루어지며, 나아가 각 로스쿨과 일반대학원 법학과에 학술법학박사학위를 가진 기초법학교수들의 숫자가 획기적으로 늘어나는 '기적'도 싹틀 수 있으리라.

　이러한 과정에서 법학자들은 2007년 로스쿨법 통과 이후 한국 사회가 추진해야만 하는 이른바 '사법개혁 30년 프로젝트'의 의미를 국민 대중에게 충실히 설명해야 한다. 그 의미는 첫째로 한국 사회가 이른바 시민법 전통의 토대를 식민지배의 유산으로 물려받았으면서도 '전관예우'와 같은 구조적인 폐해에서 벗어나고, 세계화·정보화·다원화의 흐름에 민주적 대응력을 키우기 위하여 영미법 전통의 로스쿨 제도를 받아들였다는 점이고, 둘째로 이처럼 과감하고도 단호한 사법체제의 방향 설정이 대한민국에서 자유민주주의의 장기적 전망과 밀접하게 연결될 수밖에 없다는 점이며, 셋째로 로스쿨 체제에서 비롯되는 법관인사에서의 법조일원화, 형사사법의 공공화 및 권력 균형체계 확립, 변호사집단에서 전문직 윤리의 정착, 사법과정 전반에 대한 시민적 참여 등이 '사법개혁 30년 프로젝트'의 피할 수 없는 방향이자 과제들이라는 점이다. 나아가 법학자들은 법률가의 직업적 이해관계에서 상대적으로 자유로운 이점을 충분히 활용하여 이 모든 과제에서 법률가집단보다는 국민 대중 전체의 이익과 관점을 대변하는 역할을 자처할 필요가 있다.

　여기서 등장하는 미묘한 문제는 법률가집단 내부에서 법학자들이 특히 직업적 이해관계에 매몰되기 쉬운 법실무가들에 대하여 학문적 성찰과 비판을 담당하면서도, 법률가로서의 직업적 정체성을 잃지 않게 만들어야 한다는 요청이다. 앞에서 언급했던 '강한 시민/강한 사법' 모델의 미국이나 '강한 국가/강한 사법' 모델의 독일, 그리고 '강한 국가/입법＝사법' 모델로 접근하고 있는 듯한 최근의 프랑스는 이 요청에 대하여 각기 나름의 대응책을 발전시켜 왔다. 만약 대한민국이 위의 세 모델과 함께 '강한 시민/입법＝사법'의 모델 중 어느 하나로 나아가게 된다면, 이 문제에 관해서도 적합한 대안을 마련해야만 할 것이다. 사견으로는 '법학학술박사학위를 가지고 10년 이상 교육 또는 연구에 종사한 법학교수에게 법관임용자격을 부여하는 것'이야말로 현명한 대안이 되지 않을까 생각한다. 로스

쿨 체제에 의하여 강제로 분리된 법학교수집단을 다시 연합시키고, 사법과정의
최종 목표인 판결을 통해 법학과 법실무를 연결시킬 수 있기 때문이다. 헌법재판
소를 정점으로 독일식 전문법원체제가 도입된다면, 이러한 대안의 가치는 더욱
커질 수 있을 것이다.[46)]

이상에서 나는 로스쿨 체제에서 대한민국 법학자의 정체성 확립에 관해 두
서없는 소론을 전개해 보았다. 박사과정 시절 갑자기 로스쿨 개혁논의에 노출된
뒤부터 나는 지난 30여 년의 많은 기간을 사법정치학과 법률가정치론의 관점에
서 '비판적 비교법사회학'의 문제의식을 소생시키고자 애써왔다. 이 글 또한 그와
같은 노력의 연장선에 위치한다. 다만, 그러면서도 마음 한구석에 남아 있는 부담
은 내게 법철학을 가르쳐 주신 심헌섭 교수께서 로스쿨 법이 입법 병목에 막혀
있던 2006년경 '법학의 학문성'을 옹호하는 최후의 입론을 마치시면서 남기신 한
가지 '기우(杞憂)'이다.[47)]

> "… 법학의 학문성은 법학의 필요조건이지 충분조건은 아니다. 법학이 학문성의
> 조건 밑에서 어떠한 내용의 법학을 발전시키느냐는 법학자의 몫이다. … 대학교 안
> 의 전문대학원은 보다 성숙한 법조인의 양성에 기여할 것으로 모두들 기대한다.
> 그러나 법과대학에서의 학문적 연구를 망각하고 전문성과 기술성에 치우친 교육
> 으로 법률상인만을 양산하여 현대적 바버리즘을 더욱 부채질하지 않을까 걱정된
> 다. 이러한 걱정이 기우에 그치도록 법학의 학문성에 대한 보다 깊은 성찰과 그것
> 에 입각한 깊고 올바른 법학의 발전이 있어야 하겠다."

이 말씀이 말 그대로 기우가 되도록 로스쿨 체제의 대한민국의 법학자들 모
두가 정진해야 할 것이다. 법학의 학문성은 법학의 내용이 진정으로 학문적일 때
비로소 확보될 수 있다.

---

46) 이 정책대안의 내용과 취지에 대해서는 이국운, "상고심 제도의 개혁방안 연구: 합당한 법다원주
의의 관점에서", 법과 사회 제60호, 2019 참조.
47) 심헌섭, 앞의 글(2006), 13-14면.

제 3 장   한국의 법학교육

근대 한국 법학교육 제도사

정 긍 식*

Ⅰ. 머리말

한국에서 근대법학 교육의 남상은 1895년 4월 법관양성소의 설립이다. 당시 4명의 교관과 6개월의 과정으로 출범하여 그해 11월 47명의 졸업생을 배출하였다. 지난 130년 동안 법학교육은 양적인 성장뿐만 아니라 질적인 수준도 상승하였다. 이러한 발전과 성장은 순탄한 직선이 아니라 우여곡절이 많은 파란만장한 과정을 거쳤다. 그 130년의 역사는 한국근대사와 맥을 같이 한 굴곡의 과정으로 변곡점은 1910년 한일합방, 1945년 해방, 1995년 교육개혁 그리고 2009년 법학전문대학원의 출범을 들 수 있다.

모든 제도와 마찬가지로 우리의 근대적 법학교육은 1895년 근대적 개혁의 일환으로 국가와 민간 두 방향에서 출발하였다가 일본의 침략으로 좌절을 겪고 억압을 받았다. 고종은 '교육구국'의 기치 아래 전문학교의 설립을 추진하여 1895년 4월 법관양성소를 개교하여 근대적 법학교육을 실시하였다. 그러나 법관양성소는 일본의 침략으로 부침을 겪다가 1909년 10월 법학교로 개편되었으며, 1910년 8월 합방과 동시에 경성전수학교(1911, 1916), 관립경성법학전문학교(1923)로 이어졌다. 3·1운동 이후 식민지 조선에서는 고등교육의 일환으로 경성제국대학 법문학부(1926)가 설치되었다. 또한 한성학교와 양정의숙, 보성전문학교 등 사학에서도 법학교육을 실시하였고, 이 중 보성학교만 한일합방 이후에 보성전문학교로 명맥을 이어 고려대학교로 발전하였다.

---

* 서울대학교 법학전문대학원 교수.
** 이 글의 대부분은『법교육연구』10-3(한국법교육학회, 2015), 97-140면에 수록된 후, 서울대학교 법학연구소 편,『근대법학교육 120년: 성찰과 전망』(박영사, 2020), 20-74면에 전재된 글을 축약한 것입니다. 따라서 자세한 내용은 원래 글을 보기 바랍니다.

해방 후 교육제도의 정비와 고등교육에 대한 국민들의 열망으로 대학교육과 함께 법학교육도 확산되었다. 그러나 고등교육의 양적 성장은 질적 수준에 대한 우려를 자아내어 국가는 교육과정과 내용에 대해 강력하게 개입하였으며 이는 1980년대까지 국가의 종합발전전략과 맞물려 대학의 양적 성장을 억제하였다. 1980년대 초반 대학교육은 양적으로 팽창하였지만, 국가주도의 교육정책은 지속되었다. 이러한 국가주도의 정책으로는 변화하는 국제환경에 적응하기에는 한계가 있었기 때문에, 1995년 정부는 세계화정책을 추진하면서 대학정책도 '규제에서 자율로, 공급자에서 수요자 중심'으로 전환하였다.[1]

대학에서의 법학교육도 국가의 고등정책의 추이와 병행하면서 양적 성장과 규제 그리고 질적 수준 향상을 위한 제도개혁을 거듭하였다. 한국 법학교육의 가장 큰 분기점은 2009년에 도입된 '법학전문대학원제도'이다. 1997년 세계화 추진 정책의 일환으로 주장된 법학전문대학원제도가 2007년 법제화를 거쳐 2009년부터 출범함에 따라 법학교육은 새로운 전기를 맞게 되었다. 이는 지난 1세기 동안의 경험을 바탕으로 제기된 문제점을 해결하기 위한 각종 논의를 토대로 한 것이다.

본장에서는 기존의 연구를 바탕으로 지난 130년 동안의 법학교육을 제도사의 측면에서 고등교육 보급의 관점에서 접근하기로 하며, 대상은 1895년 법관양성소의 설립에서부터 2000년대 법학전문대학원제도 도입 전후까지로 한다. 고등교육의 일환으로 대학에서 수행하는 법학교육은 국가의 고등교육정책과 밀접한 관련을 갖고 있으므로, 먼저 근대적 법학교육이 도입되어 정착되는 단계를 다룬다(Ⅱ). 여기에서는 법관양성소를 중심으로 하여 자주적인 법학교육을 소개하고 (Ⅱ.1), 이어서 경성법학전문학교를 주축으로 하여 식민지기를 다룬다(Ⅱ.2). 자주적으로 고등교육정책을 추진한 해방 이후를 다루는데(Ⅲ), 고등교육제도의 확립 (Ⅲ.1)과 법학교육의 확산을 국가의 발전전략과 함께 검토하였고(Ⅲ.2·3), 대학원교육(Ⅲ.4)을 간단히 언급한다.

---

1) 안병영·하연섭, 『5·31 교육개혁 그리고 20년』(다산출판사, 2015) 참조.

Ⅱ. 근대법학의 수용과 법학교육

1. 법관양성소의 설립과 법학교육

(1) 법에 대한 인식의 전환

개화기를 풍미한 사상은 '사회진화론'으로, 이는 다름 아닌 제국주의의 논리였다. 유길준(俞吉濬: 1856~1914)은 문명의 단계를 야만, 반문명, 문명의 3단계로 구분하여 적자생존의 단계에서 살아가기 위해서는 문명의 단계로 나아가야 한다고 하였다. 문명의 상태로 나아가 자주독립국가를 형성하기 위해서는 서구의 선진문화를 적극적으로 수용할 것을 주장하였다. 문명개화론자는 전통법을 전제시대의 법으로 관리들이 농간을 부려 '관[貴]이 민[賤]을 억누르고 강자가 약자를 능멸(以貴壓賤 以强凌弱)'하여 법을 아는 백성이라도 관리에게 저항할 수 없으므로 법이 없는 것과 마찬가지라고 하였다. 또 전통법은 봉건시대의 가혹한 제도로 고루하고, 법령이 조변석개하여 일관성이 없고, 게다가 있는 법이나마 지키지 않아 유명무실하다고 하였다. 그들은 부국강병의 근대화를 위한 법치주의의 확립을 주장하였다.

법을 문명의 척도, 부국강병을 통한 자주독립국가 수립의 수단으로 인식하게 됨에 따라 법학교육에 대한 관심도 높아졌다. 법을 부국강병의 요체로 파악하였다. 조선을 근대화하기 위해서는 법의 근대화가 근본이며, 법의 근대화를 위하여 법학의 확립과 연구가 급선무라는 인식이 팽배하였다. 일반인도 법학에 대한 관심이 높아서 각종 학교에서 법을 가르쳤고, 신문이나 잡지 등에 일반인의 논문이 많이 발표되었다. 그리고 법학은 출세가 아닌 제국주의의 침략으로부터 국가와 국민을 구하고 민족국가를 수립하는 수단으로 인식되었다. 그러나 일본의 침략이 강화되고 불법으로 국권이 침탈당하는 상황에서 법/법학은 아무런 역할도 할 수 없었다. 법의 무력을 목도한 상황에서 법/법학에 대한 허무주의가 팽배하였다.[2]

(2) 전문교육기관의 도입

조선시대에도 교육을 중시하여 서울에는 4부 학당, 지방에는 향교를 두어 교

---

2) 이상은 졸고, 「법에 대한 인식의 전환」를 요약하였다(『한국근대법사고』[박영사, 2002] 수록).

육을 하였으며 최고교육기관으로 성균관을 설치하여 국가운영에 필요한 인재를 체계적으로 양성하였다. 조선을 유지한 관료는 문과(文科) 출신자로, 이들은 모든 것을 통괄하는 일반관료(generalist)이었다. 수령이 행정과 사법을 관장하였으며, 율과 출신인 율관은 수령의 업무를 보좌하였다. 그러나 전문지식보다는 일반상식을 중시하는 체제로는 변화하는 사회에 대응할 수 없었으며, 조정에서는 전문지식과 전문가 양성에 대한 새로운 방법을 모색하기 시작하였다. 조선도 1876년 문호개방과 일본과 청과의 교류를 통해 새로운 교육제도에 눈을 뜨기 시작하였으며, 1894년 일본의 내정개혁의 요구는 직접적인 계기가 되었으며, 1894, 95년의 갑오 · 을미개혁은 서구식 교육법제가 도입된 전환점이다.

1894년 6월 군국기무처 의안(議案) 「각아문관제: 학무아문의 편제」에서 각종 학교를 규정하여 제도의 틀을 닦았으며, 1894년 7월 고종은 "교육고시"를 발표하여 근대교육의 중요성을 강조하였다. 1895년 1월의 「홍범14조」에서는 교육으로 근대적 문물을 받아들일 것을 선언하였다. 2월 「교육입국조서」에서는 "교육은 국가를 보존하는 근본"임을 선언하였고, 3월에는 「학부관제」(칙령 46)를 공포하였다. 그렇지만, 1895년 3월 학무아문이 학부로 개편되면서 새로운 고등교육기관의 설립도 무산되었다.3) 그 대신에 전문교육을 위해 관립한성사범학교(1895), 상공학교(1899), 의학교(1899), 농상공학교(1904) 등 각종학교가 설립되었으며, 법관양성소는 그 효시이다.

1) 법관양성소

1894년 12월 16일 법부대신 서광범이 "앞으로 설립할 재판소에서 근무할 인원의 양성"을 건의하였고, 1895년 4월 25일 「재판소구성법」(법률 1)과 동시에 공포된 「법부관제」(칙령 45)에서는 법부대신 직속으로 법관양성소를 두도록 하였고 (제12조), 이에 따라 같은 날 「법관양성소관제」(칙령 49)를 공포하여 법관양성소를 설치하였다.

신속히 사법관을 양성하기 위해 수업연한은 6개월(일반), 3개월(우등) 두 과정으로 5월 6일 처음 학생을 모집하여 1895, 96년 2개년 동안 85명의 졸업생을 배출하였다. 그러나 1896년 구본신참(舊本新參)을 표방한 보수정권이 수립되면서 법관양성소는 1896년 4월에 사실상 폐쇄되었다. 하지만 사법권의 독립을 상징하는

---

3) 한용진, 『근대한국 고등교육 연구』(고려대학교 민족문화연구원, 2012) 참조.

재판소는 그대로 유지되었고 법률전문가도 필요하였다. 법관양성소는 1903년에는 1년 6개월, 1904년 12월에는 2년으로 다시 개교하여 전문적인 교육을 하였다. 일본은 1907년 한일신협약을 체결하여 차관정치를 실시하면서 일본인을 판사·검사로 임용하였으며 이와 동시에 「재판소구성법」, 「민형소송규칙」을 제정하여 재판제도의 기틀을 닦았다. 그리고 새로운 재판제도의 실시에 따른 인력을 보충하기 위해 법관양성소의 교육과정을 일본과 동일하게 예과 1년 본과 3년으로 교육을 확충하였다. 1909년 11월 1일 한국 재판소의 폐지와 함께 1909년 10월 「법학교관제」를 공포하여 법관양성소 대신에 법학교를 설치하였다. 하지만 명칭만 달라졌을 뿐 실체는 그대로 유지되었다.[4]

1905년 11월 을사조약이 체결되자 정명섭 등 교관은 두 차례 상소를 올렸고, 학생 70여 명은 법부대신에게 질품서를 올리고 이를 조인한 대신을 평리원에 고발하였다. 법부에서는 정치관여와 동맹휴학을 금지하고 청원서는 소장을 거쳐 법부대신에게 제출하도록 하였다. 이런 조치에도 불구하고 재학생 70여 명 중 25명만 졸업시험에 응시하였고 또 학생들이 타교로 전학을 가는 등 저항하였다.[5]

민족의식이 표출된 대표적인 사건은 조 츠라츠네(長連恒)의 폭행사건이다. 법관양성소에서 운동회를 하다가 일본인 교관 조 츠라츠네가 학도 권휘연을 구타하자 그의 해임을 요구하고 일제 퇴학하였다. 퇴학생들 중 성적우수자는 교관이 되어 보성전문학교에서 수업을 하였다.[6]

사법권의 위양과 법관양성소의 폐지 등 이러한 분위기 속에 법[학]에 대한 허무주의와 패배의식이 팽배하여 법률공부를 포기하는 자가 있어서, 1909년 9월 개학을 하였지만 등교하지 않았으며 이는 1910년 신학기에도 마찬가지였다. 이에 대해 언론에서는 일본에 사법권이 사실상 넘어간 이후에 사법관은 법률을 알지 못하고 단지 일본어만 할 수 있는 자로 충원되는 현실을 비판하고(≪황성신문≫ 1908. 12. 4), 그렇지만 법률을 몰랐기 때문에 국권상실에 이른 현실에 비추어 법률의 중요성을 강조하고 계속 법률을 공부할 것을 권하였다(≪대한민보≫ 1909. 8.

---

4) 서울대학교 법과대학 백년사 편찬위원회, 『서울대학교 법과대학 백년사』(서울대학교 법과대학 동창회, 2004), 98면[이하 "법과대학 백년사"로 약칭].
5) 최기영, "한말 법관양성소의 운영과 교육", 『한국근현대사연구』 16(한국근현대사연구회, 2001), 64-5면.
6) 김효전, 앞의 책, 94-6면 재인용.

25; 9. 2).[7]

법관양성소 소장이 법부의 국장급 수준이어서 교관직은 높은 직은 아니었으며 또 설립목적 자체가 실무형 인재를 양성하는 곳이었기 때문에 이들의 학문적 수준도 높지는 않았다. 그러나 현실의 필요에 따라 법학교과서를 저술하고 또 사립학교에 출강하여 법학의 지평을 확대하는 등 학문적 활동을 하였다.

정원은 50명(1895년)에서 90명(1903년)이었으며, 1907년까지는 지원자가 적었지만, 1908년부터 급증하였다가 사법권 박탈 후에는 법학교 지원자가 극감하였다.[8] 법관양성소의 졸업생은 이중의 고통을 겪었는데, 이는 일본의 침략에 따라 법조계에서는 일본인이 득세하였으며 한편으로는 기득권을 가진 자들은 신식법률을 공부한 자를 배척하였기 때문이다. 설립목적과 달리 사법관으로 임용되지 못하고 정부에서 제대로 대우하지 않았는데, 그들이 유력가문의 출신도 아니며 또 정치적으로 친일파라고 인식되었기 때문이다. 법관양성소 졸업생이 사법관으로 임용된 것은 1905년 이후이다.[9]

언론 등 사회에서도 법관양성소 교육을 속성 과정으로 평가절하하여 졸업생들의 전문성을 인정하지 않았다. 또한, 일본 세력의 강화로 인해 외국인 고문관을 선호하는 분위기가 형성되어 국내 법률가들의 활용은 제한적이었다. 하지만 이러한 어려움 속에서도 법률 교육의 중요성은 강조되었다. 초기 졸업자를 긍정적으로 보지 않았지만 주된 논지는 법률가의 필요성과 법학교육의 중요성을 주장하고, 양성된 법률가의 활용을 강조하였다.[10]

1895년~1911년 16년 동안 법관양성소과 법학교의 졸업생 235명은 역사의 풍랑 속에서 절반 정도는 사법 관련 업무에 종사하면서 삶을 보냈지만, 이들 중 몇몇은 국가의 독립에 힘쓰기도 하였고 또 해방 후 우리 사법제도의 기틀을 확립하기도 하였다.[11]

---

7) 김효전, 앞의 책, 52-62면 재인용; 최기영, 앞의 글, 72-3면.
8) 김효전, 『법관양성소와 근대 한국』(소명출판, 2014), 29면.
9) 최기영, 앞의 글, 49-50면.
10) 김효전, 앞의 책, 19-21면.
11) 김효전, 앞의 책, 189-221면.

2) 사립학교의 법학교육

개화기에는 법을 통치의 보조수단이 아니라 부국강병과 문명개화를 달성할 수 있는 수단으로 여기는 법에 대한 '인식의 전환'이 있었다. 이에 따라 민간에서도 학교를 세워 법학을 교육하였다.

1896년 이후 법관양성소는 제대로 작동하지 않아서 정부는 사립법률학교 졸업자로 대체하려고 하였다. 「주판임관시험과 임명규칙」(1898. 12. 8)에서는 법률학 졸업인 중에서 시험으로 사법관을 임명하려고 하였으며, 1899년 6월 사립법률학교 졸업자는 지방검사 채용소식을 듣고 기뻐하였다. 「무관과 사법관 임명규칙」(1900. 3. 27)과 「사법관시험 래부(來赴)자격에 관한 건」(1900. 9. 법부령2)을 제정하여 1898년의 규정을 다시 한번 확인하였다.[12]

주한일본공사관 기록에 따르면 1896년 이전에 법부대신 장박(張博)이 '사립법률학교'를 설립하였는데, 최초이다. 하지만 장박이 아관파천 이후 일본으로 망명하여 정상적으로 운영할 수 없게 되었다. 1899년 4월 1일에 영화(永化: 양근의 고려 지명)법률학교가 경기도 양근군(현 양평)에 설립되었다. 1900년 2월 당시 법부대신인 권재형이 광흥학교에 3개년 과정의 법률전문과를 개설하였다. 두 학교 모두 법부대신이 설립한 점에서 대한제국의 교육을 통한 사법관의 양성의 의지를 엿볼 수 있다. 1906년 통감부는 사법관임용제도를 정비하고 변호사 제도를 도입하였다. 「법관전고규정」(1906. 10. 31)에서 법관양성소 2년 과정 또는 법률학교 3년 과정 졸업자에게만 사법관 자격을 인정하였다. 이에 따라 법학교육에 대한 수요도 늘어나 5개의 사립법률학교가 확인된다. 한성법학교는 1905년 1월 윤덕영과 이용복이 법학지식의 보급과 전문교육을 목적으로 설립하였으며, 법학전문과(야간)과 예비보통과(주간)가 개설되었다. ≪황성신문≫은 큰 기대감을 표시하였지만, 1년도 못되어 폐교하였고, 전문과 재학생 일부는 보성전문학교 야학과로 편입하였다. 친일단체인 대동학회는 1907년 12월 법률강습소/법정강습소의 설립을 결의하고 1908년 1월 교명을 법정학교로 정하였으며, 2월에 대동전문학교로 정식 출범하였다. 대동학회와 마찬가지로 일본의 지원을 받아서 입학지원자는 매우 많았으며 졸업자는 취업이 잘 되었다. 1908년 9월에 야간으로 융희법률학교가 설립되었는데, 1909년 4월 이전에 경비 문제로 폐교되었고 재학생은 보성전문학

---

12) 김자중, 『한국대학의 뿌리, 전문학교』(지식의날개, 2022), 40-1면.

교로 편입하였다.[13)]

러일전쟁의 와중에 1905년 1월 이용익은 교육구국을 목표로 보성학교 설립 계획을 구상하여 4월 보성학교는 법률과와 경제학과 수업 2년제의 전문학교(교장 신해영)로 출발하였다.[14)] 1905년 7월에는 야학교인 한성법학교를 인수하여 9월부터 3년제 야간부까지 운영하다가, 1907년 1월에는 3년제 법학과로 개칭되었다. 한일병합 후에는 조선총독부의 정책에 따라 "사립보성법률상업학교"로 격하되었다.[15)]

1905년 4월 양정의숙[현재 양정고등학교의 전신]은 정치, 법률, 경제 등 고등학문을 교육하기 위해 설립되었다. 교육은 법관양성소 등과 마찬가지로 토론식으로 하였으며 역시 언론에 소개되었다. 그러나 1907년 이후 일본인들이 사법부를 장악하게 되자 입학생은 줄어들어 병합 직전에는 야학으로 전환하였다.[16)] 양정의숙은 1910년 2월에 토지를 빼앗겨 운영이 곤란하여 1913년 9월에는 중등학교인 양정고등보통학교로 변경하였고 법률과는 폐지되고 재학생은 보성전문학교로 편입하였다. 이에 대해 ≪국민보≫는 "조선사람은 법률을 배울 필요가 없다"고 여긴 총독부가 강요하였다고 하였다. 8년 동안 100여 명의 졸업생을 배출한 양정학교는 병합 후 전문학교에서 고등보통학교로 전환하여 고등교육기관으로 운명을 다하였다. 대동법률전문학교도 운영에 곤란을 겪다가 1912년 대동학회의 후신인 경학원이 설립되었는데, 경학원은 친일유림을 육성하려는 목적이 같으므로 더 이상 대동법률전문학교를 지원할 이유가 없어져 1910년대 후반에 폐교되었다.[17)]

1910년에는 보성전문학교, 양정의숙과 대동전문학교 등 3개의 사립법률학교가 있었다. 이들 학교는 입학자격을 강화하여 전문교육을 실시할 수 있었다. 1910년을 전후하여 사법권의 박탈과 사립학교의 탄압으로 3개교는 운영에 어려움을 겪기 시작하였다. 통감부는 사립학교에 대한 보조금 지급을 중단시켰다.

---

13) 김자중, 앞의 책, 41-49면.

14) 강만길, "보성전문학교 설립의 역사적 배경", 연구위원회 편, 『근대 서구학문의 수용과 보전』(고려대학교출판부, 1986) 참조.

15) 고려대학교 100년사 편찬위원회, 『고려대학교 법과대학 학술사: 고대법학 100년과 한국법의 발전』(고려대학교출판부, 2011), 37면[이하 "고려대학교 100년사"로 약칭].

16) 김효전, 앞의 책, 355-377면.

17) 김자중, 앞의 책, 52-4면.

1915년 「사립학교규칙」과 「전문학교규칙」을 개정하여 사립학교는 재단법인 설립을 의무화하고, 전문학교는 총독부의 허가를 받도록 하여 결국 "보성법률상업학교"로 개명하였다.[18]

근대법학교육은 1895년부터 시작되었으며 관립과 사립 두 갈래로 운영되었다. 교육의 일차적 목표는 재판제도의 정비에 따른 전문적인 법률가의 양성이었지만, 법학 자체에 대한 관심과 연구도 소홀히 하지 않았다. 다만 일본의 침략에 따라 관립인 법관양성소는 물론 사립인 보성학교와 양정의숙까지 자유로울 수 없었다. 법관양성소는 법학교로, 보성학교는 전문학교의 자격을 얻지 못하였으며, 양정의숙은 고등교육기관에서 중등교육기관으로 격하 · 존속되었다. 양정학교는 자체 교육을 위해 교재를 발간하였으며, 보성학교는 출판인쇄소와 도서관까지 두는 등 단순한 교육기관을 넘어서 근대적 대학을 지향하였다.

2. 주권의 상실과 법학교육의 침체

(1) 조선총독부 고등교육정책의 추이

일본은 1872년의 「학제」에서 '대학'을, 1873년의 「학제2편 추가」에서 '전문학교'를 규정하였다. 대학과 대학의 예과기능을 담당한 '고등학교'와 함께 교육기능만 전담하는 '전문학교'로 고등교육이 구성되었다. 조선총독부는 위 일본의 고등교육제도를 그대로 이식하였다. 다만 '대학'의 설립을 극도로 억제하였다. 「조선교육령」을 입안한 구마모토 시게키치는 식민지에서 근대지식과 문화를 만나서 민족적 자각심을 갖게 될 것을 우려해서 고등교육의 실시를 반대하였다.[19] 하지만 데라우치 총독은 전문교육의 필요성을 인정하였다. 두 입장이 타협된 결과 1911년 제1차 「조선교육령」에서는 전문학교를 인정하면서 실시는 미루었다. 조선총독부는 표면적으로는 동등하게, 실질적으로는 차별하였다. 1911년 8월의 「조선교육령」의 기본방침은 고등교육을 실시하지 않는 것이었다. 또 민족정신을 배양하는 사립학교를 철저하게 억제하여, 병합 당시 약 2천개의 학교는 1919년에는 1/3로 격감하였다.

차별적인 고등교육정책은 두 갈래로 공격을 받았다. 3 · 1 운동 이후 민족진

---

18) 김자중, 앞의 책, 49-52면.
19) 김자중, 앞의 책, 65-6면.

영과 재조 일본인들은 고등교육을 요구하였다. 1922년 「조선교육령」을 개정하여 고등교육의 제도적 기반을 구축하여 1924년 경성제국대학 예과, 1926년 본과 설치로 민족진영의 민립대학 설립운동을 꺾고 또 재조 일본인의 고등고육 수요를 만족시켰다. 1910년대 후반에서 1920년대 후반은 일본에서 고등교육이 최대로 확장된 때인데, 1918년의 「대학령」의 제정은 이를 제도적으로 뒷받침하였다.

강력한 교육열을 누를 수만 없었던 조선총독부는 1922년 제2차 「조선교육령」 공포하여 사립전문학교도 인정하였다.[20] 1911년 10월 「경성전수학교규정」을 공포하여 법학교육을 유지하였다. 이후 관립전문학교의 설립을 추진하여 1914년 11월 법학, 의학 공업, 농업 전문학교 설립 방침을 확립하고 1915년 「전문학교규칙」을 제정하였으며, 1916년 4월 「조선총독부 전문학교 관제」를 제정하여 '경성전수학교' 등을 설립하였다.[21] 전문학교는 1916년 3개의 관립전문학교 설립을 시작으로 1942년에는 관립 7개교, 공립 2개고, 사립 11개교로 총 20개교로 확대되었다. 전체 고등교육기관 재학생에서 전문학교 재학생이 차지하는 비율은 최대 80%(1935년), 조선인학생만으로는 90%(1935년)이다.[22] 조선총독부가 전문학교의 설립을 허용한 전향적 태도는 조선인의 일본 유학을 억제하려는 의도였다. 하지만 외지의 전문학교는 모두 이공·상공계열이었고 경성전수학교만 유일한 법학전문학교였다. 그래서 조선인 유학생 중 거의 절반이 법학을 공부했다. 일본은 법학공부자의 반일적 경향을 우려하여 유학을 억제하려고 하였다.[23]

조선총독부의 고등교육정책은 원칙적으로 억제이었으며 실질적으로는 조선인과 일본인의 차별이었다. 조선총독부는 고등교육을 억제하는 대신에 전문교육을 강조하여 원활한 식민지 지배를 도모하였다.

(2) 전문학교의 법학교육

중등교육까지만 허용한 총독부는 법관양성소 후신인 법학교의 처리가 문제였다. 법학교는 일본인조차 교육수준이 가장 높았다고 평가하였다. 구마모토는

20) 馬越 徹/ 한용진 옮김, 『한국 근대대학의 성립과 전개: 대학 모델의 전파연구』(교육과학사, 2000 [원: 1997]), 80-5면.
21) 김자중, 앞의 책, 70-3면.
22) 김자중, 앞의 책, 7-9면.
23) 김자중, 앞의 책, 85-6면.

'법관 양성을 목적'으로 설립된 법학교를 "졸업생은 사법관과 기타 법률사무에 종사하는 것을 목적으로 하여 실무학습을 주"로 하는 '중등교육기관'으로 격하하려고 하여 '경성전수학교'로 변경되었다. 하지만 다른 전수학교와 달리 법학 전수과는 재학연한이 3년으로 사실상 상급학교를 상정하였다.[24]

일제강점기 조선총독부는 1910년 법학교를 폐지하고 1911년 조선인에게 법률과 경제 지식을 가르쳐 공사의 업무에 종사할 인력을 양성하기 위해 경성전수학교를 설립하였다. 권리보다는 의무를 강조하고, 질서유지와 공공성을 중시하며, 충실한 식민지 백성을 양성하는 것을 설립목표로 하여 교육내용은 규율과 절제를 중시하며, 공사를 구분하고 봉사 정신을 함양하도록 하였다. 졸업생 대부분은 판사, 검사, 재판소 서기 등 사법 관련 직종에 진출하였는데, 초기 조선총독부 재판소의 조선인 판사와 검사의 대부분을 경성전수학교 졸업생이 차지하였다. 1915년 전문학교규칙 제정 이후 경성전수학교는 관립 전문학교로 승격되었고, 1922년 경성법학전문학교로 개칭되었다.

1922년 2월 제2차「조선교육령」의 핵심적인 내용은 내선공학을 표방하여 일본의 학제를 표준으로 차별을 철폐하여, 1년 3학기에서 2학기로 변경되었고, 졸업생에게는 '법학사' 학위가 수여되었다. 그러나 식민지 지배를 위한 법률전문가 양성이라는 기본적인 목표는 변하지 않았다.

전문학교 졸업자는 출세로 가는 관문이었다. 1918년 일본은「고등시험령」을 제정하여 관립 전문학교 졸업자에게 예비시험을 면제하였다. 조선총독부는「변호사규칙」(개정)과「조선변호사시험규칙」(제정)에서 관립 전문학교 졸업자에게 예비시험을 면제하였다. 조선인의 예비시험 합격률은 1920년대에는 최대 50% 정도로, 특혜였다.[25] 교육여건이나 재정 등에서 관립과 사립전문학교 사이에 큰 차이는 없는데도 조선총독부는 관립전문학교를 우대하였고, 이는 취업 등에 그대로 반영되어 학교 간의 서열구조를 고착화시켰다. 이는 전문학교에 일본인이 입학하면서 더 심해졌고, 이는 조선 내에서 조선인과 일본인 사이의 차이를 격화시켰다.[26]

경성법학전문학교의 교장, 교수, 조교수 대부분이 일본인이었으며, 조선인

---

24) 김자중, 앞의 책, 67-8면.
25) 김자중, 앞의 책, 143-5면.
26) 김자중, 앞의 책, 165-170면.

교원은 소수였고 재직 기간도 짧았다. 교원의 이직이 잦아 교육의 안정성이 떨어졌다. 또 법학 전공 교원이 대부분이었고, 다른 분야의 전문가는 부족하였다. 학생들은 더 나은 교육을 위해 학교시설 개선, 교육 내용 다양화, 교수 충원 등을 요구하였지만, 공염불에 그쳤다. 전시체제인 1941년 10월에는 재학기간을 단축하였으며, 1944년 3월에는 신입생 모집을 중단하고, 교사 등 시설은 경성광산전문학교로 이관되었다. 1944년 4월에는 경성법학전문학교는 경성고등상업학교와 통합하여 "경성경제전문학교"로 개편되었다. 9월에 마지막 졸업식을 거행하였다.[27]

중학교 졸업 이상, 전문학교 입학 자격 검정 시험 합격자 등 다양한 자격을 갖춘 학생들이 지원 가능하였다. 시험은 신체검사, 구두 시험, 학력 시험(국어, 한문, 영어, 수학, 역사 등)을 치렀으며, 후에는 종래의 학업 성적과 행실도 평가에 반영되었다. 또 중학교 추천으로 정원의 10%를 선발하는 무시험 입학 제도가 도입되기도 하였다. 수재 교육 편중을 해소하고 지덕체를 갖춘 인재를 선발하기 위해 입시제도가 개편되었으며, 1937년 중일전쟁 이후에는 영어 과목이 폐지되고 '공민과(公民科)'가 추가되었다.

경성제대 및 관공립전문학교의 일본인 학생 수는 조선인 학생 수에 비해 2~3배가량 많았는데, 경성법학전문학교는 조선인 수가 더 많은 것이 특징이다.[28] 조선인 지원자는 전체의 약 85%를 차지하며, 일본인보다 5.6배 많았고, 합격자도 조선인이 전체의 약 70%를 차지하며, 일본인보다 2.3배 많았다. 그런데 합격률은 역전되어 조선인의 합격률은 약 16%로 일본인의 41%에 비해 현저히 낮았다. 조선인의 경쟁률은 10:1을 넘는 경우도 있었지만, 일본인은 3.4:1을 넘지 못하였다. 조선인의 높은 지원율은 문과 선호 경향과 관료 진출 기회 때문이지만 합격률이 낮은 것은 일본인에 비해 불리한 입학 조건 때문이라는 의혹이 제기되었다.[29]

경성법학전문학교는 식민지지배에 필수적인 중간관료와 간부를 양성할 목적으로 설립되었다. 식민지기 고등교육기관으로는 민족차별에도 불구하고 유일하게 일본인보다 조선인이 많았으며, 졸업생은 관공서를 중심으로 활동하였다. 이들은 해방 후 한국사법부를 재건하는 중추적인 역할을 함으로써 역사적 소임을 다하였다.

---

27) 『법과대학 백년사』, 141-2, 150-6면.
28) 김호연, "일제하 경성법학전문학교의 교육과 학생"(한양대 석사학위논문, 2011), 3-5면.
29) 김호연, 앞의 글, 35-6면.

보성전문학교는 1908년부터 재정난과 인사문제를 겪다가 1910년 천도교단에 인수되었다. 1911년의 「조선교육령」 하에서는 "보성법률상업학교"로 격하되었고, 1922년에 전문학교로 인가를 받았다. 자체적으로 대학설립을 추진한 김성수 등은 1929년에 중앙고등보통학교를 재단법인으로 하여 대학설립의 기반을 구축한 다음 현실적인 방안으로 보성전문학교를 인수하였다. 그는 연구기능의 강화를 중시하였으며, 1932년에는 교수진을 보강하고, 1934년에는 ≪보성논집≫을 창간하여 학술적 기반을 마련하였다.[30] 1944년에는 경성척식경제전문학교로 개명당하고 법률과는 폐지되었다. 해방 후인 1945년 9월에 보성전문학교로, 1946년 12월에는 고려대학교로 승격되었고, 정법대학이 설치되었다.[31]

법학 전공은 없는 연희전문학교 상과에서는 체계적으로 문과와 신과(神科)도 기본적인 법학교육을 하였다.[32] 이화여자전문학교 및 혜화전문학교(1940, 법학통론[1학년]), 경성고등상업학교(1940, 법학통론[1학년], 민법, 상법), 숙명여자전문학교(1939, 법제대의[2학년])에서도 법학교육을 하였다.[33]

(3) 경성제국대학의 법학교육

조선총독부의 민족차별적 교육은 3·1 운동 이후 유지될 수 없었다. 1922년 2월 「조선교육령」의 공포와 함께 대학예과(1923년), 대학본과(1925년) 개교 계획을 발표하였지만, 예산 때문에 1년이 연기되었다. 제국 일본의 내각과 의회의 논의를 거쳐 근거 법령인 「경성제국대학관제」(칙령 103), 「경성제국대학 학부에 관한 건」(칙령 104), 「경성제국대학은 제국대학령에 의하는 건」(칙령 105)이 1924년 4월에 통과되었다.[34] 본과는 법문학부와 의학부로 구성되었는데, 1927년 3월에는 법문학부 규정을 개정하여 법률학과와 정치학과를 통합하여 법학과를 설치하였다.[35]

---

30) 馬越 徹, 앞의 역서, 100-3·111-4면.
31) 고려대학교 100년사 편찬위원회, 『고려대학교 법과대학 학술사: 고대법학 100년과 한국법의 발전』 (고려대학교출판부, 2011), 38면.
32) 정긍식, "한국근현대 법학교과과정 변천사", 『근대법학교육 120년』(박영사, 2020), 98면.
33) 정재철, "日帝下의 高等教育", 『한국교육문제연구』 5(중앙대학교 한국교육문제연구소, 1989), 83, 84, 100면.
34) 정선이, 『경성제국대학 연구』(문음사, 2002), 20-4면, 38-40면.
35) 『법과대학 백년사』, 206-7면.

경성제국대학의 주교육대상은 재조일본인이었고, 암묵적으로 조선인의 입학 비율은 1/3 이내로 고정되었다. 경성제국대학의 교육목표는 1927년 법문학부 입학식에서 핫토리 우노키치(服部宇之吉) 초대총장의 연설에서 드러나듯이 보편적 연구보다는 국가 정책이 우선이며, 이는 전시기에는 민족말살의 교육이 강조되었다.36)

Ⅲ. 현대 법학교육제도의 형성

1. 교육제도의 확립과 고등교육의 재건

미군은 초기부터 교육제도의 재건에 노력하여 1946년 3월, 현재까지 이어지고 있는 학교제도의 기본구조를 확립하고 4월에 문교부는 과도기적 고등교육을 정리하고 6월 관립전문학교는 대학으로 승격하는 등의 대학교육 방침을 발표하였다. 이어서 미군정은 1946년 7월 경성대학과 경기도 내 9개 관립 전문학교와 사립치과의학전문학교를 통합하는 국립종합대학설립계획을 발표하였다. 1946년 10월 16일 경성제국대학은 경성대학으로 변경되었다. 민주주의에 바탕을 둔 민족대학의 설립을 바라는 여론을 미군정이 수용하여 국립서울대학교가 탄생하였다.37)

고등교육은 「교육법」(1949. 12. 31. 법률 86)의 제정으로 제도를 완비하였고, 대학의 목적은 "대학은 국가와 인류사회발전에 필요한 학술의 심오한 이론과 그 광범하고 정치한 응용방법을 교수연구하며 지도적 인격을 도야하는 것을 목적으로 한다(제108조)."라고 하여 보편이념을 추구하였다.

1950년대 초에는 사립대학이 급증하였으며, 양적 확대에서 파생된 문제를 해결하기 위해 국가는 「대학설치기준령」(1955. 8. 4) 등으로 적극적으로 개입하였다. 이때 갖추어진 틀은 기본이 되었으며, 국립서울대학교의 발족은 고등교육의 '원형'이 되었고, 미국형대학으로 전환하는 과정을 보여준다.38)

---

36) 『법과대학 백년사』, 185-6, 215-6면.
37) 馬越 徹, 앞의 역서, 164-187면.
38) 馬越 徹, 앞의 역서, 191-5, 163면.

2. 법학교육의 확산

식민지기에 억눌린 고등교육은 해방 후 활화산처럼 폭발하였고, 이는 사립대학의 설립으로 실현하였다. 20세기 후반 한국 고등교육의 성장과정은 자유방임적 교육정책에 따른 고등교육의 팽창과 국가의 강력한 정원통제가 반복되었다.[39] 법학교육 역시 마찬가지였다. 1945년 전에는 3개의 법학교육기관이 있었는데, 2014년에는 67개의 법학과[부]와 25개의 법학전문대학원이 있으며, 학과명칭의 변경 등을 종합하면 139개의 법학 관련 학과[부]가 존재한다. 시대별 법학과 설립 추이는 다음과 같이 정리할 수 있다. ① 급증기(1945~1959)로 사립대학이 주도하였으며, ② 정원 통제기(1960, 70년대)로 증가세가 둔화되었으며, 국립대를 중심으로 확대되었다. ③ 법학교육의 대중화(1980년대)로 졸업정원제 실시로 전국의 법학과가 급증하였고, ④ 법학과의 다양화(1990년대 이후)로, 대학 자율화 정책으로 국가의 개입이 축소되었으며 법학전문대학원 도입으로 법학교육 체계가 변화하였다. 주목할 것은 1950년 이화여자대학교에 법학과가 설치되어 여성법률가를 양성하기 시작한 점이다.

김영삼 정부는 세계화정책의 일환으로 대학교육과 사법제도 전반에 대해 장기계획을 세우고 부문별로 정책을 추진하였다. 법학대학원의 도입을 포함한 사법개혁을 추진하여 사법시험의 합격자를 1천명까지 증원하였다.[40] 이때의 논의는 2007년 법학전문대학원의 도입으로 일단락을 지었다. 2009년 25개 대학 총정원 2천명의 법학전문대학원이 출발하면서 25개 대학의 법학부[과]의 모집은 중단되어 법학교육이 새로운 형태로 전개되었다.

법학과 학생의 증대와 사법시험 합격자의 증원은 획일적인 법학교육 및 학과명칭의 다양화를 가져왔다. 이는 법률가 선발제도의 변화 및 사회의 법적 수요에 선제적으로 대응한 긍정적이지만, 학문으로서의 법학에는 그다지 호의적이지 않다.

---

39) 김영화, 『한국의 교육과 경제발전』(한국학술정보, 2004), 123면.
40) 안병영·하연섭, 앞의 책, 230-244, 338면.

3. 지방의 법학교육 확산

전문학교의 졸업은 신분상승의 통로였다. 1920년대에 전국적으로 의학전문학교를 비롯하여 전문학교 신설요구가 빗발쳤다. 그러나 재정 등을 이유로 1944년에야 광주와 함흥에 의학전문학교가, 1941년 3월 관립부산고등수산학교가 설립되어 1944년 4월에 부산수산전문학교로 개칭되었다. 1920년대 경남에서는 고등상업학교 설립운동이 일어났지만, 결국 달성하지 못하였다. 지방의 전문학교 설립 운동이 좌절되었어도 그 에너지는 잠재되어 있다가 해방 후에 분출되었고,[41] 그 대표적인 예는 부산과 광주이다.

부산수산전문학교는 부산에 있지만 일본인을 위한 학교였다. 1945년 10월초 도청간부와 지역유지, 미군정 통역관 등의 민립대학설립기성회와 종교단체를 모태로 한 남선대학설립기성회가 대학설립을 추진하였지만, 재정적·행정적으로 부족하였다. 경상남도 학무국장 윤인구는 학무국 고문관 등과 협의하여 단체들을 통합하여 추진하였지만, 재정확보가 가장 큰 걸림돌이었다. 1945년 11월에 국고납부기금을 확보하여 부산수산전문학교에 인문학부를 증설하여 1946년 5월 국립부산대학의 설립이 확정되었다.

동아대학의 설립 모체는 남선대학·남조선대학이다. 남선대학 설립기성회는 대학설립원을 제출하여 1945년 10월 경상남도 학무감독관의 '남선대학의 설립 허가'를 받아 교명을 '남조선대학'으로 변경하고 법문학부 등을 설치하여 1946년 3월 1일에 개교하였다. 그러나 중앙군정청의 인가를 받지 못하였고 재정이나 시설이 미흡한 문제가 있어서 1946년 4월 '남조선법문학원'으로 개명하고 6월에 1년 시한으로 개교 허가를 받았다. 행정적 문제와 함께 설립자의 친일경력이 문제로 되어 남조선법문학원은 1946년 9월 동아대학설립 기성회측에 인수되어 11월 동아대학으로 개교하였다. 동아대학의 창학을 책임진 정재환(1906~1976)은 리츠메이칸(立命館)대학 법학부를 졸업하고 고등문관시험 사법과 출신 법조인으로 법학교육을 통한 인재 양성에 관심이 많았다. 남조선법문학원에도 고등문관시험 출신인 배철세(1915~2005)와 엄구현(1914~2002)가 교수가 법학을 교육하였다.[42]

41) 김자중, 앞의 책, 261-8, 125-9, 282면.
42) 이상은 이종길, "해방 후 부산지역의 대학설립과 동아대학 창학 및 법학교육의 전개", 동아법학 85(동아대학교 법학연구소, 2019) 참조.

조선대학은 지역민들이 설립 주체가 되어 세운 실질적 민립대학이다. 법률실무가들이 중심이 되어 법률전문대학교를 설립하려는 흐름에 지역유지들이 주축이 된 종합대학을 설립하고자 하는 흐름이 합류하여 조선대학이 탄생하였다. 1946년 9월 '광주야간대학원(大學園)'으로 전남도지사의 인가를 받고 1948년 5월 문교부로부터 재단법인 조선대학의 설립인가를 정식으로 받았다. 조선대학교가 종합대학으로 승격된 때의 편제는 법학, 정치학, 경제학으로 법학과가 선두에 그리고 법정대학이란 명칭으로 선두였다. 이는 법학에 대해 출세학이라는 식민기로부터 이어지는 관념이 여전함을 알 수 있다. 해방 후 지방에서도 여전히 법학교육에 대한 수요와 선망이 존재했고, 지역의 법조실무가들이 이에 부응하였다. 경성제국대학 법문학부의 교과목을 바탕으로 실용성을 가미한 교과과정을 운영하였다. 그러나 전쟁은 교육의 기반을 붕괴시켰고, 법률실무가 교수들의 이탈로 학문적 성장은 중단되었다. 그렇지만 지방에서 법학교육은 교육과 연구의 공간을 제공하여 법학적 지식으로 사회 발전에 기여한 시대적 소임을 담당할 수 있는 기반을 마련하였다.43)

4. 대학원 교육: 서울대학교를 대상으로

경성제국대학 대학원에서도 민족차별은 학부보다 훨씬 더 심하여 조선인이 대학원에 진학하여 교수가 되는 것은 불가능하였다. 또 경성제국대학 법문학부의 연구경향은 독일의 영향으로 관방학적 전통이 두드러지면서도 교육에서는 엘리트 관료양성, 즉 고등문관시험을 염두에 두고 있었다. 법학교수는 고등문관시험 합격 경력을 내세워 합격률을 높이면서 동시에 동료 교수들과 협력연구로 성과를 축적하였다. 대표적인 집단이 '경성공법학자'로, 전후 일본 공법학에 큰 영향을 주었다. 하지만 몸은 식민지 조선에 있었지만 마음은 내지(內地)-동경-를 향하고 있어서 식민지 현실에 대한 학문적 연구는 거의 없었다. 경성제국대학의 교육목표는 표면적으로는 학문을 지향하였지만, 식민지 대학이라는 한계가 존재하여 국가[조선총독부]의 시책에 순응할 수밖에 없었고, 일본인 중심으로 조선 나아가 만주·몽골 연구로 확대되었고 그 와중에 조선인은 철저하게 배제되었다.44) 유진

43) 이영록, "해방 후 지방에서의 법학교육 태동에 관한 연구: 조선대학의 사례를 중심으로", 법학논총 28-2(조선대학교 법학연구원, 2021) 참조.
44) 국립서울대학교 개학반세기역사편찬위원회 편, 『국립서울대학교 개학 반세기사: 서울대학교 개학

오, 이항녕, 홍진기 등은 결국 연구자를 포기하고 식민지기에는 문필가와 관료로 살아갈 수밖에 없었다.

해방 후에는 학부교육의 재건에 중점을 두었기에 대학원은 부차적인 관심이었다. 1960년대에는 연구는 공공기관에서 수행되었기 때문에 대학에 대한 연구지원이 미비하였고, 대학원에서 교육과 연구는 부차적 관심이었다. 1965년 서울대학교 국정감사에서 유기천 총장은 교육을 넘어서 대학원생과 교수의 연구를 강조하여 대학원에 대한 관심과 지원을 호소하였다. 1968년 캠퍼스종합화를 구상하고 1970년대에 들어서서 연구역량 강화를 위한 조치를 논의하였으며 이는 1980년대 대학원 중심대학의 바탕이 되었다. 1970년대 초의 <대학원교육의 강화책연구>와 <대학원교육운영 개선에 관한 연구>에서 "1) 학문연구는 국제일류급으로 발전, 2) 자체 교원의 양성, 3) 대학간의 분업을 지지하여 대학원 우선, 4) 대학원 교육으로 학자 공급, 5) 장기적 안목에서 전문가 교육"을 표방하였다. 이 보고서에서 서울대는 당시 자체적 학문재생산 구조를 확보하지 못하였으며, 전문직업인의 수용에 대응하기 위한 교육의 필요, 대학원교육 강화를 위한 재원 투입의 필요성을 절감하였다. 1971년 한국과학기술원의 설립, 중화학중심의 경제발전 전략 등의 국가정책에 호응하여 1978년 서울대는 대학원중심대학을 표방하였다. 그러나 이는 이공계열 중심이었고, 법학 등 인문·사회계에게는 남의 일이었다. 특히 1980년 대학정원의 확대는 대학원중심대학을 포기하게 만들었다. 1980년대 대학원중심대학은 이전의 산업현장에 즉시 필요한 인력양성이 주목적이 아닌 학문 자체의 발전을 추구하는 연구중심을 표방하였다. 1990년대에 신자유주의의 회오리에 대학도 자유로울 수 없었고, 대학의 경쟁력이 강조되어 세계적 차원에서 대학이 순위경쟁을 하였다. 이는 고등교육 체계에 '지식공장', '기업적 대학'이란 용어가 등장하였다. 1997년 외환위기 이후 새로운 경제성장의 기반을 구축하기 위해 1999년 교육부는 지식기반 국가건설을 목적으로 두뇌한국21(BK21)사업을 수행하여 연구중심대학을 강력하게 추진하였다.[45]

제1단계 두뇌한국21사업에는 서울대학교를 비롯하여 여러 법학연구단이 지원을 받아 연구를 수행하였다. 그런데 제2단계 두뇌한국21사업에서는 2007년 법

120년 기념-1895~1946-』(서울대학교총동창회, 2016), 490-2, 503, 505면.
45) 서울대학교 70년사편찬위원회, 『서울대학교 70년사』(서울대학교 출판문화원, 2016), 572-592면.

학전문대학원 전환과 맞물려 더 이상 지원을 받지 못하게 되어 학문으로서의 법학은 침체기에 접어들게 되었다. 나아가 법학전문대학원 교수 충원에서 실무교원을 일정 비율 이상으로 강제함에 따라 순수학문으로서 법학이 설 자를 더욱 줄어들게 되었다. 그 이후 현재의 상황은 굳이 언급할 필요가 없다. 위기가 기회라는 말이 회자되지만, 이는 먼 나라의 얘기로만 들리는 것이 지금이다.

Ⅳ. 맺음말

위에서 1894년 갑오개혁 이후 근대적 법학교육의 변천을 살펴보았다. 개화기에는 이전과 달리 법에 대한 인식이 변하였다. 사회진화론을 수용하여 서구 문명 도입을 통한 부국강병 주장하였다. 이때 법을 문명의 척도, 자주독립의 수단으로 인식하여 법학교육에 대한 관심이 증가되었고, 법학을 통한 국가발전을 추구하였다.

조선시대는 법전을 편찬하는 등 법을 중시하였으나 실무에서는 유교 경전에 기반을 둔 지식으로 수령은 법률전문지식이 부족한 한계를 드러내었다. 근대에는 사법과 행정의 분리와 함께 전문사법관이 필요하였다. 이에 따라 1895년 신속한 사법관의 양성을 목표로 법관양성소를 설립하였으나 정치상황에 따라 폐쇄와 재개 반복하였으며 1903년부터 안정적으로 유지되었다. 하지만 1907년부터 일본이 사법권을 장악하면서 그 역할은 축소되어 1909년 법학교로 개편되었다. 민간에서도 보성전문학교, 양정의숙 등 사립법률학교를 세워 법학교육을 하였으나, 식민지로 전락함과 동시에 보성전문학교만 격하된 채 명맥을 이어갔다.

조선총독부의 교육정책은 고등교육의 억제와 민족차별이 기조였다. 그러나 현실적으로 식민지배의 중간간부의 양성이라는 현실적 필요와 조선민족의 교육열을 잠재울 통치의 필요성 때문에 전문학교를 인정할 수밖에 없었다. 1911년 법학교를 이어서 당장 시급한 법관의 양성과 재판소 등의 중간간부를 양성하기 위해서 경성전수학교를 설립하였는데, 실무 중심으로 교육하였다. 3·1운동 후 민족의식을 식히기 위해 1923년 경성법학전문학교으로 개칭하고 일본의 학제를 도입하여 형식적으로는 민족차별을 철폐하였으며, 교육목표는 식민지 지배 위한 법률가의 양성이었다. 또 사립전문학교를 인정하여 보성전문학교을 복권시켰다. 김성수는 현실적 방안으로 보성전문학교를 인수하여 민립대학설립운동을 계승하였고 보성전문학교는 대학의 실질을 갖추었다.

경성제국대학은 조선인의 교육열을 수용하면서 동시에 재조일본인의 요구도 함께 수용한 조선인이 아닌 일본인을 위한 고등교육기관이었다. 국가정책의 뒷받침이 교육목표였고 이는 연구의 지향점이 조선이 아닌 일본 나아가 만주와 몽골인 점에 분명하다. 그리고 내부적으로 민족차별이 존재하여 입학생의 비율과 조선인 졸업생의 진로에 영향을 끼쳤다.

개화기 법학교육은 부국강병과 자주독립을 위한 노력의 일환이었으나, 일제강점기에는 식민지 지배를 위한 도구로 전락하였다. 경성법학전문학교는 조선인에게 법률교육의 기회를 제공했지만, 일본 중심의 교육 내용과 차별적인 대우로 인해 한계를 드러냈다. 보성전문학교는 민족의 자주성을 지키며 법학교육을 지속했으며, 해방 후 고려대학교로 발전하였다. 전쟁기에는 교육기간의 단축과 강제적 폐교 등 법학교육을 억제하였다. 그 결과 해방 후 한국사회는 법률가의 부족으로 많은 어려움을 겪었다.

1946년 경성제국대학이 경성대학으로, 곧 국립 서울대학교가 발족하였고, 보성전문학교도 고려대학교로 전환하여 고등교육은 지속되었다. 1949년에는 교육법을 제정하여 고등교육의 제도적 기반을 정비하였다. 식민지기에 억눌린 고등교육에 대한 열망은 해방 후 분출되어 1950년대는 사립대학의 급증과 함께 정부의 통제가 시작되어 1970년대까지 지속되었으며, 국립대를 중심으로 법학교육이 확산되었다. 1980년 군사정권은 고등교육-대학교육-을 대중교육으로 전환하여 졸업 정원제를 실시하는 등 대학입학 정원을 확대하였으며 이에 따라 법학과도 급증하였다. 그러나 대학에 대한 국가의 통제라는 기조는 바뀌지 않았다. 1995년 김영삼 정부는 세계화정책을 추진하면서 대학에 자율권을 부여하였다. 이에 따라 법학과도 늘고 학과 명칭도 다양해졌다. 이는 대학이 다양한 법적 수요에 자발적 선제적으로 대응한 점이 중요하다. 이 때 국민을 위한 사법제도의 개혁이 추진되었고 이는 2007년 법학전문대학원 도입의 원동력이 되었다.

고등교육의 혜택을 거의 받지 못한 지방에서는 해방 후 자발적으로 대학설립을 추진하였다. 부산과 광주에서는 부산대학교(1946년), 동아대학교(1946년), 조선대학교(1948년) 등이 지방에서 법학교육을 주도하였다. 지방의 법조인들이 법학교육에 적극적으로 참여하였다. 그러나 수도권 집중이 심화되면서 지방의 법학교육 수요를 충족시킨 지역의 법학교육기관은 축소를 넘어서서 존폐의 기로에 서 있는 것이 현실이다. 균형발전과 상생을 위한 발상의 전환이 필요하다.

경성제국대학에 연구를 위한 대학원이 있었지만 조선인에게는 그림의 떡에 지나지 않았다. 해방 후에는 학부 교육을 중심으로 논의되어, 대학원 교육에 대해서는 관심을 가지지 않았다. 1960년대에 접어들어서 대학원의 교육과 연구를 강화해야 한다는 외침은 있었으나 메아리는 없었다. 1970년대 중화학 중심의 국가발전 전략에 따라 이공계와 자연계열 대학원에 대한 지원은 있었으나 법학을 포함한 인문·사회계열 대학원에 대한 지원은 미미하였다. 1990년대 대학원중심 대학, 연구 중심 대학을 지향하면서 두뇌한국21사업 등으로 비로소 지원이 있었다. 그러나 법학전문대학원 제도의 도입으로 실무 중심의 교육이 강조되면서 순수학문은 외면되어갔다.

해방 후 한국의 법학교육은 급격한 양적 성장과 함께 다양한 변화를 겪었다. 초기에는 민족의 자주성 회복과 법률 전문 인력 양성에 초점을 맞추었으나, 이후 정부의 정책 변화와 사회적 요구에 따라 실용주의적 성격이 강화되고 순수 학문 연구는 상대적으로 소외되었다. 법학전문대학원 도입 이후에는 법학교육 체계가 크게 변화하면서 실무 중심 교육이 강조되고 있다.

2009년 법학전문대학원 출범 이후 법학교육은 이원화되었는데, 전문법률가–변호사–양성은 어쨌든 그 기능을 하고 있으나 준법률가 양성은 갈수록 축소되고 있다. 이는 법학교육의 목적에 대한 합의 없이 현실에 즉각적으로 대응해왔기 때문이다. 이런 난맥상을 극복하기 위해서는 법학교육의 목표와 법률가의 역할에 대한 사회적 합의가 필요하다. 특히 교육을 통한 양성을 기치로 내건 법학전문대학원 제도의 초심을 환기할 때이다.

법률가양성교육에 대한 성찰

- 리걸테크의 시대를 맞아 -

홍 영 기*

발제문 제목인 '법률가양성교육'을 이야기하는 것조차 꺼려지는 까닭은, 지금 우리가 법률가를 양성하는 교육을 하고 있는지부터 분명히 답할 수 없다고 느끼기 때문이다. 변호사시험에 합격하기 위한 학습이 이루어지고 있는 것은 분명하다. 그런데 판례 암기 위주로 진행되는 그 과정을 놓고 도대체 법률가를 양성하는 교육이라 부를 수 있을 것인지 의문이다.

그동안 너무도 많은 이야기가 있었다. 그나마 지금 상황에서 희망이 있다면 현재의 법학교육상태가 바람직하다고 이야기하는 사람을 거의 만나보지 못했다는 사실이다. 대화를 나눈 극소수를 제외한 법학자나 실무가 모두 지금 법학교육의 참담한 현실에 대해 공감하고 있다. 획기적인 변화가 있어야 한다는 점에 대해서도 같은 생각을 확인할 수가 있었다. 개선의 방향이 서로 다르고 그 방법은 더 차이가 나지만, 적어도 지금에 머물 수 없다는 위기의식은 갖고 있기에, 나머지는 충분히 개선가능한 문제처럼 여겨진다.[1]

---

* 고려대학교 법학전문대학원 교수.

1) 심지어 일부는 로스쿨시스템 자체가 실패하였다고 단정하기도 한다. 물론 더 나은 법률가양성방법이 없는 것은 아닐 것이다. 그렇지만 변화된 교육체계가 형식적으로는 정착된 것으로 보아야 하고, 남은 문제는 그 안을 채우는 내용에 대한 것이기 때문에, 현재로서는 현행 체계 하에서 법조인 양성을 위한 구체적인 개선방법을 이야기하는 것이 더 바람직할 것으로 생각한다. CBT 이외에는 개선을 위한 어떠한 작은 실천도 아직 해낸 바 없기 때문이기도 하다.

Ⅰ. 상황

1. 현재와 미래

'법률가' 개념의 폭이 넓고, '양성교육'의 방식도 단일하지 않은데, 이하에서 왜 법학전문대학원(이하 '법전원' 또는 '로스쿨'로도 씀) 안에서의 교육 그것도 변호사시험 및 그 준비만을 놓고 서술하고자 하는지 의아할 수도 있다. 그러나 전적으로 변호사시험을 통해 법조인이 선발되고 있는 상황에서 극소수를 제외한 로스쿨 학생들은 오로지 변시합격을 목표로 하여 공부하고 있기에 소위 법률가양성교육과 변시준비를 동일시하더라도 큰 무리는 아닐 것이다.

바로 그런 이유에서 한국의 법률가양성교육의 실태는 더욱 암담하다. 합격률이 50퍼센트인 시험을 앞두고 거의 모든 학생들이 3년이라는 짧은 시간에 집중하지 않으면 낙방할 수 있다는 불안감과 스트레스에 짓눌려 책상 앞에 앉아 있다. 변호사시험이 과목을 불문하고 방대한 판례의 단순한 암기여부를 묻고 있으므로 그들은 지금 이 시간에도 이에 대비하여 판례를 외우고 있을 뿐이다. 법전원이 아무리 특별한 교육프로그램을 마련하고 교수들이 수준 높은 법지식과 실무능력을 가르치고 싶어도 학생들의 관심을 끌지 못한다. 학생들은 자신의 실존이 걸린 변호사시험에 대응하도록 준비해주지 못하는 교수들을 원망하고, 학생들에게 외면받는 교수들도 외부강사와 판례요약집에 의존하는 학생들의 공부방법을 못마땅하게 여기니, 지금 로스쿨 안에서 불행하지 않은 주체는 없다. 그리고 이러한 불행은 로스쿨 안에 머물지 않고 곧이어 법률가의 실력저하와 우리나라 법문화의 퇴보로 이어질 것이다.

우리 사이에서 문제를 해결하려 시도조차 하기 전, 외부로부터 인공지능(A.I.)의 위력이 법조계에 빠르게 침투해오고 있다. 인공지능의 발전상황은 불과 몇 개월 전과 지금이 다르다. 개발자들조차 스스로 두려워할 정도로[2] 갑작스럽게 팽창하고 있는 인공지능의 양적, 질적 수준은 미래에 그것이 법조인을 대체할 수도 있다는 우려가 막연한 수준에 머물게 놓아두지 않는다. 법률가들은 이미 첨단

---

[2] "브레이크 없는 AI 발전은 인류 멸종 가져올 것" 오픈AI CEO, MS CTO … 줄줄이 공개 연명(IT World 2023. 5. 31.일 자).

의 리걸테크 프로그램을 통해 판례와 문헌조사 수준을 넘어선 제안을 얻고 있고, 변호사에게 도움을 구하던 의뢰인(기업)들도 동일한 서비스를 무리 없이 활용하고 있다. 기존 법무질서를 고수하려는 사람들이 이 흐름을 막아서려 하더라도[3] 잠시만 버틸 수 있을 뿐이다. 국내 실정법의 제어를 받지 않으면서도, 사람의 번역마저 필요 없어 언어차이를 장벽으로 느끼지 않는 외국 리걸테크 사업의 진격까지 막아낼 도리는 더욱 없을 것이다.

이러한 시대에 모든 사람들이 법조인 양성교육에 주목하는 것은 너무도 당연한 일이다. 미래의 변화를 넉넉히 대비하지는 못할지라도 지금 상황에 필요한 최소한의 대응을 할 수 있도록 교육이 이루어질 것으로 기대하지만, 현실이 그렇지 못하다는 것도 우리 모두 알고 있다.

그렇다면 무엇이, 어떻게 달라져야 할 것인가? 모든 문제를 일순간에 해결하는 것은 가능하지 않지만, 지금 우리가 할 수 있는 최소한의 가시적인 변화는 반드시 이뤄내야만 한다. 물론 변호사시험만 개선해서는 문제가 해결되지 않는다는 반론도 많이 있다. 그러나 한 가지 분명한 것은 변호사시험을 바꾸지 않고서 법학교육과 법률가양성제도의 개선에 이를 수 없다는 사실이다. 미래 법조인이 현재 로스쿨학생이며 그들 모두가 시험합격을 위한 공부를 하고 있기에, 시험제도의 작은 변화가 그 어떤 제도의 개선보다 영향이 크다고 분명히 말할 수 있다.[4] 시험준비가 곧 법학교육일 수밖에 없는 지금 상황에서 변호사시험 개편이 법률가양성교육 개선의 처음이자 마지막이다.

2. 로스쿨교육

상황분석을 누구나 할 수 있는 만큼, 지금까지 제기된 문제도 유사하다. 아래는 지금 법학전문대학원에 몸담고 있는 구성원이라면 교수, 학생을 불문하고 누구나 공감할 수 있는 내용일 것이다.

로스쿨에서 헌법, 민법, 형법, 상법, 행정법, 소송법 등 '변호사시험 출제과목'

---

3) 'AI발 법조계 지각변동 변협 제동 들어가나'(일요신문 2023. 5. 10). 독일의 예는 Hellwig/Ewer, Keine Angst vor Legal Tech, 1783면. 이를 비판하는 견해는 강민구, "한국 법조, 생성형 AI 기술 신속히 도입해 활로 찾아야"(법률신문 2023. 5. 31.일 자).

4) 같은 논지는 박용철, 현행 변호사시험 제도가 법학 교육에 미치는 영향: 법전원의 입시학원화와 법전원 교육의 파행화, 54면; 지원림, 변호사시험: 있어야 할 곳과 있는 곳, 69면.

의 수업은 문제풀이 위주로 접근하면서, 그에 필요한 판례와 이론을 중심으로 진행되는 것이 보편적이다. 만약 누군가 판례보다는 추상적인 이론을, 판례 결론보다는 그 배후에 놓여 있는 논증구조를, 전원합의체 다수의견보다는 반대의견의 우수성을 강조한다면 이는 변시준비에 방해가 되는 수업으로 외면당하기 쉽다. 주어진 짧은 시간 안에 변호사시험 합격에 직접 도움이 되는 것을 찾아야 하니 외워야 할 판례를 정리해주는 외부 학원강사의 수업을 더 선호하는 것도 당연해 보인다.[5] 이러한 상황은 변호사시험을 앞두고 있는 수험생에 국한된 이야기가 아니다. 기초적인 이론을 배우기 시작하는 로스쿨 1학년생은 물론, 로스쿨 합격이 결정된 이후에 예습으로 선행학습을 하는 학생들조차 변호사시험준비용 수험서를 읽으며 법학을 시작하고 있다.

변호사시험과목에 포함되지 아니하는 이른바 '전문법과목'이나 변호사시험 '선택과목'의 사정은 더 심각하다. 미래지향적 또는 전문적인 법교육을 목표로 하고 나선 대부분 로스쿨은 각종 국제관계에 대한 법, IT 등 4차 산업에 관한 법, 보험, 은행 등 금융법, 해상법, 부동산, 환경, 경찰 등 현재와 미래사회에 쓰임이 크다는 특수한 영역의 각종 법들을 학제상 목록에 넣어두었지만, 수강생의 부족으로 인해 강의를 거의 개설하지 못한다. 추상성이 높은 내용의 기초적인 법과목은 대부분 로스쿨 안에서 이미 오래 전에 종말을 맞았다. 과거 법과대학 시절 모든 학생이 필수적으로 수강하던 법철학과 법학방법론 마저 수강생이 없어 폐강되기에, 이를 개설할 생각조차 하지 못하는 로스쿨도 많다. 그 결과 학생들은 '법적 안정성'의 의미와 '정의'와의 대립관계 등, 성문법체계에서 가장 기본적이면서도 실제로 실무에 나아가 곧바로 맞부딪칠 관건에 대해 한 번 들어보지도 못한 채 로스쿨을 졸업하여 '법률가'로 불리고 있다.

실무교육도 전혀 다르지 않아, 이를 강화하고자 한 로스쿨 설치 취지에서 더 멀어진 지 오래되었다. 일선에서 뛰어난 성과를 축적해온 교수가 경험을 전달하려는 취지로 수업을 개설하더라도 다른 주요교과과정과 변호사시험에 집중하는 학생들에게 환영받지 못하고 있다. 각 법전원측에서는 이제 상황에 맞게, 실무가 출신 교수들에게 현장감 있는 실무교육 대신 기록형시험이나 연습문제풀이 등 변

---

5) 로스쿨생 중 사교육 강의가 로스쿨 다닐 때 필수라고 생각하는 설문응답자가 79%에 이른다는 기사는 조선일보 2023.2.1.

호사시험준비에 곧바로 도움을 줄 수 있는 강의를 진행하기를 바라고 있다. 외부 출강교수들의 힘을 빌어 로클럭이나 검찰선발시험 대비를 겸한 실무과목 강의가 겨우 유지될 뿐이다.[6]

3. 변호사시험

파행적인 법학전문대학원의 이러한 상황은 오로지 될 수 있는 한 많은 판례를 암기할수록 좋은 점수를 받을 수 있게 출제되는 변호사시험 때문이다.[7] 주어진 로스쿨에서의 시간은 3년도 채 되지 않기에 시험이 다가올수록 학생들 관심은 '판례의 결론'에 쏠리게 되고, 이를 간결하게 외울 수 있도록 도와주는 외부 강사나 수험서에 의지할 수밖에 없게 된다. 물론 이론적으로 의미 있는 판례들의 맥락을 암기하는 것이 처음 법학을 익히고 장차 사례를 해결하는 데에 필요한 중요한 방법인 것은 사실이다. 그러나 현행 변호사시험은 비중 있는 판례만 묻는 것이 아니다. 이론적 중요성이 전혀 없는 말단실무적 판례, 개별 사실관계를 알아야만 결론이 이해되는 판례도 자주 출제되고 있다.[8] 지나치게 오래된 것이어서 지금 상응하는 사안이 발생할 가능성이 낮거나 이미 그 취지가 극복되어 이 시대에는 법원이 충분히 다른 이론구성을 할 가능성이 있는 판례까지도 무분별하게 출제된다.[9] 전과목의 선택형, 사례형, 기록형 시험을 4일에 걸쳐 실시하는 변시의

---

6) 3학년 전 과정에서 필수과목 이외에는 변호사시험준비에 필요한 연습과목, 기록연습과목 등을 수 강한다. 이외에 재판실무과목, 임상실무, 로클럭이나 검찰준비에 필요한 과목을 수강하고 나면 졸업요건인 학점이 많이 남아 있지 않게 된다. 그러니 학점이수를 최소화함으로써 스스로 변호사시험준비를 해야 하는 학생들의 입장에서는 다양한 법에 관심이 있어도 수강할 필요가 없다. 들어야 하는 많은 과목은 파견되거나 출강하는 실무가들이 맡고 있기에 로스쿨 학생들은 자신이 몸담고 있는 학교의 대다수 교수들과는 일면식도 갖지 않은 채로 졸업을 맞게 된다. 이에 대한 유사한 문제의식은 조지만, 현행 법학교육체제 하에서 법학교육의 전반적 위기와 극복방향: 실무가 양성, 법학자 양성, 법학교양교육의 조화와 발전을 위하여, 11면 이하.

7) 수험서에 언급된 학습대상 판례의 숫자는 민사법, 형사법, 공법을 합하여 총 12,581개에 달한다 (천경훈, 변호사시험이 법학전문대학원의 교육에 미치는 영향, 248면).

8) 같은 문제의식은 지원림, 변호사시험: 있어야 할 곳과 있는 곳, 71면.

9) 매우 협소하거나 지엽적인 최신 판례 위주로 출제하는 이유에 대한 어느 변시 출제위원장의 인터뷰내용이다: "기출문제를 제외하고 출제하려다 보니 최신 판례와 관련된 문제를 출제하는 경향이 있습니다. 다만 법무부는 이러한 출제를 지양해 줄 것을 매번 강하게 권고하고 있습니다. 특히 사례형에서 하나의 판례만 알면 풀 수 있는 문제를 낼 경우, 우연히 그 판례를 아는 수험생과 몰랐던 수험생 사이에서 형평성 문제가 발생하기 때문에 이러한 방식의 출제는 재고돼야 합니다. 법무부 담당자와 검토위원 등이 문제의 변경을 요구해도 출제위원들이 받아들이지 않는 경우가 많은데, 좀 더 확실하게 검토해서 이런 유형의 문제가 출제되지 않도록 해야 할 것입니다. 다만 선택

특징상, 시험준비하는 시간이 짧을 수밖에 없고 시험문제도 과거에 비해 더욱 단순한 판례결론만을 묻고 있기에 결국 변호사시험을 앞둔 수험생들은 좋든 싫든 다음과 같은 '자료'에 의존하게 된다.

법적 논증은 고사하고 문장 자체도 없다. 외우는 데에 도움이 되는 단어의 나열뿐이다. 이렇게 키워드만 꼽아 '눈에 바르는' 것이 암기 효율을 높이는 데에 도움이 될 뿐더러 특히 객관식문제를 신속하게 푸는 데에 유용하다고 한다. 머리를 회전시켜서 법리를 떠올리는 과정을 생략할수록 합격에 더 유리한 시험을 학생들에게 치르게 하고 있다. 그리고 절박한 마음을 갖고 시험준비에 특화된 준비를 하는 사이에 로스쿨학생들은 변호사시험준비 이외에 '진정한 법학'이 무엇인지 알 수 없게 되어버렸다.

4. 법실무 그리고 인공지능의 공습

수험생들이 변호사시험에 닥쳐 머릿속에 채워 넣은 엄청난 분량의 판례는 시험지에 털어놓은 이후 대부분 잊혀지고, 그 과정을 거쳐 합격의 기쁨을 맛본 이들은 곧바로 법조인이 된다. 그런데 이제 법률가로서 직업세계가 눈앞에 펼쳐지자마자 지난 3년간 직업활동에서 쓸모 있는 준비를 로스쿨에서 거의 해놓은 것이 없음을 깨달을 것이 틀림 없다. 누구나 스마트폰을 가지고 다녀, 자신이 암기했던 것과 비교도 할 수 없이 많은 판례를 손 안에서 곧바로 검색할 수 있는 현실을 마주하면, 그토록 많은 판례를 억지로 외우려 애썼던 순간이 헛된 기억으로

형의 경우는 수험생들이 최신 판례를 정리해서 공부하는 것이 일반적이므로 일부 지문으로 출제될 수는 있다고 생각합니다."(로스쿨타임즈 2023.12.13.자).

주마등 같이 스쳐지나갈 것이다. 뒤따라오는 후속 세대는 인터넷으로부터 정보를 찾는 능력 면에서 지금 세대를 압도할 것이며, 외국어 이해 능력 또는 번역기 이용 능력도 뛰어나기에 전세계의 광범위한 정보들을 순식간에 아무 무리 없이 읽어낼 수가 있다. 머리 안에 법조문과 각종 이론, 판례 결론을 많이 넣어 갖고 다니는 기존 법조인들은 이제는 적어도 그 면에서 검색에 능한 고등학생과 크게 다른 능력을 갖고 있지 않다는 점을 시인해야 한다.

그리고 우리는 새로운 변화를 직면한다. 법률가양성교육의 개선이 더욱 시급해지게 된 계기는 이제 사람이 아니라 인공지능으로부터 비롯되고 있다. 지금 이른바 '리걸테크'라 불리는 영역에서 A.I.가 법문제의 해결을 위한 새로운 대안으로 이용되고 있기 때문이다.[10] "인공지능이 수십 명의 변호사가 각각 50시간씩 들여 수행해야 하는 작업을 20초만에 마칠 수 있다면 대형로펌이 왜 수십 명의 변호사를 고용하겠느냐"[11] 이 물음은 기존 법조시장뿐만 아니라 우리 법학교육 현실에서도 귀 기울여야 하는 경종이다.

A.I. 신기술이 자료를 수집하고 분석하는 능력은 인간의 그것을 아주 멀찍이 따돌려버렸다. 모든 법률과 판례는 물론 수많은 법학서적과 논문까지도 순식간에 활용할 수 있고, 다른 나라의 예도 분석할 수 있을 뿐만 아니라 이를 토대로 미래의 발생가능한 유사한 사안까지도 내다보아 결론을 내릴 역량이 있다. 수년 내에 그 정확성이나 속도, 신뢰도는 더 비약적으로 성장할 것이다. 우리나라에서도 이미 플랫폼사업과 인공지능을 활용하여 법률서비스를 확장하려는 목적으로 설립된 기업들이 새로운 대안을 속속 내어놓고 있다. 일부 로펌들도 이를 경계하는 한편 인공지능 소프트웨어의 힘을 빌어 경력이 짧은 변호사들이 해왔던 기초적인 판례, 문헌조사를 대신하도록 함으로써 인력을 절약하고 있다. 리걸테크를 무시하거나 반대하는 것이 아니라 그것을 최대한 이용할 수 있어야만 다가올 시대에

---

10) 3년 전인 2021년 81억 달러였던 미국의 리걸테크 시장 규모는 3년 후인 2027년 465억 달러에 이를 것으로 보인다(한국경제 2024.6.23.자).
11) 영국 이코노미스트, "인공지능, 법률 실무 획기적으로 바꿀 것"(법률신문 2023. 6. 8.일자): ① 1인 변호사 사무실이나 소규모 로펌 등이 수백만 페이지의 문서를 인공지능에 업로드하고 검토할 수 있게 되어 대형로펌보다 소송실무에서 경쟁력을 가지게 될 것이다. ② 자문, 소송보다 인공지능을 통해 법률 검토와 분석 서비스를 제공하고 그 대가로 인공지능 기술 수수료를 수익의 창구로 사용할 것이다. ③ 어쏘 변호사의 역할이 줄어 변호사에 대한 수요 및 어쏘와 파트너의 비율도 지금과는 달라질 수 있다.

경쟁을 유지할 수 있을 것이라는 인식이 이미 자리잡은 것으로 보인다.[12) 지금의 ChatGPT 정도의 인공지능도 법률문제에 대한 답을 곧잘 해내고 있으므로,[13) 전통적인 법률서비스의 도움을 받기 쉽지 않은 상황에 놓인 일반인들도 쉽게 이를 이용하여 필요한 정보를 얻어낼 수가 있다. 조만간 자신에게 닥친 사안을 놓고 단계별로 주어지는 질문에 따라 상응하는 답항을 선택해 넣는 절차를 진행하면 일정한 법적 결론을 제시하는 방식의 서비스를 각종 포탈에서 제공할 것이다. 법률가는 지금까지와 다른 의뢰인들을 만나게 된다. 적지 않은 시간과 돈을 들였음에도, 자신이 직접 검색을 해봐도 금세 찾을 수 있는 전형적인 해결방법을 그대로 반복하기를 법률서비스에 바랄 사람은 더 이상 없다.[14)

5. 로스쿨, "인재의 무덤"

단순한 질문 하나 더 추가해본다. "이럴 거였으면 우리는 왜 그토록 우수한 인재를 뽑고 있는가?"

지금 유수의 대학 각 전공에서 뛰어난 성적을 거두는 학생들이라면 한번쯤은 법전원 진학을 생각해본다고 해도 과언이 아니다. 리트(LEET: 법학적성능력시험) 응시자수가 해마다 폭증하고 있다는 사실이 이를 잘 보여준다.[15) 로스쿨은 그와 같이 검증된 후보군 가운데에서 리트의 최상위 고득점자를 추려, 자기소개서를 살피고 구술면접을 시행하여 발표력과 사고의 순발력까지 보아 학생들을 선발해간다. 이런 극소수의 선택받은 인재들은 이제 주어진 3년 동안 가장 귀중한 시간과 한 학기 천 만 원에 달하는 엄청난 학비를 쓰면서 학계와 실무계에서 인정받아온 교수들과 더불어 훈련하는 과정을 겪는다. 그 과정은 실로 비인간적인 극한의 경쟁이다. 그런데, 이런 모든 과정을 거치고 나서 결국 막판에는 단순한 판례 암기력으로 법조인을 선발하고 있으니, 누가 이러한 제도를 납득할 수 있을 것인

---

12) Hellwig/Ewer, Keine Angst vor Legal Tech, 1784면.

13) 최근 있었던 실험에서 ChatGPT 4.0이 미국의 Bar시험의 90퍼센트 정답을 맞췄다고 한다. 이는 3.5버전에 10퍼센트만 정답을 맞춘 것에 비할 때 비약적인 발전이다(Dietrich, Auslegen und Subsumieren mit ChatGPT, 2092면).

14) 조지만, 현행 법학교육체제 하에서 법학교육의 전반적 위기와 극복방향: 실무가 양성, 법학자 양성, 법학교양교육의 조화와 발전을 위하여, 8면.

15) 2015년 8,246명이 응시하였으나 2017년 1만명을 넘어섰고, 2023년 응시자 1만7,460명, 2024년도 1만9,400명에 달했다.

가! 미각과 창의성, 손재주가 탁월한 사람들을 꼽아 미슐렝스타 강사가 즐비한 최고의 요리학교에 모아 막대한 돈과 시간을 들여 3년간 수련하도록 하였지만, 이후 요리사자격증을 부여하는 시험에서 정해진 시간 안에 수많은 라면 뒷면의 조리법을 외워서 쓰라고 하는 모양새다. 이론과 실무의 뛰어난 능력을 겸비한 요리장인을 양성할 것 같이 꾸미고서 3년 내내 레시피나 외우도록 방치하고 있으니, 이것이야말로 '간판사기'이자 국력의 낭비이다.

　　판례암기를 묻도록 출제할 수밖에 없는 현실적인 이유가 있다고 말한다. 정답에 대한 시비의 우려가 있기 때문에 함부로 이론적인 논점을 물을 수는 없어 결론이 뚜렷한 판례문장을 고스란히 가져올 수밖에 없다는 것이다. 그러나 법무부가 그토록 출제와 채점의 부작용을 두려워하는 동안 우리 법학교육은 이처럼 현실과 동떨어진 외로운 곳에서 스스로 파멸하고 있다. 싫지만 억지로 이를 대비하는 학생들에게는 잘못이 없다. 그들의 요구와 거리가 있더라도 중요한 내용을 붙들고 가르칠 수밖에 없는 교수들의 입장도 이해가 된다. 그러나 변호사시험제도를 만들고 운영하는 주체인 법무부에게는 덜어내기 어려운 막대한 책임이 있다. 만약 지금 시험제도를 혁신할 수 있는 지위에 있으면서도 스스로 이 상황에 아무 문제없다고 생각하는 사람들이 있다면, 우리 사회 법률문화를 되돌이킬 수 없는 지경에 이르게 한 그들의 과오는 지금 짐작보다 훨씬 무거운 결과를 역사에 남길 것이다.

Ⅱ. 법률가의 역할

1. 현재와 미래의 법률가

(1) 방법론

　　그렇다면 다가올 시대에 필요한 법조인의 역량은 무엇일까? 그에 대한 대비로서 학생들에게 로스쿨에서는 무엇을 가르쳐야 하며 변호사시험은 무엇을 물어야 하는가? 우리가 전혀 접해보지 못한 수준의 질과 양을 지닌 법률, 판례, 문헌 조사와 분석(또는 그 요약)은 이제 A.I.가 해야 할 일이다. 향후 2~3년 안에 이러한 단순한 업무만 하던 변호사들의 역할은 남아 있지 않게 될 것이다. 그렇다면 이렇게 조사된 자료를 토대로 한 법해석과 법적용은 여전히 법조인의 몫으로 남을 수 있을 것인가?

군이 인간에게만 독특한 능력이 있음을 믿으려 하는 사람들은 A.I.가 우리와 같은 답을 생각해내는 것이 매우 어려울 것이라고 말한다.16) 그렇지만 기계는 단 하나의 답만을 제공할 수 있는 것이 아니다. 하나의 사안을 놓고서도 어떠한 법률과 법리, 판례를 이용하면 A, 다른 법률과 판례, 이론을 사용했을 때 B... 와 같이 선택지를 제안하고 사용자에게 원하는 경로를 선택하도록 제안할 수 있다. 그리고 그 가운데에는 - 알파고가 보여준 바둑전략처럼 - 지금까지 우리들이 전혀 몰랐던 새로운 창의적인 답도 있을 것이다.

얼마 전까지도 A.I. 시대에 살아남을 수 있는 직종의 대표로서 '화가'나 '작곡가', '소설가' 같은 예술분야의 창작자가 언급되었다. 그렇지만 이와 같은 예측이 잘못된 것이라는 사실이 드러나고 있다. 예상과 달리 현재 일반인이 작동할 수 있는 수준의 A.I.도 기존 창의성이 필요한 것으로 여겨지는 영역에서 기대 이상의 작품들을 보여주고 있다.17)

아래 그림은 모두 A.I.가 그려낸 것이다.

---

16) 대표적인 예로는 Timmermann/Gelbrich(홍영기 역), 리걸테크의 가능성과 한계: 알고리즘이 법포섭을 할 수 있는가, 265면 이하.

17) 노벨상 받은 중국작가 모옌, 챗GPT로 글 작성 고백: "나는 도서상을 받는 위화를 칭송하는 글을 써야 했는데 며칠을 고민해도 아무것도 써지지 않아 어느 학생에게 '원청' 등 위화의 책 제목과 '발치'를 포함한 핵심 키워드 목록을 넘겼다('발치'는 위화가 과거에 치과의사로 일했기 때문임). 그러자 순식간에 셰익스피어 스타일의 문장들이 1천 개 이상의 단어로 생성됐다."(연합뉴스 2023. 5.19.자).

한복 디자인을 주목해보려 한다. A.I.에게 '동양인 여성', '한복' 등의 몇 가지 단어를 포함시켜 그림을 그리도록 명령하면 짧은 시간 안에 매우 많은 디자인을 제안하여 보여준다. 이런 상황에서 스케치북을 놓고 색연필로 도안하던 한복디자이너의 작업은 달라지지 않을 수 없다. 인공지능이 제안한 수많은 한복디자인 가운데 필요에 맞게 선별하기만 하면 번거로운 과정을 대부분 생략할 수 있을 것이다.[18]

법적 판단 과정도 이와 유사한 형태로 진행된다고 가정해본다. 법률, 판례, 문헌 등 자료의 수집 및 분석은 물론, 극히 일부의 사안을 제외하면 법해석 및 법적용의 기초도 인공지능이 해낼 수 있을 것이다. 초기에는 단순한 법률관계에 대한 법적용만 담당하게 될 것이지만 아주 짧은 세월 안에 그 조합형태로서 매우 복잡한 사안에 대한 법포섭까지도 무리 없이 지원할 수가 있다. 그리고 그 결과물을 내어놓는 시간은 지금과 비교도 할 수 없이 짧아질 것이다. 적어도 다음과 같은 업무는 인공지능이 해낼 것이 분명해 보인다.

- 정보(국내 외 법률, 판례, 문헌 등)의 수집(외국 자료인 경우 번역)
- 정보의 분석 또는 종합(필요에 따라 요약)
- 사안에 위 정보를 대입한 결과 제안

위와 같은 역할을 하는 인공지능을 이용할 때 인간 법률가들은 과연 어떠한 업무를 하게 될 것인지를 묻고 답하는 일만 남았다. 이 영역에서 법률가의 역량이 발휘될 수 있고, 바로 여기에 법률가양성교육의 중점이 놓여야 한다.

인간 능력이 요구되는 영역, 즉 인공지능 역량 한계 밖의 업무를 구별해내는 방법론적 근거를 여기서 상론할 수는 없다. 요약하자면 주로 다음과 같은 요인으로 인해 적어도 지금의 인공지능이 법적 판단을 하는 데에 한계가 있을 것으로 생각되고 있다.[19] 1) 법률(또는 그 요건) 간 일반화 정도의 차이, 2) 데이터 모델링

18) 지금 판례암기 위주의 로스쿨 교육은 위 한복들의 재료와 수치를 외우게 하는 것만큼이나 미래지향적이지 않을 뿐만 아니라 현재의 실용적인 가치도 낮은 것이다.
19) 이상덕, 법관직의 미래, 84면 이하; Timmermann/Gelbrich(홍영기 역), 리걸테크의 가능성과 한계: 알고리즘이 법포섭을 할 수 있는가, 269면 이하 참조. 인공지능 법관의 가능성에 대해 간략히는 한상훈, 인공지능과 형사재판의 미래, 118면 이하.

의 한계, 3) 가치평가 개입의 불가피성, 4) 법률해석의 문화적·역사적 변화가능성, 5) 알고리즘 절차의 중립불가능성(＝편향성),20) 6) 절차참여자에 대한 설득(감정회복)가능성 등이 기계에 의한 법적 평가를 불완전하게 만드는 요인으로 꼽힌다.21)

이러한 점을 고려한다면, 가까운 미래의 발전수준에서 A.I.가 감당하기 어려워 여전히 사람이 해내야 하는 업무는 다음과 같을 것으로 예상된다.

첫째, 사안을 구성하는 과정이다. 사안을 구성하기 위해서는 순수 사안 자체를 처음 인식하는 사람의 역할이 여전히 필요하다. 당사자나 사안을 체험한 제3자가 사실관계를 이루고 있는 수많은 정보를 옮기는 과정이 절차의 맨 앞에 놓인다. 만약 CCTV 등 관찰하는 기계장치를 통해서 인식된 상황이 전달된다고 하더라도 그것이 법적으로 의미 있는 사안인지를 결정하는 것은 적어도 당분간 인간의 인식능력에 의존한다.

둘째, 사실관계를 이루는 수많은 정보 가운데 선별하는 절차는 사람이 감당한다. 이 과정은 위에서 취합한 전체 정보를 법에 포섭될 가능성 및 필요가 있는지를 기준으로 나누는 것을 포함한다. A.I.도 이미 실정법의 구성요건을 표준화된 기준으로 인지하고 있기에 그를 통해 필요한 정보에 해당하는 사실관계를 어느 정도 걸러낼 수 있지만, A.I.에게 분석시킬 정보를 중요성에 맞게 투입하는 것은 가까운 미래까지 법률가들이 해내야 하는 작업으로 남을 것이다.22) 그리고 이와 같은 정보를 인공지능이 제대로 소화해낼 수 있도록 해야 하는데, 머신러닝을 거친 기계가 자연어를 처리하는 것 또한 아직은 불완전한 상태이다. 반면에, 이후 단계의 '사안의 구성' 및 그에 대한 '법적용'은 – 지금은 완성도가 떨어진다고 하더라도 – A.I.가 할 수 있는 작업이다.23)

---

20) 예컨대 알고리즘이 준비하고 있는 경로의 수에 비할 때 사법기관이 제시할 수 있는 변수는 턱없이 부족하다. 알파고의 전혀 다른 해법에 당황하였듯, 그 결과에 이른 과정을 우리는 알 수도 없다. 이에 대해 자세히는 남중권, '알고리즘의 지배'와 '법의 지배'에 대한 법이론적 이해, 299면 이하; 주현경/정채연, 범죄예측 및 형사사법절차에서 알고리즘 편향성문제와 인공지능의 활용을 위한 규범 설계, 118면 이하. 이러한 비판에 대한 반론과 극복가능성에 대해서는 홍영기, 리걸테크와 법학교육, 리걸테크와 법(고려대학교 리걸테크센터), 1-1[창간호], 2024(간행예정).
21) 변호사법, 대한변호사협회 회칙 등 리걸테크 이용에 걸림돌이 될 수 있는 실정법적 규제는 개정가능한 것일 뿐만 아니라 시대상황에 맞게 개정되어야 하는 것이기에 이에 포함될 수 없다.
22) Dietrich, Auslegen und Subsumieren mit ChatGPT, 2093면. 이 측면에서의 인공지능 활용에 대한 예시로는 손지영, AI와 형사사법 리걸테크(Legaltech) 시스템, 156면 이하.
23) 구성된 사안과 해석된 법률의 조응에 대해서는 홍영기, 법률 해석의 허용과 한계, 155면 이하.

셋째, 구성된 사안과 해석된 법률을 상응시켜 A.I.가 도출한 여러 제안들 가운데 택일하는 작업은 법률가들이 담당해야 하는 중요한 일이다. A.I.가 이 역할까지 하는 것이 더 객관적이면서 근거가 뚜렷한 것으로 여길 수도 있으나 아직까지는 실제 삶의 과정을 같이 하는 인격적 주체가 그 최종역할을 담당하는 것을 대부분이 더 신뢰할 것으로 생각한다.[24]

넷째, 인공지능이 제안한 결론 가운데 오류가 있다면 그에 대한 수정 및 재입력을 통한 데이터베이스화 작업 또한 현재로서는 법조인이 해야 하는 일이다. 단지 정보를 조합한 것을 넘어 어떠한 법리구성만이 가능하며, 어느 것이 대체로 더 설득력 있는지에 대해 테두리를 정해주면 그것을 통해 다시금 A.I.는 자기 스스로 새로운 학습을 진행할 수가 있다

다섯째, 이처럼 인공지능의 제안 및 그에 대한 택일과정을 통해 얻어진 법효과를 절차참여자에게 설명하고 이를 이해시키는 과정은 여전히 인간인 법률가들의 몫이다. 결론에 대한 승인은 법효과의 간과할 수 없는 일부이므로, 이 또한 넓은 의미로 소송의 전과정에 포함된다.

(2) 일반과 특수

약한 A.I.가 쓰이고 있는 지금, '일반적인 경우'와 '특수한 경우'를 나누어 전자는 인공지능의 알고리즘에 의존하고, 후자는 인간인 법률가가 개입하여 가치평가작업을 수행하는 것이 보편적인 모습이다.

예를 들어 독일의 리걸테크 업체인 플라잇라잇(Flightright GmbH)[25]이 항공기 승객의 권리규정(Fluggastrechte-VO)[26]에 따라 항공편 취소로 인한 승객의 손해배

---

24) 법적 결정의 인공지능 대체 가능성에 대한 전망으로는 손지영, 앞의 논문, 154면 이하. '챗GPT 판사' 등장… 도쿄대서 모의재판 열려: 재판을 지켜본 40대 여성은 "판사가 인간이었다면 좀 더 다양한 질문을 할 수 있었을 것"이라면서 "판사가 AI라서 이점도 있는 것 같다. 피고인이나 증인의 외형 등 인간 판사라면 영향을 받는 것들에 대해 AI는 영향을 받지 않으니 더욱 공평한 판단을 내릴 수 있을 것 같다"고 했다. 50대 남성 방청객은 "사람의 판결과 기계의 판결을 모두 비교할 수 있어 재밌었다. 현시점에서 형사재판은 인간 판사에게 맡기는 것이 적절해 보인다"고 말했다 (법률신문 2023.5.21.자).

25) 플라잇라잇사는 인공지능을 업무에 도입한 선구적인 기업으로 자주 언급된다. 항공기를 이용하는 승객의 침해된 권리를 평가하여 배상금액을 산정하고 문서를 대신 작성하여 소송대행까지 수행한다. 승소하면 배상액의 일부를 수수료로 가져가는 방식으로 수익을 유지하는데, 불규칙적인 일부의 사안이 발생하면 법률가를 알선해주는 일도 담당한다.

26) VO (EG) Nr. 261/2004, 제5, 7조.

상청구 건을 심사하는 과정에서 이러한 구별된 역할이 관찰된다. 여기서 이용되는 프로그램은 날씨 등 상황에 대한 정보, 기존 사례나 판례 및 해당 항공사의 여러 대응에 대한 데이터를 분석하고 가장 많은 경우에 속할 수 있는 것을 우선시하여 사법적 또는 사법 이외의 요청이 관철될 수 있는지를 높은 개연성에 따라 계산하고 있다. 예정된 항공편이 취소된 때에, 현존하는 A.I.의 규칙기반시스템을 통해 모든 요인들 및 그것과 결과 간 인과관계가 증명될 수 있는 경우에는 그로부터 법적 결론을 그대로 도출한다. 그러나 항공편 취소가 특수한 사정27)으로 인한 때라면, 항공사가 면책될 수 있는 상황인지에 대해 인간의 평가가 필요해지며, 여기서는 법률가가 사건의 구체적인 사실관계를 면밀히 파악하고 그에 대한 논증을 진행하도록 하고 있다. 이러한 예에서 보듯 인공지능이 일정한 역할을 하고 있지만 특수한 상황에 대한 인간의 검토가 언제나 필요한 것으로 믿는 일부 견해는 향후에도 인공지능이 법조인의 역할을 완전히 대체하지는 못할 것으로 예상하기도 한다.28)

그러나 이러한 구별은 법학방법론과 미래 기술에 대한 전망을 바탕으로 할 때 그다지 견고하지 않은 것으로 생각된다. 사실관계가 일반적으로 생각되는 것과 달리 '일반'과 '특수'로 명확하게 구별될 수 없으며, 이 분류 기준이 법률일 수도 없다. 법률 안에도 일반구성요건과 특별구성요건이 있지만 이에 상응하는지 여부는 모두 동일하게 법률의 포섭문제이기 때문에, 어느 정도부터 인공지능 활용의 예외가 형성되는지 그리고 형성되어야 하는지 정할 수 없을 것이다. 만약 법률이 '그 밖의 경우' 등을 규정하고 있는 때에 그 안에 포함될 수 있는 사실관계인지의 문제라고 본다면, 이는 그 구성요건에 포섭시킬 사실관계인 것이며, 그 자체 '일반'의 상황이기에 이를 별도로 인간이 담당해야 하는 법문제로 생각할 필요도 없다. 나아가 '특수'가 법률이 예정하고 있지 않은 사실을 뜻하는 것이라면, 그것은 해당 법의 규율을 받을 수 없는 사실관계일 수도 있다.

(3) 기술에 대한 비관론과 낙관론

위와 같은 서술을 접할 때 두 가지의 상반된 반론이 있을 것이다. 하나는 법

---

27) VO (EG) Nr. 261/2004, 제5조.
28) Timmermann/Gelbrich(홍영기 역), 리걸테크의 가능성과 한계: 알고리즘이 법포섭을 할 수 있는가, 269면 이하; Fries, Staatsexamen für Roboteranwälte?, 162면 이하 참조.

문제와 법적 해결의 특유성으로 인해 향후에도 기계가 인간의 평가를 도저히 대체할 수 없을 것이라는 비관론이다. 인공지능의 한계가 도처에서 두드러진다고 말할 것이지만, 이는 '인공지능이 디자인한 한복이 인간문화재가 만든 것에 못 미친다'는 말처럼 지금으로서는 당연하게 들린다. 인간과 컴퓨터가 이른 결론과 그를 위한 논증이 지금은 비교할 수 없을만큼 차이가 있지만 기술의 발전속도를 감안한다면 그것은 예상치 못한 속도로 줄어들 수 있을 것이다. 그리고 짧은 시간 안에 최적의 기술을 확보하지 못한다고 하더라도 미래에 법률가로서 활동하고, 그러한 법률가를 교육하기 위해서는 지금부터 최소한의 준비를 하고 있어야 한다는 데에 이견이 많지는 않을 것이다.

또 다른 하나는 현재의 기술발전 속도를 얕잡아보아서는 안 된다고 강조하면서, 장차 편향성을 완전히 극복한 강한 인공지능이 개별사안 해결에 적확한 답을 제시할 것임과 동시에, 인간의 마음 또한 살펴줄 수 있을 것이라는 기술 낙관론이다. 그렇지만 그와 같은 수준의 인공지능이 법조인을 완전히 대체할 능력을 보편적으로 갖춘 상황은 적어도 지금 우리가 그려보아야 하는 모습이 아니다. 기계가 인간을 완전히 대체하는 그와 같은 미래를 전제하면, 법조인양성교육은 테마 자체가 될 수 없다.

2. 법률가양성교육의 방향: 기본의 중요성

미래에 대한 예측은 모든 법률가에게 부정적인 조건만을 떠올리게 하는가? 검색을 통해서 얻는 여러 정보들을 모두가 순식간에 공유할 수 있기 때문에, 로스쿨 신입생과 경력이 오래된 법조실무가의 실력이 같아지는 시대가 도래할 것인가? 더 나아가 법교육을 받지 않은 사람을 포함, 누구든 법조인과 같은 결과물을 내어놓을 수 있는 것인가?

위에서 '법실무'의 방법을 언급하였다. 만약 '이론'을 위와 분리·대조되는 관심사로 생각하거나[29] 법실무에 완전히 종속된 대상으로 여긴다면 아래 설명을 이해하기 어려울 수도 있다. '이론'은 실정법의 이념과 원리·원칙을 포함하여 실무를 이끌어가는 동시에 그 과정에서 주의되어야 하는 전제적 당위이다. 이론적 사고가 부족한 법조인은 법률과 과거 판례를 비판 없이 현 사안에 그대로 적용하

---

29) 이에 대한 문제제기는 연세대·고려대 법학연구원, 로스쿨에서 법학 교육과 평가, 385면.

는 것을 사법절차로 생각하거나, 오로지 사실관계의 특징만을 강조하여 감정에 호소하는 방법으로 자신에게 유리한 재판으로 이끌고자 하기 쉽다. 이와 같이 진행되는 법실무는 스트로크 자세를 제대로 반복하여 숙련하지 않은 채 네트 앞에서 공을 저편으로 넘기는 데에 급급한 배드민턴 경기로 보인다.[30]

현재 A.I.가 해낼 수 없는, 인간 법률가의 고유한 평가영역을 이야기하였다. 이로부터 법과 관련된 정보의 양이 아니라, 그 바탕에 놓인 기초이론을 토대로 한 판단능력만이 그 절차를 감당할 수 있다는 사실을 충분히 알 수 있을 것이다. 즉 정보의 검색과 분석의 중요성이 거의 남아 있지 않은 상황에서 온전한 법률전문가의 역할을 감당하기 위해서는 실정법의 뿌리를 이루는 법이념과, 법적용 이면에 놓인 원리적인 기초에 대한 흔들리지 않는 지식을 갖추는 것이 그 무엇보다도 중요하다. 이같이 인공지능시대에 접어들수록 법의 기초에 대한 학습이 더욱 강조되어야 한다는 사실은 이미 수년 전부터 리걸테크 관련과목을 교과목으로 하는 학부과정을 설치하여 운영중인 다른 나라의 교육기관 운영자들도 반복하고 있는 이야기이기도 하다.[31]

그렇다면 이러한 이론은 어떻게 습득되는가? 법철학, 법학방법론 등 기초지식의 학습의 비중을 높여야 한다. 다른 한편 각 실정법의 해석론에서도 기본의 중요성이 대폭 강조되어야 할 것이다. 법전원에 입학한 학생들은 학기를 시작하면서 법조문이나 판례를 찾는 기초 자료습득 방법과 더불어, 각 법과목영역의 존재의의와 특징, 그 법이 분화된 까닭(=법이념) 그리고 그것을 지탱하는 주요 법원리들을 배우게 된다. 예컨대 민사소송법을 접하는 경우라면 그 실정법이 존재하게 된 근거와 법의 연혁, 즉 절차가 단지 실행되어야 하는 과정에 그치는 것이 아니라 법률로 세세히 규율되어야 하는 것으로 생각하게 된 지혜와 그로부터 전승된 문화를 배운다. 그리고 민사소송의 근간을 이루는 핵심원리를 학습해야 한다. 실제로 바로 이 과정까지가 해당 법학과목이 목표하는, 교육의 가장 중요한 내용에 해당한다. 그 이후 세부적인 사항들은 이와 같은 원리로부터 연역된 것이거나 그 구체화를 돕는 예시들에 지나지 않는 것이기 때문이다. 뿌리(=법이념)와 기둥(=원칙)을 튼튼히 완성한다면 그로부터 파생되는 여러 줄기들(=세부이론),

---

30) 유사한 지적은 박진우, 법학자 박진우 교수가 말하는 '대학교육이 황폐해진 이유' "기본기 없이 '손흥민 킥'만 가르치는 대학교육", 107면 이하.

31) 홍영기, 리걸테크와 법학교육-독일 파싸우대학 보이어스켄스 교수와의 대담 – [간행예정].

그리고 그 줄기로부터 벋어난 잎과 열매(=학설과 판례)들을 어렵지 않게 구체화할 수가 있다. 즉 이론적인 토대가 굳건히 갖추어져야만 학설과 판례의 근거와 논증 방식을 스스로 추론해낼 수가 있으며 - 기존 판례가 다루지 않은 - 개별적인 사례도 그로부터 해결할 수가 있다.[32] 반면에 잎사귀와 열매로부터 줄기와 뿌리가 생겨날 수 없듯, 위의 반대 방향으로 진행될 수는 없다. 즉 학설과 판례를 많이 익힌다고 해서 원칙과 이론이 그로부터 귀납되지는 못한다.

사법기능은 과거와 동일하지만 환경은 시시각각 변화하고 있다. 외국과의 공법·사법관계가 국내문제와 다름없이 진행되는 상황, 인터넷 공간에서도 현실을 그대로 닮은 법률문제가 발생하는 상황은 각 분야에서 불과 몇 년 전과 지금이 확연히 구별되는 배경을 이룬다. 생활세계의 복잡성은 크게 증가하고 있어, 우리 사법역사에서 1950년부터 2000년까지 겪었던 변화보다 2000년 이후 지금까지의 환경변화가 훨씬 크다고 말할 수 있다. 새롭게 맞닥칠 대부분 사안은 기존 법률에 획일적으로 포섭될 수 있는 것이 아니기에, 법률가들의 사안에 대한 유연하면서도 적합한 대응이 더 중요한 때가 되어가고 있다.[33] 정보가 모두 공개되고 기계가 응용해줄 미래 상황에서는 논증의 위력을 부여하는 법원리를 숙지하고 이를 통해 다채로운 개별 정보를 분석하고 유형화하며 비판적·창의적으로 평가할 수 있는 사람만이 살아남을 수 있다.[34] 기본이 확실한 법률가는 세부적인 사안의 처리에서도 좋은 논거제시 능력과 유연한 창의성 및 응용능력을 발휘할 수가 있는 것이다. 다양한 방식의 스트로크 연습을 하루 만 번씩 반복한 사람이 장차 배드민턴 선수가 되어, 닥치는 여러 상황마다 적합한 반응을 할 수 있는 것과 마찬가지이다.[35]

---

32) 이것이 법률가에게 필요한 소위 'legal mind'이지만 이 단어는 사건을 접할 때 다른 방법보다 법적인 해결방법을 앞세우는 것, 관련 법률과 판례를 쉽게 떠올리는 것으로 격하되어 쓰이곤 한다.

33) 같은 지적으로는 연세대·고려대 법학연구원, 로스쿨에서 법학 교육과 평가, 369면. 예컨대 인공지능이 법률과 판례, 해석론을 빠짐 없이 학습한 이후에 그 그물망을 피해가는 법익침해를 제안하고 누군가 그것을 실천한다고 가정해보면, 오직 그 정보수준의 해결책만 아는 사람이 이 문제를 해결할 수는 없다.

34) 법학시험을 위한 법포섭훈련이 창의적인 정신을 완전히 봉쇄한다는 흔한 비판(Bayer, „Das Staatsexamen unterdrückt alle kreativen Impulse", Redaktion beck-aktuell, Verlag C.H. BECK, 23. August 2024 von Maximilian Amos)조차 판례암기식 시험을 치러야 하는 입장에서 보면 사치스러운 것이다.

35) 이외에도 법의 기초에 대한 학습은 실정법을 비판, 개선할 수 있는 역량, 법원리 자체를 형성할 수 있는 능력을 이루게 해줄 수 있다. 이에 대해서는 양천수, 기초법학의 의의와 필요성, 114면

3. 이론과 실무

이렇게 본다면 '이론'교육의 중요성을 이야기한다고 해서 그것이 곧 '실무'교육을 경시하는 것과 전혀 거리가 멀다는 것을 알 수 있다. 생활세계의 복잡성이 크게 증대되는 것에 반비례하여 판례 암기의 의미가 현저히 줄어들고 있는만큼, 이제 법률가 양성교육은 고정된 법률, 유사한 선판례를 찾아 사안에 대조하는 것이 아니라, '아직 판례로 정리되지 않은 새로운 문제를 어떻게 해결할 수 있는지'를 가르치고 습득하는 데에 초점을 맞추어야 한다. 어떠한 정보에 주목하여 사실을 구성할 수 있는지, 무슨 실정법의 어떤 법리를 적용하여 결론을 내는 것이 유리한지를 판단하는 것이 법률가의 역할이기에, 추상성 있는 기초적 사고를 바탕으로 하여 법리를 선별한 후에 그로부터 법포섭의 결론을 연역하는 데까지 도달하는 방법을 체득하고 있는지가 중요해진다. 그리고 이를 체득하고 적용했던 중요한 경험이 이후 다른 모든 세부분야에서 법문제를 해결하는 데에 공통적인 바탕을 이룬다. 기초를 튼튼하게 갖춘 법률가라면 어떠한 새로운 법문제가 등장하더라도 원리로부터 답을 찾아낼 수 있는 경로를 알기에, 전문 법분야의 특수한 법률문제라고 하더라도 그 해결방식을 그때마다 따로 배우거나 공부해야만 하는 것이 아니다. 바로 이러한 점이 실무능력을 좌우하는 관건이다. 이론교육이 곧 실무교육이다.

과거에 이론과 실무를 구별했던 이유는 양자의 균형이 중요했기 때문이었다. 1980년대 후반까지 한국의 법학교육은 실무현실에서 유리된, 논리체계적 완결성만을 중시한 이론공부에 치우쳐 있었다. 형법을 예로 들자면, 형법총론 수업이 한 달 넘게 행위론과 범죄체계론 간 추상적 가치 우열을 가리는 데에 할애되었으며, 완벽한 학설을 갖추기 위해서 실제 있을 수 없는 '교과서범죄'를 푸는 것을 중요한 수단으로 삼았다. 1990년대에 와서야 우리 현실에서 법문제를 발견하고, 실제 사안을 해결하기 위한 법학으로 개선되기 시작하였는데,[36] 사법시험이 논술문제

이하.

36) 이렇게 변모한 데에 가장 크게 기여한 학자는 배종대 교수이다. 배교수는 한국의 현실 법문제에 대해 해답을 줄 수 있는 한국의 법학을 해야 함과(배종대, 우리 법학의 나아갈 길, 법과 사회 창간호, 1989, 220면 이하), 범죄체계의 논리성을 증진시키려는 목적으로 가상적인 사안을 푸는 것이 아닌, 우리 실무가 당면한 문제를 해결하는 것이 중요하다는 사실(배종대, 교과서 범죄에 대하여, 고시연구 1986/1229면 이하)을 여러 차례 강조하였다.

형태를 완전히 벗어나 판례사안을 묻기 시작한 것도 이때부터였다.

그러나 30여 년이 지난 지금은 전혀 다른 방향에서 오히려 실무적 중요성이 이론의 가치를 완전히 압도한 상황을 목도하고 있다. 판례만을 대상으로 변호사시험을 출제하는 경향도 이에 크게 '기여'하였을 것이다. 이제는 전과 반대로 판례가 다루지 않은 사례와 그에 따른 이론을 로스쿨에서 가르치고 배우는 것 자체가 비판받는 때가 된 것이다.[37] 예컨대 '위법성조각사유의 전제사실에 관한 착오'라는 형법테마는 오로지 이론적인 관심 때문에 언급되었던 지극히 현학적인 것이지만, 최근 이를 취급한 판례가 생겼기에,[38] 이제야 비로소 논의실익이 생겼다고 말하는 경우도 있다.[39]

그러나 이론과 학설에 대한 이와 같은 비판은 '문제중심적', '귀납식' 사고의 중요성을 강조하는 것에 그치며, 규범과 원칙으로부터 세부적인 학설과 실무방식이 연역되어야 한다는, 다른 방향에서의 법학의 가치를 간과하고 있다.[40] 이론 그 자체 또는 이론의 구체화를 위한 사례를 예로 문제해결을 연습하는 것은 단순히 '법리를 하나의 멋들어진 예술작품으로 감상하기 위한 것'[41]이 아니다. 표준적인 사례의 해결방식을 배움으로써 그에 이용되는 기본개념을 명확히 하고,[42] 그 사례와 위상학적으로 일치하거나 다소 변형되는 실제 사례를 만났을 때 이를 해결할 수 있는 사고의 능력을 키우기 위해서 필요한 것으로 보아야 한다. 이론과 실무는 지금도 여전히 조화되어야 하는 대상일 뿐만 아니라,[43] 서로 완전히 구별되는 개념도 아니다.

---

37) 김태명, 변호사시험제도의 개선방안, 40면 이하.

38) 대법원 2023. 11. 2. 선고 2023도10768 판결; 헌법재판소 2010. 10. 28. 2008헌마629 등.

39) 윤동호, 로스쿨의 형사법교육과 변호사시험 소고, 398면 이하; 김성룡, 로스쿨에서 형사법 이론교육과 실무교육, 143면 참조.

40) 양자의 차이에 대해 간략히는 손지영, AI와 형사사법 리걸테크(Legaltech) 시스템, 155면 이하.

41) 이러한 비판은 이상원, 법학전문대학원에서의 형사실무 교육방법, 65면.

42) 사실의 착오로서 '방법의 착오' 사례는 실제로 다루어지지 않는 것이지만(원인에 대해서는 홍영기, 형법, 14/22 이하), 그로부터 고의의 인식에 놓이는 대상의 구체성에 대해 분명히 알 수 있게 하는 테마이기에 중시되어야만 한다.

43) 법학에서 이론지향의 가치에 대해서는 이상돈/김나경, 법학교육방법의 개선방향, 4면 이하. 양자의 조화에 대해서는 정승환, 독일의 형법 및 형법학과 한국의 형법이론, 63면.

Ⅲ. 제안

변호사시험을 개선하고자 하는 기존 논의는 주로 자격시험화, 합격률 재조정, 선택법과목 폐지 또는 개선, 응시횟수 제한과 예외, 과목 개편, 유형별 시험분리, 시험일 조정 등에 대한 것이었다.[44] 그러나 이와 같은 일부 개선으로 극복할 수 있는 문제는 제한적일 것이다. 로스쿨교육의 근본취지를 무색하게 하는 변호사시험제도 자체에 대한 문제제기와 대안제시가 필요한 때다. 다른 편에서 보면, 법률가로서 기초가 중요하다는 위의 결론에 비할 때 아래와 같은 시험제도 개선안이 무력한 것으로 비칠 수도 있을 것이다. 그러나 위에서 말한 것처럼 변호사시험제도를 변경하는 것이 가장 자연스럽게, 그러면서도 효과적으로 학생들의 학습방향을 올바른 쪽으로 유도할 수 있는 수단이기에, 변화가 시급한 현재로서 이와 관련된 제안이 무엇보다도 가장 중요할 것으로 생각한다.

아래에서는 예측하기 어려운 미래의 법조현실을 감안하여, 더 멀게 지향되어야 하는 것과 지금 곧 실천할 수 있을 내용을 구별하여 제안해보고자 한다.

1. 자료제공형 시험

(1) 원칙

변호사시험은 다름 아니라 법조인으로서 활동할 때에 필요로 하는 능력을 바로 평가하는 것이어야 한다. 현재와 미래의 상황을 고려할 때 이와 같은 목표에 이르기 위해 결국 변호사시험이 나아가야 할 방향은 사례형과 기록형 문제에 대해 문헌과 판례를 자료로 참조할 수 있는 상태에서 풀이할 수 있는지를 보는 형태여야 할 것이다(예: '오픈북').

검색도구를 누구나 손에 들고 다니는 이 시대에 방대한 자료와 정보를 머릿속에 넣어 다녀야 할 필요가 전혀 없기에, 법률가로서 훈련받은 사람을 선별하기

---

44) 여러 자료가 있으나, 강명수, 변호사시험 선택과목 제도 개선방안 연구, 2면 이하; 김재봉 변호사시험 출제절차의 문제점과 개선방안, 281면 이하; 김종호/김재일, 변호사시험 합격인원 적정 수에 대한 연구, 193면 이하; 박용철, 현행 변호사시험 제도가 법학 교육에 미치는 영향: 법전원의 입시 학원화와 법전원 교육의 파행화, 47면 이하; 성중탁, 변호사시험제도 등에 대한 평가와 그 개선방안, 31면 이하; 조지만, 현행 법학교육체제 하에서 법학교육의 전반적 위기와 극복방향: 실무가 양성, 법학자 양성, 법학교양교육의 조화와 발전을 위하여, 9면 이하; 천경훈, 변호사시험이 법학전문대학원의 교육에 미치는 영향, 240면 이하 등 참조.

위해서는 사안을 접하면서 문제를 파악하고 논증을 구성하기 위해 자료를 정확하고도 빠르게 검색할 수 있는 능력을 갖추었는지를 함께 물어야 한다. 이를 통해 현실에서 발생할 수 있는 사례를 접할 때 그 해결에 필요하여 찾아낸 자료를 분석하여 스스로의 지적인 능력을 이용, 설득력 있는 주장을 하는 데에 이를 수 있는 역량을 평가한다. 만약 그 주장이 창의적인 것이라면 더 높은 평가를 받을 수 있다.

(2) 방식

수험생들에게 제공해야 하는 기본적인 자료는 모든 법조문과 판례를 비롯하여 대부분의 문헌들이다. 직접 인터넷을 통해 학술논문 등도 검색할 수 있도록 하는 것이 바람직하다. 일선 법률가들이 자료를 찾는 것과 동일한 환경에 놓이도록 하는 것이 최종적인 목적이다. 그러나 과도기에는 지금 수험생들에게 법전을 제공하는 것과 유사하게 제한된 정보만을 볼 수 있도록 하는 방식도 시행해볼 수 있다. 공개된 판례는 모두 주어져야 하나, 온라인 검색이 가져올 현실적인 우려를 아울러 고려한다면 주요 문헌을 발췌하거나 한정하여 폐쇄적인 데이터베이스로서 수험생들에게 제공하는 방법도 고려할 수 있다. 과거 법원도서관에서 발행했던 '법고을LX'의 형식과 같은 프로그램을 사용하여 진행하는 것이 잠정적인 방식으로 이용될 수 있을 것이다.[45] 주요 학술지논문도 제공하여 수험생이 그로부터 논거를 찾아내어 답안작성에 활용하도록 하는 것이 바람직하다. 이처럼 법조문과 판례 그리고 학술논문을 제공한다면 기존 학자들로 하여금 로스쿨학생들이 읽을 수 있는 다양한 수준의 실용적인 논문을 많이 작성할 것을 우회적으로 권고하는 것이기도 하다. 로스쿨 교육과정에서도 학생들 스스로 학술논문을 찾아서 적극 활용하는 방법을 자연스럽게 익히게 된다.

(3) 문제점과 그 대응

자료를 미리 제공한다면 로스쿨 학생들의 학습동기를 약화시킬 것이라는 우려가 생길 것이다. 평소에 공부를 전혀 하지 않더라도 검색을 통해서 충분한 분량을 답안을 작성할 수 있는 것이 아니냐고 물을 수 있다. 이러한 걱정은 곧 새로

---

45) 같은 제안은 지원림, 변호사시험: 있어야 할 곳과 있는 곳, 89면.

운 시험제도에 대한 다른 생각을 가능하게 한다. 시험에 대비하기 위해서 기본적인 사항 이외에 대부분의 암기가 필요 없다고 한다면, 즉 모든 로스쿨학생이 일선 법률가들과 똑같은 환경에서 문제를 해결하는 방법을 배워야 한다면, 이제 실제 법조인으로서 가장 중요한 역량인 문제파악능력과 법적 논증능력을 갖추도록 하는 데에 교육목표가 집중될 것이다. 로스쿨 교육현장에서 건전한 변화로 이어질 수 있다.

출제하고 채점하는 것이 어렵다는 지적도 있을 것이다. 출제는 현실에서 있을 수 있거나 있었던 사례를 제공하는 것으로 대체된다. 굳이 여러 판례를 조합하거나 이론적으로 독창적인 문제를 제공해야 한다는 부담을 가질 필요가 없다. 현역 법조인과 같은 조건의 시험을 치르는 만큼 법률가들에게 주어지는 것과 동일한 형식의 사안을 제시하는 것이다. 반면에 채점하는 작업은 다른 모습으로 변모되어야 한다. 채점과정에서 법률이나 판례, 문헌을 잘 요약하고 받아 적었는지를 보려 해서는 안 된다. 사안의 쟁점을 정확히 파악하고 있는지, 있을 수 있는 의미 있는 주장과 그에 합당한 논거들 및 그 반론을 생각해낼 수 있는지, 수험생이 취한 논증방식과 결론이 논리적으로 연결되는지를 평가해야 한다. 독창적인 논거를 이용하였다면 추가적인 점수를 부여해야 한다. '모범답안'은 있을 수 없다. 채점자의 성향에 맞는 결론을 제시하였다고 해서 점수가 높아지는 것이 아니다.

채점이 그렇게 부담스럽지는 않을 것이다. 수험생이 생각해낸 사안풀이 경로가 전혀 잘못 파악한 쟁점으로부터 비롯된 것은 아닌지, 논리비약이나 논리결여가 있지 않은지를 평가하는 것으로 충분하다. 뛰어난 인재를 발견한다는 생각보다 법조인으로서 논리력이 크게 부족한 수험생을 배제한다는 목적으로 살피는 것은 어렵지 않은 일이다. 채점경험이 어느 정도 있는 사람들이라면 이와 같은 기준만을 놓고서도 충분한 변별력을 갖출 수 있음을 알고 있다.

2. 사고 프로세스를 묻는 방식

(1) 원칙

향후 선택형 시험을 폐지하고 사례형이나 기록형 등 서술형시험을 실제 법률가들과 유사한 조건에서 치르게 한다면 출제와 채점이 효율적으로 진행되기 어렵다는 점이나 채점에 주관성이 개입될 여지가 있다는 사실 등이 여전히 한계로 지적될 것이다. 이러한 단점을 줄이기 위해서 최소한 P/F의 형식으로라도 객관식 시험을 남겨두자는 의견도 있다. 객관적으로 정답이 분명한 시험유형을 존치하고 자 한다면 미래에는 지금 '선택형'의 대안으로서 법적 사고의 프로세스를 묻는 유형으로 출제하고 답하도록 하는 방식의 도입을 고려해볼 필요가 있을 것이다. 기존 5지선다식 선택형과 구별하기 위해서 이를 간단히 '설문형' 시험으로 부를 수 있다. 이러한 설문형 방식은 지금 설문조사 등에서 광범위하게 활용되고 있는 형식이다. 어떠한 구체적인 문제를 해결하는 과정을 보기 위해서 단순한 설문부터 복잡한 데에 이르기까지 단계별로 묻고 그에 맞는 답을 수험생들이 체크해나가도록 한다.

(2) 방식

예를 들어 어느 복잡한 사례문제를 출제한 이후에 다음과 같은 과정으로 수험생들에게 묻는다.

1번 물음: "이 사례에 형사법적 쟁점이 포함된다" - O/X 체크 → 2번 물음: "중요한 관건은 행위자에게 주관적 정당화요소가 있었는가 하는 것이다" - O/X 체크 → 3번 물음: "이 상황은 과잉방위의 상황이며 이에 대해서는 책임의 경감이 가능하다고 보아야 한다" → [...] 10번 물음: "피고인의 죄책은 상해미수에 해당한다" O/X 체크

이와 같이 '알고리즘'을 좇아가는 문제 흐름을 수험생들이 정확히 따라올 수 있는지를 평가한다. 문제 개수는 많을 필요가 없고 십 수개 이상이면 충분할 것이다. 처음부터 잘못된 답을 하면 그 문제 전체를 풀 수가 없으며, 곧바로 다음 문제로 넘어간다. 과목 간 뚜렷한 분류가 필요한 것도 아니다. 그것을 구별하는 것부터 가장 중요한 법률가의 능력에 해당하기 때문에 그것으로부터 설문을 시작해야 한다. 문제풀이에는 시간적 제한을 두는 것이 바람직하다. 주어진 사안과 그에 따른 해결방법을 신속하게 생각해내는 것도 법조인으로서 필요한 역량이기 때문이다.

아래 알고리즘 그림은 과거(근래 형사소송법개정 이전)에 발표자가 강의에 이용했던 것이다. 물론 시험유형을 표현한 것이 아니라 전문법칙 사례의 해결을 위하여 법조문의 태도를 요약한 것에 불과하지만, 사고력을 묻는 프로세스가 무엇인

지 어느 정도 이해할 수 있을 것이다.

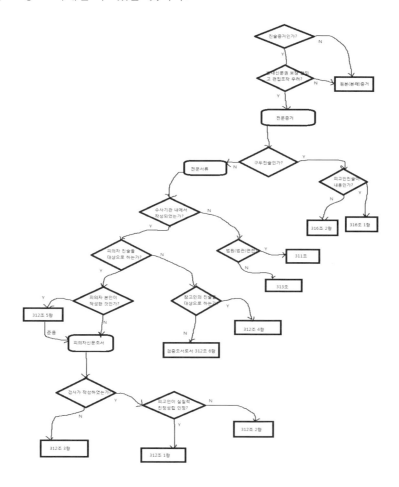

　지금 선택형처럼 판례의 단순한 결론을 묻는 것과 다르다는 것은 쉽게 알 수 있다. 실제 사안을 접하는 법률가처럼 생각하고 있는지를 묻고 있기 때문이다. 그리고 이 결과에 대해서 역시 P/F로 하위권의 수험생들을 가려낸다면 출제와 채점의 어려움을 크게 줄일 수도 있다. 채점은 기계적으로 이루어진다.

　이와 같은 설문형평가가 보편화된다면 법률가들의 사고방식과 똑같이 생각하는 능력을 키우는 것이 곧 로스쿨 교육의 중요한 목표가 될 것이다. 그리고 이와 같은 설문형시험으로서 객관식 평가의 방식이 존치된다면 주요내용 암기에 대한 최소한의 필요성도 유지된다. 누구나 법조문과 정보를 검색할 수 있는 시대가 되었지만 최소한 어떤 경로로부터 문제에 접근하여 어느 정보를 검색해야 하는지에 대한 기초는 여전히 의미가 있다. 이 점에서 여러 법원칙과 원리 그리고 기본적인 판례를 숙지해야 할 필요성은 계속 강조되어야 한다. 정보제공형 시험으로 바뀐다고 해서 수험생들이 아무런 내용도 암기하지 않아 일반인과 다름없을 것이라는 걱정은 과장된 것이다.

3. 구술시험의 가능성

미래의 인공지능시대에는 법률가로서 말하기 능력이 대체불가능한 것으로서 더욱 중요해진다. – 형사사법 등 – 여전히 구두변론주의가 의미를 유지할 법체계에서는 더욱 그렇다. 이에 구술문답을 통한 시험의 도입에 대해서도 논의해 볼 필요가 있을 것이다. 자료를 볼 수 없는 상태에서 진행하면 기초지식이 충분히 습득되었는지 평가할 수 있으며, 논리적인 표현과 창의적인 해결방식을 드러내어 보이는지를 아울러 판단할 수도 있다. 과거 사법시험에서와 마찬가지로 다른 유형의 시험을 마치고 일정 기간 후에 구술시험을 진행하는 것이 바람직하다. 3차 행정고시나 모의법정(경연대회)처럼 집단면접방식으로 시험을 치르게 한다면 사례를 제시하고 조별로 나누어 법적 해결에 대해 공방을 벌이게 하는 방법도 가능할 것이다. 대화기술 또한 중요한 법률가의 역량이기에 이에 대비하려면 로스쿨에서 대화형, 문답형 수업[46]을 더 활성화하게 될 것이다.

4. 현재 가능한 대안: 대상 판례의 제한

(1) 원칙

앞서 1) 암기해야 하는 판례의 수가 너무 많아서 수험생에게 큰 부담이 된다는 것, 2) 판례 가운데 지엽적인 정보에 불과한 것, 구체적인 사실관계에 따른 결론으로서 이론적인 맥락에 닿아 있지 않은 것까지 포함되어 있어 수험대비에 교육적 효과가 없다는 사실, 그리고 3) 판례의 결론만을 익힐 뿐, 그 논리를 분석하거나 비평하는 훈련이 이루어지지 않아 기초적인 법지식과 논증능력을 형성할 수 없게 만든다는 점을 이야기하였다. 그렇지만 변호사시험에 암기된 판례를 묻지 않을 수 없는 현재 사정을 감안하여 위에 제시한 시험형태에 이르기 전, 과도기

---

46) 이에 대해서는 이상돈/김나경, 법학교육방법의 개선방향, 13면 이하.

에 실행할 수 있는 시험형태를 제안할 수 있을 것이다. 그것은 로스쿨 3년 기간 동안 배워야 할 판례의 개수를 미리 지정하고, 그것을 중점으로 로스쿨 수업을 진행하며 바로 그 범위 안에서만 변호사시험문제를 출제하도록 하는 것이다.[47] 예를 들어 민법 300개, 헌법과 형법 각각 200개 … 식으로 중요성이 높은 리딩판례를 확정하여 각 로스쿨의 교수와 모든 학생이 공유하고 이를 문제지문이나 규범적 근거로 하여 변호사시험을 출제하는 방법이다. 전과목 출제대상 판례를 천 개 미만으로 제한해야 개선효과가 더 극적으로 드러날 수 있을 것이다.

(2) 제한의 목적

제한된 숫자의 판례만 학습과 출제의 대상이 된다면 곧바로 학생들의 암기 부담이 크게 줄어든다. 1학년 때에 이미 범위 안에 놓인 기본판례는 충분히 익힐 수 있다. 교수자 입장에서도 확정된 대상을 놓고 지도하게 되어 수업 효율성이 높아질 것이다. 중요한 것은 암기에 치중하던 시간을 다른 방식의 공부에 할애할 수 있다는 사실이다. 대상판례를 학생이 숙지하고 있는 것을 전제로 하여 그 판례가 비롯된 사실관계를 분석하고 절차에서 주장되었던 각 입장과 그에 따른 논거를 충분히 이해한 후에 배운 이론적인 지식을 바탕으로 이를 자발적으로 비평해볼 여유를 갖게 된다. 법전원 간 차이는 있겠으나 예컨대 각 과목의 '기본강의'에서는 과목전체의 이념과 원칙을 공유한 후, 표준판례의 주요 논증들을 가르치고 배우는 데에 중점을 둘 수 있다. 각 과목의 '연습'시간은 이미 숙지한 대상판례의 배경에 놓인 구체적 사실관계의 특유성을 익혀 유사사례에 대응할 수 있도록 하고, 여러 법원리에 따른 논증방식을 심화하여 체득하는 방식으로 꾸려지게 될 것이다.

이에 따라 학생들은 표준판례 및 이와 대비되는 판례의 사안을 분석하면서 정확한 쟁점을 발견하고, 여러 주장을 분석하여 더 합리적이면서도 설득력 있는 논거를 찾는 것이 중요함을 깨닫게 된다. 논증에 도움이 되는 관련 테마의 문헌을 많이 찾아보고자 하는 의욕도 높아질 것이다. 판례를 둘러싼 여러 논거들의 우월성을 판단 또한 그 바탕이 되는 이론들과 그것을 지탱하는 법원칙을 근거로

---

47) 유사한 주장은 박용철, 현행 변호사시험 제도가 법학 교육에 미치는 영향: 법전원의 입시학원화와 법전원 교육의 파행화, 56면.

한 대화를 통해 가능해진다. 출제대상이 아닌 판례를 공부하지 않는 것이 아니다. 암기부담이 줄기 때문에 대상판례와 관련되거나 기타 중요성이 높은 판례까지 수업시간에 다루거나 스스로 학습할 시간이 주어진다. 사실관계가 달라지는 경우에 법적 논증이 바뀌게 될 것까지 염두에 두어 응용적, 창의적 학습도 추가될 수 있을 것이다.

(3) 문제점과 그 대응

소수 판례만으로 출제하고 채점하는 것이 기술적으로 어렵다고 생각될 수도 있다. 예를 들어 선택형시험의 전 과목에서 수백 개 정도의 판례만을 대상으로 한다면 매년 비슷한 문제가 출제될 수밖에 없다. 수험생들도 대부분 정답을 맞히게 될 것이다. 이로부터 일부 나태한 학생들만을 가려낸다면 선택형시험의 의의는 자연스럽게 축소된다. 기본기가 갖추어져 있지 아니한 수험생들만을 선별하는 P/F 방식도 고려할 수 있다. 선택형시험으로 변별력을 유지하려는 것은 잘못된 생각이다.

선택형시험의 비중이 줄어드는 만큼 사례형 및 기록형시험의 중요성은 커진다. 중요하지 않은 것까지 포함하여 여러 판례의 결론을 모두 알고 있는지를 묻기 위해 지나치게 많은 쟁점을 나열하여 묻고, 그에 속한 판례의 암기여부에 따라 채점을 하는 지금의 방식[48]은 유지될 수 없다. 사례형·기록형시험에서는 판례의 간략한 결론이 아니라 판례가 도출되기까지 주장되었던 논거들과 결론에 이르는 논리 또는 그에 대한 비판적인 서술까지 해낼 수 있는지를 평가해야만 한다. 대상판례와 사실관계가 달라 그 결론이 바뀌어야 하는 문제를 제시하면 판례와 학설을 이용하되 그와 대비하여 관건이 어떻게 변화하는지 파악하는 능력을 아울러 묻는 것이다.

제한된 판례를 배운다는 것에 대한 외부 부정적 인식도 문제될 수 있다. 이에 대응하여, 개혁으로부터 변화하게 될 로스쿨 교육의 방향전환에 대해서 적극적으로 알릴 필요가 있다. 변호사시험이 단순히 수많은 판례의 결론만을 묻는 기존 방식으로부터 벗어나지 않고서는, 미래사회는 물론 현재 사회구성원들의 요구에 상응한 법률가를 도저히 양성할 수 없다는 사실을 납득시키는 것은 어렵지 않

---

48) 이에 대한 비판은 박정난, 법학전문대학원 교육 10년의 평가와 향후 과제, 47면.

은 일일 것이다.

(4) 보론: 법전원협의회의 '표준판례연구집'

법전원협의회는 몇 년 전 전국 로스쿨의 교수들에게 의뢰하여 이른바 '표준판례연구집'을 발간하여 배포하였다. 그러나 모두 알다시피 지금 로스쿨학생들은 표준판례가 발표된 것과 무관하게 여전히 그 범위를 훨씬 넘어서는 판례를 암기하고자, 그 수 십 배의 판례를 소개하는 소위 '요약집'에 의존하고 있다. 이유는 오로지 단 하나, 변호사시험이 표준판례 안에서만 출제되는 것이 아니기 때문이다. 법전원협의회가 처음 '표준판례연구'시리즈를 기획하기 전, 발표자가 법전원협의회에 제안한 것은 '변호사시험의 판례는 오로지 표준판례에 국한됨'이라는 조건을 명시할 것이었다.[49] 그러나 협의회는 표준판례집에 수록된 판례 범위에서 변호사시험이 출제되는 것이 바람직하다는 입장을 제시하고 있을 뿐, 출제범위를 제한하는 어떠한 영향력도 행사하지 못하고 있다. 발표자의 전공인 형사법은 주요판례의 갯수 자체가 민상법에 비할 때 많지 않고, 의미가 큰 판례에 대한 전공교수 내 공통관심이 확인되고 있기에 출제범위와 표준판례집의 판례가 크게 상이한 것은 아니다.[50] 그러나 예외 없이 그 범위 안에서만 출제된다는 것에 대한 신뢰가 없기 때문에 원래 목표했던 학생들의 부담경감과 기초교육 강화에 전혀 기여하지 못하고 있다. 민법 등 다른 과목에서는 이러한 문제가 더 심각하기에 과반의 학생들은 이제 표준판례집의 존재조차 모르고 있다고 한다.[51]

---

49) 명순구/홍영기, 법학교육의 정상화를 위한 변호사시험 개선방안, 법학전문대학원협의회자료집, 2019, 51면; 박정난, 법학전문대학원 교육 10년의 평가와 향후 과제, 43면 이하 참조.

50) 이창현, 10년간 변호사시험 형사소송법 사례형시험의 분석과 개선방안, 71면.

51) 표준판례집 개정이 있을 수 있기에 이를 만드는 과정에 대한 비판도 간략히 남기고자 한다. 소개된 판례의 숫자가 너무 많다. 형법총·각론의 경우에 543개가 실려 있는데, 위에서 이야기한 심층적인 판례분석의 효과를 살리려면 100여 개로 줄이는 것이 바람직하다. '선도적' 판례를 수록하고 있지 못한 것도 문제이다. 25개 로스쿨 교수 25명이 '분야별로' 판례 선별을 나누어 맡은 것이 잘못이었다. 그러다보니 중요성이 거의 없는 '공안을 해하는 죄', '폭발물사용죄', '방화일수죄'의 판례와, 결정적으로 중요한 '횡령죄', '배임죄' 판례 개수가 비슷할 정도이다. 25명의 교수가 참여하였다면 각각 가장 중요하다고 생각하는 판례를 일정 숫자(예: 50개) 선별하도록 하여 많이 중복선정된 순서대로 100여 개만 추렸다면 실무나 이론 면에서 훨씬 의미 있는 판례만 골라 실을 수 있었을 것이다. 물론 이를 위해서는 과목 진도별로 영역을 분할하여 반드시 모든 영역에서 골고루 문제가 출제되게끔 하는 현행 출제지침 또한 반드시 폐기되어야 한다.

5. 요약

변호사시험법 제1조는 변호사시험을 '변호사에게 필요한 직업윤리와 법률지식 등 법률사무를 수행할 수 있는 능력을 검정하기 위한 시험'으로 정의한다. 이러한 능력은 현실사안을 해결하는 데에 필요한 기초이론과 실정법 해석론 그리고 그것이 적용된 여러 판례를 체득함으로써 얻어진 지식과 기술을 말한다. 변호사시험은 바로 이와 같은 역량을 묻는 시험이어야 한다. 그렇기에 변호사시험은 실무환경에서 법조인이 활동하는 것과 똑같은 환경과 방식으로 치러져야 한다. 자료가 모두 제공된 상황에서 현실에서 만날 수 있는 사례를 문제로 출제한다면, 선택형과 사례형·기록형시험이 굳이 구별되어야 할 이유도 없다. 로스쿨 교육의 나아갈 바도 이를 통해 더욱 분명해진다. 여러 법이념과 법원칙, 기초이론을 습득하는 것은 충분한 설득력을 가지면서도 창의적인 논거를 개발하고 익히는 데에 반드시 필요한 과정이다. 이를 바탕으로 하여 구체적인 개별 실무에서 필요한 전문적이면서도 심층적인 논증과 의사소통능력까지 배우고 가르치는 데에 학생과 교수가 같이 협력하게 될 것이다.

변호사시험제도 개선에 대한 여러 제안이 없지 않았지만, 상대적으로 사소한 불편과 기술적인 문제를 이유로 이에 대한 논의 자체가 더 이상 발전되지 못했다.[52] 대화를 단절시킨 주체들은 지금의 로스쿨 교육은 물론 우리나라 사법문화 질적 저하의 부작위범들이다. 특히 이 시대의 고통과 다가올 미래의 혼란에 직면하여, 시험운영의 주체인 법무부에게 어떠한 대응방안이 있는지 묻고자 한다. 또 다시 상황의 심각성에 대조할 수 없을 정도로 보잘 것 없는 이유를 들어 이 문제를 회피하려고 한다면 차라리 시험운영주체 자리를 내놓는 것이 맞다.[53]

---

52) 발표자는 법전원협의회가 만든 표준판례가 원래의 목적과 유리된 상황이 된 이유를 관계자에게 직접 물은 적이 있다. 자신의 판례집이나 수험서를 이미 출판하여 이용하고 있는 기존 저자들의 반발 때문이라는 답을 들었다. 이유가 그것 때문이라고만은 도저히 믿을 수 없는 이야기이지만 만약 조금이라도 그런 요인이 있다면, 변호사시험개혁이 곧 법학교육과 법문화의 개혁 자체라는 기본 사고부터 공유되지 않고 있다는 생각을 하지 않을 수 없다.

53) 과도기에는 다른 기관에 이를 의뢰하는 위탁출제 방법을 시도해볼 수 있다. 이에 대해서는 김재봉, 변호사시험 출제절차의 문제점과 개선방안, 299면 이하.

Ⅳ. 맺음말

암기 위주의 변호사시험준비는 전국 모든 로스쿨 학생들을 극도의 육체적·정신적 스트레스로 몰아넣고 학교 교육을 왜곡시켜 법전원 내 구성원들을 불행하게 만드는 가장 주요한 원인이다. 판례의 결론을 많이 암기하는 사람이 유능한 법조인이 아님을 누구나 알고 있기에, 변호사시험을 통해서 암기된 판례의 양으로 승부를 가리는 상황에서 이제 속히 벗어나야 한다. 변호사시험제도의 개선은 변호사시험을 준비하는 학생들 공부방법의 변화를 가져오는 데에 그치지 않는다. 로스쿨수업 전반, 더 나아가 우리나라 법률가양성교육을 정상화하는 데에 반드시 필요한 조건이다. 그리고 이로부터 비로소 우수한 법조인이 양산될 수 있는 것이기에 우리나라의 사법시스템 자체와 법률문화 전반에 곧바로 긍정적인 영향을 미칠 것이다. 변호사시험을 통해 단순 암기력 대신 정확한 논증능력과 창조적인 법사고를 평가한다면, 그리고 로스쿨교육이 그에 대비한 준비로 바뀌어간다면, 이로부터 법조인에게 직접 도움을 받아야 하는 모든 시민의 권리가 더 충실히 보장될 것이며, 피교육자들 가운데 학문후속세대로 진입하는 인원도 한층 늘어나게 될 것이다.

현실적으로는, 변호사시험이 과거 사법시험에 비하여 단순하고 쉽다거나 합격률만 높다는 것 또는 자격증을 남발하는 시험이기 때문에 로스쿨 졸업생들의 실력이 상대적으로 부족하다는 편견을 불식시키는 방법을 고안하는 것도 매우 중요하다. 그렇기에 변호사시험은 사법시험에서 난이도나 합격률만 조정된 시험이 아니라, 그와 완전히 다른 모습의 시험이 되어야 한다. 늦었지만 지금 기회를 놓쳐서는 안 된다. 로스쿨은 과거 법과대학이나 연수원과 다른 지향점을 보고 출발한 제도이니만큼 긴 길을 우회해서 돌아갈 필요가 없이, 획기적인 변화를 계기로 미래지향적인 인재를 키우는 길을 향해 곧바로 나아갈 수가 있다.

학부 법학 교육의 위기와 대안
- 법학과 현황 분석과 발전 방향을 중심으로 -

안 정 빈*

Ⅰ. 들어가며

로스쿨제도의 도입 이후 일반 법학과에서의 법률교육에 대한 기대치가 상당히 낮아진 것은 사실이지만, 법이 특정 계층 또는 법률전문가들만의 전유물이 되는 것은 문제가 있다고 생각한다.

단순히 판사 검사 변호사 등의 법률전문가만을 배출하는 측면에서 더 나아가 법치주의와 생활법률 측면에서의 사회 기저를 이루는 법학전공자 또한 많이 배출하는 것이 사회 전체의 발전을 위해 필요하다.

2009년 법학전문대학원 제도가 시행될 때 25개 대학만이 법학전문대학원으로 승인되자 나머지 다른 법과대학과 법학과는 폐지되거나 다른 단과대학이나 다른 학과로 변형되는 기현상이 발생하였고 법학교육이 말살되다시피 변해갔다.[1]

로스쿨이 도입된 지 16년 이상이 지났기에 앞으로의 법학교육은 로스쿨과 학부 법학과가 상생하는 방향으로 나아가는 것이 중요하다고 생각된다. 로스쿨 또는 학부 법학과 어느 일방의 희생을 강요해서는 안 된다고 생각한다.

로스쿨시대의 법학부는 교양법학 교육기관으로서의 법학과를 상정해야 하는 것일까?

그렇게 보기에는 현재 법학과의 개설과목이나 법학학점 시수체계 등이 예전 법과대학과 크게 다를 바 없다. 만약 교양 수준의 법률만 가르치는 학과라면 전공이 법학과일 필요도 없고 학위가 법학사일 필요도 없다.

---

* 경남대학교 법학과 교수.

1) 이기수, "법학교육과 법치주의의 위기 극복과 미래-대안은 무엇인가?" 축사문, 『2024 전국법과대학교수회와 한국법학교수회 공동학술회의 자료집』, 2024. 4. 5. 개최.

그러나 현재의 로스쿨 제도하에서 법학부가 할 수 있는 것은 별로 많지 않다.

그럼에도 불구하고 학부 법학교육의 정상화를 위해서는, 학생도 교수자도 지금 법학부 체제에서 할 수 있는 교육이 명분도 많고 방향성도 옳다는 믿음을 갖고 교육받고 교육해야만 하는 상황이다.

그러면 어떠한 생각을 하며 법학부 체제에서 법학도들을 교육해야 할지 정리해 보도록 한다.

Ⅱ. 2024년 9월 현재 법학과 현황

1. 4년제 법학과 현황

현재 전국의 4년제 법과대학, 법학과 또는 법학전공 현황이다. 매년 또는 매 학기 입시구조가 변화되면서 수시로 조직이 개편되고 있는 실정이다. 향후에는 조직 개편이 더욱 가속화될 것으로 전망된다.

(1) 지역별 분류

[표 1] 법학과의 지역별 분류

서울	홍익대학교	광운대학교	12개교
	명지대학교	국민대학교	
	동국대학교	세종대학교	
	덕성여자대학교	숭실대학교	
	서경대학교	숙명여자대학교	
	육군사관학교	성신여자대학교	

경인권	경기	가천대학교	대진대학교	7개교
		단국대학교	경기대학교	
		국립한경대학교	가톨릭대학교	
		수원대학교		
	인천	인천대학교		1개교

부울경권	경남	경남대학교	국립창원대학교	5개교
		영산대학교	경상국립대학교	
		인제대학교		
	부산	동의대학교	국립부경대학교	5개교
		경성대학교	신라대학교	
		국립한국해양대학교		
	울산	울산대학교		1개교

대구경북권	경북	대구대학교	국립안동대학교(경국대)	5개교
		한동대학교	대구가톨릭대학교	
		육군3사관학교		
	대구	계명대학교		1개교

호남권	전북	전주대학교	국립군산대학교	2개교
	전남	국립목포대학교	국립순천대학교	2개교
	광주	조선대학교	광주여자대학교	3개교
		호남대학교		

충청권	충남	국립공주대학교	경찰대학	7개교
		중부대학교	선문대학교	
		순천향대학교	백석대학교	
		호서대학교		
	대전	대전대학교	목원대학교	4개교
		한남대학교	배재대학교	
	충북	청주대학교	중원대학교	3개교
		세명대학교		

강원		국립강릉원주대학교	상지대학교	3개교
		한림대학교		

이상 총 61개교

(2) 설립주체별 분류

[표 2] 법학과의 설립주체별 분류

(1) 국공립대학	한국해양대학교	국립강릉원주대학교	국립안동대학교	15 개교
	국립목포대학교	육군3사관학교	국립부경대학교	
	국립순천대학교	국립창원대학교	육군사관학교	
	국립군산대학교	경상국립대학교	인천대학교	
	국립공주대학교	한경국립대학교	경찰대학	

(3) 유형별 분류

이하에서는 법학사가 수여되는 학부를 기준으로 크게 6가지 유형으로 분류를 해 보았다.

① 법과대학으로 존속하는 곳

로스쿨 시대에 여전히 단과대학 자체가 법과대학을 유지하는 명실공히 '법대'인 대학들이다. 법과대학장이 존재하는 대학들이다.[2]

(2) 사립대학	인제대학교	호서대학교	국민대학교	46 개교
	경남대학교	선문대학교	광운대학교	
	동의대학교	백석대학교	홍익대학교	
	경성대학교	청주대학교	세종대학교	
	신라대학교	세명대학교	숭실대학교	
	전주대학교	중원대학교	숙명여자대학교	
	조선대학교	호남대학교	성신여자대학교	
	광주여자대학교	울산대학교	명지대학교	
	대전대학교	중부대학교	동국대학교	
	목원대학교	순천향대학교	덕성여자대학교	
	한남대학교	대구가톨릭대학교	서경대학교	
	배재대학교	한동대학교	대진대학교	
	계명대학교	영산대학교	경기대학교	
	상지대학교	수원대학교	가톨릭대학교	
	대구대학교	한림대학교	가천대학교	
	단국대학교			

---

2) 다만 가천대학교의 경우에는 단과대학 명칭을 법과대학으로 유지하고 있으나, 소속학과로는 법학과 외에도 경찰행정학과, 행정학과, 경찰학연계전공이 포함되어 있다. 그 외의 대학들은 법과대학 안에 대체로 법학과/법학부로 편성이 되어 있다.

현재 로스쿨로 바뀐 대학들은 대체로 로스쿨 도입 이전에는 단과대학이 법과대학이었던 곳이 대부분이다.3)

[표 3] 법과대학으로 존속하는 곳

① 법과대학으로 존속하는 곳	1	홍익대학교 법과대학 법학부(공법전공, 사법전공)	10 개교
	2	동국대학교 법과대학 법학과	
	3	국민대학교 법과대학 법학부(공법학전공, 사법학전공), 기업융합법학과(야간)	
	4	숭실대학교 법과대학 법학과, 국제법무학과	
	5	숙명여자대학교 법과대학 법학부	
	6	성신여자대학교 법과대학 법학부, 지식산업법학과	
	7	명지대학교 법과대학 법학과	
	8	단국대학교 법과대학 법학과	
	9	가천대학교 법과대학 법학과	
	10	경상국립대학교 법과대학 법학과	

② 법과대학은 아니지만 법학과 또는 법학부로 존속하는 곳

단과대학이 법과대학은 아니지만 여전히 법학과 명칭을 고수하며 존속하는 법학과/법학부이다.

경찰대학, 육군3사관학교 법학과는 일반대학이 아닌 개별법령에 따라 설치된 대학의 법학과이다.

[표 4] 법과대학은 아니지만 법학과 또는 법학부로 존속하는 곳

② 법과대학은 아니지만 법학과 또는 법학부로 존속하는 곳	1	세종대학교 사회과학대학 법학과	28개교
	2	경기대학교 사회과학대학 법학과	
	3	가톨릭대학교 국제·법정경계열 법학과	
	4	경남대학교 공공인재대학 법학과	
	5	국립강릉원주대학교 사회과학대학 법학과	
	6	한림대학교 사회과학대학 법학과	
	7	대구대학교 법·행정대학 법학부	
	8	대구가톨릭대학교 사회과학대학 법학과	
	9	한동대학교 법학부	

3) 서강대학교 로스쿨의 경우 로스쿨 도입 이전에는 법과대학이 아닌 사회과학대학 법학과였다.

10	인천대학교 법학부	
11	경찰대학 법학과	
12	육군3사관학교 인문사회학계열 법학과	
13	영산대학교 창조인재대학 법학과	
14	인제대학교 사회과학대학 법학과	
15	국립창원대학교 사회과학대학 법학과	
16	경성대학교 사회과학대학 법학과	
17	국립부경대학교 인문사회과학대학 법학과	
18	국립순천대학교 사회과학대학 법학과	
19	전주대학교 사회과학대학 법학과	
20	조선대학교 법사회대학 법학과	
21	대전대학교 사회과학대학 법학과	
22	한남대학교 사회과학대학 법학부(법학전공, 법무법학전공)	
23	계명대학교 사회과학대학 법학과	
24	국립공주대학교 인문사회과학대학 법학과	
25	순천향대학교 사회과학대학 법학과	
26	세명대학교 사회과학대학 법학과	
27	호남대학교 인문사회대학 법학과	
28	광운대학교 정책법학대학 법학부	

③ 학부명 또는 학과명에 '법' 명칭이 포함된 학부/학과

단과대학이 법과대학이 아니고, 학부/학과도 법학부/법학과가 아니지만 학부나 학과 명칭에 '법'이라는 단어가 들어가 있고, 법학전공이 남아있는 대학들이다.

기존에 법학과였던 곳이 현재는 비법학과들과 함께 학부제를 유지하며 융합학부 안에 법학전공으로 존재하는 상황이 많다. 비법학과와 함께 융합학부제를 구성하기는 하였으나 접두어나 수식어 없는 '법학'전공은 유지하는 대학들이다. 신입생들이 대개는 2-3학년 진급하면서 법학전공을 결정할 수 있고, 졸업시에는 법학사가 수여된다.

[표 5] 학부명 또는 학과명에 '법' 명칭이 포함된 학부/학과

③ 학부명 또는 학과명에 '법' 명칭이 포함된 학부/학과	1	국립한경대학교 법경영학부 법학전공	7개교
	2	수원대학교 인문사회융합대학 법·행정학부 법학전공	
	3	국립목포대학교 사회과학대학 법경찰학부 법학전공	
	4	국립군산대학교 법행정경찰학부 법학전공	
	5	호서대학교 인문사회대학 법경찰행정학과	
	6	선문대학교 인문사회대학 법·경찰학과	
	7	동의대학교 인문사회과학대학 법경찰행정학부 법학전공	

④ 수식어가 붙은 법학과/법학부로 존속하는 곳(○○법학과/○○법학부)

특화된 법학과를 표방하여 존속하는 대학들이다. 일단 학과명칭에서부터 직업과 결부되는 것이 잘 드러나는 학과 아니면 점점 인기가 없어진다. 그래서 법학과는 앞에 "○○법학과"라는 명칭을 붙이는 식으로 직업 연계성 이름으로 바꾸어가기도 한다. 혹은 법학과는 아예 경찰학과로 점점 바뀌어 가고 있다.

간혹 너무 요란한 접두어를 붙이다가 학과의 본질성을 상실하여 학생모집에 실패하기도 한다.

이 유형의 법학전공들은 대체로 비법학과들과 함께 학부제를 하는 대신 법학과명 앞에 수식어를 붙여 존속하고 있다. 주로 공무원 또는 경찰과 관련한 수식어를 접두하고 있다.

육군3사관학교 법학과는 일반대학이 아닌 개별법령에 따라 설치된 대학의 법학과이다.

가령 예전에는 국립대의 경우에는 전남대에 해양경찰학과를 두는 정도였고 다른 국립대의 경우에는 (육상) 경찰학과를 둔 경우가 없었다. 그러나 몇 년 전부터 단일 법학과를 법경찰학부 혹은 법행정경찰학부 등으로 바꾸면서 국립대에도 사실상 (육상) 경찰학과가 생겨나는 양상으로 변모하고 있다.

왜냐하면 국립대는 대체로 지방에 소재하고 있고 지방대의 경우에는 국립대일지언정 직업과 명확히 연계된 학과명칭을 사용하지 않으면 바야흐로 학생모집에서 점차 어려움을 겪을 수 있기 때문이다.

이 외에도 적잖은 사립대 법학과들도 경찰학과가 없던 대학은 법학과를 아예 경찰학과로 명칭을 바꾸어 존속하기도 하고, 경찰학과가 있던 대학은 (기존 경

찰학과 faculty와 이해조정 문제가 있으므로) 학부제인 법경찰학부 등으로 변화를 한다. 그리고 입시 경쟁률이 대체로 상승한다.

[표 6] 수식어가 붙은 법학과/법학부로 존속하는 곳(○○법학과/○○법학부)

④ 수식어/접두어가 붙은 법학과/법학부로 존속하는 곳(○○법학과/○○법학부)	1	대진대학교 공공인재대학 공공인재법학과	10 개교
	2	상지대학교 인문사회과학대학 경찰법학과	
	3	국립한국해양대학교 해양인문사회과학대학 해사법학부	
	4	광주여자대학교 경찰법학과	
	5	조선대학교 법사회대학 공공인재법무학과 ▸ 조선대학교에는 '②유형' 법학과도 있음	
	6	목원대학교 사회과학대학 경찰법학과	
	7	배재대학교 인문사회대학 경찰법학과 법학트랙	
	8	중부대학교 경찰경호대학 경찰법학과	
	9	중원대학교 사회문화대학 법무법학과	
	10	육군사관학교 경제법학과	

⑤ 단과대 또는 학과명/학부명에 '법' 명칭 불포함, 그러나 '법학전공'은 존재하는 곳

단과대학도 법과대학이 아니고, 학부/학과도 법학부/법학과가 아니지만 학부나 학과 명칭에 '법'이라는 단어가 더이상 들어있지 않지만, '법학전공'이 남아있는 대학들이다.

[표 7] 단과대 또는 학과명/학부명에 '법' 명칭 불포함, 그러나 '법학전공'은 존재하는 곳

⑤ 단과대 또는 학과명/학부명에 '법' 명칭 불포함, 그러나 '법학전공'은 존재하는 곳	1	덕성여자대학교 글로벌융합대학 법학전공	7개교
	2	서경대학교 사회과학대학 공공인적자원학부 법학전공	
	3	국립안동대학교(국립경국대학교) 인문사회·IT대학 사회과학부 법학전공	
	4	신라대학교 인문사회과학대학 공공인재학부 법학전공	
	5	울산대학교 사회과학대학 사회과학부 법학전공	
	6	청주대학교 사회과학부 융합실무법학전공	
	7	백석대학교 경찰학부 법학전공	

⑥ '법' 명칭은 있지만 '법학전공'학위(법학사)와 무관한 학과들

이 전공들은 법학과라기보다는 비즈니스학과 또는 행정학과에 가깝다고 보

여진다. '법무'라는 단어가 붙어 있어서 목록에는 포함시켰다.

[표 8] '법' 명칭은 있지만 '법학전공'학위(법학사)와 무관한 학과들

⑥ '법' 명칭은 있지만 '법학전공'학위(법학사)와 무관한 학과들	1	국립한국해양대학교 해양인문사회과학대학 법무비즈니스학과(계약학과) ▸ 국립한국해양대학교에는 '③유형' 해사법학부도 있음	2개교
	2	명지대학교 미래융합대학 법무행정학과(전공주임교수인 전임교원 1인 외 모두 겸임교원) ▸ 명지대학교에는 '①유형' 법과대학 법학과도 있음	

(4) 유형별 분류에 대한 검토

위 ①~⑥의 대학들은 4년제 법학과를 기준으로 조사를 한 것이고, 이 외에도 사이버(cyber)대학 법학과도 설치되어 있고 방송통신대학 법학과도 있으며, 전문대학 '법률과 또는 법무과'도 존재한다. 또한 독학사로 법학사를 취득하는 길도 열려 있다.

다만 본고에서는 오프라인 4년제 법과대학, 법학과, 법학전공을 기준으로 범위를 정하였다.

(5) 학과 내 법학교수도 일부 있지만 학생은 '법학전공'학위(법학사)와 무관한 학과들

①~⑥ 분류 외에도 행정학과 또는 정책학과, 경찰학과, 교육대학, 사범대학 사회교육과, 교양학부, 국제대학원, 행정대학원 심지어 문과대학, 이공계열 등에 법학학위를 가진 교수로 채용되어 법을 가르치는 전임교수들 숫자도 적지 않지만, 학생기준으로 '법학사'를 수여하는 대학분류에는 속하지 않아 목차를 따로 정리하였다. 이 학과들은 로스쿨제도 도입과 무관하게 애초에 예전부터 '법학사'로 배출되는 학생들을 가르치는 학과는 아니지만 교원의 경우 '법학교수'가 일부 재직하기도 하는 경우가 대부분이다.

(6) 기존에 법학과였으나 더 이상 '법'명칭이 남아있지 않고 '법학사'가 수여되지도 않는 학과들

또한 기존에는 법학과였으나 단과대학명, 학부명, 학과명, 전공명에서 모두 '법'명칭이 결국 사라진 곳들이 있다. 과거에는 '법학사'가 배출되던 곳이고, 현재에도 법학교수는 있으나 사정의 변화로 더 이상 법학사가 배출이 되지 않는 학과들이다.

본고에서 주로 논하는 형태의 학부 법학교육과는 관련이 다소 적은 상황이 된 곳들이다.

(7) 법학전문대학원 미설치 지자체 소재 대학 법학과

현재 경상남도, 전라남도, 울산광역시, 충청남도, 세종특별자치시는 지자체 단위이지만 로스쿨 미설치 지역이다. 다섯 개 자치단체의 15개교가 법학전문대학원 미설치 지역 소재 법학과이다. 세종특별자치시에는 로스쿨이 없으나 법학과도 없어서 표기하지 않았다.

경남은 인구 300만 명 이상의 시도 중 유일하게 로스쿨이 설치되지 않은 지역이며 전국 18개 지방법원이 설치된 지역 중 로스쿨이 없는 지역은 경남과 울산에 불과하고, 울산은 관할 지원이 없는 반면 경남은 5개의 지원이 있는 곳이다.[4]

[표 9] 법학전문대학원 미설치 지자체 소재 대학 법학과

경상남도	경상대학교 법과대학 법학과	5개교
	국립창원대학교 사회과학대학 법학과	
	경남대학교 공공인재대학 법학과	
	인제대학교 사회과학대학 법학과	
	영산대학교 창조인재대학 법학과	

울산광역시	울산대학교 사회과학대학 사회과학부 법학전공	1개교

---

4) "경상남도에 법학전문대학원 설치 추진 … 법안 발의", 법률저널 2024. 10. 31. 기사. http://www. lec.co.kr/news/articleView.html?idxno=748449

전라남도	국립목포대학교 사회과학대학 법경찰학부 법학전공	2개교
	국립순천대학교 사회과학대학 법학과	

충청남도	국립공주대학교 인문사회과학대학 법학과	7개교
	중부대학교 경찰경호대학 경찰법학과	
	순천향대학교 사회과학대학 법학과	
	호서대학교 인문사회대학 법경찰행정학과	
	경찰대학 법학과	
	선문대학교 인문사회대학 법·경찰학과	
	백석대학교 경찰학부 법학전공	

(8) 검토

위 ①~⑤에 열거한 4년제 오프라인 법학과들이 설치된 대학은 대략 61개
정도가 된다. 그러므로 대체적으로 오프라인 4년제 대학 기준으로는 25개의 '법
학전문석사' 수여대학과 61개의 '법학사' 수여대학이 있는 실정이다.

그러므로 실질적으로 현재 법학학위를 수여하는 오프라인 4년제 대학은 총
86개 정도로 보여진다.

'법학사'를 수여하는 위 유형①~⑤의 61개 대학들 중에는 '법과대학'으로 여
전히 존재하는 법학과들도 있지만, 법학사를 수여하기 위해 접두어/수식어가 붙
는 '○○법학과'로 변모하기도 하고, 규모상 비법학과들과 연대하여 학부제 안의
'법학전공'으로 모집단위가 바뀌기도 하며, 법과대학 아닌 사회과학대학, 공공인
재대학 등의 단과대학 안에서 단일 '법학과'를 유지하기도 한다.

2. 법학부 교육 과정 일람

(1) 경남대 법학과의 예

법학과의 전공 교과목 및 교직과목은 다음과 같다.

[표 10] 경남대 법학과의 전공 교과목 및 교직과목

민사법	민법1	민법2	민법3	민법4	친족상속법
	민사소송법	민사집행법	민사특수문제연구	민사법연습	

상사법	상법총론	회사법	보험해상법	어음수표법

형사법	형법1	형법2	형법3	형법4
	형사소송법1	형사소송법2	형사법연습	형사정책

공법	헌법1	헌법2	헌법3	행정법1	행정법2

7법 외 법과목	지적재산권법	경제법	법학원론	법과사회
	법제종합설계	노동법	공무원특강	법학전공탐색세미나

교직과목	사회교과교육론	사회교과교재연구및지도법	사회교과논리및논술

1) 법학과 교원

2024년 9월 기준으로 경남대 법학과의 교원은 전임교원 4명(민사법, 형사법, 공법, 상사법)과 겸임교원 4명(법학박사 1명, 변호사 3명5)) 및 강사 2명(법학박사 1명, 현직 중등교사 1명)으로 구성되어 있다.

[표 11] 경남대 법학과 교원

전임교원	민사법, 형사법, 상사법, 공법 각 1명씩	박사학위 소지	4명
겸임교원	법학박사	박사학위 소지	1명
	변호사	박사학위 소지	1명
		박사학위 미소지	2명
강사	법학박사 (2024. 9.부터 행정대학원 법무학과 소속으로 변경)	박사학위 소지	1명

---

5) 변호사 겸임교원 중 1인은 법학박사 소지자.

	일선 고교 중등교사 (일반사회 교직과목)	박사학위 미소지	1명

2) 학년별 법학 전공과목

[표 12] 경남대 법학과 학년별 법학 전공과목

1학년 과목	법학원론, 헌법1, 민법1, 형법1, 법학전공탐색세미나
2학년 과목	민법2, 형법2, 헌법2, 민법3, 형법3, 헌법3, 상법총론, 민사소송법, 민사집행법, 형사소송법1, 회사법, 공무원시험특강
3학년 과목	형법4, 보험해상법, 경제법, 행정법1, 어음수표법, 행정법2, 형사소송법2, 민법4, 형사법연습, 민사특수문제연구, 노동법, 법과사회, 법제종합설계, 사회교과교육론, 사회교과논리및논술, 사회교과교재연구및지도법
4학년 과목	형사정책, 지적재산권법, 친족상속법, 민사법연습

3) 법학과 이수 시수

전공모듈은 크게 공무원트랙, 형사법무트랙, 기업법무트랙, 민사법무트랙 등 4가지 트랙을 표방하고 있다.

[표 13] 경남대 법학과 전공 모듈

전공모듈	공무원트랙	형사법무트랙	기업법무트랙	민사법무트랙

법학과의 졸업이수 학점총계는 130학점이었고, 전공필수 18학점, 전공선택 54학점 전공교육과정 소계 72학점이었다. 교양필수 20학점, 교양선택 21학점, 교양교육과정 소계 41학점, 일반선택 17학점을 더해서 총 130학점이 졸업이수 학점 총계였다. 복수전공을 선택하게 되면 복수전공 36학점만큼 복수전공 학과의 학점 이수로 대체가 된다.

[표 14] 경남대 법학과 이수 시수

전공교육과정 소계		교양교육과정 소계		일반선택 소계	졸업이수 학점 총계
전공필수	전공선택	교양필수	교양선택	일반선택	
18학점	54학점	20학점	21학점	17학점	130학점
72학점		41학점			

2024년도에 교과과정 개편이 있었고 현재 법학과의 졸업이수 학점은 기존의 130학점에서 10학점 축소된 120학점으로 변경되어 적용된다.

4) 과목 개요

[표 15] 경남대 법학과 과목 개요

법학전공탐색세미나	1학년 신입생을 대상으로 1학기에 법학과 전임교수들이 공동강의를 하는 과목이다. 오리엔테이션 1주, 형사법 3주, 중간고사 1주, 민사법 3주, 상사법 3주, 공법 3주 기말고사 1주 순으로 한 학기 동안 수업이 배정된다.
법제종합설계	법제종합설계 과목은 그동안 배운 법학지식을 토대로 학생 스스로가 목표를 설정하고 그 결과물을 도출해 내는 수업이다. 팀으로 운영되어 협동심, 의사소통능력, 문제해결 능력 등을 키우는 것을 목표로 한다. 논문, 법률개선안, 모의재판 대본 등 다양한 내용을 그 대상으로 한다. 외부의 우수 법률가를 초청하여 특강을 개최하기도 한다. 3-4학년 과목으로 매년 인근 창원지방법원 또는 창원지방법원 마산지원에서 모의재판 시연을 하는 것이 기본 틀이다.
사회교과교육론, 사회교과논리및논술, 사회교과교재연구 및 지도법	일반사회교과 중등교사를 희망하는 법학과 학생들이 이수하는 과목이고 현직 중고교 교사를 시간강사로 초청해 강의를 맡기고 있다. 매년 법학과에서 교직이수를 하여 일반사회 2급 정교사 자격증을 취득하는 학생은 1-2명 가량이 된다.
그 외의 과목	일반적인 법학 전공 과목들로서, 전임교수 또는 겸임교수가 강의하고 있다.

(2) 다른 법학과의 예

다른 법학과의 경우에도 7법 전공과목을 가르치는 부분에 있어서는 크게 다르지 않다.

다만 각 대학 법학과의 실정에 따라 (대체로 강의할 수 있는 전임교원의 세부전공에 따라) 교과목 편성이 다소 달라지기는 할 것이다.

가령 경남대 법학과의 경우에는 기존에 중국법, 국제법, 국제거래법 또는 부동산법을 전공한 전임교수가 재직하였으나 교수들의 퇴직 이후 더 이상 해당 전공 교수를 선발하지 않게 되면서 중국법, 국제법, 국제거래법 등의 과목은 폐지되거나 더 이상 개설되지 않는다.

다른 대학 법학과 중에는 교직과목을 운영하지 않는 법학과도 있을 것이고, 경남대 법학과에서 개설되는 법학전공세미나 또는 법제종합설계, 공무원시험특강 등의 독특한 과목들은, 다른 대학의 경우에는 각 대학 법학과의 여건에 따라 여러 가지 방식의 이름과 유형으로 변화되어 존재하고 있다.

요점은, 16년이 지난 지금까지도 로스쿨 출범 이전의 로스쿨 설치 25개 대학의 법학부 커리큘럼과 크게 다르지 않은 방식으로 운용되는 법학과가 많다는 것이다. 법학부를 운용할 수 있으나 모든 경기에 참가하지는 못하도록 현실만 바뀐 셈이다.

남아있는 법학과들은 16년이 지난 지금까지도 로스쿨 출범 이전의 로스쿨 설치 25개 대학의 법학부 커리큘럼과 크게 다르지 않은 방식으로 운용되는 경우가 많다.

그렇다면 학부 법학과의 커리큘럼을 어떻게 바꾸어야 할까?

Ⅲ. 학부 법학과가 위기에 처한 이유

학부 법학과가 위기에 처한 이유 두 가지는 로스쿨의 도입과 학령인구의 감소라고 판단된다. 가령 100명이었던 경남대학교 법학과의 급격한 정원감축은 2010년대 초반부터 현재까지 계속 이어지고 있다.[6] 최근에는 신입생 모집정원을 50명, 35명으로 줄이다가 급기야 현재(2024년 모집정원 기준)는 30명이다.

그런데 법학과 정원감축이 시작된 시점은 로스쿨 제도가 도입되어 시행될 무렵부터이다. 그 당시에는 지금과 같은 학령인구의 문제가 없었다. 다만 로스쿨 시대에 접어들면서 학부에서의 법학과 또는 법과대학의 필요성에 대한 사회적 인식이 변화되어 정원감축이 이루어진 부분이 다분하다.

또한 이러한 형국에서 서울 또는 수도권 대학보다는 지방대의 법학과가 더 급속한 학과 통폐합과 구조조정의 여파에 노출될 수밖에 없는 상황이다. 이 글을 정리하는 와중에도 2025학년도부터 대구대 법학부와 영산대 법학과가 더 이상 모집을 하지 않는 수순을 밟게 되었다.

많은 대학의 법학과들은 이미 법경찰학과, 법경찰학부, 경찰학과, 경찰학부, 법행정학부, 법경영학부, 자유전공학부, 공공인재학부, 교양학부 등으로 통합이 이루어졌거나 심지어 폐과가 되었다.

이러한 법학과의 급속한 쇠락은 학령인구 감소가 하나의 이유이고, 또 하나

---

6) 경남대 법학과는 1946년 서울에서 신익희 선생에 의해 국민대학관 4년제 법률학과로 설립되어 그 후 국민대 법학과와 분리된 뒤 경남 지역에 정착하였다. 1946년 설립 후 현재까지 유지되고 있는 오랜 역사의 경남대 법학과는 바야흐로 2010년대 초반부터 본격적인 정원감축이 시작되었다.

는 로스쿨 제도 및 변호사시험 응시기회 여부와 일정 부분 연관이 있다고 보인다.

1. 로스쿨 도입이 가져온 학부 법학교육의 변화

2009년 법학전문대학원 도입 이후 비로스쿨 법학과에서의 법학교육에 대한 많은 논의가 있어 왔다. 로스쿨의 도입으로 인해 각 대학 내의 법학교육은 큰 변화가 불가피했다.

(1) 로스쿨에서의 법학교육 목표

우선, 로스쿨에서의 법학교육은 법조인 배출로 가닥 잡을 수 있을 것이다.

물론 로스쿨에서의 어려움도 많을 것이다. 가령 로스쿨 도입 취지에는 다양한 분야의 전문변호사양성도 있었으나 변호사시험 합격률이 낮아지게 되자 로스쿨 내에서도 애초의 도입취지는 많은 부분 몰각되고 변호사시험 준비 위주의 교육에 몰입되기 시작한다.

그렇지만 여전히 법학교육의 목표라는 측면에서는 로스쿨은 판사, 검사, 변호사 등 법조인 배출로 가닥을 잡을 수 있다. 그것이 로스쿨 교육의 지향점이 될 수 있다. 이 점이 로스쿨에서의 법학교육의 명분이 될 수 있다.

(2) 학부 법학과에서의 법학교육 목표

그렇다면 로스쿨이 아닌 법학부 법학교육의 지향점은 무엇일까?

일단 로스쿨설치가 되지 않은 대학의 법학과들의 경우, 이전처럼 법학과 명칭을 그대로 사용하며 존속하는 경우도 있지만 많은 경우 인원 감축 또는 다른 전공과의 학부제 통합 등의 과정을 겪고 있다.[7] 현재도 이러한 변화는 진행형이다. 그렇다면 학부 법학과의 법학교육이 어떠해야 할지에 대한 해결점을 모색하는 데에 방점을 두어 논의를 진행하려고 한다.

이에 대한 해답을 얻기 위해서는 왜 학부 법학과가 학부 법학과 그대로 존속하지 못하고 학과 명칭 변경이나 학부제로의 변화를 겪어야만 하는지부터 짚고

---

7) 많은 대학의 법학과들은 이미 법경찰학과, 법경찰학부, 경찰학과, 경찰학부, 법행정학부, 법경영학부, 자유전공학부, 자율전공학부, 공공인재학부, 교양학부, 정책학과 등으로 통합이 이루어졌다.

넘어가야 한다.

1) 한국의 법학부 경쟁력이 저하되는 이유

로스쿨 도입 과정에서 법률로써 로스쿨 설치대학에는 학부 법학과를 두지 못하도록 하면서, 많은 중고교생들 사이에서도 법학과로 진로를 잡는 것이 최우선적 고려사항이 아니게 되는 경우도 발생하였다.

이로써 대입 입시에 있어서 학부 법학과에 대한 관심이 멀어지고 자연스럽게 학부 법학과의 소멸과 축소와 조정을 가속화한 부분이 있다고 판단된다.

그렇게 10년 이상 시간이 지나게 되자 전통적인 법학과는 큰 위기에 직면하게 되었다.

2) 낙수효과를 기대할 수 없는 한국의 법학부

① 법학부에 대한 인지도 하락

우리나라의 경우에는 로스쿨을 도입하면서 주요 25개 대학의 법학부를 폐지하였기 때문에 이제는 중고교생들이 대학 입학을 준비할 때에, 문과 진로를 결정하려고 하는 학생들은 많은 경우 이제는 경영학과나 경제학과 진학을 염두에 둔다.

중고교생 등 대입 수험생들은 법학과라는 학과는 주요대학에는 더 이상 존재하지 않는 학과라고 생각한다. 그러므로 로스쿨 도입 이후 지난 10여 년 동안 '학부 법학과' 혹은 '법학부'에 대한 대입 수험생들의 인식이 많이 바뀌었다.

로스쿨 설치 주요 대학에서 법학부를 폐지하게 하였기 때문에 결과로 비로스쿨의 경우에도 법학과의 인기가 시들해지는 부작용을 초래하였고 결과적으로 법학과의 폐지로 이어지면서 법학의 몰락을 초래한 근본적 원인이 되고 말았다.[8]

이러한 경향성의 심화는 한 발 더 나아가 소위 여러 주요대학들에 법학부가 없으니 아예 일찌감치 문과 대신 이과를 선택하여 의대나 치대에 진학하자는 경향성으로도 연계되기도 하였다. 그리하여 문과를 선택하는 것을 기피하는 현상까지 발생하게 되었다. 이 파장은 외국어고 등에 대한 인기의 하락까지 연계가 된 부분이 일정 부분 있을 것이다.

중고교 시절부터 훗날 법학과 진학을 꿈꾸는 학생들이 많아야 '법학부' 입시가 어느 정도 활성화가 될 터인데 주요대학들 태반이 법학과를 폐지하였으니 애

---

8) 성중탁, "로스쿨 체제 이후 우리 법학교육과 변호사 자격제도가 나아갈 방향", 법과사회 제76권, 2024, 106면.

초에 학부 법학과 진학을 꿈꾸는 학생들은 매우 줄어든 상황이다. 이로부터 현재 학부 법학과를 유지하고 있는 학교들의 어려움도 비롯된다고 생각한다.

주요대학에 법학과가 없으니 전국적인 법학과의 입시에서도 소위 '낙수효과'를 기대하기가 어렵다.

전국 25개 로스쿨 홈페이지에 접속을 하면 메인홈페이지에 23개 로스쿨은 '법학전문대학원'이라는 타이틀을 사용하고 있으나 서울대 로스쿨과 고려대 로스쿨은 '법학전문대학원' 또는 '로스쿨'이라는 단어 대신 '서울법대', '고대법대'라는 타이틀을 사용하고 있다. 명실공히 '법대'라는 타이틀에 부합할 수 있도록 제반여건과 제도변경이 이루어질 수 있을까?

② 중고교 시절부터 법학부 진학을 하고자 하는 결심

일본의 경우에는 로스쿨을 도입하면서 로스쿨 도입대학의 법학부를 그대로 남겨두었다. 그렇기 때문에 고교생들은 여전히 법학과 입학을 꿈꾸며 공부를 해 나간다. 그 과정에서 설령 소위 명문대학인 도쿄대 법학부 등에 입학을 하지 못하게 되더라도 다른 대학 법학부에 진학한다.

일본에는 예비시험이 있거나 법학기수자코스가 있기 때문에 그러한 요인으로 법학부에 진학하는 부분도 물론 있겠지만 예비시험이나 법학기수자코스가 없다 하더라도 많은 대입수험생들이 도쿄대 등을 비롯한 전국의 법학부에 진학하려 할 것이라 생각한다.

현재 일본은 법학부 3년 + 2년제 로스쿨 도합 5년 과정의 코스를 시행중이다.[9] 신(新) 법조 코스는 법학부 4년간의 학점을 3년 동안 집중적으로 취득해 조기 졸업한 뒤 로스쿨(2년제)에 입학하면 2학년때 신사법시험을 볼 수 있도록 하며 이 제도는 참의원(參議院)에서 법과대학원교육·사법시험연대법 개정안이 가결되면서 확정됐다.[10]

---

9) '일본, 법학부 3년-로스쿨 2년 연계 코스 추진', 법률저널 2017.10.11. 기사. http://www.lec.co.kr/news/articleView.html?idxno=45670

10) 日 로스쿨 인기회복 교육책… 3+2 법조 입문코스 신설, 세계일보 2019. 6. 23. 기사. https://www.segye.com/newsView/20190623505179

(3) 법학부에서의 법학교육의 효용성

법학부에서 배우는 내용이 일반취업을 함에 있어서도 업무를 처리함에 있어서도 필요하기 때문이다. 계약서 검토라든지, 사내 내규 검토, 법령 검토 등 많은 회사에서의 다양한 업무들을 함에 있어 법학과 출신이 도움이 될 수 있다. 경영자 단계에 들어서기 전까지는 말이다. 경영자 단계에서는 경영학 지식도 필요할 것이다.

1) 일본의 법학부와 예비시험 – 일본 법조 배출은 투트랙

일본은 로스쿨을 도입하면서 예비시험 제도를 병행했는데 향후 우리나라에서도 로스쿨을 확대하면서 고려해 보아야 한다.[11]

예비시험을 도입한 일본은 로스쿨제도가 실패했다고 보려는 경향이 우리나라에 있다고도 보여지는데 이는 단지 관점의 차이인 것 같다.

일본에서는 법학부 졸업하고 예비시험에 합격한 자원들이 우수한 법조인으로 활동하고 있으며, 예비시험 합격자만으로 법조시장에 충분한 숫자가 공급될 수 있는 것이 아니기 때문에, 우수한 로스쿨 출신들도 법조시장에서 왕성한 활동을 하고 있다.

일본 법조는 사실상 투트랙(two-track)으로 운영되고 있다.

2) 대학자치와 대학의 선택권

굳이 말하자면, 일본은 로스쿨 제도 자체가 실패한 게 아니라 일부 로스쿨 설치 대학이 어려움을 겪는 것이다. 물론 일부 로스쿨 설치대학이 어려움을 겪다가 법학과로 돌아갈 수 있다. 이러한 문제는 로스쿨을 계속 유지할지에 대해 대학 스스로가 선택할 문제이다. 문 닫는 대학 대신 다른 대학이 로스쿨을 하겠다고 하면 새롭게 기회를 주면 된다.

2. 직업적/비직업적 측면에서의 학부 법학과의 역할

그렇다면 로스쿨 시대의 법학부는 어떠한 역할을 하는가 살펴보도록 한다.

---

11) 장용근, "OECD 기준에 근거한 적절 법조인 수와 교육을 통한 법조인의 양성방안", 법학교육과 법치주의의 위기 극복과 미래-대안은 무엇인가?, 『2024 전국법과대학교수회와 한국법학교수회 공동학술회의 자료집』, 2024. 4. 5. 개최, 37면.

(1) 비직업적 측면에서의 법학부의 법학교육

1) 법학부에서의 교육 명분

① 법학교육이 대학 안에 존재한다는 것의 의의

대학이 '학문의 전당'에서 이제는 '취업을 위한 학교(school)'로 전락하는 부분이 많아진 것은 이미 오래된 이야기지만, 그럼에도 불구하고 적어도 대학에서는 학문의 기본에 대한 지향점은 계속 지니고 있어야 한다고 생각한다. 그렇지 않으면 굳이 대학 안에 존재할 이유와 명분이 적어지기 때문이다.

그러므로 대학의 학부 기본 강의에서는 수험학원가와는 다른 기본적이고 기초적인 지식을 전수하는 것도 중요하다.

② 법조 실무 배출 외의 법학교육

법학 교육 역시 법조 실무가를 배출하는 것에만 비중이 있는 게 아니라 법률을 기초적 소양으로 살아가는 일반시민에 대한 교육 그리고 법학이라는 학문을 사회에서 활용할 수 있도록 하는 교육 역시 대학에서의 법학 교육의 목적이다.

즉 법학교육은 법치국가의 시민으로서 필요한 기본적인 법적 지식을 쌓는 것부터 법학 관련 다양한 직종에 종사하기에 이르기까지 다양한 요구를 충족시켜야 한다.

대학은 단순히 공무원 합격을 목표로 한다든지, 기업에 취업을 시키는 것만이 목표는 아닐 것이다.

오히려 사회생활에서 부딪히는 수많은 법률적 문제를 스스로 어느 정도 해결하기 위한 능력을 심어주는 것에도 목표를 둘 수 있다.

스스로 법규범을 체화시켜 법치사회에서 큰 어려움을 겪지 않고 법적 쟁점들을 잘 풀어나갈 수 있는 사회인으로 육성하는 데에 학부 법학교육의 의의가 있다고 생각된다.[12]

(2) 직업적 측면에서의 법학부의 법학교육

비직업적 측면에서의 법학부의 법학교육을 검토해 보았다. 다 좋은 이야기다. 그러나 대학에서 법학전공을 선택하고 앞으로 나아가기 위해서는 직업적 측

---

12) 물론 교수는 강의평가, 폐강 등의 부담을 갖고, 학생의 수요를 충족시킬 수밖에 없기는 할 것이다.

면에서의 법학교육 또한 간과되어서는 안 된다. 이하에서는 '직업적 측면에서의 법학부의 법학교육'과 관련하여 대목차로 다시 세부적으로 정리하여 논하고자 한다.

Ⅳ. 직업적 측면에서의 법학부의 법학교육(상세)

1. 법조인(로스쿨 진학) 이외의 활로 모색

법학과 학생이더라도 현실적으로 법학부 학생들 모두가 로스쿨 입학을 준비할 수는 없는 상황이거나, 준비하더라도 로스쿨 합격생 숫자가 저조한 법학부의 경우에는 로스쿨 이외의 다른 목표 또한 설정을 해야 한다.

따라서 이러한 측면에서 본다면 법학부에서의 법학교육이 나아가야 할 방향에 대한 고민은 아직도 진행과 조정 중이다.

2. 법학부 교육의 방향성

법학과에서의 법학교육의 방향성은 어느 한 방향으로 국한될 성질의 것이 아니며 로스쿨진학, 공무원시험, 공기업, 사기업, 대학원진학, 창업 등 모든 가능성을 열어놓고 교육이 이루어져야 한다. 그렇다면 어디에서 법학부 교육의 역할과 명분을 찾을 수 있을까?

(1) 회사 법무팀 취업

언론사, 공공기관, 공무원, 연구소, 사기업법무팀, 공기업, 법학계 등에는 여전히 법학전공자들이 필요하기 때문에 법학과에서의 법학교육은 그 중요성도 높고 절실하다.

현재에도 사기업 법무팀이나 준법지원팀, 여신관리부의 과장 또는 차장급은 경력직 변호사를 선발한다 하더라도, 신입사원부터 대리까지는 법학과 졸업생에게도 취업할 자리가 돌아가는 것 같다. 그리고 그렇게 신입사원으로 들어가서 시간이 지나면 과장, 차장, 부장이 되기도 한다.

(2) 경찰시험으로

법학과는 경찰학과처럼 오로지 경찰이 되기 위한 학과까지는 아니지만 법학의 과목 특성상 경찰공무원시험을 준비하는 학생들이 많은 것도 사실이다.

변호사시험을 볼 수 없는 법학부 학생들은 경찰공무원 시험 준비 시도를 많이 한다.

2022년부터 경찰시험에서 헌법, 형사법 과목이 필수로 지정되었다는 점에 있어서는 법학부가 유리한 상황이다. 또한 경찰학 과목 내에 경찰행정법 문항이 포함되어 있고 경찰행정법도 법학이기 때문에 이 부분도 법학부에 유리하다.

그럼에도 불구하고 여전히 경찰학과 1지망에 불합격한 학생들이 법학과에 진학하는 양상이 계속된다. 서울 외의 지역일수록 더욱 그러하다.[13]

법학부에서 헌법, 형사법, 경찰행정법 등의 과목은 공무원시험 준비에 맞추어 교육을 하는 것도 가능하지만, 경찰을 목표로 하는 학생들의 경우 애초에 법학과 진학 대신 경찰학과 진학을 더 선호한다.[14]

1) 학과 명칭에까지 반영

서울 소재 법학과에서는 법학의 학문성이라는 단어를 좀 더 언급하기 쉬울 수 있겠으나 지방대학에서는 생계를 위한 법학 외에는 언급하기 생각보다 쉽지 않은 형국이다.

일단 학과명칭에서부터 직업과 결부되는 것이 잘 드러나는 학과 아니면 점점 인기가 없어진다. 그래서 법학과는 앞에 "○○법학과"라는 명칭을 붙이는 식으로 직업 연계성 이름으로 바꾸어가기도 한다. 혹은 법학과는 아예 경찰학과로 점점 바뀌어 가고 있다. 간혹 너무 요란한 접두어를 붙이다가 학과의 본질성을 상실하여 학생모집에 실패하기도 한다.

2) (육상) 경찰학과 없던 국립대까지 법학과에서 경찰법학과/경찰법학부로

가령 예전에는 국립대의 경우에는 전남대에 해양경찰학과를 두는 정도였고 다른 국립대의 경우에는 (육상) 경찰학과를 둔 경우가 없었다. 그러나 몇 년 전부터 단일 법학과를 법경찰학부 혹은 법행정경찰학부 등으로 바꾸면서 국립대에도 사실상 (육상) 경찰학과가 생겨나는 양상으로 변모하고 있다.

---

13) 이는 서울 외 수도권에서도 마찬가지이다.
14) 경찰학과 졸업생 특채 인원이 법학과 졸업생 특채 인원보다 많기 때문이다.

왜냐하면 국립대는 대체로 지방에 소재하고 있고 지방대의 경우에는 국립대 일지언정 직업과 명확히 연계된 학과명칭을 사용하지 않으면 바야흐로 학생모집에서 점차 어려움을 겪을 수 있기 때문이다.

이 외에도 적잖은 사립대 법학과들도 경찰학과가 없던 대학은 법학과를 아예 경찰학과로 명칭을 바꾸어 존속하기도 하고, 경찰학과가 있던 대학은 (기존 경찰학과 faculty와 이해조정 문제가 있으므로) 학부제인 법경찰학부 등으로 변화를 한다. 그리고 입시 경쟁률이 파격적으로 상승한다.

3) 법학과는 경찰공무원을 위한 학과인가

그런데 경찰이 되기 위해 법학과를 진학하는 아젠다(Agenda) 설정은 학부 법학과의 존재 이유로 충분하지 않다.

근본부터 따져본다면 법학과는 주로 경찰이 되기 위해 존재하는 과가 아니었다. 기존에는 법학과를 나오면 변호사가 될 시험을 치를 수 있었으나 지금은 법학과를 나와도 로스쿨에 진학하지 않는 이상 변호사가 될 시험을 치르는 것은 원천적으로 불가능하다.

결국 현재는 법학과를 나오면 대체로 경찰 또는 법무사, 법원서기, 검찰서기, 법무팀 직원이 되는 것이 학부 법학과에서 전공을 살려 직업을 잡는 일반적 케이스가 된 것이다.

상기 직업들도 물론 좋은 직업들이어서 - 관점에 따라서는 더 좋은 직업이기 때문에 - 이 직업들을 갖고 살아도 좋겠지만 그럼에도 불구하고 학부 법학과를 졸업하고 같은 내용의 법학지식을 배움에도 불구하고 오로지 변호사시험만 못 치르게 하는 것이 올바른 학부 법학교육 체제인지에 대한 고민은 필요할 것 같다.

4) 현재 경향성의 원인

법학과를 나와서 또 로스쿨에까지 진학해야지만 변호사시험을 치를 수 있는 현재의 시스템 또한 법학과의 정체성에 많은 회의감을 들게 한다.[15]

법학부 학생들과 교수자들에게도 법학부는 중요한 곳이고 긍지를 느낄 수

---

15) 더욱이 다 같은 법과대학이었다가-혹은 더 우수한 법과대학이었다가-지방균형할당정책의 일환으로 로스쿨에서 탈락해 버린 동국대, 홍익대, 국민대 등의 경우에는 박탈감이 더욱 클 것이다. 우수한 법학교육을 해 왔는데 로스쿨 간판을 달지 못했다는 이유만으로 위 대학의 법학전공자들은 변호사시험에 응시할 수 없고, 그 외 대학-총점으로는 밀렸으나 지역균형할당정책 등으로 로스쿨에 선정된-의 법학전공자들은 변호사시험에 응시할 수 있게 되었다.

있는 곳이며 사회에 기여하는 바가 크다는 명분이 필요하다. 지속가능한 법학과를 위하여는 그러한 역할과 명분의 정립이 중요하다. 그런데 로스쿨이 도입되고 지난 16년 넘는 시간 이러한 논의가 번번이 좌절되었다. 이제라도 이러한 논의의 장이 본격화되니 다행이다. 물론 이전에도 논의의 장은 여러 차례 있었다. 논의가 결국 관련 입법으로 실현이 되어야 의의가 있다.

(3) 법학부 졸업 후 법조인 쪽으로의 활로 모색

1) 법학부는 법조인이 되기 위한 좋은 예비 교육기관이 될 수 있는가

로스쿨 도입 시점 이후의 법학과의 법학교육은 법학전문대학원 입학을 준비하는 교육체제로 일부 기능하기도 한다. 적어도 그렇게 생각하고 싶다.

법학과 졸업생이라는 점을 강점으로 해서 법학전문대학원 입학 정성평가에서 혹시 가점을 받을 가능성이 있을 수 있고, 또는 로스쿨에 입학한 뒤에 법학공부에서 어려움을 덜 겪는다는 점도 강점으로 작용할 수 있다.

변호사시험 합격률이 낮아질수록 학부에서 법학을 공부한 학생들이 로스쿨에 진학한 뒤에 법학 공부에 대한 어려움을 덜 겪을 수도 있다.[16] 그러나 모두 사실상의 이익에 불과하다. 어쩌면 이익이 아닐 수도 있다.

결국 법학과는 법조인이 되기 위한 예비 교육기관으로서의 장점(Merit)이 비법학과에 비해 많지 않다. 그 이유는 어디에서 비롯되는 것일까?

2) 한국의 로스쿨제도는 미국식 로스쿨제도인가

판사 검사 변호사를 배출하는 것은 현재로서는 로스쿨만의 기능이어서 법학부에서는 불가능하다. 그렇기 때문에 어쩔 수 없이 법학부는 다른 아젠다를 설정하여 나가야 하는 것이다. 그런데 이것이 가장 올바른 방향은 아닌 것 같다.

사법개혁의 일환으로 법학전문대학원 도입을 검토할 당시 우리가 주로 참고 모델로 삼았던 것은 예일대나 하버드대와 같은 미국의 Top 로스쿨이었다.[17]

한국은 미국식 로스쿨 체제를 도입했기 때문에 일본처럼 로스쿨 설치대학에

---

16) 이러한 내용들이 과연 상관관계가 높은지는 모르겠지만 법학부 입장에서는 이러한 관점에서 법학도들에게 자긍심을 심어주며 교육하는 것이 장려될 수는 있을 것이다. 그러나 한편으로 생각해 보면 민법, 형법, 헌법, 행정법, 상법, 민사소송법, 형사소송법 등을 모두 이수한 법학사들에게 로스쿨에서 똑같은 과목을 다시 듣게 하는 것이 과연 자긍심을 심어주는 방향인지 의문이다.

17) 양천수, "법학전문대학원 교육과정 법제 개선 방안",『법학과 법치주의의 위기와 대응방안, 한국법학교수회/법학전문대학원협의회 공동 학술대회 자료집』, 2024. 7. 26. 개최, 76면.

법학부를 두지 않았다고 한다.

3) 미국로스쿨에는 있으나 한국로스쿨에는 없는 시스템

① LLM

그런데 미국은 가령 예를 들면 뉴욕주 변호사의 경우, 대륙법계 국가의 법학사를 소지한 사람들에게는 LLM이라는 1년 과정의 코스를 거치면 뉴욕주 변호사 자격증 응시기회를 부여해 왔다.

게다가 영미법계 국가의 법학사를 소지한 사람들에게는 LLM 없이도 뉴욕주 변호사자격증 응시기회를 부여한다.

② 온라인 로스쿨

또한 미국에는 방송통신로스쿨(Online JD) 4년 과정도 있고, 온라인 LLM 1년 과정도 있다. 야간로스쿨도 있다. 워싱턴 DC 변호사시험 응시를 하려면 대륙법계 법학사 학위를 가진 채 미국 LLM 졸업장 없이도 미국법 학점 이수만 일정 시수 이상 하면 된다.

③ 2년제 로스쿨

미국에도 Accelerated JD(AJD)라고 해서 2년제 또는 1.5년제 JD 과정도 있다.

반면, 미국식 로스쿨을 도입했다는 한국에서는 로스쿨 이외의 다른 통로가 하나라도 열려 있는지 돌이켜보아야 한다. 미국에서처럼, 외국의 법학사에게 한국로스쿨 1년만 다니면 한국 변호사 응시 기회를 주고 있지도 않다.

④ 베이비 바(Baby bar)

미국 캘리포니아의 경우 베이비바(Baby Bar)제도를 통해서 실질적 예비시험 제도의 효과를 내고 있다.[18] 외국의 변호사들은 미국의 로스쿨을 졸업하지 않더라도 캘리포니아변호사시험을 치를 수 있다. 일리노이주 변호사시험의 경우, 법학사를 취득한 변호사 또는 변리사 등이 5년 이상 취득 해당 국가에서 근무했을 경우 미국 로스쿨을 거치지 않더라도 시험을 응시할 수 있다.

⑤ 법학부 졸업한 법학사에 대한 변시응시 기회 부여

애초에 미국은 1960-70년대 베트남 전쟁 무렵에 징집 등을 피하기 위한 이

---

18) 장용근, 앞의 글, 37면.

유 등으로 법학사인 LLB를 대학원 과정인 JD로 전환하면서 JD가 도입된 바 있다. JD가 도입됐음에도 불구하고 기존의 법학사(LLB) 졸업생들은 변호사시험(Bar exam)을 치를 수 있었다. 그런데 우리나라는 법대에서 로스쿨로 도입되면서 법학사들은 변호사시험을 치를 수 없게 하였다. 이 점도 미국로스쿨 제도와 다른 점이다.

4) 미국로스쿨체제와 다른 한국로스쿨체제

결국 한국의 로스쿨제도는 미국의 로스쿨제도와 다르게 운용되고 있다. 그렇다면 미국의 로스쿨제도뿐 아니라 다른 나라의 로스쿨제도에서 우리 현실에 필요한 제도는 가져와도 좋을 것이다.

① 호주/뉴질랜드 법학교육

가령 호주와 뉴질랜드에서는 고교에서 법대 진학한 학생들은 법대 4년을 졸업하면 변호사가 된다. 즉 대학 때 비법학과에 진학한 사람들은 훗날 비법학사 취득 후 변호사가 되고 싶으면 법대 편입을 하거나 3년짜리 JD과정에 진학하여 졸업하면 변호사가 된다. 일부 호주 대학은 2년제 JD과정도 있다.[19] 그 외 다른 JD 과정들도 2년 6개월 만에 졸업이 가능하기도 하다.

호주와 뉴질랜드에서는 따로 변호사시험도 없다. 예전에 있었다가 2014년경 폐지되었다. 현재는 호주/뉴질랜드에서는 법대 또는 로스쿨을 졸업하고 일정 연수만 받으면 변호사가 된다. 또한 호주와 뉴질랜드에서 법대생과 JD학생들은 같은 법학 수업을 듣는다. 물론 한 쪽은 LLB 학위증이 수여되고 한쪽은 JD 학위증이 수여되니 학비는 다르다.

그러나 법대에서 가르치는 내용과 로스쿨에서 가르치는 내용이 다르지 않다.

② 홍콩의 법학교육

홍콩은 비록 중국으로 반환되기는 하였고, 여전히 행정, 입법, 사법 권한이 독립된 중화인민공화국의 특별행정구로 존재한다. 홍콩에는 홍콩대학, 홍콩중문대, 홍콩시립대 등 세 개 대학에 4년제 법학부(LLB)과정이 있고, 2년제 JD과정이 있다.

LLB 또는 JD를 마치면 이 세 개 대학에서 PCLL이라는 1년짜리 법학졸업생

---

19) 가령 Bond University.

자격인정 과정을 이수하고 법률사무소 수습을 거치면 변호사가 된다. 홍콩에서 법학부나 JD를 마치고 PCLL 과정을 거친 사람들이 따로 변호사시험을 치르지는 않는다.[20]

영연방 국가 법학 학위 취득자에게는 PCLL전환시험만 치러 PCLL에 바로 들어갈 수 있고 영연방 국가 아닌 곳의 법학학위 취득자는 법학학위 전환과정을 거쳐 PCLL전환시험을 거치면 PCLL과정에 입학할 수 있다.[21]

③ 투트랙(Two-track) 도입 필요성

교사의 경우 사범대학을 졸업하거나 교육대학원을 졸업해야 교사자격 시험을 볼 수 있고, 의사의 경우 의과대학을 졸업하거나 의학전문대학원을 졸업해야 응시자격을 주는 것과 같은 방안으로 변호사시험도 법과대학 졸업자나 법학전문대학원 졸업자에게 응시자격을 주는 방안으로 법과대학 및 로스쿨로 이원화로 응시자격 부여하는 방안이 맞다고 생각된다.[22]

학부에 설치된 법학과와 대학원과정에 설치된 로스쿨 2원화가 이루어지는 나라들은 대표적으로 일본, 호주, 뉴질랜드인 것 같다. 여기서 한국의 법학부와 로스쿨이 취해야 할 장점들은 취하면 좋을 것이다.

남아있는 학부 법학과가 하루 빨리 모두 다 공공인재학부, 교양학부, 경찰학부, 법정책학부, 자유전공학부 등으로 전환하여 법률가 교육은 오로지 로스쿨을 통해서만 가능하고 학부에서는 미국처럼 법학부 없이 Criminal Justice 전공 정도만 남는 식의 사회를 꿈꾸는 것이 바람직한가 하는 데에 대한 의문은 계속 있다.

(4) 로스쿨 입시에서 법학지식 비배제 필요성

학부에서 법학을 4년간 공부한 학생들은 로스쿨 입시에 있어서 법학지식을 배제하는 시스템 때문에 법학사의 위치는 비법학 전공자와 다를 바 없다. 만약 로스쿨 입시에 있어서 민법, 형법, 헌법 등 기본 3법 지식만이라도 묻는다면 법학과 학부생들에게도 많은 도움이 될 것이다. 법학과라는 것이 존재한다면 그 전공

---

20) 김승열, "홍콩 변호사 양성제도의 시사점", 머니투데이 2016.8.13.

21) 김희정, "[홍콩 해외법조] 홍콩의 변호사 제도", 법조신문 2014.9.5.

22) 홍선기, "현행 변호사시험 제도가 법학교육에 미치는 영향"에 대한 토론문, 『2024년 주요 4대 법학회 공동학술대회 '한국의 법학교육과 변호사 자격제도' 자료집』, 2024. 2. 28. 개최, 77면.

학과에 대한 효용은 있어야 할 것이다.

로스쿨 입시에서 법학 전공지식을 묻지 않는다는 것은 엄연히 법학전공자 또는 법학사에 대한 역차별이다.

정말로 법학적성을 평가할 수 있는 것인지 아니면 그냥 머리가 좋은 사람을 가려내기 위한 시험인지 알 수 없는 법학적성시험을 실시할 것이 아니라 적어도 헌법, 민법, 형법, 민사소송법, 형사소송법 정도의 기본과목의 지식은 갖춘 채로 법학전문대학원에 입학할 수 있도록 제도를 바꾸어야 한다.[23]

또한 LEET 시험에서 법학 지식을 묻지 못하도록 하는 현행 제도를 개선해야 한다.[24]

(5) 4년제 법학부를 거쳐 3년제 로스쿨 교육으로
1) 기본법/기초법은 4년제 법학부에서, 실무과목은 로스쿨에서

"기본 법학에서 배운 개념이나 체계, 원리 등을 각 전문 영역에 확장 및 응용할 수 있는 법적 사고 능력을 함양한다면 전문법의 문제에 어느 정도 대처할 수는 있다. 이때 필요한 것이 바로 기초법학에 관한 지식과 능력이다. 법적 사고 능력의 토대를 마련하는 것은 법학방법론이나 법철학, 법사학 등과 같은 기초법학이기 때문이다. 하지만 현실의 법학전문대학원 교육과정에서는 이러한 부분이 간과되고 있다."[25] 이 부분은 매우 중요한 문제제기라 생각한다. 3년 내의 로스쿨 과정에서 이를 모두 소화하기 버겁다면 학부과정에서 기초법학을 교육하고 로스쿨에서 실무법학을 가르치는 것도 고려해 봄직하다.

이는 로스쿨 설치대학에 법학부를 개설하는 것을 전제로 논의의 실현가능성이 높을 것이다. 학기당 6학점 내지 9학점 의무시수 강의를 해야 한다면 기초법 전공 또는 기본법 이론과목 교원은 법학부 또는 일반대학원 강의를 하면 되고, 실무교원은 로스쿨 실무과목 강의를 하면 된다.

2) 법개정을 통한 로스쿨제도변경

과연 법으로 로스쿨 설치대학에서 법학과를 모두 없애라고 할 필요가 있는

---

23) 김봉수, "변호사시험: 있어야 할 곳과 있는 곳"에 대한 토론문, 『2024년 주요 4대 법학회 공동학술대회 '한국의 법학교육과 변호사 자격제도' 자료집』, 2024. 2. 28. 개최, 114-115면.
24) 성중탁, 앞의 글, 108면.
25) 양천수, 앞의 글, 77면.

지 회의적이다. 법으로 정해 두었으니 법개정을 하면 된다.

또한, 학부에서 기초법학을 수강한 것을 전제로 하는 사항이 로스쿨 입학에 반영이 된다면 로스쿨이 설치되지 않은 대학의 법학과 또한 로스쿨과 함께 상생할 수 있는 길이 조금 열리게 된다고 생각된다.

과거 사법시험 체제에서는 법과대학이 이론교육을 담당하고, 사법연수원이 실무교육을 담당하고 있었는데 교육을 통한 법조인 양성이라는 기치를 내건 법학전문대학원에서는 양자 모두를 교육하도록 되어 있다.[26] 그런데 이론과 실무 모두를 가르치기에 3년이라는 기간은 너무 짧다.

로스쿨에서 교육을 담당하는 교원들이 법학이론을 조금이라도 자세히 가르치려고 하면 폐강의 위험을 감수해야 하기에 학생들은 법학적 소양을 제대로 갖추지 못한 채 법리에 대한 충분한 이해 없이 실무가로 양성되는 경우가 많다.[27]

현재 3년 로스쿨체제에서는 가장 평균적이고 일반적인 법전원 학생이 3년 만에 기본법(특히 헌법 민법 형법) 과목의 교과서를 충분히 정독할 수 있는 시간이 나오기 어렵다는 점이 가장 근본적인 문제이다.[28]

법과대학 4년간 법학이론을 학습하고, 사법연수원 2년간 실무교육을 담당했다면 앞으로는 법학부에서 4년간 이론교육을 담당하고 법학전문대학원에서 3년간 실무교육을 담당하도록 제도가 개선되는 방안이 적절할 것이다.

만약 이러한 체제가 고착화된다면 장기적으로는 법학부에서는 이론학자가, 로스쿨에서는 실무가가 교육을 담당하는 방안도 적절할 것이다.

(6) 법학부 졸업생 일부에 대한 변시응시기회 부여

또 다른 방법은, 변호사시험을 3년 로스쿨 졸업자에게만 응시기회를 줄 것이 아니라 4년제 법대 졸업생들에게도 응시기회를 부여하는 것이다.

혹시 변호사시험 응시 기회를 모든 법대 졸업생에게 부여하기에 부담이 있으면 법대 졸업생들에게는 민법, 형법, 헌법 등 3법에 대한 객관식 시험을 치르게

---

26) 조지만, "현행 법학교육체제 하에서 법학교육의 전반적 위기와 극복방향", 법과사회 76호, 법과사회이론학회, 2024, 6면.

27) 조지만, 앞의 글, 3면.

28) 최광선, "현행 변호사시험 제도가 법학교육에 미치는 영향"에 대한 토론문, 『2024년 주요 4대 법학회 공동학술대회 '한국의 법학교육과 변호사 자격제도' 자료집』, 2024. 2. 28. 개최, 82면.

하고 총점 순으로 300명 정도의 법대생에게 변시응시 기회를 주는 것도 법학과와 로스쿨 모두 상생하는 방안이라 생각된다.

법학과를 졸업하고 나서 로스쿨에 진학하지 않더라도 법조인이 될 관문이 완전히 막혀서는 안 된다고 생각한다. 그 관문을 모두 틀어막았기 때문에 현재의 학부 법학과의 모든 문제들이 시작되었다고 생각한다.

정원이 작은 재정적으로 힘든 법전원은 법과대학으로 다시 전환해서 어려움을 타개하고, 수험생도 굳이 비용이 많이 드는 법전원 진학을 하지 않아도 될 것이고, 기왕에 있는 법전원은 비법대 졸업생이 진학하는 방안도 있다.29)

주요 대학 법학과 외에는 학부 법학과 학생들은 기존에 사법시험 합격자 배출이 어렵기에 예비시험을 도입한다 하더라도 어차피 합격자 숫자가 적을 것이라는 견해가 있을 수 있다.

그러나 합격자 숫자가 적을 것이니 굳이 예비시험 도입을 해도 큰 실익이 없지 않겠는가 하는 주장은 적절하지 않다.

2024년 하계 올림픽 참가국가는 206개국이었다. 이 중에서 메달을 획득한 국가는 91개 국가뿐이다. 만약 메달을 획득한 91개 국가 중에 상위 25개 국가에게만 향후 올림픽 참가 기회를 부여한다면 25개 국가 입장에서는 메달을 획득하기가 보다 수월해지겠지만, 지구촌의 체육 저변은 침체될 것이고 올림픽 정신은 빛을 발하지 못할 것이다.

최근 올림픽 참가 206개 국가 중에 71개국은 2018년 동계 올림픽 이후 0개의 메달을 획득했다. 그렇지만 이 71개국은 하계/동계 올림픽에 참가할 자격이 있다는 것만으로도 의욕을 갖고 선수들을 지도하고 육성할 것이다. 올림픽에서 메달을 따면 금상첨화겠지만 올림픽 메달을 획득하지 않더라도 올림픽을 목표로 하는 것 자체가 선수들에게는 많은 동기부여가 될 것이며 코치들은 선수들을 열심히 훈련시킬 것이다. 메달 획득 숫자가 저조한 국가의 올림픽 출전 기회를 제도적으로 박탈하지 않는 것이 공공선(公共善)이다. 희망을 잃게 하는 제도를 방치하거나 나아가 공고히 하려는 조직에는 미래가 없다. 그렇게 된다면 에이브러햄 링컨도 정약용도 이 땅을 떠날 것이다.

---

29) 홍선기, 앞의 글, 77면.

3. 법전원 설치대학에서 법학부를 두는 경우

법전원 설치대학이 학부에 법과대학 혹은 법학과를 두는 경우에는, 기초/이론 법학의 전진기지로 삼고, 이들 중에서 학문으로서의 법학에 관심이 있는 학생들은 일반대학원 법학과에 진학하여 공부를 할 수 있도록 해야 한다.[30] 법전원 설치대학의 법학과 학생이 법전원에 진학하게 되면 그동안 지적되어 온 법전원의 단기 교육연한으로 인한 법적 소양과 전문성 부족 우려도 씻을 수 있다.[31]

이론과 실무가 조화된 법학교육을 위해서는 로스쿨 설치 대학에 법학부를 둘 수 없도록 한 현행 법령을 개정하여 로스쿨 설치대학에 법학부를 두는 것이 필요하다.[32]

(1) 로스쿨 지역할당의 퇴색

현재 '개업 변호사 75%는 서울에 개업을 하여 지방에 변호사가 없다'는 최근 법률신문 기사[33]에 따르면, 지방 로스쿨을 졸업하고도 대부분 서울에 개업을 한다는 것인데, 그렇다면 로스쿨 지역할당을 한 의의는 이미 퇴색되었다고 보인다.

로스쿨 출범 당시에는 지정된 25개 대학에 대해 로스쿨 평가를 실질적으로 하여 정원 축소/증가, 그리고 로스쿨 인가지정취소, 새로운 로스쿨 인가지정승인 등을 할 여지를 보여 놓고, 현재 로스쿨 출범 16년째인데 아무것도 이루어지지 않고 있다.

로스쿨 선정 당시에는 총점에서 더 높은 점수를 받았으나, 지역균형할당제도 및 로스쿨 개수를 25개로 한정했던 기준 때문에 탈락했던 수도권 법과대학들도 여섯 개 대학에 이른다.[34] 특히 동국대, 국민대, 홍익대 법대의 경우에는 쉽게 결

---

30) 윤성현, "학부 법(학)교육의 정상화와 융합교육/시민교육으로의 방향 전환 모색", 『2024년 주요 4대 법학회 공동학술대회 '한국의 법학교육과 변호사 자격제도' 자료집』, 2024. 2. 28. 개최, 41면.

31) 윤성현, 앞의 글.

32) 성중탁, 앞의 글, 105면.

33) "개업 변호사 75%가 서울에… 지방에 젊은 변호사가 없다", 법률신문 2024.3.18. 기사. https://www.lawtimes.co.kr/news/196785

34) 로스쿨 인가신청 평가 총괄 점수에서 동국대는 로스쿨 설치대학 7군데보다 높은 점수를 받았으나 탈락했고, 국민대, 홍익대는 로스쿨 설치대학 5군데보다 높은 점수를 받았으나 탈락했으며, 단국대는 로스쿨 설치대학 두 군데보다 높은 점수를 받았으나 탈락했다.

과에 승복할 수 없었을 것이다. 그리고 기나긴 시간 추가 인가 지정을 기다려왔을 것이다.

1) 로스쿨 비설치 권역 법학부 졸업생의 변시응시자격

가령 경상남도에는 여전히 로스쿨 설치대학이 없다. 이 또한 문제라 생각된다. 지역 균형이라면 경상남도에도 로스쿨이 있어야 할 것이고, 전라남도에도 로스쿨이 있어야 할 것이다. 지역 균형을 제대로 할 게 아니라면 준칙주의로 가야 한다. 준칙주의로 가지 않고 더 이상 로스쿨 인가를 하지도 않을 것이라면 로스쿨 설치대학이 없는 경상남도의 법학부 졸업생들, 혹은 울산광역시나 전라남도의 법학부 졸업생들에게는 변호사시험응시기회를 주어야 한다.

2) 법학전문대학원 미설치 특별지역 소재 대학 법학과

로스쿨 미설치 특별지역 법학부 졸업생들에 대한 변호사시험 특별응시 대통령령 등의 제정이 필요하다. 지역균형을 온전히 하려면 경상남도에 1곳, 전남도에 1곳, 울산광역시에 1곳, 충청남도에 1곳 추가 지정이 선행되어야 한다.

[표 9]에서 볼 수 있듯이 현재 다섯 개 자치단체의 15개교가 법학전문대학원 미설치 지역 소재 법학과이다.

(2) 학부로스쿨 체제의 도입

앞에서 주요 25개 대학의 법학부를 폐지해서 낙수효과를 기대하기 힘들다고 언급한 바 있다. 학부에 법학과가 없으니 애초에 의예과 또는 치의예과에 진학하려는 학생들이 많아졌다. 이는 장차 법률가가 되고자 하는 목표가 뚜렷함에도 불구하고 주요 대학에 법학부는 설치되어 있지 않아, 주요 대학에 진학하고 싶은 학생들은 학부 4년 동안 법학과 무관한 학문을 배워야 하는 딜레마 측면과 연계되어 있다.

따라서 로스쿨을 꼭 전문대학원에만 설치할 필요가 있을지 의문이다. 로스쿨을 학부에 설치하게 되면 법률직을 희망하는 학생들은 곧바로 학부로스쿨에 진학할 수 있을 것이다. 4년제 학부로스쿨을 설치하게 되면 법률직을 희망하는 학생이 불필요하게 비법률학과를 거쳐 로스쿨에 진학하지 않아도 되고, 지금처럼 우

그리고 영산대, 숙명여대, 한남대, 조선대, 숭실대는 로스쿨 설치대학 한 군데보다 높은 점수를 받았으나 탈락했다. http://www.lec.co.kr/news/articleView.html?idxno=12774

수 인재들이 의치대로만 몰리는 사회적 현상도 어느 정도 완화시킬 수 있을 것이다.

대학 자율에 맡겨 학부로스쿨을 원하는 대학은 학부로스쿨을 설치하고, 전문대학원에 로스쿨을 설치하고자 하는 대학은 로스쿨 전문석사과정을 설치하면 될 것이다.

4. 사회 구성원 다수가 접하는 법학

이제부터라도 학부 법학과 설치 대학 중에서 새로이 로스쿨로 전환되는 대학도 나와야 한다. 지금 국내에는 많은 법학과가 사라졌고 또한 사라지고 있다.

법학교육의 상생을 언급하려면, 선결적으로 법학과는 마구 폐과되거나 통폐합되어도 상관없고, 로스쿨은 단 한 곳이라도 학부 법학과로 전환되면 안 되는가 하는 의문에 대한 설득력 있는 답이 전제되어야 한다.

법학이 소수의 점유물이 아니라 많은 시민들이 법학 교과서를 읽고 법학을 얘기하는 그러한 사회가 될 수 있어야 할 것이다.

(1) 준칙주의로의 변경에 대한 검토

"한국은 법학전문대학원에 준칙주의가 아닌 인가주의를 채택하였다. 이에 따라 전국에서 오직 25개의 법학전문대학원만을 인가했을 뿐만 아니라 총입학 정원도 2,000명으로 한정하였다. 지역균형발전과 특성화 정책이 인가를 고려하는 과정에 적용되었다. 법학전문대학원이 수도권 중심주의에 대항하는 수단으로도 도입된 것이다."[35]

'지역균형발전'과 '특성화 정책'은 인가주의로 했던 근거 중 하나로 추정되는데, 앞에서도 언급했지만 2024년 3월 18일 법률신문 기사에는 "개업 변호사 75%가 서울에… 지방에 젊은 변호사가 없다" 제하에 지방대 로스쿨을 졸업하더라도 대체로 서울로 가는 현실을 기사화하였다. 이러한 형국이라면 인위적인 인가주의 또는 로스쿨인가대학 설정으로 '지역균형발전'을 도모하기에는 이미 역부족인 것 같다.

의사들만 지방근무를 하지 않겠다고 하는 것이 아니라 변호사도 지방에서는

---

35) 양천수, 앞의 글, 19면.

근무를 하지 않으려고 하여 변호사 구하기가 지방은 더 어렵다.[36]

바야흐로 수도권이든 지방이든 로스쿨 설치하겠다는 의지가 있고 대학에서 로스쿨을 하겠다고 하면 원하는 대학은 모두 로스쿨 설치를 할 수 있게 해줄 시점이라 생각한다.

그러므로 차제에 법학전문대학원을 설치하고자 하는 대학들이 일정 기준만 충족하면 로스쿨로 전환할 수 있도록 '준칙주의'로 변경하는 것을 깊이 고심해야 할 것이다.

1) 준칙주의 변경의 선결조건

그런데 준칙주의로의 변경에는 선결조건이 있다. 변호사시험 합격자 숫자의 증가가 전제되어야 한다. 변호사시험 합격자 숫자의 증가가 전제되지 않은 준칙주의는 변호사시험 합격률의 저하로 귀결되고 이는 현재 로스쿨에 상당한 부담으로 작용할 것이다. 변호사시험 합격률의 증가는 당연히 대한변호사협회의 반대에 부딪칠 것이고 대한변협이 반대할 명분은 평가 규제 권한이다.[37]

로스쿨에 대한 평가 규제 권한이 교육부 산하 대학법학위원회로 일원화된다면 변호사시험 합격자 숫자 조정문제에서 조금 더 재량이 생길 것이다.

로스쿨을 하겠다고 의욕을 가진 대학은 일정 기준만 충족하면 다 설치할 수 있도록 제도를 변화시켜도 된다고 생각한다. 로스쿨 하려고 개별 대학이 재정을 많이 쏟아부었는데 제대로 운영이 안 되면 개별 대학이 알아서 할 일이지 국가가 후견적 입장에서 막을 일은 아닐 것이다.

그런데 이 부분은 대한변협에서 변시합격자 증가를 허락해 주어야 실질적으로 기존 로스쿨의 어려움이 덜할 수 있다. 대한변협과 협의가 되지 않은 준칙주의는 기존 로스쿨의 합격률 저하로만 연계될 것이다.

그렇기 때문에 대한변협과 상의하지 않고 법학교수들끼리만 로스쿨 설치에

---

36) 노수환, "로스쿨 체제 이후 우리 법학교육과 변호사 자격제도가 나아갈 방향"에 대한 토론문, 『2024년 주요 4대 법학회 공동학술대회 '한국의 법학교육과 변호사 자격제도' 자료집』, 2024. 2. 28. 개최, 157면.

37) 한편 대한변협의 입장도 이해가 간다. 변호사숫자는 지속적으로 증가하고 있고 대한변협은 변호사직역의 이익을 수호하는 단체인데 대한변협이 변호사숫자 증가에서 손을 떼도록 요구할 수만은 없다. 변호사숫자 증가에 따른 업계의 어려움에 대한 다른 대안이 제시되어야 하는데, 이러한 대안은 교육부보다는 법무부가 더 잘 제시할 수 있는 부분도 있을 것이다. 이러한 점 때문에 위원회를 법무부가 아닌 교육부로 일원화하는 문제도 조심스러운 부분이 있다.

관한 준칙주의/인가주의 논의를 한들 아마 준칙주의에 대한 논의도 결국 다수결에서 부결되어 인가주의 형태 지속으로 가닥 잡힐 가능성이 높을 것이다. 대한변협을 설득해서 변시합격자 숫자를 늘려야 하는데 대한변협을 설득할 아젠다가 많지 않다.

변시합격자 숫자를 늘리지 않은 상태에서 인가주의, 준칙주의만 논하면 당연히 어느 로스쿨에서 준칙주의를 찬성하겠는가.[38] 그리고 대한변협 입장에서도 업계가 사실 힘든 건 마찬가지일 텐데 대안 없이 변호사시험 합격자 숫자 증가에 찬성하기도 어려울 것이다.

대한변협을 설득할 아젠다는 교육부보다는 법무부가 더 잘 제시할 수 있겠지만 어떠한 당근을 제시한다 하더라도 변호사시험 선발 숫자의 대폭적 증가는 한계에 부딪칠 것이다. 대학에 로스쿨이 설치되어 있으니 주무부처는 교육부가 맡는 게 옳지만 교육부에서 대한변협을 설득하여 문제를 해결하는 부분은 법무부가 맡아 해결하는 것보다 더욱 요원하게 느껴지기도 한다.

그렇다면 만약 대한변협에서 변호사시험 합격자 숫자 증원에 당장 동의해주지 않는다면 어떻게 할 것인가? 그렇다고 준칙주의를 포기할 필요는 없을 것이다. 로스쿨 전환 신청하는 법학부가 증가하여 개별 로스쿨의 변시합격률이 다소 낮아진다면 결국 장기적으로는 변호사시험 합격자 숫자는 증가하는 방향으로 가게 될 것으로 판단된다.

2) 로스쿨 규제권한의 교육부 관할

대학에 로스쿨을 설치했다면 평가 규제 권한, 시험 규제 권한은 교육부로 이관이 되어야 할 것이다. 인가주의에서 준칙주의로 변경된다면 교육부는 더 이상 인가규제 권한을 행사할 필요가 없다. 따라서 현재 법무부가 행사하고 있는 시험 규제 권한과 대한변협이 행사하는 평가 규제 권한을 교육부 산하 대학법학위원회에서 행사하도록 하는 것이 필요하다.[39]

교육부가 권한 행사를 할 수 없다면 굳이 대학 안에 법조양성기관이 존재할 이유가 적어진다.

---

38) 그럼에도 불구하고 변시합격 증원 없이 준칙주의로 변경된다 하더라도 로스쿨 전환 신청을 할 법학부들은 존재할 것이다.

39) 기존에도 교육부에 법학교육위원회가 설치되어 왔으나, 대한변협 법학전문대학원 평가위원회와 법무부 법조인력과의 권한을 이양받아 교육부 산하에 통합한 실질적 위원회가 필요하다.

또한 지금처럼 법무부, 대한변협이 함께 규제 권한을 행사한다면 어느 쪽도 책임을 제대로 질 수가 없다.[40] 교육부에 대학법학위원회를 설치하고 대학법학위원회에서 변호사시험출제를 담당하고 합격률을 결정하면 된다.

교육부 대학법학위원회의 구성은 위원장을 교육부장관으로 하고 위원을 한국법학교수회장, 법학전문대학원협의회장, 전국법과대학교수회장,[41] 법원행정처 차장, 법무부 법조인력과장, 대한변호사협회장, 로스쿨교수 3인, 로스쿨 미설치대학의 법학교수 3인으로 하는 구성이 적절하다고 생각한다. 위원회에 법학을 전공한 언론인 1인을 추가 포함시켜도 좋다. 위원회의 결정은 언론보도와 입법을 통해 정책으로 반영되어야 한다. 두세 개 정당의 국회 법제사법위원회 위원인 국회의원을 포함시키면 결정을 입법화하는 부분에 있어서 더 좋겠지만 위원회 당연직 위원으로 포함시키는 것 자체가 쉽지 않을 것이다. 또한 명칭부터 로스쿨위원회가 아닌 대학법학위원회가 설치되어 로스쿨과 법학부의 상생발전을 도모해야 한다.

(2) 법률가 교육 담당기관의 다변화

앞의 'IV. 직업적 측면에서의 법학부의 법학교육(상세)'는 현재의 체제 하에서 법학부의 교육설정 방향이 될 수 있을 것이다. 그런데 앞에서 언급하였듯이 이러한 교육방향 설정은 가장 바람직한 방향이기 때문이라기보다 어쩔 수 없는 현실 속에서, 그나마 찾을 수 있는 명분을 찾아보려는 궁여지책일 뿐이다.

V. 맺음말

본고에서 학부 법학교육을 둘러싼 많은 논점을 제시했지만 그 중 어느 하나라도 실제로 실현되기는 매우 어렵다는 것을 안다. 16년간 논의는 무수히 있어 왔기 때문이다. 그래서 많은 논점의 제시가 공허한 메아리가 될 것도 안다.

사실 이 글을 쓰는 입장에서 논의를 하기 쉽지 않은 부분이 많았다. 로스쿨

---

40) 가령 행사에서의 공동위원장 체제는 단일위원장 체제보다 책임의 소재가 불분명하기 때문이다.
41) 전국법과대학교수회 또는 대한법학교수회가 학부 법학과 교수님들의 협의체로 존재하고 있으므로 양대 교수회 중 어느 교수회가 포함되든 크게 상관은 없다. 매년 번갈아 참여해도 된다. 학부 법학과 교수들의 목소리가 담긴 협의체도 법학전문대학원협의회와 대등하게 한 곳 정도는 의사결정 과정에 참여해야 한다는 의미이다.

이 현재 어려움에 처한 여건도 알고 있고 로스쿨 전임교원들의 어려움도 알고 있기 때문이다.

'피의사실공표죄'는 수사하고 기소하는 검경공무원을 처벌대상으로 하는 범죄이기 때문에 공소제기가 거의 발생하지 않는 범죄이다. '피의사실공표죄' 형량을 높이자는 주장이 많았지만 그럴수록 '피의사실공표죄'는 더 사문화되어 왔다. 형량을 높이면 조직 내 징계를 심하게 받게 되어 더더욱 수사기관 스스로의 자기통제를 기대하기 어렵기 때문이다.

'피의사실공표죄'를 차라리 벌금형으로 처벌하고 과실범 규정도 신설해야 사문화(死文化)에서 탈피하게 될 것이다.[42]

이와 마찬가지로 학부 법학교육에 관한 무수한 논의가 있을 때에는 기본으로 돌아가야 한다고 생각한다.

기본으로 돌아간다는 것은 무엇을 의미하는가?[43] 로스쿨과 함께 학부 법학과도 이 땅에 많이 존속하여 한국의 법률가 교육을 로스쿨과 함께 담당하는 그러한 상생의 방향 개선이 이루어지기를 기대한다. 4년간 법학교육을 받고 법학사를 취득한 졸업생들에게 그에 상응하는 노력과 지식을 합리적으로 인정해 주는 시스템만이 현재의 어려움을 극복할 수 있다고 생각한다.

인류 역사와 한국의 역사에서 학부 법학과의 역사는 상당히 길고, 비록 현재는 학부 법학과가 어려움에 빠졌지만, 법학과는 장기적으로는 다시 회복할 가능성이 있는 중요한 학과이다.

그리고 많은 학교들이 법학과를 축소하거나 학부제 통합을 하는 와중에도 법학과를 잘 유지하는 것이 새로운 패러다임 또는 혹시 도래할 새로운 제도에서 경쟁력 상승으로 이어질 것이다.

또한 4년간 법학을 공부한 법학과 졸업생들은 사회 어느 분야에 진출하든 법학적 지식과 마인드를 배경으로 하여 훌륭한 사회인으로 성장해 나갈 수 있다고 생각한다.

---

42) 안정빈, "현행 형법상 피의사실공표죄 해석과 입법론-벌금형 부과와 과실범 규정 신설을 중심으로-", 형사법연구 제36권 제2호, 한국형사법학회, 2024, 170면.

43) 판결에 있어서도 마찬가지로 법의 기본원칙을 강조한 바 있다. 안정빈, "과실범 공동정범 및 과실범에서의 정범과 공범의 구별-실화죄 과실경합 등 비의료영역에서의 과실범과 의료과실의 비교를 중심으로-", 중앙법학 제25권 제4호, 중앙법학회, 2024, 174면.

제 4 장 한국의 법학연구

법학연구의 역사

- 학문의 전통과 방법을 중심으로 하여 -

양 천 수*

Ⅰ. 머리말

최근 우리 법학의 위기가 진지하게 언급된다.[1] 법학이 심각한 위기에 직면해 있으며 자칫 고사할 수도 있다는 위기감이 법학 전반을 지배한다. 이에 법학의 위기를 어떻게 해결할 수 있는지가 논의된다. 이 글은 이러한 문제의식에서 출발한다. 우리 법학이 처한 위기에 나름 돌파구를 마련한다는 맥락에서 그동안 전개된 우리 법학 연구의 역사를 간략하게 살펴보고자 한다.

하지만 이러한 작업이 성립하려면 다음과 같은 점이 전제되어야 한다. 첫째, 법학은 독자적인 학문이라는 점이다.[2] 둘째, 우리에게 법학의 역사, 달리 말해 법학 연구의 전통이 존재한다는 점이다. 셋째, 우리 법학이 위기가 아닌 때, 바꿔 말해 나름 활발하게 성장하던 때가 있었다는 점이다. 우리 법학의 연구 역사를 개관하고자 하는 이 글이 성립하려면 이러한 전제가 충족되어야 한다. 그러나 주지하다시피 이러한 전제에는 의문이 제기된 적이 있다.[3] 극단적으로는 우리 법학이 과연 학문으로 존재한 적이 있는가에 의문이 던져지기도 한다.

이러한 상황에서 이 글은 일단 위에서 말한 세 가지 전제, 즉 법학은 학문이고 우리에게는 법학 연구의 전통이 있으며 우리 법학은 학문으로서 활발하게 성

---

* 영남대학교 법학전문대학원 교수.

1) 많은 연구 가운데 형법학의 관점에서 이를 지적하는 이원상, "한국 법학 교육과 형법학의 위기 극복에 대한 소고", 비교형사법연구 제23권 제2호(2021. 7), 245-276면 참조.

2) 법학의 학문성 문제에 관해서는 양천수, "기초법학의 의의와 필요성", 법철학연구 제25권 제1호 (2022. 4), 95-122면 참조.

3) 예를 들어 율리우스 헤르만 폰 키르히만, 윤재왕 (옮김), 『법학의 학문으로서의 무가치성』(박영사, 2019), 80면 아래(옮긴이 후기) 참조.

장하던 때가 있었다는 점을 긍정하면서 우리 법학 연구의 역사를 조감하고자 한다. 다만 우리 법학 연구의 역사를 살펴본다는 것은 전문적인 연구 능력을 필요로 하는 매우 방대한 작업이다. 이에 이 글은 우리 법학 연구의 전통과 방법에 초점을 맞추어 논의를 전개하고자 한다.

Ⅱ. 법학 연구의 역사 개관

1. 4단계 모델

아래에서는 4단계 모델을 활용하여 우리 법학 연구의 역사를 개관한다. 여기서 4단계 모델은 우리 법학 연구의 역사를 '종속 → 독립 → 발전 → 위기'로 이어지는 단계로 정리하는 모델을 뜻한다. 이때 우리 법체계의 전개 과정과 법학 연구의 전개 과정을 함께 고려하고자 한다. 법학은 기본적으로 법체계를 연구 대상으로 하기에 우리 법체계가 어떻게 발전해 왔는지는 법학 연구의 역사에도 영향을 미친다고 말할 수 있기 때문이다.

2. 제1단계: 일본 법학 의존의 시대

제1단계는 우리 법학 연구가 아직 독자성을 획득하지 못한 단계이다. 이때 우리 법학은 일본 법학의 압도적인 영향을 받았다. 이에 관한 결정적인 이유로 우리가 일제강점기를 거쳤다는 점을 들 수 있다. 이에 따라 우리는 비자발적으로 일본법과 일본 법학을 계수하게 되었다. 물론 이때 주목해야 할 점은 비자발적 계수의 준거점이 되는 일본법이 일본 고유의 것은 아니었다는 점이다. 가령 우리가 받아들인 일본법은 프랑스와 독일을 중심으로 하는 서구의 대륙법이었다. 그 이유는 일본 역시 메이지 유신 이후 급속한 근대화 과정의 일환으로, 특히 서구 열강과 체결한 불평등 조약을 개정하기 위한 일환으로 서구법, 그중에서도 서구 민법을 조속히 받아들여야 했기 때문이다.[4] 이 같은 까닭에 초기 일본 법학은 법규범과 법현실의 괴리 문제, 국가가 제정한 법과 실제로 일본 사회에 있는 법 간

---

4) 이에 관해서는 우치다 타카시, 정종휴 (옮김), 『법학의 탄생: 근대 일본에서 '법'은 무엇이었는가?』 (박영사, 2022), 제5장 참조.

의 차이에 관심을 가졌다. 이는 우리 법학의 제1단계에도 영향을 미쳤다.5)

법학 연구의 출발점이자 대상이 되는 현행법이 어쩔 수 없는 상황에서 우리 법이 아닌 일본법이 되면서 우리 법학은 일본 법학, 좀 더 정확하게 말하면 대륙 법학을 계수한 일본 법학을 준거점으로 하였다. 이에 따라 일본 법학은 자연스럽게 우리 법학에 많은 영향을 미쳤다.6) 예를 들어 헌법학에서는 옐리네크(Georg Jellinek) 등 법실증주의의 영향을 받은 그리고 천황기관설로 유명한 미노베 타츠키치(美濃部達吉)와 그 제자들이 전개한 이론이, 민법학에서는 와가츠마 사카에(我妻榮)의 이론이, 형법학에서는 마키노 에이이치(牧野英一) 등의 이론이, 행정법학에서는 타나카 지로(田中二郎)의 이론이 그리고 법철학에서는 켈젠(Hans Kelsen)의 영향을 강하게 받은 오다카 토모오(尾高朝雄)의 이론이 한국 법학의 준거점이 되었다.7)

3. 제2단계: 학설 계수와 교과서 법학의 시대

(1) 일본 법학에서 독립 추구

제2단계는 우리 법학이 일본 법학에서 벗어나고자 한 단계이다. 주의해야 할 점은 이 단계에서 우리의 법체계와 법학 사이에는 괴리가 있었다는 것이다. 법체계, 가령 입법과 법원 실무는 여전히 일본법 및 법학에서 벗어나지 못한 데 반해 법학, 달리 말해 학설은 적극적으로 일본 법학에서 탈피하고자 노력했다는 점이다.8)

---

5) 판례 연구는 바로 이러한 맥락에서 시작되었다고 볼 수 있다. 이에 관해서는 스기모토 다카히사, 이영미·문준영 (옮김), "20세기 초두 일본 민법에서의 「판례」와 「법원」: 스에히로 이즈타로의 소설을 중심으로", 법사학연구 제40호(2009. 10), 89면 참조. 법규범과 법현실의 괴리라는 문제의식은 민법학자이자 법사회학자인 카와시마 타케요시(川島武宜)가 수행한 '일본인의 법의식' 연구로 집약되어 나타난다. 川島武宜, 『日本人の法意識』(岩波新書, 1967) 참조.

6) 이에 관해서는 한상범, "한국법학계를 지배한 일본법학의 유산: 1940~50년대 동경대학 법학부 교수들의 이론과 학설을 중심으로", 역사비평 제15호(1991. 11), 157-178면 참조.

7) 미노베 타츠키치에 관해서는 김창록, "근대 일본 헌법사상의 형성", 법사학연구 제12호(1991. 12), 69-98면 참조. 와가츠마 사카에에 관해서는 양천수, "와가츠마 사카에(我妻榮)의 법진화론", 안암법학 제65호(2022. 11), 57-94면 참조. 마키노 에이이치에 관해서는 吉川經夫 외, 허일태 (책임번역), 『일본형법이론사의 종합적 연구』(동아대학교 출판부, 2009), 232-291면 참조. 오다카 토모오에 관해서는 김창록, "오다카 토모오(尾高朝雄)의 법사상: 오다카 토모오와 식민지 조선", 법사학연구 제46호(2012. 10), 433-458면; 김창록, "오다카 토모오(尾高朝雄)의 법사상 II: 패전 전후 일본의 연속을 변증한 '노모스주권론'자", 법사학연구 제48호(2013. 10), 217-249면 참조. 행정법학자 타나카 지로는 헌법학자 미노베의 제자이다.

8) 이를 지적하는 양창수, "어느 법학교수가 살아온 이야기", 『민법연구』 제10권(박영사, 2019), 8면 아래 참조.

그때 우리 법학이 의거했던 기준점은 독일 법학이었다. 이는 민법학, 형법학, 공법학에서 공통적으로 진행되었다. 그 점에서 우리 법학에서도 이른바 '학설 계수'가 이루어졌다고 말할 수 있다.9) 법체계를 구성하는 입법과 사법은 일본법을 주로 참고하는 데 반해, 학문체계에 속하는 법학은 독일 법학을 적극적으로 수용한 것이다. 이는 당시 우리 법 및 법학이 외국법 및 법학을 수용하는 과정에서 맥락적 복합성이 존재했다는 점을 보여준다.

(2) 교과서 법학과 수험법학

이처럼 우리 법학은 제2단계에서 주로 독일 법학에 의지하여 일본 법학에서 독립하고자 노력하였지만 동시에 법학이 학문으로서 채 자리매김하지 못한 채 몰락해 가는 문제도 마주해야 했다. 법학이 독자적인 학문으로 정립되기보다는 '교과서 법학'이나 '수험법학'으로 전락하는 문제가 그것이다.10) 이는 사법시험이라는 국가시험이 법과대학이라는 교육체계와 법학이라는 학문체계를 식민지화한 결과였다.11) 이는 다음과 같은 결과로 이어졌다.

우선 법과대학 교육이 사법시험에 강한 영향을 받았다. 이는 상반되는 두 가지 방향으로 구체화되어 나타났다. 첫째는 법과대학 교육이 (표면상으로는) 사법시험과 무관하게 이루어지는 것이었다. 예를 들어 법과대학 교육을 담당하는 교수들은 사법시험의 출제 경향에 상관없이 자신들이 관심을 가지는 학문적 주제를 법과대학 수업에서 다루었다. 그 때문에 사법시험을 지향하는 학생들은 수험적합성이 없다는 이유로 법과대학 수업을 등한시한 채 '신림동'으로 상징화되는 고시학원에서 자신들이 원하는 수험법학 교육을 수강하였다. 법과대학 교육과정이 강

---

9) 학설 계수에 관해서는 北川善太郎, 『日本法学の歴史と理論: 民法学を中心として』(日本評論社, 2009), 11면 아래 참조.

10) 이를 지적하는 양창수, "우리 민법학 70년의 성과와 앞으로의 과제", 『민법연구』 제10권(박영사, 2019), 40면 아래 참조.

11) 다만 국가시험이 학문에 막대한 영향을 미치는 현상은 동서고금을 막론하고 꽤 보편적인 현상으로 보인다. 중국에서 과거시험 과목으로 주자학이 채택되면서 주자학이 유교의 지배적인 학파로 자리매김한 현상도 이러한 예로 언급할 수 있다. 이에 관해서는 시마다 겐지, 김석근 (옮김), 『주자학과 양명학』(AK커뮤니케이션즈, 2020), 203-204면 참조. 나아가 일본의 도쿄제국대학이 애초에 국가에 필요한 관료를 양성하기 위해 설립되었고 그 때문에 법학부 교육 자체가 관료 양성을 지향했다는 점도 고려할 필요가 있다. 다치바나 다카시, 이정환 (옮김), 『도쿄대생은 바보가 되었는가』(청어람미디어, 2002), 88면 아래 참조.

단 수업과 학원 수업으로 이원화된 것이다. 둘째는 법과대학 교육이 사법시험을 지향하는 수험법학에 적극적으로 대처하는 것이었다. 이를테면 사법시험 출제 경향에 맞추어 법과대학 수업을 진행하거나 학교 안에 고시원 등을 설치하여 법과 대학 자체를 고시학원화하는 방안을 언급할 수 있다.

이러한 경향은 법학이라는 학문체계에도 영향을 미쳤다. 그 결과 학문을 책임지는 교수들은 연구 논문이나 연구서를 생산하기보다는 교과서, 그것도 수험에 적합한 교과서를 집필하는 데 더욱 집중하였다. 이는 사법시험 수험생이 급증하고 이에 따라 수험시장이 확대되면서 가속화되었다. 이로 인해 교과서를 출판했는지가 교수의 권위나 학문성을 측정하는 기준이 되기도 하였다. 수험생의 관점에서 과장해서 말하면 법과대학 교수는 교과서를 쓴 교수와 그렇지 않은 교수로 구별되고는 하였다. 가끔 생산되는 연구 논문도 정규 학술지가 아닌 고시 잡지에 게재되는 경우가 많았다.[12] 사실 그렇게 하는 게 열독률을 높이는 방안이 되기도 하였다.

4. 제3단계: 우리 법학의 독자적 발전

제3단계는 우리 법학이 학문의 모습을 본격적으로 갖추면서 독자적 · 다원적으로 발전하는 단계로 볼 수 있다. 이 시기 우리 법학은 일본 법학이나 독일 법학처럼 어느 한 국가의 법학에만 의존하지 않고 다양한 국가의 법학을 다원적으로 참고 및 흡수하면서 양적 · 질적으로 성장하였다. 그 이유를 다음과 같이 말할 수 있다.

(1) 다원적 비교법에 바탕을 둔 입법

먼저 법학 연구의 대상이 되는 법체계에서 이루어지는 입법이 외국법을 다원적으로 참고하게 되었다는 점을 언급할 수 있다. 입법의 측면에서 볼 때 우리 법은 일본법의 영향에서 벗어나게 되었다. 그렇다고 해서 우리 입법이 일본을 대

---

12) 이러한 까닭에 그 당시에는 창의적인 논문이 고시잡지에 게재되기도 하였다. 예를 들어 계약의 해제 효과에 관한 독일의 청산관계설을 국내에 소개한 김형배 교수의 논문은 고시잡지인 「고시연구」에 실렸다. 김형배, "해제의 효과에 관한 법리구성", 고시연구 제55호(1978. 10), 41-51면 참조. 이와 관련하여 「고시연구」를 발행한 고시연구사가 창간 20주년을 기념하여 발행한 기념논총은 「고시연구」에 게재된 주목할 만한 논문을, 저자 자천의 방식으로, 선정해 모아 놓고 있다. 기념논총간행위원회, 『고시연구 창간 20주년 기념논총』(고시연구사, 1994) 참조.

신한 특정 국가의 입법만을 참고하는 것은 아니다. 오히려 입법하는 과정에서 세계 각국의 입법 현황을 다원적으로 참고하게 되었다고 말할 수 있다. 이는 다음과 같이 진행되었다.

우리 입법이 일본법이라는 준거점에서 독립하자 이번에는 미국법이 중요한 참고 대상이 되었다. 이는 미국이 주도한 통일 지향의 세계화와 무관하지 않다.[13] 이에 따라 기업지배구조, 지식재산권, 국제 거래 등에 관해 미국법이 한동안 글로벌 스탠더드로서 우리 입법의 준거점이 되었다.

이후 전 세계의 다원화 경향에 발맞추어 우리 입법이 참고하는 비교 대상 법도 확장 및 다원화되었다. 이를테면 영미법이나 대륙법을 넘어 동아시아법도 주요 참고 대상으로 포섭되었다. 중국법이나 대만법이 대표적인 예가 된다. 최근에는 유럽연합법이 우리 입법의 중요한 참고 자료가 된다.[14] 데이터, 플랫폼, 인공지능, 의약품, 의료기기, 공급망 실사 등에 관해 진행되는 유럽연합의 입법을 이러한 예로 언급할 수 있다.[15]

(2) 우리 법체계의 독자적 발전

이에 더해 최근 우리 법체계는 외국법을 수용하는 데 그치지 않고 독자적으로 발전하는 추세를 보인다. 이는 법 적용과 법 정립, 즉 사법과 입법 두 측면에서 관찰할 수 있다.

먼저 사법의 측면에서 보면 우리 법원 실무는 이미 소송폭발의 시대로 접어들었다.[16] 우리 사회는 이제 더 이상 소송을 기피하는 사회가 아닌 것이다. 이에 따라 다양하고 복잡한 분쟁을 처리해야 하는 소송이 대폭 증가하였다. 더불어 이를 해결하기 위해 다양한 판례 법리가 새롭게 형성된다. 최근 대법원 전원합의체 판결이 눈에 띄게 증가한 것이 이를 보여준다.

---

13) 이에 관해서는 양천수, "법의 세계화와 한국법의 위상", 국가법연구 제20집 제3호(2024. 8), 1-27면 참조.

14) 물론 이는 우리만의 현상은 아니다. 최근 유럽연합이 진행하는 입법은 전 세계의 규범적 기준이 되고 있다. 이에 관해서는 Anu Bradford, The Brussels Effect: How the European Union Rules the World (Oxford University Press, 2020) 참조.

15) 이 가운데 인공지능법에 관해서는 양천수, "유럽연합 인공지능법과 인공지능 규제", 규제법제리뷰 제24-1호(2024. 2), 127-172면 참조.

16) 이에 관해서는 김정오, 『한국의 법문화: 인식, 구조, 변화』(나남출판, 2006) 참조.

나아가 입법의 측면에서도 우리나라는 입법 폭증의 시대를 맞이하였다. 이는 대중 민주주의의 요청에 응답한 결과로 볼 수 있다. 정부 입법을 대신해 의원 입법이 증가하면서, 무엇보다도 입법안 발의 자체가 의원에 대한 중요한 평가 요소가 되면서 입법 자체가 양적으로 늘어났다. 이의 반작용으로 스마트 입법 및 입법평가의 필요성이 요청된다.[17]

그러나 '양질 전화'라는 상투적인 표현이 시사하듯이 입법 폭증은 긍정적인 이바지도 하였다. 우리나라 고유의 독자적인 제도화와 입법이 이루어지기도 하는 것이다. 세계 그 어느 나라보다 디지털화를 신속하게 진행하면서 전자소송이 선도적으로 제도화되었다.[18] 포지티브 규제와 네거티브 규제 논의도 다른 나라에서는 찾아보기 어려운 우리의 고유한 제도화 논의이다.[19] 정보보안법이나 ICT 관련 법도 우리나라의 독자적인 성격이 강한 입법으로 평가할 수 있다. 인공지능에 대한 윤리적 규제 논의도, 물론 외국의 다양한 인공지능 윤리 기준을 참고하기는 했지만, 우리의 독자적인 색채가 강하다.[20]

(3) 법학자의 양적 증가

법학을 전업으로 연구하는 법학자가 양적으로 증가하였다는 점도 언급할 수 있다. 법학이라는 학문체계가 존속 및 작동하려면 법학적 소통의 귀속 지점이 되는 법학자라는 인격이 필요하다. 이는 법학자의 역할을 수행하는 인적 존재, 즉 법학이라는 학문체계의 인적 환경이 존재해야 가능해진다. 법학자를 담당하는 인적 환경이 충분하게 뒷받침되면 될수록 법학적 소통은 그만큼 활성화될 수 있고 이에 따라 법학이라는 학문체계는 활발하게 작동할 수 있다. 역사적으로 보면 1980년대 초반 우리의 대학 체제가 졸업정원제를 채택하면서 전국적으로 대학이 증가하기 시작하였고 이에 발맞추어 법과대학 또는 법학과도 증설되었다. 법학자도 자연스럽게 증원되었다. 법학이 성장할 수 있는 인적·물적 토대가 마련된 것

---

17) 입법평가에 관해서는 심우민, "입법평가와 입법논증: 연계 가능성 모색을 위한 시론적 연구", 입법평가연구 제3호(2010. 9), 43-76면 참조.

18) 이에 관해서는 전휴재, "민사전자소송의 성과와 전망: 규범적 측면을 중심으로", 민사소송 제25권 제3호(2021. 10), 1-62면 참조.

19) 양천수, "포지티브 규제와 네거티브 규제: 의의와 배경을 중심으로 하여", 법학논총(조선대) 제31집 제1호(2024. 4), 89-124면 참조.

20) 대표적인 예가 과학기술정보통신부가 제정한 「국가 인공지능 윤리기준」이라 할 수 있다.

이다.

(4) 법학 소통매체의 확장 및 다원화

법학의 소통을 연결하는 소통매체가 확장 및 다원화되었다는 점도 언급할 수 있다. 이전까지는 교과서나 고시 잡지가 법학의 주된 소통매체로 자리 잡고 있었다. 그러나 1990년대를 기점으로 하여 소통매체가 확장 및 다원화되기 시작하였다. 말하자면 교과서 법학과 수험법학의 시대가 저문 것이다.

가장 뚜렷하게 눈에 띄는 점은 본격적인 법학 전문 학술잡지가 양적·질적으로 확대되었다는 것이다. 이에는 구 한국학술진흥재단(현 한국연구재단)이 주도한 등재학술지 작업이 적지 않은 기여를 하였다. 구 한국학술진흥재단이 주도한 등재학술지 작업을 통해 비록 타율적이기는 하지만 본격적인 법학 전문 학술지가 다양하게 등장하였다. 이에 발맞추어 등재학술지에 연구 논문을 게재했는지가 연구 업적 산정의 기준이 되면서 등재학술지에 게재되는 연구 논문도 양적·질적으로 증가하였다. 반면 이전까지 전성기를 누리던 고시 잡지는 몰락하기 시작하였다. 이에 따라 법학은 어엿한 학문체계의 일원으로 자리매김하게 되었다. 양적·질적으로 법학의 학문적 수준이 제고되었다.

더불어 본격적인 학술 저서, 가령 논문을 모은 단행본이나 연구 저서가 늘어나기 시작하였다.21) 이에 따라 교수들의 연구 관심도 자연스럽게 교과서 일변도에서 벗어나 자신에게 의미 있는 학술 저서를 집필하는 데까지 확대되었다.

(5) 법학의 독자적 발전

법체계가 여러 나라의 법을 다원적으로 참고할 뿐만 아니라 독자적으로 발전하게 되면서 법체계를 연구하는 법학도 이와 비슷한 발전 과정을 걷게 되었다. 법학의 비교법학적 참고 대상이 확장 및 다원화될 뿐만 아니라 우리 법학의 독자적 발전도 진행되었다. 예를 들어 독일 법학을 중심으로 한 대륙법학에서 영미법학, 특히 미국 법학으로 참고 대상이 확장 혹은 이전되었다. 이는 미국 중심의 세계화 그리고 사법개혁의 일환으로 도입된 법학전문대학원 체제의 영향이 크다.

---

21) 이에 관한 선구적인 예로 양창수 교수의『민법연구』시리즈나 정종섭 교수의『헌법연구』시리즈를 언급할 수 있다. 물론 그 이전에도 법학 연구 단행본이 없던 것은 아니었다. 김증한 교수의『민법논집』이나 김형배 교수의『민법학연구』등을 언급할 수 있다.

미국법 중심의 통일을 지향하는 실정법을 연구 대상으로 삼는 법학, 무엇보다도 회사법학에서 이러한 경향이 나타났다. 대륙법학 안에서도 독일 법학을 넘어 프랑스 법학이 중요한 참고 대상으로 포함되었다.[22]

그뿐만 아니라 우리 법학은 단순히 외국 법학을 다원적으로 참고하는 데 그치지 않고 이를 넘어 법학 연구의 독자성을 획득하기 시작하였다. 이에는 현재 제기되는 법적 문제나 현재 있는 법을 법학 연구의 출발점으로 삼는 방법론적 전환이 한몫하였다.[23] 이를테면 우리 법학이 판례를 적극적으로 연구 대상에 끌어들인 점을 들 수 있다. 왜 판례 연구를 해야 하는가에는 여러 대답을 할 수 있겠지만, 판례 연구야말로 현재 있는 우리의 법이 무엇인지를 포착하는 데 유용한 방법이 된다는 점도 유력한 이유가 된다. 판례를 분석함으로써 현재 사회가 요청하는 법적 문제를 인지하고 이에 법학이 학문적 대응 방안을 제공할 수 있다는 것이다. 이렇게 함으로써 우리의 독자적인 법적 문제에 천착하는 법학 연구가 이루어질 수 있게 되었다.

5. 제4단계: 우리 법학의 위기

그러나 우리 법학의 호황은 그리 오래 가지는 못하였다. 2010년대 중반 이후부터 법학의 위기가 언급되기 시작하였다. 그리고 이제는 매우 명백한 현상이 되고 있다. 법학의 위기에 대한 원인으로는 크게 세 가지를 언급할 수 있다.

(1) 법학 교육체계의 축소

먼저 법학을 뒷받침하는 법학 교육체계가 점점 축소하고 있다는 점을 거론할 수 있다. 이에는 여러 이유가 있지만 우리 사회가 급격하게 초고령화 축소 사회로 접어들면서 학령 인구가 현저하게 감소한다는 점이 결정적인 이유가 될 수 있다. 이로 인해 상당 부분 등록금에 의존하는 우리 대학, 특히 지방대학은 재정적인 어려움으로 정원을 감축해야 한다. 이는 법학 교육체계 축소로 이어진다.

---

22) 이를 보여주는 예로서 박정훈, "취소소송의 성질과 「처분」개념", 고시계 제46권 제9호(2001. 9), 6-34면 참조.

23) 이러한 방법을 강조한 학자로 양창수 교수를 언급할 수 있다. 양창수 교수의 법학 방법에 관한 분석으로는 양천수, "법학과 방법: 민법학을 예로 하여", 인권이론과 실천 제28호(2020. 12), 1-31면 참조.

(2) 법학 연구자의 축소

다음으로 법학 교육체계가 축소되면서 자연스럽게 법학 연구자들이 줄어들고 있다. 이에는 대학에 전임으로 재직하는 법학 교수뿐만 아니라 비전임 법학 연구자, 학문후속세대 연구자들이 포함된다. 무엇보다도 법학 연구에 전업으로 몸담고자 하는 학문후속세대가 줄고 있다. 안정적으로 법학을 연구하는 데 중요한 법학 교수직이 사라지면서 이들이 법학을 연구해야 할 동기나 인센티브가 줄었기 때문이다.

(3) 법학전문대학원 교육과정의 왜곡

나아가 법학교육 개혁의 일환으로 도입된 법학전문대학원 체제가 본래 목표와는 달리 왜곡되어 운영된다는 점도 원인으로 꼽을 수 있다. 이에 따라 다음과 같은 문제가 나타난다.

1) 변호사시험에 의한 식민지화

가장 먼저 언급할 현실이자 문제는 변호사시험이 법학전문대학원 교육과정을 식민지화하였다는 것이다.[24] 사법시험의 식민지로 전락했던 법과대학의 문제가 법학전문대학원에서도 되풀이되는 것이다. 이에 따라 법학전문대학원의 교육과정은 변호사시험의 시험과목에 해당하는지, 해당하는 경우 그 비중이 어떻게 되는지에 따라 선택과 집중의 대상이 되었다. 이에 우선 시험과목과 비시험과목이 구별되면서 전자는 선택의 대상으로, 후자는 배제의 대상으로 규정되었다. 나아가 시험과목의 비중에 발맞추어 교과목의 우선순위가 선택 및 집중되었다. 이로 인해 자연스럽게(?) '민사법 > 형사법 > 공법 > 전문법'이라는 합리적 선택의 서열이 만들어졌다. 비시험과목인 기초법학 과목은 이러한 서열에서조차 배제되었다.

2) 판례의 지배

다음으로 판례가 법학전문대학원 교육과정에서 가장 중요한 교육 대상으로 자리매김하였다는 점을 언급할 수 있다. 이상적인 법학전문대학원 교육과정 모델에 따르면 법학전문대학원에서는 법학 지식보다는 법적 사고 능력을 키우는 데

---

24) 이는 독일의 사회철학자 하버마스(Jürgen Habermas)가 제시한 '생활세계의 식민지화'를 변용한 것이다.

초점을 맞추어야 한다. 그러나 현실에서는 법적 사고 능력보다는 지식이, 그것도 학설보다는 판례 중심의 지식이 강조된다. 이 역시 변호사시험과 무관하지 않다. 판례가 변호사시험 정답 선택의 기준이 되면서 법학전문대학원에서도 어떻게 하면 판례를 정확하게 전달할 수 있는지에 관심이 집중된다.

물론 법학 교육에서 판례가 차지하는 비중은 결코 간과해서는 안 된다. 법학 교육은 기본적으로 '현재 있는 법'(de lege lata)이 무엇인지에서 출발해야 하는데, 이때 현재 있는 법으로는 실정법 이외에도 판례를 언급할 수 있기 때문이다. 판례는 현재 있는 법 가운데 하나로서 언제나 법적 논의의 출발점이 되어야 한다. 하지만 그렇다고 해서 법학 교육이 판례에 전적으로 구속되어서는 안 된다. 실정법도 변경될 수 있기에 절대적인 규범이 아닌 것처럼 판례 역시 언제나 변경 대상이 되기 때문이다.[25] 따라서 더욱 중요한 것은 판례가 어떤 배경에서, 어떤 이익 형량 과정에서 형성된 것인지, 그러한 배경이 '지금 여기서도' 여전히 유효한 것인지를 비판적으로 따져 묻는 논증적 작업이 되어야 한다.

3) 실무의 지배

나아가 법학전문대학원 교육과정에서 실무 과목이 과도하게 강조된다.[26] 물론 기존의 법과대학에서 이루어진 교육과정이 실무 능력을 도외시한 면이 있고 이로 인해 법학 이론과 실무 사이에 큰 괴리가 있었다는 점은 문제가 되었다. 그 때문에 법학전문대학원에서 실무 능력을 갖춘 법률가를 양성하는 것도 교육 목표로 포섭되었다. 하지만 그렇다고 해서 법학전문대학원이 마치 사법연수원처럼 실무 교육 기관이 되어야 하는지에는 반대 의견이 더 많았다. 미국의 Top 로스쿨이 그렇게 하는 것처럼 법학전문대학원에서는 기본적인 실무 교육만 실시하고 구체적이고 전문적인 실무 능력은 실제 실무를 경험하는 과정에서 습득하도록 하는 게 목표로 설정되었다. 애초에 실무 능력이라는 것은 실제로 발생한 법적 분쟁을 해결하는 과정에서 획득될 수 있기에 이를 법학전문대학원이라는, 의과대학과는 달리 부설 로펌을 갖추고 있지 않은 교육기관에서 제대로 담당한다는 것은 실현

---

25) 이를 법과 시간의 관점에서 접근하는 양천수, "법과 시간: 판례 변경의 필요성과 기준을 예로 하여", 영남법학 제57호(2023. 12), 187-216면 참조.

26) 이때 무엇이 실무 교육인가에 관해서는 의문이 없지 않다. 과연 무엇을 기준으로 하여 이론 교과목과 실무 교과목을 구별할 수 있는지의 문제가 빈번하게 제기된다. 이는 마치 상법학에서 무엇이 상행위인가에 관한 문제와 유사하다. 이 문제에 관해서는 박준, "법학전문대학원에서의 이론교육과 실무교육", 저스티스 제151호(2015. 12), 301-354면 참조.

되기 어렵다고 말할 수 있다.

이렇게 법학전문대학원 교육이 철저하게 변호사시험에 초점을 맞추면서 법학전문대학원 전임 교원은 연구보다는 교육에, 그것도 수험 적합적인 교육에 더욱 관심을 기울이게 되었다. 법학을 학문적으로 다룬다는 것은 법학전문대학원에서는 그다지 의미가 큰일이 아니게 되었다. 이에 여전히 법학에 관심 있는 학자들은 법학은 과연 무엇을 위해 존재하는가에 관한 회의와 씨름해야 한다.

Ⅲ. 법학 연구의 전통과 방법을 찾아

1. 문제 제기와 접근 방법

(1) 우리에게 법학 연구의 전통이 있는가?

법학 연구의 역사를 살펴본다는 것은 우리에게 법학 연구의 전통이 있다는 것을 어느 정도 전제로 한다. 그러나 이에는 의문 또는 비판적인 견해가 제기되기도 하였다. 가장 대표적인 예로 우리 민법학의 초석을 놓은 김증한 교수의 문제 제기라 할 수 있다. 김증한 교수는 자신의 학문 여정을 정리하는 정년퇴임 기념 강연에서 다음과 같이 말한 바 있다.[27]

"우선 한국에 민법학이 있는가가 의문이다. 그렇지만 민법 담당 교수들이 하는 일을 일단 민법학이라고 부르기로 한다."

이러한 발언에서 일단 두 가지 의미를 추론할 수 있다. 첫째, 제도적 측면에서, 달리 말해 교육체계의 측면에서 볼 때 민법학을 담당하는 인적 주체로서 민법 담당 교수는 존재한다는 점이다. 둘째, 그런데도 김증한 교수는 당시 우리나라에 민법학이라는 독자적인 학문체계가 존재하는지에 비판적이었다는 점이다. 여기서 다음과 같은 의미를 추가로 이끌어낼 수 있다. 민법 담당 교수가 민법학이라는 본연의 학문보다는 다른 일에, 가령 교과서 집필 등에 더욱 몰두했다는 점

---

27) 김증한, "한국 민법학의 진로", 서울대학교 법학 제26권 제2·3호(1985. 10), 1면 아래. 이는 안이준 (편), 『한국법학의 증언: 고 김증한 교수 유고집』(교육과학사, 1989)에도 실려 있다. 한편 이러한 발언은 김증한 교수의 후임으로 임용된 양창수 교수에게 큰 충격이었다고 한다. 김증한 교수의 민법학에 관해서는 양창수, "김증한 교수의 생애와 학문 점묘: 개인적인 시각에서", 『민법연구』 제10권(박영사, 2019), 91면 아래 참조.

이다. 달리 말해 민법학이 교과서 법학에 종속되었다는 점이다. 김증한 교수가 서울대학교 법과대학을 정년 퇴임한 시점이 1985년이고 그 당시는 우리 법학의 수험법학화가 심화하는 시점이라고 추측한다면, 이러한 김증한 교수의 문제 제기는 시대에 적합한 것으로 볼 수 있다.

이로부터 6년 정도가 지난 시점에 민법학자인 양창수 교수 역시 비슷한 문제의식을 제기한다.[28]

"필자는 그야말로 민법학의 초심자에 지나지 않는다. 멀리 바라보며 나아갈 목표도 바로 눈앞의 길도 뚜렷하지 아니한 채, 안개 속을 헤매는 암중모색의 단계를 벗어나지 못하였다. 그 과정에서 뼈저리게 느끼는 것은 우리에게 아직「**학문의 전통」이 없다는 것**이다. 넓은 범위에서 양식 있는 분들의 동의를 얻고 있어 후학들이 일단 의지할 수 있는 **방법이 수립되어 있는지 의문**이고, 또한 **학문적 훈련을 습득하여 가는 과정도 제도화되어 있지 않는 것**으로 느껴진다. 그러므로 당연히 수많은 시행착오 그리고 불필요한 시간과 노력의 낭비가 행하여지고 있고, 더욱 중요한 것으로, **우리나라에서의 민법학의 존재이유와 가치에 대한 회의**가 은연중에 팽배해 있어서 학문의 수행에 필수적인 인적 자원이 제대로 충원되지 못하고 있다."(강조는 인용자)

이는 다음과 같이 이해할 수 있다. 일단 김증한 교수와는 달리 양창수 교수는 민법학이라는 학문이 존재한다는 점은 인정하는 것처럼 보인다. 다만 이러한 민법학이 왜 존재하는지에 관해 비판적 회의가 팽배해 있다는 점은 수긍하는 듯싶다. 더욱 문제로 삼는 지점은 우리에게 학문의 전통이 없다는 것이다. 양창수 교수에 따르면 이는 두 가지 의미를 지닌다. 첫째는 학문에 관한 '방법'이 수립되어 있지 않다는 점이다. 둘째는 학문을 습득하는 데 필요한 제도가 마련되어 있지 않다는 것이다. 전자가 법학 '방법'에 관한 이론적 문제에 해당한다면, 후자는 학문 후속세대 양성이라는 교육 제도에 관한 문제라 할 수 있다.[29]

김증한 교수와 양창수 교수의 문제 제기가 이루어진 당시는 법과대학 교육과정이 한참 사법시험에 종속되었을 뿐만 아니라 이러한 종속이 심화해 가는 시

---

28) 양창수,『민법연구』제1권(박영사, 1991), i면 참조.
29) 다만 그 당시에도 우리 대학에는 대학원 체제가 마련되어 있었다는 점을 고려할 때 후자가 구체적으로 무엇을 의도한 것인지는 명확하지 않다. 대학원 제도가 존재하기는 하지만 실제로는 제대로 운영되지 못하고 있다는 점에 관한 문제 제기일 수도 있다.

기라 말할 수 있다. 이를 고려하면 이러한 문제 제기에 설득력을 인정할 수 있다. 하지만 앞에서 개관한 것처럼 이후 우리 법학은 여러 내적·외적 여건에 힘입어 독자적인 학문으로 발전해 갔다. 어찌 보면 양창수 교수의 문제 제기에 법학이 긍정적으로 대응한 것이었다고 볼 수도 있다.

여기서 필자가 관심을 가지는 부분은 김증한 교수와 양창수 교수의 문제 제기가 이루어진 시기 이전에 관한 것이다. 과연 실제로 우리 법학에 학문의 전통이 없었는가에 관한 의문이 그것이다. 더욱 구체적으로 말하면 우리 법학의 제1단계와 제2단계에 속하는 시점에 과연 우리에게는 학문의 전통, 특히 법학의 방법이 없었는가에 의문이 떠오른다. 이러한 문제의식에서 아래에서는 우리 법학의 제1단계 시기에 활동했던 법학자, 즉 우리 법학의 제1세대에 속했던 선구자 가운데 몇 분의 법학을 선별해 우리 법학에도 학문의 전통과 방법이 없지는 않았다는 점을 살펴보고자 한다.

(2) 법학 연구의 전통과 방법을 찾아

필자가 선별한 법학은 유기천 교수의 형법학, 김증한 교수의 민법학, 황산덕 교수의 법철학과 형법학, 이항녕 교수의 법철학이다.[30] 필자는 법학의 전통이라는 견지에서 이들 법학자의 법학을 분석하고자 한다. 앞에서 인용한 것처럼 양창수 교수에 따르면 학문의 전통은 두 가지로 구성된다. 방법과 제도가 그것이다. 이 가운데 필자는 주로 방법에 초점을 맞추어 제1세대 법학자의 법학을 분석하고자 한다. 제도의 측면은 필요한 범위에서 최소한으로 언급하고자 한다. 그 이유는 제1세대 법학자들은 대부분 시대적 상황과 여건으로 인해 '학부 → 조수 → 교수' 또는 '학부 → 대학원 → 학위 → 교수'로 이어지는 정규 제도를 거쳐 법학자로 양성되었다고 보기는 어렵기 때문이다.[31]

2. 통합과학적 형법학

유기천 교수는 우리 형법학의 제1세대 형법학자에 속한다. 우리 형법학이 아

---

30) 물론 이러한 선별에 확고하게 타당한 기준이 있는 것은 아니다. 이는 그간 필자가 공부해 온 성과를 반영한 것으로 우연적인 기준에 가깝다.

31) 이를 지적하는 곽윤직, 『후암민법논집』(박영사, 1991), 711면 아래(민법학의 한 평생을 돌아보며) 참조. 필자가 이를 다룰 역량을 갖추지 못했다는 점도 한 이유가 된다.

직 학문으로서 독자성을 획득하지 못한 채 일본 형법학의 짙은 영향을 받던 시기에 유기천 교수는 형법학자로 활동하였다. 그런데 놀라운 점은 유기천 교수는 시대를 앞서간 형법학을 전개했다는 점이다. 이를테면 유기천 교수는 실정법을 해설하는 데 집중하는 초기 실정형법학이 빠지기 쉬운 이른바 주석법학적인 태도를 넘어 법철학적·법사회학적·형사정책적 관점과 방법을 형법학에 적극적으로 도입한다. 아래에서는 유기천 교수의 형법학이 지닌 특징이나 독창적인 면모를 살펴보면서 유기천 형법학이 어떤 방법을 원용했는지 검토한다.[32]

(1) 유기천 형법학의 특징
1) 실정형법학을 넘어선 형법학

유기천 형법학에서 가장 먼저 눈에 띄는 점은 앞에서도 시사한 것처럼 일반적인 실정형법학의 모습을 넘어선다는 것이다. 물론 일반적 또는 전형적인 실정형법학의 모습을 어떻게 설정할 것인지에는 논란이 있을 수 있다. 그렇지만 독일의 형법학자 하쎄머(Winfried Hassemer)가 제시한 '체계내재적/체계초월적'이라는 구별을 원용하면 유기천 교수의 형법학이 실정법체계 내재적 형법학으로 머문 것만은 아님을 알 수 있다.[33] 그렇다고 해서 유기천 교수의 형법학이 실정법체계 내재적 형법학에 소홀한 것은 아니었다. 여기에서도 유기천 교수의 형법학은 독창적인 면모를 보여준다.[34] 이는 다음과 같이 말할 수 있다.

2) 대륙 형법학과 영미 형법학의 결합

유기천 교수가 정립한 실정형법학에서는 독일 중심의 대륙 형법학과 영미 형법학이 적절하게 결합한다. 일본 형법학에서 벗어나기 위해 벨첼(Hans Welzel)을 중심으로 한 독일 형법학에 경도되었던 제2세대 이후의 형법학자와 비교할 때 선구적으로 영미 형법학을 받아들였다는 점은 상당히 인상적이다.[35] 이로 인해 유기천

---

32) 유기천 교수의 형법학에 관해서는 양천수, "법과 문화: 유기천 교수의 형법철학을 예로 하여", 법과 사회 제60호(2019. 4), 231-269면; 양천수, "상징주의 형법이론: 유기천 교수의 형법철학", 법과 사회 제64호(2020. 6), 103-142면; 오병두, "유기천의 생애와 형법학: '과학적 형법관'의 이해를 위한 시론", 형사법연구 제31권 제3호(2019. 가을), 3-31면 등 참조.
33) Winfried Hassemer, Theorie und Soziologie des Verbrechens (Frankfurt/M., 1973), S. 19 ff.
34) 유기천 교수의 실정형법학 방법론에 관해서는 류전철, "유기천 형법학 각론강의의 해석방법론", 법학논총(전남대) 제36권 제3호(2016. 9), 353-372면 참조.
35) 영미 형법학이 유기천 형법학에 미친 영향에 관해서는 김종구, "유기천 교수의 형법학에 수용된 영미법 이론", 유기천교수기념사업출판재단 (편), 『유기천형법학연구 1』(법문사, 2017), 99면 아

교수의 실정형법학에는 형법학의 기본 개념과 범죄체계를 중시하는 독일 형법학의 모습과 문제해결 그 자체를 중시하는 영미 형법학의 모습이 모두 담겨 있다.[36]

3) 문제변증론적 형법학

유기천 교수의 실정형법학은 완벽한 형법체계를 구축하는 것보다는 형법의 문제를 적절하게 해결하는 데 더욱 중점을 둔다는 점에서 '문제변증론적 형법학'으로 지칭할 수 있다.[37] 이에 관한 근거는 아래와 같이 말할 수 있다.

첫째, 유기천 실정형법학은 완결된 범죄체계론을 정립하는 데 관심을 기울이는 독일 형법학 지향의 형법학과는 달리 미국의 법현실주의가 그랬던 것처럼 '사실'을 중시한다.[38] 이의 연장선상에서 유기천 실정형법학은 판례 연구를 강조한다.[39] 둘째, 유기천 실정형법학은 형법학의 각론 연구를 중시한다.[40] 유기천 교수에 따르면 형법 총론은 각론을 떠나서는 존재의의를 잃기 때문이다. 셋째, 유기천 교수가 독창적으로 전개한 (형법철학적인) 상징주의 형법이론도 근거가 될 수 있다. 상징주의 형법이론에 따르면 형법상 언어는 형법 문제를 해결하는 데 활용되는 도구적 존재에 불과하기 때문이다.

4) 해석론과 입법론 구별

유기천 실정형법학은 해석론과 입법론을 명확하게 구별한다는 점에서도 특징적이다.[41] 일정한 법적 문제를 다룰 때 이 문제가 해석론에 관한 문제인지 아니면 입법론에 관한 문제인지를 정확하게 구별하는 것은 오늘날 법학방법론의 기

래 참조.

36) 이를 보여주는 Paul K. Ryu, "Causation in Criminal Law", 106 University of Pennsylvania Law Review 773 (1958), p. 773-805 참조. 이는 유기천 교수의 학문적 배경과 관련이 있다. 유기천 교수는 한편으로는 도쿄제국대학 법학부에서 수학하면서 일본 형법학을 매체로 하여 독일 형법학을 학습하였다. 다른 한편으로는 미국 하버드대학과 예일대학에서 연구하면서 미국 형법학을 받아들이게 되었다.

37) 문제변증론(Topik)에 관해서는 Theodor Viehweg, Topik und Jurisprudenz (München, 1974) 참조. 이를 부분적으로 번역 및 소개하는 문헌으로는 계희열 (편역), 『헌법의 해석』(고려대학교 출판부, 1993) 참조.

38) 유기천, 『형법학: 각론강의 상』(박영사, 1963). 이 글에서는 유기천교수기념사업출판재단 (편), 『자유사회의 법과 정의』(법문사, 2015), 363면에서 이를 인용하였다.

39) 이러한 근거에서 유기천 교수는 이미 그 당시에 출판된 교과서에서 미국, 독일, 일본, 우리나라의 판례를 소개한다.

40) 유기천, 유기천교수기념사업출판재단 (편), 『자유사회의 법과 정의』(법문사, 2015), 363면.

41) 유기천·김종원, "유기천 형법학을 말한다", 유기천교수기념사업출판재단 (편), 『자유사회의 법과 정의』(법문사, 2015), 200면.

본적인 출발점에 해당한다. 하지만 초창기의 우리 법학에서는 일본이나 독일과 같은 외국 법학의 도그마틱 등을 수용하면서 이게 우리의 경우 해석론에 관한 것인지 아니면 입법론에 관한 것인지를 명확하게 구별하지 않고 논의를 전개하는 때가 많았다. 이에 반해 유기천 교수는 실정형법학을 전개할 때 해석론과 입법론을 명확하게 구별하고 있었던 것이다.

(2) 실정형법학을 넘어선 형법학

이보다 더욱 눈에 띄는 점은 유기천 형법학은 실정형법학을 넘어선다는 것이다. 이는 세 지점에서 찾을 수 있다. 첫째, 한국의 법문화에 관심을 기울이면서 이의 맥락에서 우리 형법이 어떻게 제도화되어 있는지 분석한다는 것이다. 둘째, 심층심리학 또는 정신분석학의 성과를 받아들여 형법의 인간상을 새롭게 정립한다는 것이다. 셋째, 형법이 사용하는 언어에 관한 철학적 성과를 수용하여 이른바 상징주의 형법이론을 전개한다는 것이다.

1) 인간·형법·언어

이러한 독창적인 성과는 다음과 같이 이해할 수 있다. 일반적인 이해 방식에 따르면 형법은 사회를 통제하는 데 사용되는 최후 수단(ultima ratio)이다. 이때 사회 통제, 즉 특정한 사회에 대한 통제가 이루어지려면 다음과 같은 요소가 갖추어져야 한다. 통제 주체, 통제 대상, 통제 수단이 그것이다. 이를 형법에 적용하면 통제 수단은 국가, 더욱 정확하게 말하면 형사사법기관이 된다. 통제 대상은 사회, 그중에서도 사회의 구성원인 인간 행위자가 된다.[42] 그리고 통제 수단은 형법이 된다. 유기천 형법학은 이 가운데 통제 수단이 되는 형법 그리고 통제 대상이 되는 인간 행위자에 주목한다.

2) 심층심리학에 따른 인간상

독일의 지배적인 형법학은 형법의 통제 대상이 되는 인간 행위자를 실천이성과 자율성을 갖춘 합리적인 인간 존재로 전제한다. 비난 가능성을 핵심 표지로 하는 규범적 책임 개념은 이러한 전제에서 성립한다.[43] 이는 칸트의 철학이 형법

---

42) 다만 체계이론의 관점을 받아들이면 통제 대상이 되는 사회는 통제 주체와 명확하게 구별되기보다는 이를 포괄하는 환경이 된다.

43) 이에 관해서는 양천수, "의사의 자유와 인권: 형사책임을 중심으로 한 시론", 영남법학 제29호 (2009. 10), 1-22면 참조.

학에 투영된 것으로 볼 수 있다. 이에 반해 유기천 형법학은 흥미롭게도 당시 미국에서 관심의 대상이 된 심층심리학의 성과를 받아들여 형법의 인간상을 새롭게 정초한다. 특히 인간의 의식 영역뿐만 아니라 무의식 영역을 수용하여 이를 형법학에 투영한다.[44]

3) 형법 규범의 법사회학적·언어철학적 접근

유기천 형법학은 통제 수단이 되는 실정형법에도 주목한다. 이는 두 측면에서 이루어진다.

첫째, 형법은 문화규범의 일종으로 문화에 영향을 받는다는 것이다.[45] 이에 따라 유기천 교수는 예일대 박사학위 논문에서 그 당시 우리 한국 문화가 어떤 구조와 특징을 지니는지, 이러한 한국 문화가 우리 형법 규범에 어떻게 반영되는지 분석한다.[46] 이는 우리 사회에 실제로 있는 형법 규범이 무엇인지를 밝히고자 하는 노력으로 이해할 수 있다.

둘째, 실정형법은 언어로 구성된다는 점이다. 그렇다면 언어가 지닌 특성은 형법 규범에도 반영될 수밖에 없다. 이러한 배경에서 유기천 교수는 철학자 화이트헤드(Alfred N. Whitehead)가 제시한 상징주의 언어철학을 받아들여 형법의 언어가 지닌 특징을 규명한다.[47] 여기서 도출되는 것이 바로 상징주의 형법이론(symbolische Strafrechtslehre)이다.[48] 상징주의 형법이론이 주장하는 내용의 핵심은 형법을 구성하는 언어 그리고 이러한 언어로 만들어진 개념 등이 절대적인 의미를 담는 게 아니라 상대적·맥락적·도구적 의미만을 지닌다는 것이다.[49] 그 이유는, 언어는 상징이라는 명제가 시사하듯이, 언어라는 소통 매체는 언어가 지시하는 실체적 내용을 그대로 반영하는 게 아니라 이를 상징적으로, 달리 말해 유추적으로 표현하는 데 불과하기 때문이다.

---

44) 유기천, 『형법학: 총론강의』 개정판(일조각, 1968), 56-58면.

45) 독일의 신칸트주의 형법학자 마이어(Max Ernst Mayer)는 형법규범을 문화규범으로 파악한다. Sascha Ziemann, "Max Ernst Mayer (1875-1923): Materialien zu einer Biographie", in: Thomas Vormbaum (Hrsg.), Jahrbuch der Juristischen Zeitgeschichte, Bd. 4 (2002/2003) (Berlin, 2003), S. 395-425.

46) 이에 관해서는 Paul K. Ryu, Korean Culture and Criminal Responsibility(법문사, 2011) 참조.

47) Alfred N. Whitehead, Symbolism, its Meaning and Effect (Barbour-Page Lectures) (University of Virginia, 1927), pp. 27-28.

48) 이를 보여주는 Paul K. Ryu/Helen Silving, "Was bedeutet die sogenannte 'Relativität der Rechtsbegriffe'?", in: ARSP (1973), S. 57-96 참조.

49) 유기천, 『형법학: 총론강의』 개정25판(일조각, 1984), 64면 아래 참조

(3) 유기천 형법학의 방법

제1세대 형법학자인 유기천 교수가 전개한 형법학은 지금 시점에서 보아도 놀랍다. 유기천 교수의 형법학은 실정형법 내재적인 형법학의 차원을 넘어 법사회학의 성격을 가진 법문화론, 프로이트의 심층심리학, 화이트헤드에서 연원하는 언어철학의 관점과 성과를 모두 수용하기 때문이다. 그 점에서 유기천 형법학은 통합과학적 방법을 사용하는 통합과학적 형법학으로 규정할 수 있다. 이는 유기천 교수가 공부했던 미국 예일대 로스쿨의 학풍에 영향을 받은 것으로 볼 수 있다.[50] 유기천 교수가 명확하게 의식했는지는 모르지만, 이는 형법학이라는 법학이 학문으로 자리매김하려면, 미국의 Top 로스쿨이 그런 것처럼, 실정법의 테두리 안에 안주하지 말고 다양한 학문의 자원을 섭취하는 통합과학적 방법을 원용해야 한다는 주장으로 이해할 수 있다.[51] 하지만 아쉬운 점은, 아마도 유기천 교수의 미국 망명에 기인한 것으로 볼 수 있는데, 유기천 형법학의 방법론이 이후의 형법학자들에 의해 계승되지 못했다는 점이다. 이후의 형법학자들을 사로잡은 것은 독일 형법학을 추종하는 비교법적 방법이었다.

3. 법제사와 독일 법학 지향의 민법학

잘 알려진 것처럼 김증한 교수는 우리 민법학의 초석을 놓은 학자이다. 서울대학교 법과대학에 재직하면서 민법학, 특히 물권법학에 관해 여러 독창적인 시도를 하였을 뿐만 아니라 곽윤직 교수와 함께 수준 높은 민법학 논쟁을 이끌기도 하였다.[52] (넓은 범위의) 우리 민법학을 지탱한 많은 제자도 길러냈다. 그만큼 김증한 교수의 (실정)민법학 또는 민법 도그마틱에 관해서는 일찍부터 연구가 이루어졌다.[53] 이를 여기에서 되풀이할 필요는 없을 것이다. 따라서 아래에서는 민법

---

50) 예일학파가 유기천 교수에게 미친 학문적 영향에 관해서는 오병선, "유기천의 법사상", 유기천교수기념사업출판재단 (편), 『유기천형법학연구 1』(법문사, 2017), 17면 아래 참조.

51) 그 점에서 이는 자연과학적 실증주의를 받아들여 형법학과 형사정책학 등을 통합하고자 한 리스트(Franz von Liszt)의 '총체적 형법학'(gesamte Strafrechtswissenschaft)과 유사하다. 리스트의 형법학에 관해서는 프란츠 폰 리스트, 심재우·윤재왕 (옮김), 『마르부르크 강령: 형법의 목적사상』(강, 2012) 참조.

52) 이를 보여주는 양창수, "「독자적 민법체계」의 시도: 「신물권법」(상)(하), 김증한 저 <서평>", 서울대학교 법학 제48권 제3호(2007. 9), 206~218면 참조.

53) 이에 관해서는 우선 윤철홍 (엮음), 『한국 민법학의 재정립: 청헌 김증한 교수의 생애와 학문세계』(경인문화사, 2015) 참조.

학과 방법이라는 측면에서 김증한 교수의 민법학을 조감하고자 한다.[54]

(1) 법제사와 민법학의 결합

김증한 민법학에서 가장 먼저 언급할 만한 부분은 민법학이 법제사와 결합하여 전개된다는 점이다. 법제사의 기초 위에서 실정민법학을 전개하기에 민법학의 이론적 기초가 탄탄하다고 말할 수 있다.[55] 독일의 경우를 보더라도 이러한 접근 방법은 설득력이 높은 전형적인 민법학 방법으로 볼 수 있다.[56] 하지만 여기에는 김증한 교수의 개인적 이력도 한몫한다. 경성제국대학 법문학부를 졸업한 김증한 교수는 처음에는 해방 이후인 1946년 3월 1일 경성대학 법문학부 형법연구실 조수로 학문적 이력을 시작하였다.[57] 따라서 처음에는 비르크마이어(Karl von Birkmeyer)나 빈딩(Karl Binding)과 같은 독일 형법학자들의 책을 열심히 공부하였다고 한다. 그런데 이후 우연한 계기로 새롭게 출범한 서울대학교 법과대학의 서양법제사와 대륙법 전임강사로 교수 생활을 시작하였다. 실정 민법을 담당한 것은 이후의 일이다.[58] 이러한 까닭에 김증한 교수는 교수 초입에 로마법, 서양법제사에 관한 연구를 탄탄하게 수행하였다. 이를 바탕으로 하여 물권법론과 같은 실정민법학을 전개해 나갔다.

(2) 독일 법학 지향의 민법학

김증한 민법학이 독일 민법학의 이론을 적극적으로 받아들인 것은 유명한 일이다. 김증한 교수는 일본 민법학에서 벗어나기 위한 일환으로 독일 민법학에 천착하였다. 그에 따라 독일 민법학에 고유한 물권행위론이나 물권적 기대권론을

---

54) 김증한 교수의 민법학 방법론에 관해서는 윤철홍, "김증한 교수의 민법연구 방법론", 민사법학 제 69호(2014. 12), 153-188면 참조.

55) 곽윤직 교수도 이를 인정한다. 곽윤직, 앞의 책, 713면 아래 참조. 김증한 교수의 제자인 이호정 교수도 대학원 시절의 공부를 회고하면서 이를 간접적으로 예증한다. "이호정 교수 정년기념 대담", 서울대학교 법학연구소 (엮음), 『법학자의 향기』(박영사, 2020), 134-136면.

56) 이에 관한 전형으로 Franz Wieacker, Privatrechtsgeschichte der Neuzeit: Unter besonderer Berücksichtigung der deutschen Entwicklung, 3. Aufl. (Göttingen, 2016) 참조.

57) "청헌 김증한 박사께서 걸어오신 길", 서울대학교 법학연구소 (엮음), 『법학자의 향기』(박영사, 2020), 25면.

58) "청헌 김증한 박사께서 걸어오신 길", 서울대학교 법학연구소 (엮음), 『법학자의 향기』(박영사, 2020), 26면 아래. 민법을 담당하기 시작한 것은 1955년 제2학기부터라고 한다. "이호정 교수 정년기념 대담", 서울대학교 법학연구소 (엮음), 『법학자의 향기』(박영사, 2020), 134면.

김증한 물권법학에 적극적으로 수용하였다.[59] 물론 김증한 교수가 처음부터 독일 민법학을 따른 것은 아니다. 주지하다시피 김증한 교수는 일본 민법학의 영향 아래 6·25 사변 직전 공동소유에 관한 본격적인 논문을 집필하였다.[60] 안이준 변호사와 와가츠마 사카에의 교과서를 편역해 출판하기도 하였다.[61] 김증한 교수가 직접 발언하는 것처럼 처음부터 독일의 형식주의를 지지한 것도 아니다. 민법 제정 과정 때는 오히려 형식주의 도입을 반대하기도 하였다.[62] 그러던 김증한 교수가 독일 민법학에 천착하게 된 것은 물권 변동에 관해 의사주의에서 형식주의로 입법적 변혁을 선택한 우리 민법이 제정된 이후라 할 수 있을 것이다. 이에 더해 김증한 교수의 독일어 실력이 아주 탄탄했다는 점도 이유가 될 수 있을 것이다.[63] 이후 김증한 교수의 제자들인 최종길, 황적인, 이호정 교수 등이 독일에 유학하고 이를 계기로 독일 민법학 이론을 적극적으로 소개 및 받아들이면서 한동안 민법학을 연구한다는 것은 독일 민법학을 연구한다는 것과 거의 같은 의미로 새겨지기도 하였다. 그러나 일본 민법처럼 우리 민법 역시 독일 민법뿐만 아니라 프랑스 민법의 요소를 갖추고 있음을 고려할 때 이는 일종의 '학설 계수'를 감행한 것으로 이해할 수 있다.[64]

(3) 거래 현실에 대한 관심

김증한 민법학 가운데 눈여겨볼 만한 또 다른 점은 민사법 거래 현실에 관심을 가졌다는 점이다. 이는 김증한 민법학에 관한 연구에서 상대적으로 눈에 띄지

---

59) "청헌 김증한 박사께서 걸어오신 길", 서울대학교 법학연구소 (엮음), 『법학자의 향기』(박영사, 2020), 33면.

60) 김증한, "공동소유형태의 유형론", 『민법논집』(박영사, 1982), 211면 아래. 그 경위에 관해서는 같은 책, i–ii(머리말) 참조. 이를 분석하는 정종휴, "청헌 김증한 교수의 공동소유론: 특히 총유를 중심으로", 민사법학 제69호(2014. 12), 251–288면 참조.

61) 예를 들어 김증한·안이준 (공편), 『물권법: 민법강의 Ⅱ.上』(박영사, 1958) 참조.

62) "청헌 김증한 박사께서 걸어오신 길", 서울대학교 법학연구소 (엮음), 『법학자의 향기』(박영사, 2020), 33면.

63) "청헌 김증한 박사께서 걸어오신 길", 서울대학교 법학연구소 (엮음), 『법학자의 향기』(박영사, 2020), 24면. 독일어 실력 덕분인지 김증한 교수는 법대에서 독일어도 담당한 적이 있다. 같은 글, 26면. 이호정 교수도 김증한 교수의 탁월한 독일어 실력을 증언한다. 같은 책, 137면.

64) 1980년대가 되면 독일 민법학뿐만 아니라 프랑스 민법학도 중요하게 고려되기 시작한다. 이를 보여주는 예로 김형배 교수의 연구를 들 수 있다. 김형배, 『민법학연구』(박영사, 1986), 124면 아래 참조.

않은 부분이다. 거래 현실에 관심을 가진다는 것은 현재 있는 법 또는 살아 있는 법에 관심을 보인다는 것이다. 달리 말하면 이는 법사회학의 관점을 취한다는 점을 시사한다. 종래 김증한 민법학 방법에 관해서는 법제사 연구나 독일 민법학 지향 등은 널리 알려진 편인 데 반해 김증한 민법학이 법사회학적 관점에도 관심을 보였다는 점은 상대적으로 주목되지 않은 것이다. 이러한 부분은 법사회학이라는 기초법학의 영역에 속하기 때문인지 모른다. 그러나 김증한 민법학이 물권행위론에 관해 전개한 논증을 보면 이때 강조되는 논증 가운데 하나가 바로 어떤 이론이 거래 현실에 합치하는가 하는 점이었다. 예를 들어 1980년에 이루어진 회갑 기념 대담에서도 김증한 교수는 "물권행위의 독자성 문제도 요는 어느 것이 거래의 실제와 합치하느냐 하는 것인데, 난 아직도 독자성의 문제는 명백하다고 생각하고 있어요."라고 발언한다.[65]

사실 이는 김증한 민법학만이 지닌 독특함은 아니다. 경성제국대학 법문학부 교육과정을 통해 김증한 교수에게 많은 영향을 끼친 일본 민법학이 바로 이러한 성향을 지녔기 때문이다. 예를 들어 스에히로 이즈타로(末弘嚴太郞)→와가츠마 사카에→카와시마 타케요시→히라이 요시오(平井宜雄)로 이어지는 일본 민법학의 학풍을 보면 민법학이 법사회학과 밀접한 관련을 맺는다는 점을 확인할 수 있다. 일본 민법학은 일찍부터 조약 개정의 일환으로 서구법을 계수해 제정된 국가법인 민법과 실제 거래 현실에 존재하는 일본의 살아 있는 민법 사이의 관계에 관심을 보였다. 이를 밝히기 위한 방법으로 거래 실태 조사나 법의식 조사와 같은 법사회학의 방법이 선호되었다. 판례 연구도 이러한 맥락에서 강조되었다. 이러한 일본 민법학의 방법적 경향이 김증한 민법학에도 영향을 준 것이다. 예를 들어 김증한 교수는 경성제국대학 재학 시절 와가츠마의 제자인 아리이즈미 카오루(有泉亨) 교수와 쌓은 인연을 언급하기도 한다. 아리이즈미 교수의 지도 아래 실태 조사를 나갔던 경험도 이야기한다.[66] 이를 고려하면 법사회학적 관점이 김증한 교수에게 자연스럽게 스며든 것이 아닌가 한다.[67]

65) "청헌 김증한 박사께서 걸어오신 길", 서울대학교 법학연구소 (엮음), 『법학자의 향기』(박영사, 2020), 33면.
66) 양창수, "김증한 교수의 생애와 학문 점묘: 개인적인 시각에서", 『민법연구』 제10권(박영사, 2019), 97면 아래 참조.
67) 김증한 교수가 사회학적 법학(sociological jurisprudence)을 지향한 로스코 파운드(Roscoe

(4) 기타

그 밖에 민법학 방법론과 직접 관련을 맺는 것은 아니지만 기초법학자의 시각에서 눈에 띄는 다음 두 가지 점을 언급할 수 있다. 첫째, 김증한 민법학은 물권법 연구에 주로 관심을 두었다는 것이다. 김증한 교수 자신이 "하여간 물권법 책을 제일 먼저 냈고 그것이 내가 가장 크게 관심을 갖는 분야"라고 말한다.[68] 김증한 교수의 논쟁 상대였던 곽윤직 교수도 주로 물권법 연구에 관심을 기울였다는 점을 보면 이는 당시 우리 사회 또는 우리 사회의 자본주의 체제가 채권에 우월적 지위를 인정하는 본격적인 근대법의 상황으로 접어들지는 못했다는 점을 반영하는 게 아닌가 추측해 본다.[69] 둘째, 김증한 민법학은 곽윤직 민법학보다 사적 자치를 강조하는 경향이 있다는 것이다.[70] 한편으로는 공동소유, 단체법, 인법에 관심을 가졌던 김증한 교수가 거래 당사자의 이익으로 대변되는 사적 자치에 친화적이었다는 점은 흥미로운 부분이다.

(5) 민법학 방법에 관한 표준 정립

유기천 형법학의 방법이 후학에 의해 온전히 전승되지 못한 데 반해 김증한 교수가 정립한 민법학 방법론은 이후 실정민법학자들의 방법론적 표준으로 자리매김한다. 표준적인 교과서로 오랫동안 우리 민법학 지식의 기준을 제공했던 곽윤직 교수부터가 김증한 교수와 유사한 학문적 이력과 방법을 거쳐 민법학을 전개했다는 점이 이를 예증한다.[71] 김증한 민법학 이후 법제사 및 독일 민법학을 중심으로 하는 비교법학 연구는 실정민법학자에게 표준적인 방법으로 받아들여졌다는 인상이 강하다. 물론 어느 시점부터 비교법학의 분석 대상은 독일 민법학

Pound)의 저서를 번역했다는 점도 이를 시사한다. 로스코 파운드, 김증한·김학동 (역), 『영미법의 정신』(지식과감성, 2023).

68) "청헌 김증한 박사께서 걸어오신 길", 서울대학교 법학연구소 (엮음), 『법학자의 향기』(박영사, 2020), 34면.

69) 물권법 교과서에 비해 채권법, 특히 채권총론 교과서가 상대적으로 그 분량이 빈약한 것에 관해 곽윤직 교수는 다음과 같이 말한다. "채권총론에서는 손해배상이론을 어떻게 다루느냐 그것이 거의 유일한 문제입니다." 곽윤직, 앞의 책, 741면. 다만 우리 민법학에 많은 영향을 끼친 와가츠마 사카에의 대표적인 연구서가 『근대법에서 채권의 우월적 지위』였다는 점을 보면 이는 꽤 흥미로운 부분이다. 我妻榮, 『近代法における債權の優越的地位』(有斐閣, 1954).

70) 이를 간접적으로 보여주는 양창수, "민법학에서 법철학은 무엇인가?: 개인적 점묘", 『민법연구』 제10권(박영사, 2019), 183-184면 참조.

71) 이를 보여주는 곽윤직, 『대륙법』(박영사, 1962) 참조.

에서 프랑스 민법학으로 그리고 영미 민법학으로 외연이 확장되었다.[72] 더불어 법사학이 학문적 독자성을 획득하면서 법제사 연구가 민법학과 분리되는 경향이 나타나기도 하였다. 그러나 필자의 시각에서 볼 때는 김증한 민법학이 실정민법학의 방법을 정립했다는 점은 부정하기 어려워 보인다. 하지만 김증한 민법학이 보여주었던 또 다른 중요한 측면, 즉 거래 현실을 향한 법사회학적 인식관심이 민법학에 널리 전승되지 못한 점은 아쉬운 부분이다. 판례 연구가 어떤 점에서 의미가 있는지가 명확하게 의식되지 못한 아쉬움이 있다.

4. 법철학과 형법학의 방법에 관한 고민

법철학을 포함하는 황산덕 교수의 법학을 온전하게 평가하기는 쉽지 않다. 황산덕 교수는 유려한 문체로 법철학과 형법학 모두에서 방대한 학문적 업적을 구축하면서도 지속적으로 이론적 기초와 흐름을 바꾸는 경향을 보였기 때문이다. 이러한 경향은 정치적 활동에도 나타나 독재 정권에 극과 극의 태도를 보이기도 하였다. 정치적 공과가 이론적 공과와 겹치기에 황산덕 교수가 이룩한 법학을 가능한 한 있는 그대로 평가하기는 쉽지 않다. 그렇지만 황산덕 법학이 법철학과 형법학에 실제로 미친 영향을 감안하면 이를 소홀하게 취급하기 어렵다. 특히 황산덕 교수가 집필한 『법철학강의』는 지금 읽어보아도 여전히 의미가 있음을 고려하면 황산덕 교수가 전개한 (법철학을 포함하는) 법학과 방법이 무엇인지 검토할 필요가 있다.[73]

(1) 연구 영역의 포괄성

황산덕 교수의 저작 목록을 보면 연구의 외연이 넓다는 점을 확인할 수 있다. 전공이라는 면에서 말하면 국제사법(섭외사법), 법철학, 형법학이 황산덕 교수의 전공에 해당한다. 이론 내용의 측면에서 말하면 자연과학적 방법, 순수법학, 막스 베버(Max Weber)의 사회학, 한스 벨첼(Hans Welzel)의 목적적 행위론, 불교 이론이 황산덕 교수의 인식관심에 속했다.

---

72) 예를 들어 이호정, 『영국 계약법』(경문사, 2003) 참조.
73) 황산덕, 『법철학강의』(방문사, 1981). 이 책은 필자가 법과대학에 입학하면서 처음으로 사본 법서이기도 하다.

황산덕 교수의 연구 관심이 포괄적이었던 점은 어찌 보면 우연에 기인한다. 동년배의 친구 그룹이었던 이항녕 교수나 홍진기 선생과 비교할 때 황산덕 교수는 경성제국대학 시절 오히려 법학이라는 학문에 상대적으로 관심이 적은 편이었다. 이항녕 교수는 오다카 토모오의 애제자였고 홍진기 선생은 상법학자 니시하라 칸이치(西原寬一)의 조수 활동을 했었다.[74] 이에 비해 황산덕 교수는 자신의 증언에 따르면 징집을 면하기 위해 고등문관시험을 보았고 교수 생활을 시작한 것도 전공을 선택한 것도 우연에 속했다. 가령 우연적인 계기로 고려대학교에서 국제사법을 담당하게 되었고 유진오 선생의 사정으로 법철학까지 맡게 되었다.[75] 이후 서울대학교로 자리를 옮기면서 형법학까지 담당하게 되었고 이로 인해 유기천 교수와 유명한, 끝내 화해하지 못한 갈등을 빚게 된다.[76]

형법학 조수에서 민사법 전공 교수로 우리 민법학을 이끈 김증한 교수의 경우와 유사하게 황산덕 교수의 학문적 이력은 우리 법학의 제1세대가 꽤 우연적인 계기로 법학을 시작하게 되었음을 보여준다. 학문에 관한 확고한 관심을 가지고 일본 법학의 학문적 수련 과정에 해당하는 조수 과정도 역임하였으며 이미 수준 높은 법학 논문을 집필하면서 학문 세계로 진입한 유진오 선생과 비교할 때 황산덕 교수를 포함한 상당수의 제1세대 법학자들은 제대로 된 학문적 수련 과정을 거쳐 법학의 길로 들어섰다고 말하기는 어렵다.[77] 이를 고려하면 양창수 교수처럼 우리 법학에 학문적 전통이 없다고 평가하는 것도 근거가 없지 않다. 하지만 그런 황산덕 교수가 법학의 세계에 입문한 이후 보여준 성취는 쉽사리 과소평가할 수 있는 수준은 아니었다고 판단된다.

(2) 순수법학

고려대학교에서 국제사법으로 법학 교수 생활을 시작하였던 황산덕 교수는 유진오 교수가 헌법 기초 작업에 참여하면서 법철학 과목을 넘겨받는다. 이를 계

---

[74] 홍진기의 조수 경력에 관해서는 김영희, 『이 사람아, 공부해』(민음사, 2011), 78면 참조. 홍진기의 법학에 관해서는 양천수, 『단체의 법이론』(경인문화사, 2022) 참조.

[75] 이에 관해서는 황산덕, "원로 교우기", 翠玄 황산덕 박사 유고집 편찬위원회, 『법과 사회와 국가: 翠玄 황산덕 박사 유고집』(방문사, 1991) 참조.

[76] 황산덕 교수가 서울대학교로 옮기면서 고려대학교의 법철학은 이후 이항녕 교수가 맡게 된다.

[77] 유진오의 학문적 이력에 관해서는 이영록, 『유진오 헌법사상의 형성과 전개』(한국학술정보, 2006) 참조.

기로 하여 법철학은 황산덕 교수의 전공으로 자리매김한다. 그러나 이항녕 교수
나 홍진기 선생 등과 비교할 때 황산덕 교수가 법철학에 특별한 관심을 보인 것
같지는 않다. 오히려 경성제국대학에 입학하기 전에는 자연과학에 더 많은 관심
을 기울이는 편이었다. 그렇기에 황산덕 교수는 자연스럽게 경성제국대학에서 법
철학을 담당했던 그리고 그 어떤 교수보다 조선인 학생들의 관심을 받던 오다카
토모오 교수의 법철학을 자기 법철학의 기준점으로 삼는다. 하지만 황산덕 법철
학은 이에만 머문 게 아니라 이를 넘어 오다카 교수의 법철학적 기초가 되는 한
스 켈젠(Hans Kelsen)의 순수법학을 받아들인다.[78] 사실 당시 순수법학은 한국인
법학자에게 낯선 것은 아니었다. 경성제국대학 시절 미노베의 제자인 헌법학자
키요미야 시로오(清宮四郎)나 오다카 토모오에 의해 켈젠의 순수법학이 적극적으
로 수용되었기 때문이다.[79] 순수법학에 관한 황산덕 교수의 관심은 순수법학을
우리말로 번역하는 것으로 이어졌다.[80]

(3) 자연과학

황산덕 교수는 당대의 법학자와는 달리 드물게도 자연과학에 관심이 많았다.
그 때문에 황산덕 교수의 초기 법학에서는 실증주의적 사고와 인식비판 사고를
발견할 수 있다.[81] 이는 국내 법학박사 제1호 학위논문에서 확인할 수 있다.[82]
이러한 시도는 다음과 같이 이해할 수 있다. 초기 황산덕 법철학은 순수법학을
향한 관심에서도 추론할 수 있듯이 자연과학의 기초가 되는 합리적 실증주의의
토대 위에서 법학의 학문성을 정초하고자 했다는 점이다. 구체적으로 말하면 당
시 도달한 자연과학의 성과, 가령 상대성이론이나 불확정성 원리에 힘입어 법학

---

78) 황산덕, 『법철학강의』 제3정판(방문사, 1978), 머리말: "경성대학에서 직접 尾高朝雄 교수의 지
　　도를 받은 필자였지만 강의 때에는 편의한 대로 「켈젠學徒」(Kelsenian)의 한 사람으로 자처하
　　였고, 이리하여 1950년에는 법철학에 관한 나의 처녀작으로서 『법철학』(법정총서)을 내놓을 수
　　있었다."
79) 김효전, "경성제대 공법학자들의 빛과 그림자", 공법연구 제41집 제4호(2013. 6), 267면 아래
　　참조.
80) 한스 켈젠, 황산덕 (역), 『순수법학』(조문사, 1953).
81) 황산덕 교수의 제자 심헌섭 교수는 다음과 같이 회고한다. "황선생님은 잘 알듯이 켈젠을 많이
　　연구하시고 번역도 하신 분이지요. 그래서 그 분의 초기 저서는 매우 분석적이고 인식비판적 태도
　　가 강하지요." "심헌섭 교수 정년기념 대담", 서울대학교 법학연구소 (엮음), 『법학자의 향기』(박
　　영사, 2020), 126면.
82) 황산덕, 『최신자연과학의 발달이 법철학에 미치는 영향』(서울대 법학박사 학위논문, 1960).

의 도그마를 분석하고 비판하고자 했다는 점이다. 이러한 태도는 이후 독일에서 한스 알버트(Hans Albert) 등과 같은 비판적 합리주의자가 전개했던 법학 비판과 유사하다고 말할 수 있다.[83]

(4) 베버

황산덕 법학에서 눈에 띄는 점은 초기에는 엄격한 실증주의에 기초를 두었다가 이후 점점 탈실증주의적인 가치론으로 이론적 토대가 바뀌었다는 점이다. 그 전환점에 있는 두 이론이 바로 막스 베버의 사회학과 한스 벨첼의 목적적 행위론이다. 황산덕 법학은 비슷한 시기에 두 이론가에 관심을 기울인다. 베버를 향한 관심은 단행본으로 결실을 본다.[84] 어떤 이유에서 황산덕 교수가 베버에 관심을 가지게 된 것인지는 명확하지 않다. 다만 필자는 다음과 같이 추측한다. 회사법학자로서 시작해 독자적인 사회학을 구축했던 베버를 통해 법학의 사회과학적 기초를 탐구한 게 아닌가 하는 점이다. 더불어 실증주의와 밀접한 관련을 맺는 합리성(Rationalität)이란 무엇인지를 추적하는 과정에서 베버와 해후한 게 아닌가 한다. 잘 알려진 것처럼 베버는 합리성 개념에 관해 주목할 만한 연구를 하였다.[85] 그 밖에도 우리 법학의 준거점이 되는 근대성이 무엇인지를 규명하기 위한 일환으로 베버를 연구했을 수 있다.[86]

(5) 목적적 행위론

목적적 행위론에 대한 관심은 황산덕 교수가 형법학도 담당하게 된 점과 관련이 있는 듯싶다. 김증한 교수가 일본 민법학에서 독립하고자 독일 민법학에 천착한 것처럼 황산덕 교수도 일본 형법학에서 탈피하고자 독일 형법학, 특히 당대 가장 유력한 형법학자였던 벨첼에 주목한 것이 아닌가 한다. 여하간 황산덕 교수

---

83) 이에 관해서는 심헌섭, "법학의 학문성, 상: 도전과 응답의 발자취", 서울대학교 법학 제51호 (1982. 10), 17-45면 참조.

84) 황산덕, 『막스 베버』(서문당, 1999).

85) 이를 보여주는 위르겐 하버마스, 장춘익 (옮김), 『의사소통행위이론 1: 행위합리성과 사회합리화』 (나남출판, 2006) 참조.

86) 이러한 맥락에서 전후 일본 학계에서는 베버에 관한 연구가 상당수 축적되었다. 오쓰카 히사오, 김석근 (옮김), 『사회과학 방법론: 베버와 마르크스』(AK커뮤니케이션즈, 2021); 모리시마 미치오, 이승무 (옮김), 『사상으로서의 근대경제학』(AK커뮤니케이션즈, 2021), 139면 아래 등 참조.

는 김종원 교수와 동시대에 벨첼의 목적적 행위론을 국내에 소개한다. 목적적 행위론에 관한 벨첼의 단행본을 우리말로 번역했을 뿐만 아니라 이를 토대로 형법 교과서를 집필하기도 하였다.[87] 후에 벨첼 교수를 우리나라로 초청하는 데 기여하기도 하였다. 이러한 노력 덕분에 한때 목적적 행위론은 우리 형법학에서 이론적 주류로 자리매김하였다. 형법학을 연구한다는 것은 목적적 행위론을 포함한 벨첼의 형법학을 연구한다는 것으로 이해되기도 하였다. 하지만 아쉬운 점은 그 과정에서 독일 형법학을 중심으로 하는 이른바 비교 형법학만이 형법학의 주된 방법으로 정착하게 되었다는 점이다. 벨첼이 형법학자인 동시에 법철학자였다는 점, 그 때문에 법철학적 방법이 형법학에서 매우 중요한 의미가 있다는 점은 몇몇을 제외하고는 형법학에서 제대로 수용되지 않았다.[88]

(6) 불교 이론

후기 황산덕 법학에서는 불교 이론이 중요한 지위를 차지한다. 1970년대에 접어들면서 황산덕 교수는 불교 이론에 천착한다. 이에 관해 다수의 저서도 내놓는다.[89] 엄격한 자연과학적 실증주의에서 법학을 시작했던 황산덕 교수가 가장 탈실증주의적인 불교로 귀결했다는 점은 매우 흥미롭다. 아마 이 점에서 황산덕 법학에 방법적 일관성이라는 문제를 제기할 수도 있을 것이다. 하지만 이러한 태도 변화는 우리가 강제적으로 받아들였던 서구 근대법의 사유에서 벗어나 우리 고유의 법적 사고를 찾고자 했던 노력으로 이해할 수도 있다. 여하간 불교 이론은 일정 부분 황산덕의 만년 법철학에 투영된다.

(7) 법철학 및 형법학 방법에 관한 시사점

황산덕 법학은 법학의 방법이라는 측면에서 다음과 같은 시사점을 제공한다.
형법학에 관해서는 벨첼을 중심으로 하는 독일 형법학 연구가 실정형법학의 주된 방법으로 자리 잡는 데 영향을 미쳤다. 비교적 최근까지도 그랬던 것처럼 형법학에서는 독일 형법학을 중심으로 하는 비교법학 연구가 주된 연구 방법이

---

87) Hans Welzel, 황산덕 (역), 『형법체계의 신형상: 목적적 행위론 입문』(박영사, 1957).

88) 가령 Hans Welzel, Naturalismus und Wertphilosophie im Strafrecht: Untersuchungen über die ideologischen Grundlagen der Strafrechtswissenschaft (Mannheim/Berlin/Leipzig, 1935) 참조.

89) 예를 들어 나가아르쥬나, 황산덕 (역해), 『중론송』(서문당, 1976).

되었다. 독일 형법학 수용 vs. 탈독일 형법학이라는 논란이 전개되기도 하였지만, 민법학과 비교할 때 비교법학 연구의 스펙트럼이 넓지는 않은 편이었다.[90] 그렇지만 앞에서 언급하였듯이 벨첼을 비롯한 독일 형법학의 대가들이 매번 법철학에 주목했다는 점이 온전하게 수용되지 못한 것은 아쉬운 부분이다.[91]

　　한편 법철학에 관해서는 법철학의 일관된 또는 확고한 방법을 모색하는 게 어렵다는 점을 보여준다. 사실 기초법학을 전공으로 하는 필자의 시각에서는 실정법이라는 확고한 준거점이 있는 실정법학보다 실정법을 넘어 학문성을 정립해야 하는 법철학과 같은 기초법학의 방법을 어떻게 추구해야 하는지가 더 어렵게 보인다. 무엇이 기초법학의 방법에 준거점이 되어야 할까? 어떤 방법이 기초법학의 방법으로서 타당한지에 관한 메타 기준을 어떻게 획득할 수 있을까? 이는 매우 어려운 문제이고 필자 역시 여전히 그 해답을 찾는 문제이기도 하다. 그렇기에 우리 법철학의 제1세대에 속하는 황산덕 교수가 법철학의 방법 혹은 이론적 기초에 관해 순수법학 → 베버 → 불교 등으로 방랑한 것도 어찌 보면 당연해 보인다.

5. 우리 고유의 법철학 방법을 향하여

　　이항녕 교수는 황산덕 교수와 더불어 우리 법철학 제1세대를 대표하는 법철학자이다. 풍토법 또는 풍토적 자연법론으로 유명한 이항녕 교수의 법철학에 관해서는 그동안 상대적으로 많은 연구가 이루어졌다.[92] 따라서 그 내용을 여기에서 반복할 필요는 없어 보인다. 그 대신 아래에서는 방법이라는 면에 초점을 맞

---

90) 다만 형사소송법학에서는 오히려 영미 형사소송법학이 강한 영향을 미쳤다.

91) 형법학자로서 법철학에 관심을 기울인 경우는 벨첼 이후의 형법학자인 록신(Claus Roxin)이나 야콥스(Günther Jakobs)에서도 발견되는 부분이다. 가령 Claus Roxin, 김일수 (역), 『형사정책과 형법체계』(박영사, 1996); 귄터 야콥스, 김일수·변종필 (옮김), 『규범, 인격, 사회: 법철학에 관한 프로그램적 고찰』(한국형사정책연구원, 2013) 등 참조.

92) 이에 관해서는 김철수, "풍토적 자연법론고", 서울대학교 법학 제6권 제1호(1964. 9), 51-90면; 심재우, "이항녕선생의 직분법학과 구체적 자연법", 법철학연구 제8권 제1호(2005. 5), 7-16면; 최종고, "이항녕의 법사상과 문학", 법철학연구 제8권 제1호(2005. 5), 17-40면; 강희원, "법사회학적 시각에서 본 풍토적 법사상: 풍토적 법철학방법과 풍토적 자연법론을 중심으로", 법철학연구 제8권 제1호(2005. 5), 41-74면; 鈴木敬夫, 이정민 (옮김), "이항녕박사의 "법철학 개론"에 관하여", 법철학연구 제8권 제1호(2005), 75-82면; 이동희, "유기사관과 풍토적 자연법론: 자연법의 역사성과 구체성", 법학논총 제34권 제1호(2010. 6), 71-94면; 김창록, "이항녕의 법사상 1: 식민지조선의 법학도", 법사학연구 제49호(2014. 4), 149-199면; 이종길, "소고 이항녕교수의 인생과 학문사상 연원 소고", 동아법학 제74호(2017. 2), 1-42면 등 참조.

추어 이항녕 교수의 법철학을 다루겠다.[93]

(1) 이론적 출발점으로서 오다카 토모오

유진오, 홍진기, 황산덕 등 경성제국대학의 법철학(법리학) 교수 오다카 토모오를 언급한 이들은 많지만, 오다카의 학문적 제자라 부를 수 있는 사람으로는 단연코 이항녕 교수를 언급해야 할 것이다. 그만큼 오다카와 이항녕의 관계는 특별했고 이는 오다카가 사망한 이후에도 계속된 것으로 보인다.[94] 경성제국대학 재학 시절 오다카는 이항녕을 총애하였고 이항녕은 이에 대한 대답으로 오다카의 저작을 열심히 읽고 분석하였다. 그렇지만 이항녕은 오다카의 저작을 수용하는 데 그치지 않고 언제나 이를 비판하고자 노력하였다.[95]

이러한 학생 시절의 관계를 참고할 때 오다카 토모오의 법철학은 이항녕 법철학의 이론적 출발점이 되었다고 볼 수 있다. 그렇지만 오다카의 영향을 받았다고 명확하게 밝히고 그 증거로 초기에 켈젠에 몰두했던 황산덕 교수와는 달리 이항녕 교수가 이론적 측면에서 오다카의 영향을 받았는지, 만약 그렇다면 어떤 점에서 그러한지는 분명하지 않다. 오히려 오다카에 대한 비판이나 극복이 더욱 선명해 보인다. 그 점에서 오다카의 법철학을 과연 이항녕 법철학의 이론적 출발점으로 삼을 수 있을지 의문을 제기할 수 있다.[96] 그러나 다음과 같은 점에서는 오다카 법철학의 흔적을 발견할 수 있다.

앞에서 언급한 것처럼 오다카는 켈젠의 영향을 받았다. 오스트리아에서 켈젠의 지도를 받은 켈젠의 제자였다.[97] 그렇지만 오다카의 법철학이 켈젠에만 머문

---

93) 물론 이항녕 교수는 풍토법 이론을 "법철학의 풍토적 방법"이라는 견지에서 제시한다. 이항녕 교수에게 이는 독자적인 법철학을 위한 '방법'인 셈이다. 이항녕, 『법철학개론』 제3정판(박영사, 2004), 46면 아래 참조. 한편 이항녕 교수는 법철학 이외에 민법학을 담당하기도 하였다. 이에 관해서는 이항녕, 『깨어진 그릇』(일지사, 1980), 59면 아래; "청헌 김증한 박사께서 걸어오신 길", 서울대학교 법학연구소 (엮음), 『법학자의 향기』(박영사, 2020), 31면; 이종길, 위의 논문, 1면 아래 참조.

94) 김창록, 앞의 논문, 160면.

95) 김창록, 앞의 논문, 157면 아래.

96) 오다카의 법철학과 이항녕 법철학의 관계를 향후 연구 과제로 제시하는 경우로는 鈴木敬夫, 앞의 논문, 79면 아래 참조.

97) 오다카가 켈젠의 지도를 직접 받았다는 사실은 황산덕의 증언에서도 확인된다. "필자가 이 『3訂版』을 쓰기 시작한 날은 금년 4월 19일이었는데, 바로 이 날에 우리 법철학계의 巨匠인 Kelsen은 미국에 있는 어떤 양로원에서 93세를 일기로 서거하시었다. 필자가 1962년에 그를 Berkeley에 있는 그의 자택으로 방문하였을 때에, 그는 'untimely'하게 별세한 尾高 선생을 애도하면서, 이 분의

것은 아니다. 오다카는 도쿄제국대학 법학부를 졸업한 후 흥미롭게도 교토제국대학 철학과에 입학하여 철학을 공부하였다. 당시 일본에서 철학으로 가장 유명한 곳은 교토제국대학이었기 때문이다. 그때 교토제국대학 철학과의 학풍은, 니시다 키타로(西田幾多郎)의 철학이 보여주듯이, 생철학과 현상학에 친화적이었다. 제1고등학교를 졸업한 후 도쿄제국대학이 아닌 교토제국대학에서 니시다의 철학을 공부했던 미키 키요시(三木淸)가 독일 유학 시절 하이데거의 영향을 받은 것도 이를 예증한다.[98] 그 점에서 오다카의 철학에서는 순수법학뿐만 아니라 현상학적 사유가 나타난다. 실존의 문제나 권력을 향한 의지 등이 오다카 철학에 담겨 있다.[99]

　　필자는 오다카의 현상학 지향이 이항녕의 법철학에 영향을 미친 게 아닌가 추측한다. 이항녕의 법철학에서는 법의 존재론적 구조나 법철학적 인간학이 강조되는데 이는 다분히 하이데거적이기 때문이다.[100] 오다카가 공부했던 교토제국대학 철학과의 학풍이 이항녕 교수에게 스며든 것이 아닌가 한다.

(2) 자연법

　　그렇지만 오다카의 법철학은 이항녕 교수에게 주로 반면교사로 나타난다. 기본적으로 법실증주의를 추구했던 오다카와는 반대로 이항녕 교수는 자연법론을 선택했기 때문이다. 마찬가지 맥락에서, 라드브루흐(Gustav Radbruch)에 의해 유명한, 법적 안정성과 정의의 대립 관계에서 법적 안정성을 우선시하였던 오다카와는 달리 이항녕 교수는 정의를 우선시한다. 이의 연장선상에서 이항녕 교수는 실정법질서에 저항할 수 있는 권리도 인정한다.[101]

제자인 필자를 가리켜 'grandson'을 보는 것 같다고 반가워하셨던 것이다. 그리고는 필자가 그의 저서를 번역하여 그에게 바친 2권의 譯書를 자랑스럽게 꺼내서 보여주기도 하였다. 이제 그분은 가셨고, 가시고 나니 우리 법철학계에는 적막감이 감도는 것을 금할 수 없다. 이 자리를 빌어 삼가 그 분의 명복을 빈다." 황산덕, 『법철학강의』 제3정판(방문사, 1978), 머리말 참조.

98) 미키 키요시의 철학은 은연중 우리 철학에 많은 영향을 미쳤다. 미키의 철학에 관해서는 三木淸, 편집부 (역), 『철학입문』(나남, 1988); 미키 기요시, 윤인로 (옮김), 『파스칼의 인간 연구』(도서출판b, 2017); 미키 기요시, 이윤경 (옮김), 『철학자의 공부법』(B612 북스, 2018) 등 참조.

99) 尾高朝雄, 『國家構造論』(岩波書店, 1936), 334면.

100) 이항녕 교수의 법철학에서 법의 존재론적 구조에 주목하는 경우로는 鈴木敬夫, 앞의 논문, 79-80면. 한편 하이데거는 흔히 실존주의 철학자로 소개되는 편이다. 그렇지만 후설의 제자였던 하이데거는 후설이 후기에 전개한 현상학을 존재론적으로 확장한 철학자이자 철학적 해석학의 기초를 마련한 철학자로도 이해할 수 있다. 하이데거의 철학을 실존의 현상학으로 규정하는 경우로는 木田元, 『現象学』(岩波新書, 2022), 71면 아래 참조.

101) 鈴木敬夫, 앞의 논문, 80면.

이는 결국 오다카와 이항녕이 속한 실존적 지평이 서로 달랐기 때문으로 이해할 수 있다. 제국대학 교수로서 천황기관설 사건 이후 점점 군국주의로 휘몰아쳐 가던 일본의 천황주권체제를 법실증주의의 관점에서 정당화해야 했던 오다카와는 달리 이항녕 교수는 어쩔 수 없이 지켜야 했던 그래서 효력에 문제가 있었던 일제강점기 법질서의 정당성에 당연히 의문을 제기했을 것이기 때문이다. 이항녕 법철학이 볼 때 당시의 실정법질서란 정당하지 않은 힘의 질서일 뿐이다. 그 때문에 자연법에 힘입어 이에 저항도 가능한 것이다.

(3) 풍토적 자연법론

그러나 이항녕 교수가 선택한 자연법은 전통적인 서구의 추상적 자연법이 아니라 풍토적 자연법이었다.[102] 이를 현대적 언어로 바꾸어 말하면 가변적 자연법이나 구체적 자연법 또는 다문화적 자연법으로 지칭할 수 있을 것이다.[103] 필자는 여기에서 이항녕 교수의 다음과 같은 반발 의식을 읽을 수 있다고 생각한다. 일제에 대한 반발로 법실증주의가 아닌 자연법론을 선택했다면, 일본 법학이 지향했던 서구법 또는 서구 중심적 사고에 반발하여 다문화주의를 전제로 하는 풍토적 자연법론을 택한 게 아닌가 하는 점이다. 이는 결국 우리 것을 추구하기 위한 일환으로 불교 이론을 선택하였던 황산덕 교수의 문제의식과 맞닿는 것이 아닌가 한다.

(4) 직분법학과 구체적 자연법론

이항녕 법철학의 동양 문화 회귀적 경향은 직분법학에서도 찾아볼 수 있다.[104] 이때 직분은 유교에서 유래하는 것으로, 사회적 관계에서 각자에게 부여

---

102) 풍토적 자연법론은 일본의 철학자 와츠지 테츠로(和辻哲郎)의 풍토 사상을 받아들인 것이다. 이에 관해서는 이항녕, 『법철학개론』 제3정판(박영사, 2004), 47면; 이동희, 앞의 논문, 80면 (각주) 25 참조. 와츠지의 풍토에 관해서는 和辻哲郎, 『風土: 人間学的考察』(岩波文庫, 1979) 참조. 이 책의 초판은 1935년에 출판되었다. 한편 흥미로운 점은 와츠지 역시 교토제국대학에서 철학을 공부하고 독일로 유학해 하이데거에게서 배웠다는 점이다. 또한 와츠지와 오다카가 인척 관계였다는 점도 주목할 만하다. 이에 관해서는 (https://ja.wikipedia.org/wiki/%E5%92%8C%E8%BE% BB% E5% 93%B2% E9%83%8E) 참조.

103) 이에 관한 치밀한 분석으로는 김철수, 앞의 논문, 51면 아래 참조.

104) 이에 관해서는 이항녕, 『법철학개론』 제3정판(박영사, 2004), 354면 아래 참조.

된 자격 또는 의무를 뜻한다.105) 달리 사회적 역할(role)로도 볼 수 있을 것이다. 이항녕의 직분법학은 이러한 직분을 보호하는 것을 법이 수행해야 하는 임무로 파악한다. 이에 따르면 직분법학은 사회적 관계에서 각자에게 부여되는 정당한 직분이 무엇인지를 밝히고 법이 이러한 직분을 보호할 수 있도록 해야 한다. 이항녕 교수의 제자인 심재우 교수는 이러한 직분법학을 구체적 자연법론으로 파악하기도 하였다.106) 여하간 이항녕 법철학이 오랜 연구 끝에 국가법이 아닌 자연법, 서구 중심의 법이 아닌 다원적인 풍토법, 우리 고유의 규범적 가치로서 유교적 직분을 지향했다는 점은 시사하는 바가 적지 않다.

(5) 법철학의 방법으로서 우리 것 지향의 자연법론과 계승

이항녕 법철학에서 읽을 수 있는 점은, 황산덕 교수의 경우와 마찬가지로, 우리 사회에 적합한 법철학을 어떻게 모색 및 정립할 것인가의 고민이라 할 수 있다. 이에 관해 이항녕 법철학이 택한 방법은 서구 이론을 곧바로 받아들이기보다는 우리 고유의 것에서 오늘날에도 여전히 의미가 있는 것을 찾아 발전시키는 것이었다고 이해할 수 있다. 그렇게 해서 도달한 이론이 바로 풍토적 자연법론이자 직분법학이라 할 수 있다. 지금 시점에서 보면 이론적 정교함이나 복잡성이 다소 부족해 보일 수 있지만 우리 사회에 적합한 법철학의 방법을 모색했다는 점은 분명 높이 평가되어야 할 것이다.

더욱 긍정적인 부분은 이항녕 교수의 법철학 방법이 어느 정도 계승되었다는 점이다. 제자 심재우 교수가 이항녕 교수와 유사한 과정과 방법을 거쳐 법철학을 일군 것이다. 예를 들어 법의 존재론적 구조를 강조한 이항녕 교수처럼 심재우 교수는 하이데거의 존재론을 독창적으로 받아들인 마이호퍼(Werner Maihofer)의 영향 아래 법존재론을 모색하였다.107) 이때 이항녕 법철학의 직분과 유사한 '로서의 존재'(Alssein)가 법이 보호해야 하는 규범적 지점으로 자리매김한다.108) 나아가 심재우 교수는 마이호퍼의 영향 아래 추상적 자연법론이 아닌 구체적 자연법

---

105) 다만 이항녕 교수는 이러한 직분 개념은 로마의 키케로 등과 같이 서양에서도 발견된다고 한다. 이항녕, 위의 책, 355면.
106) 심재우, 앞의 논문, 7면 아래 참조.
107) 베르너 마이호퍼, 심재우 (역), 『법과 존재』(삼영사, 1996).
108) 이를 명확하게 보여주는 경우로는 베르너 마이호퍼, 윤재왕 (역), 『인간질서의 의미에 관하여』(지산, 2003) 참조.

론을 전개한다. 그뿐만 아니라 심재우 교수는 후반기에 동양 법철학을 연구하면서 동양의 전통에서 구체적 자연법론의 모습을 찾는다.[109] 이러한 심재우 교수의 법철학 연구 방법은 심재우 교수의 인격과 결합하여 여러 제자에게 심대한 영향을 미친다.

6. 법학의 방법을 찾고자 한 노력

지금까지 살펴본 제1세대 법학자의 법학을 보면 우리 법학의 선구자로서 각 분야에서 법학의 방법과 학문성을 정초하고자 고심했음을 확인할 수 있다. 그 과정에서 민법학과 같은 영역에서는 법학의 방법이 나름 정립되고 계승되었다. 반면 형법학이나 법철학 영역에서는 제1세대 법학자들이 일군 방법 가운데 일부만이 계승되었다. 학문의 전통이라는 개념이 '전승'이라는 시간적 개념까지 포함한다고 보면, 우리에게 학문의 전통이 없다는 진단은 부분적으로 타당하다고 말할 수 있다. 이는 어쩌면 우리 법학이 학문으로서 확고하게 자리매김하기 전에 수험법학으로 변모했다는 점, 그로 인해 논문이나 단행본을 통한 연구를 하기보다는 교과서를 집필하는 데 더 집중했다는 점에 기인하는 것인지도 모른다.[110] 그런데도 필자는 우리 법학에 학문의 전통이 아예 없지는 않았다는 점, 우리 법학의 선구자들이 정말 선구적인 노력을 기울였다는 점을 강조하고 싶다.

IV. 법학의 위기와 법학의 학문적 유의미성

1. 법학의 방법에 관한 논의의 유의미성

앞에서 언급하였듯이 우리 법학은 현재 위기에 처해 있다. 법학의 위기란 법학이라는 학문 또는 학문성이 위협되고 있다는 것을 뜻한다. 그렇다면 법학의 위기를 극복한다는 것은 법학의 학문성을 복원한다는 것을 의미한다. 이때 법학의 학문성을 복원한다는 게 구체적으로 어떤 의미인지 의문이 들 수 있다. 이에 답

---

109) 심재우, 『왕도와 패도』(박영사, 2021).

110) 1991년에 이루어진 회갑 기념 대담에서 서원우 교수는 당시 행정법 교과서만 20여 종이 나와 있었다고 언급한다. "서원우 교수의 걸어오신 길", 서울대학교 법학연구소 (엮음), 『법학자의 향기』(박영사, 2020), 122면.

하려면 법학의 학문성이란 무엇인지, 법학이 학문으로서 원용하는 방법이 무엇인지가 밝혀질 필요가 있다. 바로 이 점에서 법학의 방법에 관한 논의가 필요하다.

여기서 구별해야 할 개념이 있다. 법학의 방법과 법적용 방법이 그것이다. 잘 알려진 것처럼 기초법학의 영역 가운데 법학방법론이 있다. 법학방법론에서는 이름 그대로 법학이 사용하는 방법에 관한 이론을 다룬다. 그렇지만 그 내용을 보면, 사회과학 방법론처럼 법학이 학문으로서 사용하는 방법에 관한 논의보다는 법적용 방법(juristische Methodik)에 관한 논의, 그러니까 법적 분쟁을 해결하기 위해 사용해야 하는 방법에 관한 논의가 주류를 이룬다.[111] 법학이 학문이라는 점은 당연히 전제된 것이라는 인상을 받는다. 법학의 위기를 넘어서려면 법학의 학문성 그 자체에 관한 논의와 방법이 무엇인지를 좀 더 고민해야 하는 게 아닐까?

2. 법학의 방법에 관한 독일 법학의 논의

이에 실마리를 찾는다는 점에서 대표적인 독일 법학자 가운데 두 명을 선택해 그들이 원용한 방법을 검토해 보자.

우선 독일 민법학과 로마법학을 대표하는 사비니(F.C.v. Savigny)의 방법을 본다. 사비니가 자신의 법학을 정초하는 데 원용한 방법은 크게 두 가지로 말할 수 있다.[112] 역사적 방법과 체계적 방법이 그것이다. 역사법학으로 잘 알려진 역사적 방법을 통해 사비니는 현대적 관점에서 로마법을 연구한다. 로마법에서 오늘날 여전히 의미가 있는 것을 추출해 이를 법적 개념과 체계, 원리 등으로 정초한다. 나아가 체계적 방법을 활용해 법의 개념과 요건/효과 등을 논리적 · 체계적으로 결합한다. 여기에서 이른바 개념과 체계를 중시하는 판덱텐법학이 출현했다는 점은 널리 알려진 사실이다. 이때 눈여겨보아야 할 점은 체계적 방법의 준거점으로 사비니는 칸트 철학을 원용했다는 점이다.[113] 인간의 존엄, 자율성, 자유주의를 지향했던 칸트의 철학이 체계적 방법에 투영되어 사비니의 장대한 법학이 완

---

111) 독일에서 주로 발전한 법학방법론을 보면 법학의 방법에 관한 논의가 법적용 방법에 관한 논의와 섞여 있는 경우도 발견된다. 이러한 예로 Karl Larenz, Methodenlehre der Rechtswissenschaft, 6. Aufl.(Berlin u.a., 1991) 참조.

112) 이에 관해서는 양천수, "개념법학: 형성, 철학적 · 정치적 기초, 영향", 법철학연구 제10권 제1호 (2007. 5), 233~258면 참조.

113) 프리드리히 카를 폰 사비니, 남기윤 (옮기고 씀), 『입법과 법학에 대한 현대의 사명』(고려대학교 출판문화원, 2020), 제2부(옮긴이 해설) 참조.

성되는 데 기여하였다.

나아가 총체적 형법학을 구축한 리스트가 사용한 방법을 본다. 리스트는 구파로 지칭되는 빈딩의 형법학에 반대하여 자연과학적 실증주의와 공리주의의 목적사상에 바탕을 둔 형이하학적인 형법학을 전개한다. 실증주의의 토대 위에서 리스트는 경험 지향적인 형사정책학과 규범 지향적인 형법학을 통합한다. 이를 통해 인과성을 강조하는 인과적 행위론이나 위험에 기반을 두는 보안처분론이 제시된다. 형법학의 탈형이상학화·실증주의화가 바로 리스트가 추구한 형법학이었다.

이로부터 다음과 같은 시사점을 도출할 수 있다. 독일의 위대한 법학자들은 실정법에 관한 이론, 즉 실정법학의 이론적 기초를 탄탄히 하기 위해 법학 이외의 학문에서 이론적 자양분을 끌고 왔다는 점이다. 사비니는 역사학과 칸트 철학을, 리스트는 공리주의와 자연과학적 실증주의를 가지고 왔다. 여기서 어쩌면 법학이 학문으로서 사용해야 하는 방법이 무엇인지에 실마리를 찾을 수 있을지 모른다. 실정법에 관한 규범적 방법 + α가 그것이지 아닐까 한다.

3. 학문으로서 법학의 유의미성

여기서 다음과 같은 의문을 제기할 수 있다. 법학을 학문으로 정립해야 할 필요가 무엇인가의 의문이 그것이다. 실천성이 강한 법학의 성격을 고려하면 법적 분쟁을 해결하는 데 적합하고 필요한 도구만을 제공하는 것으로 법학은 충분하지 않을까의 의문을 던질 수 있는 것이다. 이 같은 의문에는 다양한 방식으로 답변할 수 있을 것이다. 이에 필자는 독자적인 사회학을 구축한 베버와 루만(Niklas Luhmann)의 예를 통해 법학의 유의미성에 관한 한 가지 근거를 찾을 수 있다고 생각한다.

지금까지 살펴본 논의에서 보면 주로 법학이 학문성을 정초하기 위해 철학이나 사회학, 자연과학 같은 다른 학문의 성과를 수용하는 예가 많았다. 이렇게 보면 법학이 마치 다른 학문에 의존하는 듯한 인상을 받는다. 그렇지만 그 반대의 경우, 즉 법학의 학문성이 다른 학문에 생산적인 기여를 하는 경우도 상정할 수 있다. 베버와 루만의 예가 그것이다.

베버는 상법학, 그중에서도 회사법학으로 학자 경력을 시작하였다.[114] 이후 경제학을 거쳐 만년에 사회학자로서 독자적인 사회학을 구축하였다. 베버는 여러 측면에서 독창적인 업적을 남겼는데 대중적으로 가장 유명한 것 가운데 하나는 자본주의의 근원이 무엇인가를 탐구했다는 점이다. 이에 대한 답변으로 베버는 프로테스탄트 정신을 내놓는 한편으로 자본주의에 적합한 합리적 조직을 구축하는 데서도 대답을 찾았다. 베버의 유명한 관료제 연구는 이와 연결된다. 이때 합리적인 조직과 관료제가 무엇인지 탐구하는 과정에서 베버가 거쳤던 회사법학적 수련 과정이 적지 않은 이바지를 하였다.115) 회사법학이야말로 회사라는 조직에 관한 법적 논의를 섬세하게 다루는 학문이기 때문이다.

　법학적 수련이 독창적인 사회학을 정초하는 데 기여한 예는 루만에서도 발견할 수 있다. 루만이 애초에 법학을 공부했다는 점은 잘 알려진 편이다. 그런 루만은 법과대학 재학 시절 로마법학에 관심을 쏟았다. 사회의 질서가 어떻게 형성되는지에 관심이 많았기 때문이다. 이에 루만은, 이는 잘 알려지지 않은 편인데, 한때 법학박사를 취득하기 위해 학위논문을 준비하기도 하였다.116) 법과대학 시절에 거쳤던 법학적 수련 과정은 이후 루만의 학문에 적지 않은 영향을 미친다. 법과대학 졸업 후 행정관료로 활동했던 루만은 베버와 유사하게 조직이 어떻게 작동하는지에 관심을 가진다. 이에 자연스럽게 행정학과 공법학에 관심을 기울이면서, 공무원 신분에서 방대한 연구를 수행한다.117) 이러한 인식관심은 루만이 사회학자로 활동하기 시작하면서 일반 사회이론 전체로 확장된다. 미군 포로 시절에 했던 체험, 즉 질서가 어떻게 형성되고 가능한지에 관한 인식관심이 법과 조직은 어떻게 작동하는지로 이어지고, 이러한 관심이 사회 전체가 어떻게 작동하는지로 확장된 것이다.

　베버와 루만의 예를 보면 법학이 실천적 측면뿐만 아니라 이론적 측면에서도, 법학 내부뿐만 아니라 법학 외부에도 생산적인 영향을 미칠 수 있음을 알 수 있다. 법학의 학문적 유의미성에 관해 성급하게 자괴감에 빠질 필요는 없다고 생각한다.

---

114) 베버의 학문적 여정에 관해서는 마리안네 베버, 조기준 (옮김), 『막스 베버』(소이연, 2010) 참조.
115) 이에 관해서는 佐藤俊樹, 『社会学の新地平: ウェーバーからルーマンへ』(岩波新書, 2023) 참조.
116) (https://de.wikipedia.org/wiki/Niklas_Luhmann) 참조.
117) 이를 루만은 정치사회학 연구로 지칭한다. Niklas Luhmann, Politische Soziologie (Berlin, 2015), S. 9 ff. 참조.

4. 법학의 위기에 대한 대응

사실 법학의 위기는 법학만이 겪는 위기는 아니다. 여러 요인으로 인해 우리 대학과 학문 전체가 위기에 직면하고 있다. 당장 이 위기를 해결하기는 쉽지 않아 보인다. 이러한 상황에서 법학의 위기를 극복하는 데 즉각적인 해법을 제시하기는 어렵다. 이는 필자의 역량을 넘어선다. 다만 다음 몇 가지는 언급해 두고자 한다.

법학 위기의 원인을 외부에서만 찾는 데는 한계가 있다. 위기의 원인은 매번 외부와 내부 둘 다에 있기 마련이기 때문이다. 따라서 법학의 어떤 점 때문에 법학이 위기를 맞는 것인지도 고민할 필요가 있다. 법학의 자기반성이 필요한 것이다. 이에 관해서는 역시 우리가 추구해야 하는 법학의 학문성과 방법은 무엇이 되어야 하는지가 함께 고민되어야 한다.

법학을 지탱하는 제도를 반성하는 과정도 함께 이루어져야 한다. 특히 현 법학전문대학원 체제가 지속 가능한 제도인지 냉정하게 되돌아볼 필요가 있다.

법학의 위기는 최근 독자적으로 발전할 뿐만 아니라 세계의 관심을 받기도 하는 우리 입법이나 사법에 치명적인 악영향을 미친다는 점을 고려할 필요가 있다. 필자가 볼 때 법학과 입법 및 사법 사이에는 10년에서 20년 정도의 시간적 격차가 있는 게 아닐까 한다. 그동안 이룩한 법학의 발전 덕분에 최근 들어 입법과 사법이 독자적으로 발전하고 있다고 볼 때, 현재 법학이 겪는 위기는 앞으로 10년 이후부터 입법과 사법에 부정적인 영향을 미칠 것으로 보인다. 그렇다면 법학의 위기는 법학자들만의 위기, 즉 그들만의 위기는 아닌 것이다.

V. 맺음말

지금까지 학문의 전통과 방법이라는 측면에서 우리 법학 연구의 역사를 간략하게 조감해 보았다. 이 글은 우리에게 법학이 있다는 전제 아래 법학 연구의 역사, 특히 우리 법학의 선구자에 해당하는 제1세대 법학자의 법학 가운데 몇몇을 선별해 살펴보았다. 어려운 환경과 부족한 제도적 뒷받침의 상황에서도 이들 제1세대 법학자는 법학의 학문성을 정초하기 위해 노력하였다. 지금 시점에서 보아도 설득력이 높은 방법을 구사하여 법학을 전개하였다. 그 가운데 일부는 학문의 전통으로 계승되기도 하였다. 그러나 계승이라는 면에서 볼 때 법학이 무엇을 방법으로 취해야 하는지, 학문성을 어떻게 정초해야 하는지의 고민이 성공적으로 이어지지 못한 부분도 있다. 아쉬운 점이다. 하지만 제1세대 법학자의 고민과 노력을 보면 법학이 어떠해야 하는지에 대략적인 윤곽을 확보할 수 있다. 법학의 위기에 우려의 목소리가 높은 요즘 이러한 부분이 좀 더 부각되고 재평가되어야 하는 게 아닐까 한다.

전환기, 법학의 학문성 재고

- 신진학자들의 연구유형에 대한 통시적 비교분석을 매개로 하여 -

이 계 일*

Ⅰ. 들어가며

법학교육체제가 법전원 체제로 변화한 지 15년 이상이 지나고 있다. 이러한 변화는 법조인 양성의 제도적 경로 자체만이 아니라 법학교육과 관련된 여러 하부 영역에 적잖은 영향을 미치고 있다. 일반대학원의 석, 박사과정이 영향을 받고 있고, 아울러 학문후속세대 및 신규 법학자 양성에도 변화가 확인된다. 이러한 모습은 결국 법학연구의 양상 및 연구의 방법론에도 영향을 끼칠 수밖에 없는데, 그와 관련하여 걱정하는 목소리도 적지 않게 들린다.[1] 법학의 학문성이 무너지고 있다는 것이다.

---

* 연세대학교 법학전문대학원 교수.

[1] 예컨대 이원상, "한국 법학 교육과 형법학의 위기 극복에 대한 소고", 비교형사법연구 제23권 제2호(2021), 259면 이하. 이 교수는 형법을 중심으로 '판례의존성의 심화', '형법이론 논의의 제한', '수요확장의 실패'를 언급한다. 아울러 김봉수, "법학 후속세대 양성에 대한 소고", 법학연구(부산대) 제64권 제4호(2023), 8면; 김혜경, "법학에서 학문 후속세대 양성을 위한 방안", 법학논고(경북대) 제66집(2019), 34면. 형법학이 외부환경의 변화에 따라 형법도그마틱의 기능과 과제를 실천하기 어려운 상황에 빠지고 있음을 지적하는 김성돈, "형법이론학의 기능과 과제 찾기", 형사법연구 제23권 제3호(2011), 12면 이하. 이미 법전원 제도 도입 당시에 이에 대한 경각심을 환기시킨 심헌섭, "법학의 학문성", 이계일(편), 『법학방법론(법철학연구 총서 4)』, 세창출판사, 2017, 23면. 학문후속세대의 고사를 우려하는 목소리에 대해서는 천경훈/이상훈, "로스쿨 도입 이후 일본의 학문후속세대 양성-서울대와 도쿄대ㆍ교토대의 비교-", 법학(서울대) 제56권 제3호(2015), 223면. 다소 다른 맥락이긴 하지만 이동진 교수가 '통설'의 역할을 매개로 법실무와 법학의 관계를 다룬 논문에서 "투입되는 인력과 자원, 통설의 형성과정에 비출 때 학계가 일반적으로 법실무에 대하여 논증대화과정이나 결론의 우위를 주장할 수 있는 공간은 크지 아니하다. 법도그마틱적 작업에 관한 한 '통설' 조차 판례의 대결 상대라고 하기 어렵다"고 분석하는데, 이 역시 현재 우리 법학이 처한 일면을 드러내주는 언급이라고 생각된다. 이동진, "법실무에서 통설의 가치", 영남법학 제58호(2024), 28면.

하지만 여러 법학 학술지들을 둘러보면 법학연구들은 여전히 상당한 숫자와 분량으로 이루어지고 있는 것도 현실이다. 그렇다면 법학의 학문성의 위기에 대한 단언적 접근 이전에 다음의 사항들에 대한 분석이 먼저 이루어질 필요가 있다.[2]

- 현재 어떠한 법학연구들이 주로 이루어지고 있고, 어떤 방법론에 근거한 연구들이 많은지
- 기존의 법학연구들에 비추어 연구가 약화되고 있는 영역은 어디이고, 강화되고 있는 영역은 어디인지
- 이를 보완할 수 있는 방법 및 제도적 노력의 가능성은 없는지

긍정적 부분이 있다면 더 확장되도록 해야 할 것이고, 부정적 부분이 있다면 이에 대응하기 위한 노력이 이루어져야 할 것이다. 그런데 이러한 노력은 단지 통념이나 선입견에 근거해 이루어질 수 없다. 현실에 대한 객관적 파악이 전제된다고 할 것이다. 본 연구는 바로 이 부분에 조그마한 기여를 해 보고자 한다.

본 연구가 주목하고자 하는 부분은 법학계의 신규 연구인력과 이들이 내놓은 연구물들이 대략 20여년 전과 비교해 어떤 변화를 보이고 있는지의 부분이다. 제한된 연구여건상 대략 10여 개 로스쿨의 최근 5개년 신규 임용 교수진과 이 학교들의 20여 년 전의 임용 교수진들이 임용 인근 기간에 내놓은 연구물을 비교 분석하는 방식을 택해 보고자 한다. 그런데 이러한 비교연구에는 과연 법학이라는 틀 안에서 이루어지는 법학연구에 어떤 세부유형들이 있고 그 배면의 방법론은 무엇인지에 대한 구조화 작업이 전제된다고 할 것이다.

이러한 문제의식에 입각해, 본 연구는 먼저 법학연구의 가능한 세부형태 및 방법론을 유형화해 보는 작업으로부터 시작해(아래 Ⅱ) 최근 신규임용 교수진과

---

2) 법학의 학문성에 대한 접근에 있어 '학문이론적 논의에 입각한 접근'과 법학 현실에 대한 '경험적, 실증적 접근' 두 가지 형태가 있을 수 있다. 본 논문은 후자의 접근방식을 취한다. 전자, 즉 법학의 학문성을 둘러싼 학문이론적 논의의 제반 전개양상에 대해서는 이계일, "법학의 학문성에 대한 반성적 고찰", 공법학연구 제19권 제1호(2018), 133면 이하; 김성룡, "법이론과 실무에 던지는 물음, '법학의 학문성'", 형사소송과 실무 제7권 제1호(2015), 1면 이하; 심헌섭, "법학의 학문성", 심헌섭 (편저), 『분석과 비판의 법철학』(법문사, 2001), 4면 이하 등 참조.

20여년 전 임용 교수진의 연구물들이 어떤 형태로 나타나고 그 비율이 어떠한지 분석해 보고(아래 Ⅲ, Ⅳ), 마지막으로 법학의 학문성의 견지에서 그 보완을 위한 학술적, 제도적 방안은 무엇일는지 모색해 보는 순으로 논의를 진행하고자 한다 (아래 Ⅴ).

Ⅱ. 법학연구의 세부유형 분류와 방법론

먼저 법학이라는 틀 안에서 이루어지고 있는 법학연구의 세부유형과 방법론을 분류해 보고자 한다.3) 어떤 실정법 영역이든지 법문을 구체적 사례에서 어떻게 해석, 적용하고 이를 어떻게 근거지울 것인지는 공통의 문제일 수밖에 없다. 따라서 구체적 사례를 매개로(그것이 실제의 사례든, 가상의 사례든) 합당한 법의 해석, 적용을 탐구하는 것은 법학연구의 기초를 이룬다. 그리고 '판례연구' 혹은 '판례평석'은 그 전형이라고 할 것이다.

하지만 법학연구는 '개별사례에서의 법해석과 적용'에 제한되지 않는다. 여러 사례유형 가운데 법해석과 적용의 합리성을 모색할뿐더러, 더 나아가 규율들의 유기적 연관성을 포착하고 서로 간에 보충, 긴장 관계에 있는 원리와 이념들을 체계화하여 이를 다시금 관련된 규율들의 해석, 적용에 관철시키는 작업을 진행하게 된다. 법학은 이를 전통적으로 '법도그마틱'이라고 칭해왔다. 이들 작업이 '도그마틱'인 이유는 자연과학이나 사회과학의 다른 분과들과 달리, 주어진 법규범의 효력을 전제하면서 그 의미를 규명하고 이들을 원리화하고 체계화하는 접근 방식을 취하고 있기 때문이다.4)

그런데, 법학 내에는 협의의 도그마틱 분과만 있는 것은 아니다. 규범의 효력을 받아들이고 그 의미를 분석하는 작업방식에 내재된 한계를 인지하면서, 이

---

3) 세부 방점은 다소 다르지만 이에 대한 필자의 선행연구로 이계일, "변화된 법학교육체제 하 법철학 교육의 현황과 과제", 법사학연구 제43집(2011), 58면 이하; 이계일, "연세 기초법(법철학)의 발자취와 미래", 연세법학 제42호(2023), 392면 이하.

4) 도그마틱 개념에 대한 학문이론적 규명으로는 김영환, "법도그마틱의 개념과 그 실천적 기능", 법학논총(한양대), 1994, 4면 이하; 문병호, "행정법 도그마틱의 변화에 관한 시론", 가천법학 제3권 제3호(2010), 141면 이하; 이계일, "법학의 문제변증적 성격을 둘러싼 법철학적 논의와 법학교육의 방향에 대한 소고", 법학논총(숭실대) 제23집, 2010, 9면 이하; 김봉수, 앞의 논문, 6면 이하. 아울러 Fr. Bydlinski, *Juristische Methodenlehre und Rechtsbegriff*(2. Aufl., Wien [u.a.], 1991), 8면 이하.

를 또 다른 이론적 작업으로 보완하고 확충하려는 분과들이 존재한다. 주요 법명제의 배경과 맥락, 역사적 경로를 '이념사적, 제도사적 방법론'에 입각해 궁구해 들어가는 분과들이 존재할 수 있고(예컨대 법치국가 이념의 역사, 로마법 이래 소유/점유 법리의 역사 등), '분석적 방법론'에 입각해 주요 법개념들의 구조와 작동을 보다 엄밀하게 포착해 들어가고자 하는 분과들이 있을 수 있다(예컨대 기본권의 성격, 청구권/형성권의 구조에 대한 분석 등). 아울러 '해석방법론'에 입각해 법해석, 적용 작업 자체에 대한 반성적 성찰을 시도하고 이를 통제하기 위한 이론적 노력을 기울이는 분과들도 있을 수 있다(민법해석방법론, 형법해석방법론 등). 이들 '법학의 이론 영역'(헌법이론, 형법이론, 민법이론 등)[5]은 협의의 도그마틱 작업과 결합하여 실정법학의 큰 틀을 이루어왔다.[6]

　　하지만 법학연구는 이들 실정법학에 제한되지 않는다. 이들 작업은 다시금 '기초법학'의 세부분과와 밀접한 연계를 맺으며 발전하게 되는데, 기초법학 분과에는 전통적인 법철학, 법사회학, 법사학 외에도 최근 법경제학, 법심리학 등 다

---

5) 이해의 편의를 위해 단행본의 제목에 이미 실정법학 이론적인 내용을 담고 있는 저작들을 임의적으로 몇 개 뽑아 보면 다음과 같다. 권영준, 『민법학의 기본원리』(박영사, 2020); 김상용, 『민법사상사』(피엔씨미디어, 2016); 허영, 『헌법이론과 헌법』(박영사, 2004); 김효전, 『서양 헌법이론의 초기수용』(철학과 현실사, 1996), 변종필, 『형법해석과 논증』(세창출판사, 2012) 등.

6) 한 가지 짚어둘 점은 '법도그마틱' 개념을 '좁은 의미'가 아닌, '법학이론을 포함하는 넓은 의미'로 사용하고자 하는 입장도 있을 수 있고, 거꾸로 '법학이론' 개념을 '법도그마틱을 포괄하는 넓은 의미'로 사용하려는 입장 역시 있을 수 있다는 점이다. 더 나아가 '구체적 사례에서의 법적용 및 해석'과 '본문에서 말한 도그마틱'의 연구범위를 합하여 '도그마틱' 지칭을 사용하고 이를 '법학이론' 및 '기초법학' 연구와 성격적으로 구분하고자 하는 입장도 개진된다. 법규범의 효력을 전제하고 그 의미를 개별적, 체계적으로 규명하고자 접근하는 방식과 그러한 효력에 제한받지 않고 법에 대한 다각도의 학문적 탐구를 지향하는 방식은 구분될 수 있다는 것이다(이른바 '도그마틱'과 '체테틱'의 구분). 이에 대해서는 이계일, 앞의 논문(주 4), 8면 이하. 이러한 접근이 도그마틱의 어원적 엄밀성에는 더 부합하는 것일 수도 있다. 그럼에도 필자가 본문에서와 같은 도그마틱 개념을 사용한 것은 본고의 주제인 '법학의 세부 연구유형 관련 탐구'를 위한 전제로서 '구체적 사례에서의 법적용 및 해석'과 '본문에서 말한 법학이론적 탐구'와 구분되는 '전형적인 해석법학적 탐구'를 따로 지칭할 기술적 필요성 때문이다. 따라서 본문의 구분을 '도그마틱' 개념의 본질에 대한 필자의 입장이 아닌, 법학연구의 세부유형 구분을 위한 도구적 차원에서 이해해 주길 바란다. 이는 '법학이론'이라는 본문의 지칭의 경우에도 마찬가지이다. 아울러 '굳이 외국어 표현을 써야 하는지'의 물음이 제기될 수도 있겠지만 그에 대해서도 위의 연구유형들을 구분하는 가운데 해당 유형을 지칭할 다른 마땅한 표현을 찾기 어려웠다는 답변으로 대신하고자 한다. 결국 중요한 것은 지칭이 아니라, 법학연구의 가능한 세부유형들을 적정히 포착하고 그 상호관계를 규명하는 부분일 것이다. 본문의 유형분류는 '이념형'적인 것이기 때문에 실제의 법학연구가 이들 유형을 나름의 방점에 따라 조합하는 여러 형태로 나타날 수 있음은 물론이다. 이러한 작업에 기여할 수 있는 한, 여러 접근들은 나름의 의미를 지닌다고 할 것이다. 예컨대 김성돈, "형법이론학의 기능과 과제 찾기", 3면 이하.

양한 학제간 연구영역들이 발전해 가고 있다.[7]

또한 법학은 주어진 법규범의 의미를 규명하는 작업만이 아닌, 그 법규범을 바꾸고 개선하는 작업에도 참여한다. 이른바, '법정책', '입법론'의 영역이 그것이다. 일각에서는 '입법론'이나 '법정책'을 '법학'과 구분하고자 하기도 하였으나[8] 이는 '분류의 문제'일 뿐이다. 이들 연구를 단지 현실정치의 문제로 도외시 하지 않고 그 합당한 방향을 모색하는 한, 법학자들의 역할은 필수적으로 요청된다.[9] '법의 해석' 문제는 항상 '올바른 입법', 그리고 '법률개정'에 대한 논의와 결부되어 진행되어 온 것이 현실이고, 법개정작업이 이루어질 때마다 법학자와 법률가들은 개정위원회의 중핵을 형성하여 왔다. 물론 법률의 제, 개정작업은 올바른 도그마틱 뿐 아니라, 올바른 이념적 지향의 설정, 그리고 정확한 현실 이해 및 적절한 규제방식의 파악을 전제하는 것이기도 하다. 그러한 한에서 입법론 및 법정책은 기초법학적 층위와도 연결점을 확보하게 된다.[10]

효력 있는 법의 의미를 규명하는 작업이건, 입법론 및 법정책의 영역이건, 개진되는 법명제의 근거지움을 위해 중요하게 원용되는 또 다른 성격의 논거들이 존재한다. 그것은 바로 '비교법적 논거'이다. 비교법은 전통적으로 법학연구의 주요 하부유형을 형성해 왔다.[11] 비교법은 법률해석에서 고려될 수 있는 추가적 논점을 환기시켜 줄 뿐만 아니라, 외국의 발전된 경험들을 참조할 수 있게 함으로써 법학적 탐구의 합리성을 만회해 주는 역할을 수행한다.[12] 따라서 방법론사는

---

7) 이를 전형적으로 보여주는 이상돈, 『기초법학』(제2판, 법문사, 2010); J. Krüper(Hrsg.), Grundlagen des Rechts(4. Aufl., 2021).

8) 대표적으로 H. Kelsen(윤재왕 역), 『순수법학: 법학의 문제점에 대한 서론(Orig. 1934)』(박영사, 2018), 17면.

9) 이러한 부분을 라렌츠의 방법론과 관련하여 서술하고 있는 김성룡, "법 이론과 실무에 던지는 물음, '법학의 학문성'-법학의 학문성에 관한 논의가 우리에게 던지는 과제", 형사소송 이론과 실무 제7권 제1호(2015), 18면, 27면 참조. 아울러 형법도그마틱의 역할 중 하나로 "형법의 기본원칙 정립" 외에도 "정당한 형사입법 근거지우기"를 들고 있는 김성돈, "형법이론학의 기능과 과제 찾기", 21면 이하.

10) 입법론의 여러 방법론적 층위에 대해서는 심우민, 『입법학의 기본관점』(서강대 출판부, 2014), 26면 이하.

11) 대표적 국내문헌으로 조규창, 『비교법(상), (하)』(소화, 2005). 아울러 A. Schwartze, "Die Rechtsvergleichung", in: K. Riesenhuber(Hrsg.), Europäische Methodenlehre(Berlin, 2006), 75면 이하; K. Röhl/H. Ch. Röhl, *Allgemeine Rechtslehre*(3. Aufl., Köln [u.a.], 2008), 625면.

12) 이 때문에 혹자는 비교법을 '제5의 해석기준'으로 일컫기도 하였다. P. Häberle, "Grundrechtsgeltung und Grundrechtsinterpretation im Verfassungsstaat - Zugleich zur Rechtsverg-

이미 법철학이나 법제사, 법사회학 등의 제반 기초법학적 연구들 외에 비교법적 연구의 유용성과 가치를 환기시켜 왔다.[13] 특히 우리나라처럼 계수법학의 성격을 갖고 있는 법질서의 경우, 계수의 일정시기까지 비교법 연구의 비중이 대단히 크게 작용한다. 해방 이후 일정 시기까지 독일법학과 일본법학에 대한 의존도를 상기해 보면 어렵지 않게 이해할 수 있다.[14] 하지만 외국 법질서와의 조우가 강해지는 작금의 국제화 시대에는 비교법 연구의 가치가 또 다른 측면에서 커질 수밖에 없다.

위에서 언급한 법학연구의 세부유형은 실정법 영역을 불문하고 드러나는데, 이를 도표화해 보면 다음과 같다.[15]

---

leichung als 'fünfter' Auslegungsmethode", Juristenzeitung 44(1989), 913면 이하.

13) 고전적 예시로 Ph. Heck, *Begriffsbildung und Interessenjurisprudenz*(Tübingen, 1932), 133면 이하. 이에 대해서는 이계일, "헤크(Ph. Heck)의 이익법학에 있어 법해석과 법학방법론", 법철학연구 제27권 제1호(2024), 332면 이하.

14) 이에 대해서는 이형국, "독일법 계수 120년의 사적 고찰-형법분야-", 한독법학 제14집(2003), 381면 이하; 김형배, "독일민법의 계수-역사적 수용과정에 관한 비판적 고찰-", 한독법학 제15집(2004), 15면 이하; 서을오, "독일 민법전의 한국에의 계수", 법학논총(이화여대) 제10권 제2호(2006), 125면 이하; 한상범, "한국법의 계보와 사상-일본법과 한국법", 아태공법연구 제8호(2000), 5면 이하 등.

15) 아래 표는 이계일, "연세 기초법(법철학)의 발자취와 미래", 연세법학 제42호(2023), 393면의 것을 좀 더 발전시킨 것이다.

[법학연구의 가능한 세부유형 분류]

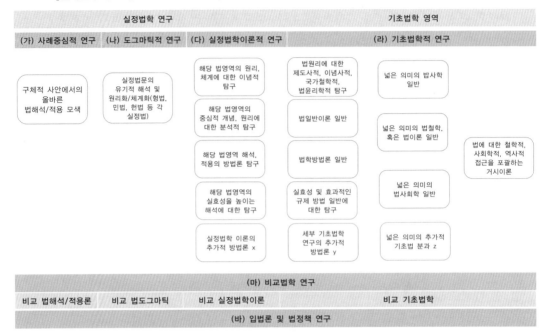

실정법학 연구			기초법학 영역
(가) 사례중심적 연구	(나) 도그마틱적 연구	(다) 실정법학이론적 연구	(라) 기초법학적 연구

구체적 사안에서의 올바른 법해석/적용 모색

실정법문의 유기적 해석 및 원리화/체계화(형법, 민법, 헌법 등 각 실정법)

해당 법영역의 원리, 체계에 대한 이념적 탐구

해당 법영역의 중심적 개념, 원리에 대한 분석적 탐구

해당 법영역 해석, 적용의 방법론 탐구

해당 법영역의 실효성을 높이는 해석에 대한 탐구

실정법학 이론의 추가적 방법론 x

법원리에 대한 제도사적, 이념사적, 국가철학적, 법윤리학적 탐구

법일반이론 일반

법학방법론 일반

실효성 및 효과적인 규제 방법 일반에 대한 탐구

세부 기초법학 연구의 추가적 방법론 y

넓은 의미의 법사학 일반

넓은 의미의 법철학, 혹은 법이론 일반

넓은 의미의 법사회학 일반

넓은 의미의 추가적 기초법 분과 z

법에 대한 철학적, 사회학적, 역사적 접근을 포괄하는 거시이론

(마) 비교법학 연구			
비교 법해석/적용론	비교 법도그마틱	비교 실정법학이론	비교 기초법학

(바) 입법론 및 법정책 연구

* 도표 내 x는 실정법학이론적 연구에 투입될 수 있는 임의의 추가적 방법론을, 도표 내 y는 세부 기초법학 연구에 투입될 수 있는 임의의 추가적 방법론을, 도표 내 z는 법사학, 법철학, 법사회학 외에 임의의 추가적 기초법 분과를 지칭

** (다), (라) 연구의 하위에 종적으로 열거된 박스는 각 연구유형의 가능한 세부접근방법을 예시적으로 열거한 것으로서 완결적인 것은 아님

*** 제한된 지면상 각 연구유형의 박스들이 인접연구유형들의 박스와 횡적으로 맺을 수 있는 상호관계까지 구체화할 수는 없었기 때문에 일단 본 그림에서 박스들의 위치는 각 연구유형별 내부적 다양성을 보여주는 의미만을 가짐

이제 위의 유형분류를 바탕으로 구체적 법학연구들이 20여년 전과 지금 어떤 차이를 드러내고 있는지 분석해 보기로 한다.

Ⅲ. 조사의 방법과 대상 설계

최근의 법학연구와 예전의 법학연구를 비교해 보고자 할 때 무엇을 탐구대상으로 삼아야 할까? 주요 학회 학술지에 실린 논문들의 예전과 지금을 비교대상으로 삼을 경우, 많은 공을 들인 연구물들만 실리거나 게재를 한 연구자들의 유동성이 크지 않은 등의 이유로 효과적인 비교가 되지 못할 수 있다. 이런 고민

속에 본고는 연구자들을 중심으로 비교해 보는 방식을 택하였다. 특히, 20여 년 전과 최근 신규임용된 교수들이 임용 인근의 5년 정도에 실은 논문들을 전수 조사해 보면서 그것이 내용적, 구조적으로 어떤 차이를 보이는지를 탐구해 보고자 하였다. 구체적 탐구방식은 다음과 같다.

- 대상 연구자: 11개 로스쿨의 아래 기간, 아래 전공영역 신규임용교수
- 임용기간: A그룹 − 2019년 3월부터 2024년 2월까지(38명), B그룹 − 2002년 1월부터 2006년 12월까지(25명)
- 대상 영역: 민사법, 형사법
- 대상 논문: 위에 해당하는 신규임용교수들이 위의 동일 연구기간에 발표한 학술지 논문 전체[단행본이나 학술지 외에 실린 연구물은 제외. KCI등재 학술지를 대상으로 삼되, 현재는 등재지임에도 20여년 전에는 아직 등재되지 않았던 일부 학술지도 포함시킴]. 단, 데이터베이스화 미흡으로 현재 전산으로 입수되지 않은 연구물들은 대상에서 제외시킴.

위와 같이 대상영역을 설정할 때 탐구대상 범위로 들어온 총 연구 논문 숫자는 다음과 같다.

A그룹 신규임용 교원들의 탐구대상 연구물 숫자			
	형사법 영역	민사법 영역	형사법+민사법 합산
해당기간 전체 연구물 숫자	68	185	253

B그룹 신규임용 교원들의 탐구대상 연구물 숫자			
	형사법 영역	민사법 영역	형사법+민사법 합산
해당기간 전체 연구물 숫자	53	131	184

원래 필자는 형사법, 민사법에 제한하지 않고 위 기간 전체 신규임용교수들의 연구물을 분석해 보고자 하였으나, 연구물의 숫자가 너무 방대하여 제한된 연구역량상 일정한 제한을 가할 수밖에 없었다. 본 연구에서는 최근 신규임용교원의 다수를 이루는 형사법, 민사법 담당 교수에 제한하였지만, 앞으로 시간이 된다면 공법, 선택법, 기초법 담당 교수들에로 연구의 범위를 확장해 갈 것이다.

그리고 민사법이나 형사법 영역이 아닌 교수들의 경우, 산출논문들의 구체적

내용분석까지 진행하지는 못했지만, 그 명단 및 논문목록(총 1,300여 논문)을 엑셀화하는 데에까지는 작업이 진척되어 있다. 따라서 필요한 경우 아래 분석에서 이들 리스트 역시 활용해 볼 수 있을 것이다.

대상 학교를 11개 로스쿨에 제한한 것 역시 필자의 제한된 연구역량에 기인한다. 11개 로스쿨은 수도권을 제외한 로스쿨들 전체이다. 강원대, 경북대, 동아대, 부산대, 영남대, 원광대, 전남대, 전북대, 제주대, 충남대, 충북대(ㄱ, ㄴ 순). 기회가 된다면, 향후 연구의 범위를 25개 로스쿨 전체로 확장해 갈 수 있을 것이다.

- 조사세부항목: 앞 장에서 도표화한 법학연구의 세부유형 (가)-(마)의 투입여부 및 정도를 각 논문별로 체크하여 엑셀화

[세부연구유형별 약칭 및 주 연구내용]

세부영역	약칭		연구내용 및 방법
(가)	'사례중심 연구' 혹은 '판례중심 연구'		구체적 사례나 사례유형들에서 합당한 법해석, 적용에 대한 탐구. 다만, 그러한 연구가 실제의 판결을 매개로 이루어지는 경우가 많으므로 이를 '판례중심 연구'라고 칭하더라도 무리가 아님.16) 전형적 예시로서 '판례평석'.
(나)	'도그마틱적 연구'		법문의 의미를 법질서의 유기적 연관관계 속에서 밝히고, 관련된 법명제들을 체계화하고 원리화하는 작업(이른바, 협의의 도그마틱)
(다)	실정법학 이론 연구	'법원리 및 이념사, 제도사'로 약칭	법문 및 법명제의 이념(사)적, 제도사적 맥락에 대한 탐구
		'주요 개념분석'으로 약칭	해당 법영역의 중심 개념이나 원리에 대한 분석적, 일반이론적 탐구
		'해석론, 방법론'으로 약칭 등	해당 법영역에서 이루어지는 해석, 적용 자체에 대한 방법론 탐구
(라)	'기초법학적 연구'		법철학, 법사회학, 법제사 등 기초법학적 방법론을 원용한 탐구
(마)	'비교법적 연구'		비교법을 기반으로 한, 제반 해석론 및 입법론에 대한 반성과 성찰
(바)	'입법론 및 법정책 연구'		법률의 제, 개정 방향 및 올바른 사회규율의 방법 등에 관한 연구

---

16) 여기에서 '판례'라고 함은 '판결 사례'라는 다소 포괄적 의미에서 사용되었다. 물론 법이론적으로

[분석논문별 엑셀화 형식]

	(가) '판례 중심적 연구'	(나) '도그마 틱적 연구'	(다) 실정법학이론 연구			(라) '기초법학적 연구'	(마) '비교법적 연구'	(바) '입법론 및 법정책 연구'
			'법원리 및 이념사, 제도사'	'주요 개념 분석'	'해석론, 방법론'			
논문 A								
논문 B								
논문 …								
논문 …								

Ⅳ. 조사 결과

1. 판례중심 연구의 현황(앞서 세부연구영역 가.)

'사례중심연구', 특히 '판례중심연구'는 어떠한 비중으로 나타나고 있을까? 최근 판결을 대상으로 한 연구가 너무 많아지고 있다는 목소리를 접하기도 하는데, 이는 근거가 있는 이야기일까? 이 부분을 살펴보기 위해 최근 임용 교원들의 판례중심 연구와 20여 년 전 임용 교원들의 판례중심 연구의 비율을 비교해 보았다.

분석결과를 소개하기에 앞서, 본고가 취한 '판례중심 연구'의 기준에 대해 간단히 언급해 두고자 한다. 본고는 일관되고 객관적 분석을 위해 다분히 '형식적 기준'에 방점을 두어 판단하였다. 예컨대 연구가 외적으로 '판례평석' 혹은 '판례를 중심으로 한 연구'의 형식을 취하고 있다면 일관되게 '판례중심 연구'에 위치 지웠다. 물론 '판례중심 연구'와 '전형적인 도그마틱 연구'의 경계지대에 있는 연

'판례'를 법원의 법적용시에 동반되는 법문의 의미 구체화를 지칭하는 것으로, 특히 그로써 획득되는 일반화된 법명제를 지칭하는 것으로 사용하면서 다시금 그 지위를 법원의 심급이나 반복성, 지속성 여부와 결부시키기도 한다. '판결'은 개별 사안에서 법원이 행한 특정한 법적용(소전제인 사실관계를 정돈하여 이를 대전제인 법문에 관련지어 법적 결론을 도출하는 작업)을 가리키는 것으로, 반면 '판례'는 대법원 판결을 통해 확립된 법문에 대한 일반화된 의미명제를 가리키는 것으로 보는 방식이 대표적이다. 하지만 법학계에서 이 단어가 사용되는 통상의 어법을 보면, 그러한 엄밀한 의미뿐 아니라 특정 판결 사례라는 단순한 의미로 사용되는 경우도 적지 않다. 학술지의 판례평석들을 보더라도 그것이 특정 판결에 대한 비판적 분석을 포괄적으로 지칭하는 경우가 흔하다. 본고에서는 일단 바로 그런 포괄적인 의미로 해당 개념을 사용하고자 하며, 대법원이 확립한 법문에 관한 일반화된 의미명제를 지칭하고자 할 때는 이를 구체적으로 표시하거나 혹은 '선례'와 같은 표현을 사용하여 구별하게 될 것이다.

구들도 존재한다. 이런 경우에도 본고는 탐구의 형식에 초점을 두어 판단하였다. 설령 법리에 대한 이론적 탐구가 제법 상세히 포함되어 있더라도 그것이 판례평석의 형식 속에 이루어지고 있으면 일단 판례 중심 연구에 위치지운 것이다. 반면 지면을 판례에 적잖이 할애하고 있는 경우라도 도그마틱 탐구의 형식 속에서 판례검토가 이루어지고 있다면 도그마틱 중심 연구에 위치지웠다. 이와 같이 '내용'보다 '형식'에 입각해 판단할 경우 내용적 측면에서 보자면 다소 아쉬운 위치지움이 생길 수 있다. 이를 보완하기 위해 추가적 분석을 하기도 하였다. 예컨대 판례중심 연구의 계산에 있어 '형식적 기준에 입각한 판례중심 연구' 항목과 별도로 '도그마틱 연구의 형식이지만 판례분석에 지면이 상당히 할애되어 있는 연구' 항목을 따로 설정하여 그 숫자를 계산해 보기도 한 것이다.17) 통계조사에 있어 일관되고 객관적인 계산이 중요할 수 있는 터라 이러한 접근법이 나름의 의미를 가질 수 있다고 보았다. 비율계산은 소숫점 둘째 자리에서 반올림하였다.

(1) 최근 임용 교원들의 판례중심 연구의 비율

최근 신규임용 교원들의 판례중심연구의 비율			
	형사법 영역	민사법 영역	형사법＋민사법 합산
해당기간 전체 연구물 숫자(A)	68	185	253
판례중심 연구물의 숫자(B)	35	78	113
[참고] 도그마틱 탐구의 형식이지만 관련 판례 분석에 적잖은 지면이 할애되어 있는 문헌의 숫자	6	16	22
비율(B/A)	51.5%	42.2%	44.7%

---

17) 마찬가지로 '도그마틱 중심 연구'의 비율계산시에는 '판례평석 등의 형식을 취하고 있지만 도그마틱적 탐구에 적지 않은 비중을 할애한 연구'들을 '약한 도그마틱 연구'라는 항목을 따로 만들어 셈해 보기도 하였다. 이에 대해서는 다음 절 참조.

(2) 20여년 전 임용 교원들의 판례중심 연구의 비율

20여년전 신규임용 교원들의 판례중심연구의 비율			
	형사법 영역	민사법 영역	형사법＋민사법 합산
해당기간 전체 연구물 숫자(A)	53	131	184
판례중심 연구물의 숫자(B)	5	8	13
[참고] 도그마틱 탐구의 형식이지만 관련 판례 분석에 적잖은 지면이 할애되어 있는 문헌의 숫자	5	11	16
비율(B/A)	9.4%	6.1%	8.6%

분석 결과, 최근 임용 교원들의 판례중심 연구의 비율은 형사법 51.5%, 민사법 42.2%, 도합 44.7%로 나타난 반면, 20여년 전 임용 교원들의 판례중심 연구의 비율은 형사법 9.4%, 민사법 6.1%, 도합 8.6%로 나타났다. 최근 임용 교원들에게서 판례중심 연구의 비율이 압도적으로 높게 나타나고 있음을 확인시켜 주는 대목이다.

다만, 짚어두어야 할 부분은 판례중심 연구라고 하여 연구의 수준이나 정밀성이 떨어진다거나 도그마틱 연구를 전혀 담고 있지 않는 것은 아니라고 하는 점이다. 최근 연구를 보면, 판례중심 연구라도 그 판례에 담겨 있는 핵심법리를 추출하여 그에 대한 도그마틱적 논의상황을 같이 다루고 있는 경우가 많으며 아울러 해당 판례만이 아닌, 관련된 판례 가운데 해당 판결에 대한 비판적 평석과 개선방향을 모색하는 경우가 많다. 연구물에 따라서는 추상적 도그마틱 서술에 집중하는 논문들보다, 논리성과 체계성을 더 갖춘 경우도 적지 않다. 구체적 판례를 중심으로 탐구를 진행하게 되면, 두루뭉술하게 기술할 수만은 없는 측면도 작용할 것이다.

전체적으로 보았을 때, 최근 판례중심적 연구경향이 매우 강하게 나타나고 있다는 점은 분명한 것 같다. 그리고 이는 민사법보다 형사법에서 더 강하게 나타난다.

(3) 최근 임용 교원들 중 박사 취득자와 미취득자의 판례중심 연구 비율 비교

일각에서는 판례중심 연구의 비율증대가 실무 출신 교원들의 증대에 기인한다고 이야기하기도 한다. 하지만 최근에는 실무 출신 교원이라도 박사학위를 취득한 경우가 적지 않다. 따라서 최근 실무 출신 교원들을 박사학위 취득자와 박사학위 미취득자로 나누어 판례중심 연구의 비율을 조사해 보았다.

실무출신 교원에는 사시, 변시를 막론하고 변호사 자격증이 있는 사람을 위치지웠다. 박사취득자에는 박사과정 수료자는 제외하고 최종학위를 취득한 사람만 셈하였다. 조사대상 학교의 경우 형사법에 박사수료자들은 있었으나, 최종 박사취득자는 거의 없어 민사법에만 조사를 한정할 수밖에 없었다.

최근 실무 출신 임용 교원들 중 박사취득자와 미취득자의 판례중심연구 비율(민사법)			
	박사미취득자	박사취득자	합산
해당기간 전체 연구물 숫자(A)	74	83	157
판례중심 연구물의 숫자(B)	35	35	70
비율(B/A)	47.3%	42.2%	44.6%

분석 결과, 박사미취득 실무교원들에게서 판례중심 연구물의 비율은 47.3%, 박사취득 실무교원들에게서 판례중심 연구물의 비율은 42.2%로 나타났다.

박사취득자에게서 판례중심 연구물의 비율이 다소 낮게 나온 셈인데, 이는 박사취득자의 경우 자신이 학위논문에서 집중적으로 다룬 주제에 대한 연구경험이 도그마틱 연구에 대한 동인을 다소 높이는 데에 기인한 것으로 추정된다. 다만, 그 비율이 압도적 차이를 보이지 않는다는 점에서 실무출신 연구자들이 기본적으로 실무의 구체적 문제들에 대한 관심이 크다는 점, 그리고 최근의 전반적 학문적 경향이 구체적 사안들을 중심으로 한 탐구에 할애되어 있음을 확인시켜 준다.

(4) 최근 임용 교원들의 판례중심 연구에 있어 판례에 대한 태도 분류

일각에서는 판례중심 연구의 과도한 증대가 일종의 '판례실증주의'적 경향을 부채질한다고 우려하기도 한다.[18] 판례를 무비판적으로 따라가게 되면, 판례를

---

18) '판례실증주의' 개념에 대해서는 M. Jestaedt, "Verfassungsgerichtspositivismus. Die Ohnmacht

비판적으로 분석하고 통제해야 할 법학의 역할을 방기하는 것일 수 있다는 것이다. 이러한 지적을 감안하여, 최근 임용교원들의 판례중심 연구에 드러나는 '판례에 대한 태도'를 개략적으로 분석해 보고자 했다.

필자는 판례중심 연구들이 판례에 대해 취하고 있는 입장을 대략 여섯 단계로 구분해 보았다. '비판적', '다소 비판적', '일부 비판/일부 긍정', '다소 긍정적', '긍정적', '평가보다는 판례이해에 중점을 둔 접근'.

각 논문을 위의 단계로 분류해 보되, 통계의 효율화를 위해 비율산정에 있어서는 '긍정적', '부정적', '중간'의 세 단계 중 하나에 위치지웠다. '비판적' 문헌에는 '비판적'과 '다소 비판적'을 포함시켰고, '긍정적' 문헌에는 '긍정적', '다소 긍정적', '판례이해에 중점을 둔 접근'을 포함시켰다. '중간적' 문헌에는 '일부 비판/일부 긍정'을 위치지웠다.

최근 신규임용 교원들의 판례중심연구 중 판례에 대한 태도 분류						
	형사법 영역			민사법 영역		
해당기간 전체 연구물 숫자	68			185		
판례중심 연구물의 숫자	35			78		
분류	긍정	부정	중간	긍정	부정	중간
태도별 숫자	19	14	2	35	30	13

통계 결과를 보면 형사법에 있어 긍정과 부정은 19:14로, 민사법에 있어 긍정과 부정은 35:30으로 나타나고 있다. 이 정도 수치라면 긍정적 입장과 부정적 입장이 유의미한 차이 없이 거의 비슷하게 나타나고 있다고 볼 수 있다. 그렇다면, 최근 임용교원들의 연구가 판례를 무비판적으로 따라가는 경향을 보인다고 평가하기 쉽지 않을 것 같다. 이는 다소 '근거지워지지 않은 통념'일 수 있는 것이다.

다만, 최근 연구에 있어 판례중심연구가 차지하는 압도적 비율을 감안했을 때 '판례중심적 사고'에 대해 이야기해 보는 것은 가능할 것 같다. '판례중심적 사고'가 가장 강하게 나타나는 형식은 '판례를 긍정하고 따르면서 판례를 중심으로 법리를 구체화하고자 하는 연구'들일 것이다. 하지만 '판례중심적 사고'는 그런 방

---

des Verfassungsgesetzgebers im verfassungsgerichtlichen Jurisdiktionsstaat", in: O. Depenheuer[u.a.] (Hrsg.), Nomos und Ethos. Hommage anläßlich des 65. Geburtstages von Josef Isensee(Berlin, 2002), 183면 이하.

식에 제한되지 않는다. '판례를 비판하지만 큰 틀에서 판례 중심의 논의구조를 따라가는 연구'들도 있을 수 있고, '판례가 내놓은 법리나 논점들에 기반하여 관련 논의를 발전시켜가는 연구'들도 있을 수 있기 때문이다. 이렇게 '판례중심주의'의 의미를 법학적 탐구의 중심을 판례들에 두면서 판례와 관련된 논점들을 중심으로 법학적 논의를 진행, 발전시켜 간다는 광의의 의미로 파악한다면 최근 우리 학계의 연구경향을 판례중심주의에 위치지우는 것이 그렇게 무리한 것은 아닐 것으로 판단된다.

2. 도그마틱 중심 연구의 현황(앞서 세부연구영역 나.)

도그마틱 중심연구의 비율은 어떻게 나타날까? 본고는 최근 임용교원들의 도그마틱 중심연구와 20여년 전 임용교원들의 도그마틱 중심연구의 비율을 비교해 보고자 하였다.

다만, 앞서도 언급했지만, '전형적인 도그마틱 연구'가 아니더라도 '도그마틱적 연구를 포함하고 있는 연구' 역시 있을 수 있다. 판례중심 연구라도 판례와 관련되는 세부법리에 대해서는 부분적으로라도 도그마틱적 연구를 진행할 수 있기 때문이다. 이를 감안해 본고는 '강한 도그마틱 연구'와 '약한 도그마틱 연구'를 구분해 보고자 했다. '강한 도그마틱' 연구에는 도그마틱 연구의 성격이 강하게 나타나는 연구물만 포함시키고, 도그마틱 연구라도 판례중심 연구의 성격을 중첩하여 가지고 있는 경우는 '약한 도그마틱 연구'에 위치지웠다.

판례중심연구의 비율은 도그마틱 연구의 비율과 반비례관계에 있을까? 판례중심연구와 도그마틱 연구가 실정법 연구자들의 주 탐구대상을 형성하고 있는 한, 그런 가설이 무리한 것은 아닐 수 있다.[19] 하지만 꼭 그렇지 않을 가능성도 있다. 법학연구의 세부유형에는 양자에 속하지 않는 연구유형도 존재하기 때문에 이들 연구유형(비교법 연구나 입법론, 실정법학이론 연구나 기초법학 연구 등)의 비율이 추가적 영향을 미칠 수 있기 때문이다.

---

19) 도그마틱 개념 및 판례중심 연구와의 관계 등에 대해서는 앞서 각주 4의 문헌 및 각주 6의 설명을
   참조.

(1) 최근 임용교원들의 도그마틱 중심 연구의 비율

최근 임용 교원들의 도그마틱 중심연구의 비율			
	형사법 영역	민사법 영역	형사법＋민사법 합산
해당기간 전체 연구물 숫자(A)	68	185	253
강한 도그마틱 중심 연구물의 숫자(B)	13	40	53
[참고] 강약 포함 도그마틱 연구물의 숫자	49	126	175
비율(B/A)	19.1%	21.6%	20.9%

(2) 20여년 전 신규임용 교원들의 도그마틱 중심 연구의 비율

20여년 전 임용 교원들의 도그마틱 중심연구의 비율			
	형사법 영역	민사법 영역	형사법＋민사법 합산
해당기간 전체 연구물 숫자(A)	53	131	184
강한 도그마틱 중심 연구물의 숫자(B)	17	55	72
[참고] 강약 포함 도그마틱 연구물의 숫자	38	97	134
비율(B/A)	32.1%	42.0%	39.1%

최근 임용교원들에게서 도그마틱 중심연구의 비율은 형사법 19.1%, 민사법 21.6%, 도합 20.9%로 나타났다. 그에 비해, 20여년 전 임용 교원들의 도그마틱 중심연구의 비율은 형사법 32.1%, 민사법 42.0%로 나타났다. 예전 임용교원들에게서 형사법은 10여%포인트 이상, 민사법은 20여%포인트 이상 씩 도그마틱 연구의 비율이 높게 확인된 것이다. 다만, 판례중심 연구의 비율차이만큼 도그마틱 연구의 비율차이가 나타나지는 않았다. 그 이유는 예전 임용 교원들의 경우 법학 연구의 나머지 세부유형들에도 일정비율의 연구들이 할애되고 있는 모습을 보이기 때문이다.

(3) 최근 임용 교원들 중 실무출신 연구자와 비실무 출신 연구자의 도그마틱 연구
비율

일각에서는 최근 임용교원들에게서 도그마틱 연구의 비율이 낮은 이유를 실
무출신 연구자들의 숫자 증대에서 찾기도 한다. 이 부분 검토를 위해 최근 임용
교원들 중 실무출신과 비실무출신을 나누어 도그마틱 비율을 계산해 보았다. 앞
서도 언급했듯이, 실무출신 유무는 (사시출신인지, 변시출신인지를 불문하고) 자격증
유무에 두었다.

	최근 임용 교원들 중 실무 출신 연구자의 도그마틱 중심연구 비율			최근 임용 교원들 중 비실무출신 연구자의 도그마틱 중심 연구 비율		
	형사법 영역	민사법 영역	형사법 + 민사법 합산	형사법 영역	민사법 영역	형사법 + 민사법 합산
해당기간 전체 연구물 숫자(A)	61	157	218	7	28	35
강한 도그마틱 중심 연구물의 숫자(B)	10	33	43	2	7	9
비율(B/A)	16.4%	21.0%	19.7%	28.6%	25.0%	25.7%

도그마틱 연구의 비율이 비실무 출신 교원들에게서 조금은 더 높은 것으로
나오긴 했다. 하지만 의미 있는 차이는 아닌 것으로 보인다. 차이가 작게 나오는
이유를 두 가지 정도로 생각해 볼 수 있다. 우선, 비실무 출신교원들에게서 사례
중심 연구, 도그마틱 연구 양자 모두에 해당하지 않는 '비교법 연구', '입법론/법
정책 연구', '제도사' 연구가 어느 정도 이상의 비율로 나타나고 있다는 점이다.
이들 연구에 해당 연구자들의 학위논문 주제가 일정한 영향을 주고 있는 것으로
보인다(형사법 학위자 중 입법론, 비교법적 연구를 중첩적으로 수행한 경우, 민사법 학위자
중 법제사 연구를 중첩적으로 수행한 경우가 대표적일 것이다). 다음으로, 신규임용 교
원 중 비실무 출신의 숫자가 (적어도 민사법, 형사법의 경우) 매우 작아서 유의미한
지표를 산출하기 어려웠다는 점이다. 나중에 다시 살펴보겠지만, 탐구대상 학교
들에서 조사기간 형사법 신규임용자 12명 중 비실무 출신은 1명이었으며, 민사법
신규임용자 26명 중 비실무 출신은 3명이었다.

그럼에도 간과할 수 없는 점은 비실무출신 연구자들에게서도 판례중심 연구의 비율이 일정 정도 이상 확인된다는 점이다. 이는 최근의 국내연구의 흐름 자체가 판례중심 연구에로 많이 흐르고 있음을 보여주는 방증이라고 할 것이다.

(4) 최근 임용 교원들 중 박사 취득자와 미취득자의 도그마틱 중심 연구의 비율 비교

최근 실무출신 임용교원들 중 박사취득자와 미취득자의 도그마틱 연구 비율도 따로 분석해 보았다. 앞서도 언급했지만, 형사법의 경우 조사대상 학교에 박사수료자들은 있었으나, 최종 박사취득자가 없어 조사를 민사법 영역에 한정할 수밖에 없었다.

최근 실무 출신 임용 교원들 중 박사취득자와 미취득자의 도그마틱 중심연구 비율(민사법)			
	박사미취득자	박사취득자	합산
해당기간 전체 연구물 숫자(A)	74	83	157
강한 도그마틱 중심 연구물의 숫자(B)	16	17	33
비율(B/A)	21.6.%	20.5%	21.0%

실무출신의 경우 박사취득자이건, 미취득자이건 도그마틱 연구의 비율이 공히 20% 정도로 유사하게 나타났다.

수치에 드러나지 않는 세부지점 몇 가지를 추가로 언급하면 다음과 같다. 박사미취득자라고 하더라도 박사수료자들이 꽤 있는데 이들 중 도그마틱 연구나 법학이론적 연구를 진행한 경우가 꽤 있었다고 하는 점이다. 또한 연구물을 왕성하게 내놓고 있는 박사취득자들이라고 하더라도 판례중심 연구의 비율이 일정 정도 이상은 된다고 하는 점이다.

큰 틀에서 볼 때 실무출신 교원들에게서 판례중심 연구의 비율은 높게, 도그마틱 중심 연구의 비율은 다소 낮게 나타난다는 점은 수치적으로 드러난다고 하겠다.

3. 실정법이론 연구의 현황(앞서 세부연구영역 다.)

법학에서는 도그마틱 중심적 연구의 한계를 보완하기 위해 각 실정법 별로 다양한 이론적 연구를 시도해 왔다. 앞서 이야기한 원리론적/이념사적/제도사적 접근, 법일반이론적 접근, 방법론적/해석론적 접근 등이 대표적 유형들이다. 그렇다면 최근의 법학연구에서 이러한 이론연구들은 어느 정도로 나타나고 있을까?

실정법이론 연구는 독자적으로 이루어지는 경우뿐 아니라, 도그마틱 중심연구나 판례중심연구에 보충적으로 이루어지는 경우도 많기 때문에, 아래의 분석에서는 이들 연구와 중첩적으로 셈하는 것도 가능하도록 하였다. 아울러 각 논문의 이론연구 대상이 구체적으로 어떤 모습을 띠고 나타나는지 역시 간단히 열거해보고자 하였다.

최근 임용 교원들에게서 법학이론적 탐구가 수행된 연구물의 숫자		
해당기간 전체 연구물 숫자		
253		
(1) 원리론적, 이념사적, 제도사적 탐구를 활용한 연구물의 숫자	(2) 해석론을 활용한 연구물의 숫자	(3) 주요 개념에 대한 법일반이론적 분석을 활용한 연구물의 숫자
43	46	14
주요 탐구 대상 열거		
신의칙 및 권리남용금지(3회 이상), 평등칙(4회 이상), 헌법원리(7회 이상), 죄형법정주의 및 형법상 책임원칙(2-3회 이상), 손해의 공평한 분배와 형평(3회 이상), 사적 자치원칙, 법적 안정성 및 소급효 금지 (6회 이상), 제도 연혁 및 법사(10회 이상), 그 외 해당 법영역의 이념이나 원리 다수 등장	유추적용(7회 이상), 이익형량(5회 이상), 문리적 해석, 체계적 해석, 목적론적 해석, 입법자의 의도, 법률행위해석, 관습법해석, 조리해석 등	인과성, 권리, 법인격, 손해, 형성권, 추정 개념 등

위의 분석결과에서 확인되듯이, 법원리나 이념사, 제도사를 활용한 연구들은 최근의 임용교수들에게도 적잖이 등장한다. 다만 그 형식이 도그마틱이나 판례중심연구의 보완적 형식으로 나타나는 경우가 많았다. 도그마틱 연구든, 판례중심연구든 어느 순간에는 자신의 입장을 근거지우기 위해 평가척도를 필요로 하게

되는데, 이때 법원리나 이념, 제도사가 중요한 역할을 해 줄 수 있기 때문이다. 구체적으로는 신의칙이나 평등칙, 손해의 공평한 분배, 죄형법정주의, 헌법원칙, 형평, 구체적 타당성, 법적 안정성 등이 그러한 규범적 척도로 자주 나타나고 있었다. 제도사적 탐구는 특히 민법해석에서 자주 등장했는데, 이는 전통적으로 민법학 연구가 민법규범의 이해에 로마법 이래 제도사적 맥락을 중시해 온 데에 기인한다.

민법이든 형법이든, '법해석론'이 논증의 보완을 위한 방법론으로 자주 나타나고 있는 것 역시 공통적 현상이었다. '전래의 해석기준들' 외에도 '이익형량'이나 '유추적용'을 둘러싼 검토가 상당히 높은 비율로 나타났다. 법학적 탐구를 근거지우는 데에 해석론이 수행해 줄 수 있는 적지 않은 역할을 보여주고 있다고 생각된다.

반면, 핵심 법개념들에 대한 법일반이론적, 분석적 탐구는 다소 제한적으로 나타났는데 이는 우리 학계의 이 분야 연구가 상대적으로 더뎌 있는 데에 기인한 것일 수 있다.

영역을 불문하고 공히 확인되는 대목은 법학이론적 연구가 다분히 지엽적이고 파편적으로 이루어진 경우가 많았다고 하는 점이다. 탐구가 상당한 전문성을 띠고 중심적으로 이루어진 숫자는 제한적이었다. 민법의 일반원칙에 대한 이론사적 검토에서는 '일반조항으로의 도피'[20]와 같은 표제가 반복적, 표피적으로 언급되는 경우가 많았고, 형법상 책임원칙의 활용도 기존 논의를 간단히 언급하는 수준으로 이루어진 경우가 많았다. 해석론적 접근을 하는 경우도 그러했는데, 예컨대 유추적용이나 이익형량을 다루는 경우 관련된 이론적 논의와 직접 대면하는 형식보다 이들 논의를 간단히 각주에 언급하는 형식으로 처리하는 경우가 많았다. 다만 민법 연구에서는 법제도사적 탐구가 상당한 깊이를 갖고 이루어지는 경우도 발견되었다. 다만 그런 현상이 고유한 연구관심을 갖는 일부 연구자들에게서 다소 제한적으로 나타나는 측면도 있었다.

위의 제반 연구 상황은 구체적 법적용, 도그마틱, 법학이론이 서로 긴밀한 의존관계에 있지만, 우리 법학계의 경우 아직 그 연결고리가 약함을 방증해 주는

---

20) 잘 알려져 있듯, 이 개념은 헤데만으로부터 유래한다. J. W. Hedemann(윤철홍 역), 『일반조항으로 도피: 법과 국가에 대한 하나의 위험』(법원사, 2018). 일반조항을 둘러싼 이론사에 대해서는 양천수, "일반조항과 해석", 저스티스 제202호(2024), 189면 이하.

부분일 수 있다. 기존의 법학이론 원용에 있어 기존의 두터운 학술적 교과서들을 언급하는 경우가 많았다고 하는 점도 이를 드러내 주는 부분일 수 있다. 그런데 교과서들에 담겨진 이론이 교과서가 쓰여진 당대의 논의상황을 중심으로 하는 경우가 많고 더욱이 최근의 교과서 서술이 수험서 성격에 많이 접근해 가고 있음을 고려할 때 앞으로 우리 법학이 이 부분을 어떻게 만회해 갈지 고민이 필요해 보인다. 이러한 약한 고리는 다음 장에서 다룰 '기초법학 연구'의 약화현상과도 밀접히 결부되어 있다.

4. 기초법학 연구의 현황(앞서 세부연구영역 라.)

'기초법학 연구'라고 함은 기초법학의 전형적 주제를 다루거나 기초법학의 연구방법론이 중심적으로 활용되고 있는 연구물을 지칭한다. 전래의 대표적인 기초법학 영역으로 법철학, 법사학, 법사회학 등을 들 수 있다.[21] 그런데 현대의 기초법학 연구는 여러 학제간 연구를 통해 그 대상범위를 확장해 가고 있다. 법경제학, 젠더법학, 법심리학, 법정신분석학 등이 그 사례이다. 아래에서는 인접 학문분과의 방법론이 동원되고 있는 연구들 역시 '학제간 연구'라는 표제 하에 두루 포착될 수 있도록 하였다.[22]

최근 임용교원들의 기초법학 연구물의 숫자와 20여년 전 임용교원들의 기초법학 연구물의 숫자를 비교해 보면 아래와 같다(기초법학 관련 연구물의 숫자가 많지 않기 때문에 그 세부내용도 간단히 일별해 보고자 한다).

(1) 20여년 전과 최근 임용된 실정법 교수들의 기초법학 관련 연구물 비교

실정법 교수들의 기초법 혹은 학제간 연구의 비율		
	20여년 전 임용교원	최근 임용 교원
해당기간 전체 연구물 숫자	183	253
학제간, 기초법관련 연구물의 숫자	17	4
세부구성	법제사(한국법사, 유럽법사) 10건, 법철학(도덕과 법, 인권, 후견주	법철학(정의론) 1건, 논리학과 인공지능 3건.

---

21) 법학 내 기초법 연구영역의 위치지움에 대해서는 각주 3의 문헌을 참조하라.

22) 기초법학 연구방법론의 다층성을 보여주는 국내문헌의 사례로 이상돈, 『기초법학』(제2판, 법문사, 2010).

	의, 생명윤리 등) 4건, 법사회학 (분쟁해결, 위험사회, 이혼의 사회 적 원인 등) 3건	[점유, 법정질권, 조합 등에 대 한 법제사적 탐구에 지면을 일 부 할애한 연구물 3건을 추가 로 포함시킬 수 있음]

위 조사결과는 실정법학자들의 기초법학 연구가 현저히 줄어들었음을 확인 시켜 준다. 예전에는 민사법학자나 형사법학자들이 수행하는 기초법 연구 중 가 장 많은 비중을 차지하는 것이 법제사였다. 민법해석 과정에 로마법과 유럽법사 에 대한 이해가 필요한 경우, 혹은 민/형법해석이나 입법론에 일제시대의 법제나 조선고등법원의 판결에 대한 이해가 필요한 경우가 있는데, 20여년 전에는 이 분 야를 대상으로 한 연구물이 지금보다 많았다. 물론 이 분야 연구는 많은 관심과 훈련을 필요로 하는 터라, 관련 연구자들을 보면 학위과정을 밟으면서 소속 연구 실에서 접한 법사 연구의 흐름으로부터 영향을 받은 경우가 많다(예컨대 성승현, 박규용 교수의 사례). 최근 급감하고 있는 이 분야 연구는 국내에 실정법연구와 법 사 연구를 아울러 접하게 해 줄 수 있는 학위과정(혹은 연구실)이 예전보다 줄고 있음을 시사해 주는 부분이라고 할 수 있다.

최근 임용교수들의 기초법연구 중 눈에 띄는 사례로는 술어논리학, 퍼지논리 학을 인공지능법학의 가능성에 활용한 연구를 들 수 있다. 이 연구는 전산학 분 야에서 박사를 취득한 교수(박봉철 교수의 사례)에 의해 수행되고 있다. 최근의 연 구 중에는 법사적 탐구가 중심 주제는 아니더라도, 그에 적잖은 지면을 할애하고 있는 연구물들도 있었다. 대략 3건의 논문이 확인되는데, 대체로 유럽법사와 관 련되어 있다.

(2) 기초법학자들의 기초법 연구 현황

앞서는 실정법학자들의 기초법 연구를 살펴보았다. 이제는 기초법학 전문 연 구자들의 연구들을 들여다볼 차례이다. 그런데 앞서의 방식으로 기초법학자들의 연구를 20여 년 전과 비교해 볼 수는 없다. 지금 탐구대상으로 삼고 있는 11개 학교 중 지난 5년 사이에 기초법학 전임교수를 채용한 학교가 없기 때문이다. 따 라서 이 부분과 관련해서는 연구물을 비교하는 방식이 아닌, 교원 임용의 실정을 20년 전과 비교해 보는 방식으로 접근해 보고자 한다.

대상 학교들에서 20여전과 최근의 법영역별 채용인원을 비교해 보면 다음과 같다.

① 최근 임용 교원들의 세부전공 현황

최근 임용 교원들의 세부전공 현황													
	헌법	행정법	형사법	민사법	상법	경제법	국제법	국제거래법	노동법	조세법	지재법	기초법	계
채용인원	6	8	12	26	4	1	2	1	2	0	1	0	63
실무출신	3	6	11	23	2	0	0	1	1	0	1	0	48
비실무출신	3	2	1	3	2	1	2	0	1	0	0	0	15
비율	9.5%	12.7%	19.0%	41.3%	6.3%	1.6%	3.2%	1.6%	3.2%	0%	1.6%	0%	100%

② 20여전 전 임용교원들의 세부전공 현황

20여년 전 임용 교원들의 세부전공 비율														
	헌법	행정법	형사법	민사법	상법	법조실무	경제법	국제법	국제거래법, 국제경제법	노동법	조세법	지재법	기초법	미국법23)	계
채용인원	10	8	6	19	9	2	2	4	2	4	1	3	7²⁴⁾	1	78
실무출신	0	1	2	5	1	2	0	0	1	0	0	0	0	1	13
비실무출신	10	7	4	14	8	0	2	4	1	4	1	3	7	0	65
비율	12.8%	10.3%	7.7%	24.4%	11.5%	2.6%	2.6%	5.1%	2.6%	5.1%	1.3%	3.8%	9.0%	1.3%	100%

민사법, 형사법 교원의 대폭증원, 그리고 실무출신 교원의 비율 확대를 잘

---

23) 해당 미국법 교수가 재직하고 있는 법전원에 국제거래법·국제사법·영미법을 담당하는 또 다른 교원이 있었으나 이 분은 국제거래법으로 위치 지웠다.

24) 세부적으로는 법철학 3명, 기초법 1명, 법사회학/법여성학 1명, 법여성학 1명, 법제사 1명이었다. 기초법 교원의 담당영역은 해당 교원의 학교 홈페이지에 기재된 내용에 따랐다.

확인할 수 있다. 헌법과 행정법에서도 실무 출신 교원의 비율 확대가 확인된다. 반면, 선택법 과목의 교원 수는 줄어들고 있다.

특히, 기초법 신규교원의 숫자가 7명에서 0명으로 줄어든 것은 매우 상징적 대목이라고 할 것이다.

물론 최근 11개 학교 외의 학교들에서 기초법학 전임교원을 선발한 사례가 존재하기는 한다. 하지만 기초법학 전임교원 충원률이 현저히 낮아지고 있다는 사실 차제를 바꾸지는 못한다. 현 추세가 바뀌지 않는다면, 기초법학 전임교원을 갖고 있는 국내대학의 숫자는 매우 한정될 것이고, 전임교원 충원이 이루어지지 않는 한, 신규 후속세대의 기초법학 진입도 현저히 줄어들 것이다. 이런 상황이 일정기간 이상 지속되면 국내의 기초법학은 더 이상 법학 내 독자적 연구분과로서의 위상을 유지할 수 없게 될 것이다.

5. 비교법 연구의 현황(앞서 세부연구영역 마.)

법명제의 근거지움을 위해 법학이론이나 기초법 연구의 원용이 충분하지 않을 경우 논증의 부족분은 어디에서 만회되고 있을까? 국내외를 불문하고 다수 확인되는 것이 비교법적 논증이다. 비교법은 법률해석에서 고려 가능한 추가적 논점을 환기시켜 줄 뿐만 아니라, 외국의 발전된 경험들을 매개로 법학적 탐구의 합리성을 만회해 주는 역할을 수행한다.

여기에서 짚어 두어야 할 부분은 우리 법학이 큰 틀에서 계수법학의 성격을 가지고 있기 때문에 해방 이후 일정시기까지 독일법학이나 일본법학에 의존하는 정도가 대단히 컸다고 하는 점이다.[25] 이는 우리 법학이 자신의 학문적 독립성을 확보해 나가기 위해 노력해야 한다는 목소리가 커지는 원인이기도 했다.[26]

그렇다면 현재 비교법 연구의 흐름은 어떠할까? 먼저, 비교법 연구가 논문의 중심주제로 부각되어 있는 연구들을 중심으로 최근의 숫자와 20여년 전의 숫자를 비교해 보고자 하였다. 물론 비교법 연구가 보충적으로 원용되는 경우도 흔하므로 이 부분 역시 따로 셈해 보고자 하였다.

---

25) 관련 문헌에 대해서는 각주 14 참조.
26) "계몽이란 인간이 스스로에게 책임이 있는 미성년상태로부터 벗어나는 것을 말한다"라는 칸트의 언명을 원용하며 우리 법학의 관련 문제를 깊이 있게 문제시하고 있는 양창수, "민법학에서 법철학은 무엇인가", 법철학연구 제22권 제1호(2019), 24면 이하.

(1) 최근 임용 교원들의 비교법 연구 현황

최근 임용 교원들의 비교법 연구의 비율			
	형사법 영역	민사법 영역	형사법+민사법 합산
해당기간 전체 연구물 숫자 (A)	68	185	253
비교법이 중심 연구주제인 논문의 숫자(B)	2	31	33
비율 (B/A)	2.9%	16.8%	13.0%
비교법이 보충적 논거로 등장하고 있는 논문의 숫자(C)	24	56	80
비율[(B+C)/A]	38.2%	47.0%	44.7%

(2) 20여년 전 임용교원들의 비교법 연구

20여년 전 임용 교원들의 비교법 연구의 비율			
	형사법 영역	민사법 영역	형사법+민사법 합산
해당기간 전체 연구물 숫자 (A)	53	131	184
비교법이 중심 연구주제인 논문의 숫자(B)	2	30	32
비율 (B/A)	3.8%	22.9%	17.4%
비교법이 보충적 논거로 등장하고 있는 논문의 숫자(C)	33	51	84
비율[(B+C)/A]	66.0%	61.8%	63.0%

형사법에서 비교법이 중심주제로 다루어지고 있는 논문의 비율은 예전이나 지금이나 제한적이었다. 반면 민사법에서는 최근 임용교원의 경우 16.8%, 예전 임용교원의 경우 22.9%로 나타났다. 큰 차이는 아니지만 예전 임용교원에게서 비교법을 중심주제로 다루는 연구들이 더 많았던 것이다.

이러한 차이는 비교법을 보충적 논거로 활용하고 있는 논문들을 포함시킬 때 더 확연히 드러난다. 형사법의 경우 최근 임용교원에서는 38.2%, 예전 임용교원에서는 66%로, 민사법의 경우 최근 임용교원에서는 47.0%, 예전 임용교원에서는 61.8%로 나타났다. 이러한 수치는 비교법 연구가 예나 지금이나 보충적 논거로 자주 원용되지만, 지금은 그 정도가 예전보다 덜하다는 점을 보여준다.

(3) 최근 임용 교원들의 비교법 연구에서 1차 문헌, 2차 문헌 비율

필자는 비교법 연구시에 1차 문헌과 2차 문헌의 활용도 역시 추출해 보고자 하였다. 물론 1차 문헌, 2차 문헌 이용과 관련한 분류는 다분히 상대적인 것일 수밖에 없다. 외국문헌을 다수 이용할 때 어떤 외국어문헌은 1차 문헌을, 또 다른 외국어문헌은 2차 문헌을 이용하는 등의 조합도 가능하기 때문이다.

본고에서는 1차 문헌만을 인용하고 있거나 1차 문헌 인용비율이 상대적으로 높은 경우를 '1차 문헌 이용'에 위치 지웠고, 2차 문헌만을 인용하고 있거나 2차 문헌 이용비율이 상대적으로 높은 경우는 '2차 문헌 이용'에 위치 지웠다. 분석 수치는 다음과 같다.

최근 임용 교원들의 비교법 연구시 1차, 2차문헌 비율			
	형사법 영역	민사법 영역	형사법+민사법 합산
해당기간 전체 연구물 숫자	68	185	253
비교법 연구물의 전체 숫자	26	87	113
1차 문헌 이용 숫자	6	72	78
2차 문헌 이용 숫자	20	15	35

(4) 20여년 전 임용교원들의 비교법 연구에서 1차 문헌, 2차문헌 비율

20여년 전 임용 교원들의 비교법 연구시 1차, 2차문헌 비율			
	형사법 영역	민사법 영역	형사법+민사법 합산
해당기간 전체 연구물 숫자	53	131	184
비교법 연구물의 전체 숫자	35	81	116
1차 문헌 이용 숫자	24	69	94
2차 문헌 이용 숫자	10	12	22

형사법에서는 최근에 1차 문헌 이용 숫자가 확연히 줄어들고 있음이 확인된다. 민사법에서는 예나 지금이나 1차 문헌 이용숫자가 높은 것으로 나타나고 있

고, 유의미한 차이는 엿보이지 않았다.

형사법의 경우 1차 문헌 이용비율이 전반적으로 낮아지고 있는데, 그 이유 중 하나로 독일어문헌의 직접 이용률 저하가 언급되기도 한다. 형사법 도그마틱에 있어 우리와 독일 이론 사이에 상당한 접근성이 있는 것으로 이야기 되어 왔는데, 20여년 전 연구들의 경우 독일어 문헌을 1차 문헌으로 이용하는 비율이 높았지만 현재에는 그런 경향이 유지되고 있지 못하다.

민사법의 경우, 독일어문헌뿐만 아니라, 일본어문헌, 영어문헌들도 폭넓게 이용되는 양상을 보인다. 연구자들에 따라 어떤 문헌은 1차 문헌을, 어떤 문헌은 2차 문헌을 이용하는 복합성도 엿보인다. 수치상 아주 확연하지는 않지만 영어문헌이나 일본어문헌 이용시에 1차 문헌의 이용도가 높게 나타나며, 독일어문헌의 경우 도그마틱적 연구나 법학이론 연구에 관심을 갖는 연구자들에게서 직접 원용 비율이 높게 나타나는 것으로 보인다.

6. 입법론 및 법정책 관련 연구의 현황(앞서 세부연구영역 마.)

법학에서는 법규범의 해석, 적용을 어떻게 해야 할지의 문제뿐만 아니라 법규범이 어떻게 개정되어야 하고, 효과적인 규제를 위해 어떤 규율방식이 필요한지, 그리고 어떤 법정책적 지향점이 필요할지의 부분 역시 중요한 연구영역을 형성한다. 현대사회에서는 법질서가 사회의 급속한 변화에 대응해 가야 하기 때문에 입법론은 더욱 중요한 과제영역이 되어가고 있다. 일각에서는 입법론이 법학 본연의 영역일 수 있는지의 물음을 제기하기도 하지만, 학문분류의 차원이 아닌, 그 필요성이나 중요성의 차원에서 보자면 더 이상 견지되기 어려운 질문일 것이다.[27] 그렇다면 입법론 및 법정책 연구는 어떠한 비율로 등장하고 있을까?

먼저 짚어둘 대목은 해석론 연구와 입법론 연구가 그렇게 확연하게 구분되지만은 않는다는 점이다. 도그마틱 연구들도 그 말미에는 입법론적으로 개선이 필요한 부분을 보충적으로 언급하는 경우를 종종 보게 된다. 본고에서는 '입법론이나 법정책에 방점이 놓여 있는 연구' 혹은 '특정영역의 규율현황을 분석하며 그 개선방안을 모색하는 연구들'을 중심으로 '입법론 및 법정책연구'를 파악해 보고자 하였다.

---

27) 특히 각주 8, 9의 문헌 참조.

(1) 최근 임용 교원들의 입법론 및 법정책 관련 연구의 비율

최근 임용 교원들의 입법론 및 법정책 관련 연구의 비율			
	형사법 영역	민사법 영역	형사법+민사법 합산
해당기간 전체 연구물 숫자(A)	68	185	253
입법론 및 법정책 관련 연구물의 숫자(B)	13	24	37
비율(B/A)	19.1%	13.0%	14.6%

(2) 20여년전 임용 교원들의 입법론 및 법정책 관련 연구의 비율

20여년전 임용 교원들의 입법론 및 법정책 관련 연구의 비율			
	형사법 영역	민사법 영역	형사법+민사법 합산
해당기간 전체 연구물 숫자(A)	53	131	184
입법론 및 법정책 관련 연구물의 숫자(B)	28	33	61
비율(B/A)	52.8%	25.2%	33.2%

대체적으로 20여년 전에 입법론 연구의 비율이 더 큰 것으로 나타난다. 이는 당시 한국 사회가 여러 제도를 정비해 가는 과정에 있었던 데에 이유를 찾을 수 있을 것이다. 특히 형사법에서 20여년 전에 입법론연구가 상대적으로 많았던 데에는 당시의 시대적 배경도 일정한 역할을 했던 것으로 보인다. 1990년대에 시작된 형사법제 개혁의 목소리들이 2000년대 초반까지 이어져 오고 있었고, 새로운 사회변동에 대응하기 위한 관련 법제의 제, 개정 목소리 역시 대두되고 있었다.

일정한 흐름의 변화도 엿보이는데, 최근 실무출신 교원들의 연구를 보면, 새로운 문제영역에 규율이 어떻게 이루어져 있고 앞으로 어떻게 개선되면 좋을지를 천착하는 연구들에 적지 않은 관심을 기울이고 있음이 확인된다.

앞서 말했듯이 도그마틱 연구들이 그 말미에 입법론적 문제들을 언급하는 경우도 적지 않기 때문에 위의 수치는 입법론에 방점이 놓인 연구들에 제한된 수치임을 재차 확인해 두고자 한다.

Ⅳ. 조사의 함의와 과제

지금까지의 조사결과를 요약해 보며, 우리 법학계에 놓인 앞으로의 학술적, 제도적 과제를 시론적 차원에서 간단히 언급해 보고자 한다.

1. 조사결과의 요약

(1) 판례중심적 연구의 현저한 증대

앞서의 조사는 예전과 비교해 최근에 판례 중심적 연구가 현저히 증가하고 있다는 점을 확인시켜 주었다. 법영역별로 다소의 비율 차이는 있지만(예컨대 형사법 영역에서 비중이 더 크게 나타남) 큰 흐름은 같은 방향을 가리킨다.

물론 이들 연구가 저간의 통념처럼 판례를 무비판적으로 따르는 경향을 보여주지는 않는다. 조사에서 확인되는 것처럼 판례에 대해 비판적 입장을 취하는 연구의 비율도 적지 않기 때문이다.[28] 그럼에도 이것이 판례의 영향력이 제한적임을 의미하는 것일 수 없다. 판례중심적 연구의 비중증대는 법학연구의 틀과 문제의식이 판례로부터 상당 부분 각인되는 상황을 낳고 있기 때문이다.[29]

(2) 도그마틱과 법학이론 연구 비율의 상대적 축소

또한 본고의 조사는 도그마틱 중심의 연구 비율이 예전보다 줄어들고 있음을 보여주었다. 물론 판례중심적 연구라 하여 도그마틱적 내용을 담고 있지 않은 것으로 이해되어서는 안 된다. 조사에서도 확인했듯이, 판례중심적 연구라도 판례에 담겨 있는 법리를 탐구대상으로 포함하게 되는 한, 기존 도그마틱을 원용하여 다루는 구조를 취하게 된다. 그리고 이들 연구 중에 상당히 깊이 있는 논문들도 존재한다. 다만 검토대상이 되는 법리의 층위가 매우 구체적이다 보니, 상위의 법리 자체와 대결하게 되는 경우는 상대적으로 드물고, 이들에 대한 언급은 관련

---

28) 이는 실무출신 교원이라도 학계에 들어오면 스스로를 법학자로 위치지우고자 하는 경향과 연관성이 있을 것이다. 이러한 인식에 대해서는 천경훈/이상훈, "로스쿨 도입 이후 일본의 학문후속세대 양성 - 서울대와 도쿄대 · 교토대의 비교 -, 법학(서울대) 제56권 제3호(2015), 246면.

29) 이런 측면에서 최근 법학의 흐름은 '법전원 체제로의 변경 이후 이제 법학이 기존의 관념법학에서 벗어나 판례를 중심소재로 하는 법학으로 재정립될 필요가 있다'는 일각의 목소리를 상당 부분 실현시키는 방향으로 전개되고 있다고 볼 여지도 있다. 김태명, "법교육과 법실무에서의 형사법학의 위상과 역할", 형사법연구 제29권 제1호(2017), 189면.

교과서들을 원용하는 형식을 취하게 되는 경우가 많다.

그런데 앞서도 이야기한 바 있는 것처럼, 판례중심 연구의 논증은 구조적으로 도그마틱 연구의 논증에 연동되어 있는 경우가 많다. 또한 도그마틱은 판례중심적 연구에서 고려되는 제반논점들을 축적하고 있는 관점의 저장소이기도 하다.[30] 따라서 견실한 도그마틱 연구는 인접 연구유형에도 중요한 함의를 갖는다.

도그마틱 연구의 비중 약화는 도그마틱의 토대를 이루는 법학이론 연구의 비중 약화와도 맞닿아 있다. 앞서도 언급했듯이, 실정법학과 내적으로 연동되어 있는 법원리/이념사/제도사, 해석의 방법론, 개념에 대한 법일반이론적 분석 등이 그것이다. 본고의 조사가 보여주는 대목은 판례중심 연구나 도그마틱중심 연구에 내재하는 논증의 불완전성을 보충하기 위한 수단으로 법학이론 연구의 원용은 여전히 빈번하게 나타나고 있다는 점이었다. 다만 그 형태가 다소 표피적이고 수단적인 경우가 많고 그 자체를 중심주제로 삼아 심층적으로 이루어지는 비율은 낮아지고 있는 것으로 보인다. 그러다 보니, 연구의 형식이 학계의 기존 성과, 예컨대 (이론적 논의를 많이 담은) 두꺼운 교과서에 의존하는 모습이 자주 확인된다. 이러한 연구흐름은 기존의 학계가 이루어낸 학문적 성과에 의존하는 형식이 언제까지 지속될 수 있을지에 대해 고민의 목소리가 나오는 배경이기도 하다.[31]

(3) 기초법학 연구의 현저한 약화

도그마틱 연구와 기초법학 연구는 상당 부분 서로에 의존해 있다. 대부분의 교과서들 앞에 있는 실정법 해석론은 법이론 영역에서 이루어진 해석론을 원용하

---

30) "법적 논거의 저수지"로서 법적 체계에 대해서는 Th. Viehweg, "Systemproblem in Rechtsdogmatik und Rechtsforschung"(1968), wieder abgedruckt in: ders., Rechtsphilosophie und Rhetorische Rechtstheorie, hrsg. von Heino Garrn(Baden-Baden, 1995), 106면 이하.

31) 한 때 우리 학계에는 과도한 '교과서 법학'의 폐단에 대해 우려하던 시절이 있었다. 그리고 그것은 충분히 근거지워진 것이기도 했다. 그에 대한 통렬한 성찰로 양창수, "법학의 도덕성자기증식적 교과서 법학과 관련하여", 본질과 현상 제42호, 88면 이하; 양창수, "우리 법 이야기(10): 우리 법학 교육의 문제점", 본질과 현상 제58호, 78면 이하. 그런데 근 10년 사이에 급속히 진행된 변화는 (수험용이나 수업용이 아닌) 학술적 성격의 교과서 출간이 매우 드문 상황이 되어 버렸다는 점이며, 일각에서는 그것이 이루어질만한 역량 자체가 약화된 것 아니냐는 비판까지 제기되고 있다. 교과서가 발간되더라도 대법원 판결 위주의 요약서나 수험서가 대다수인 실정이다. 어떤 이들은 해방 이후부터 법률가양성 체제의 근본적 변화가 있기까지 어느 정도의 시간적 거리가 있었던 것을 다행으로 여기기도 한다. 이 시기에 나름의 도그마틱이 확보될 수 있었기에 판례중심적 연구들이 주도하는 현실에서도 일응 의존하고 원용할 수 있는 법학체계가 유지되고 있다는 것이다.

는 모양새를 취한다. 근본적 법원리에 대한 언급 역시 법사상사나 법철학 연구들과의 관련성 속에서 이루어지는 경우가 많다. 따라서 실정법학 이론파트의 약화는 자연히 기초법학의 약화와 연계되어 있는 경우가 많고, 바로 그런 점에서 우리 학계의 현재 상황은 대단히 징후적이다.

본고의 조사에서 확인되는바, 기초법 연구자의 채용이 전혀 이루어지고 있지 않은 현실은 제도적 측면에서 기초법 연구의 현저한 약화를 잘 방증해 준다. 물론 선택과목의 경우 신규임용자의 숫자가 퇴임자의 숫자에 크게 영향을 받게 되는 터라 채용인원이 없다고 하여 그것이 반드시 기초법 연구진의 약화를 의미하는 것은 아닐 수 있다. 하지만 조사대상 학교들을 보면, 이미 4-5개 학교 이상에서 기초법 전임교원의 퇴임이나 이직이 확인되고 있음에도 채용이 전혀 이루어지고 있지 않다. 물론 일부 수도권 학교들에서 기초법 교원들이 충원된 경우도 있지만 오히려 정년퇴임교원이 있음에도 충원이 이루어지지 않고 있는 경우가 더 많다. 현재로서는 기존에 배출된 연구자들에 의해 기초법 연구가 이어지고 있지만 이것도 일정 시점에 이르면 한계에 부딪힐 것이다.

(4) 비교법 연구의 성격 변화

계수법학 초기, 외국법학 및 외국문헌에 대한 과도한 의존은 우리 법학이 극복해 가야 할 과제로 이야기되곤 했었다.[32] 그러한 극복의 노력은 반드시 필요한 부분이기도 했었고, 그간 많은 노력으로 적지 않은 진전이 이루어진 것으로 보인다.[33]

다만 '과도한 외국법학 의존성'과 '법학연구에 필요한 범위에서의 비교법 연구'는 구분되어야 할 것이다. 비교법 연구는 바람직한 법해석과 입법의 방향에 대한 탐구를 학문적으로 보완해 주는 역할을 할 수 있다. 또한 법도그마틱 내부의 논증만으로 논증의 완전성이 보증되지 못하는 순간에 비교법적 논증의 중요성은

---

32) 이에 대해서는 양창수, "우리 법 이야기(7)-우리법학의 출발점에 대한 단상: 김증한의 민법학을 중심으로", 본질과 현상 제54호(2018), 138면 이하.

33) 다만, 일각에서는 그 사이 급속히 진행된 연구의 또 다른 편중을 지적하며, 국외 법학의 성과 역시 균형 있게 소화해 나가는 가운데 우리 법학을 발전시켜 갈 필요성을 환기시키기도 한다. 예컨대 장영민, "형법학의 위기?-하나의 자화상 그리고 자기비판", 법철학연구 제21권 제2호(2018), 55면 이하.

또 다른 형태로 커지게 된다.[34] 이는 법학이론이나 기초법학의 활용도가 줄어드는 상황에서도 비교법적 논증이 크게 줄고 있지 않는 모습에서 잘 확인된다.

　　다만 조사결과를 보면, 법영역에 따라 비교법을 주제로 하는 연구의 숫자가 줄고, 동시에 2차 문헌 의존도가 상당히 늘어나는 현상이 확인되기도 한다. 아울러 20여년 전에는 간혹 엿보이던 외국논문 번역이 현재로선 별로 보이지 않는다.

　　몇 가지 요인을 추정해 볼 수 있다. 우선, 국내문헌뿐만 아니라 외국문헌까지 적극 소화해 가며 논문을 작성하는 분위기의 현저한 약화이다. 대학원 과정의 성격이 구성원의 성격변화로 많이 바뀌고 있을뿐더러, 법영역에 따라서는 실무에서 학계로의 직접 이동성이 상당히 강화됨에 따라 논문작성자의 인적 배경이 달라지고 있다. 이로 인해 연구주제로 삼고 있는 법적 문제나 법리에 대해 외국에서 어떤 규율이 있고 어떤 법리가 작동하고 있는지를 현황 파악 차원에서 다루는 경우가 많아지고 있다.[35]

　　아울러, 세대의 변화에 따라 익숙한 언어의 변화도 비교법 연구에 영향을 미치는 것 같다. 20여년 전에 법학 연구에 진입하던 세대의 경우 고등학교 교육이나 사법시험 등의 이유로 제2외국어에 익숙한 사람들이 지금보다 많았고 이것이 다시금 대학원에서 관련 언어에 기반한 연구를 지속시킬 수 있는 요인이 되었다. 반면 그 이후 세대의 경우 학교교육이나 시험제도가 바뀌면서 영어 외의 언어에 대한 학습의 기회가 줄어들었고, 그에 따라 오히려 우리와 가까운 일본어문헌 활용도가 높아지는 측면이 있는 것 같다.

(5) 세부 법학연구 유형들의 상호 의존과 연계

　　본고의 조사과정에서 드러난 또 다른 중요한 지점은 법학연구의 개별 세부 유형들이 나름의 연구중점을 갖지만 동시에 서로 결부되어 있는 인접 연구유형들의 성취에 전체적으로 의존하는 구조를 갖는다는 점이었다. 이는 본고의 조사대상이 된 많은 논문들의 논증구조가 드러내 주는 지점이기도 했다. 판례중심적 연

---

34) 주 11-13의 문헌 참조.
35) 다만, 법영역에 따라서는 다소 다른 양상을 보이기도 하는데, 예컨대 민사법의 경우는 특정 제도나 법리가 어떤 역사적 과정을 통해 발전하여 현재 각국의 형태에 다다르고 있는지를 천착해 들어가고자 하는 연구들이 적잖이 확인되기도 한다. 다만 이러한 연구들 역시 일부 연구자들에 다소 제한되어 있다는 지적도 있을 수 있다.

구와 도그마틱 연구는 서로에 의존하고, 도그마틱은 다시금 법학이론에, 그리고 법학이론은 다시금 기초법학에 의존하는 구조를 갖는다. 그리고 입법론과 해석론은 일응 구분되면서도 상호 긴밀한 영향관계에 있게 되며, 비교법 연구는 세부연구들을 발전시키고 성찰해 감에 있어 보완적 자원을 제 공하게 된다.

2. 학술적, 제도적 과제

위의 조사결과에 기반하여 학술적, 제도적 과제를 간단히 짚어본다.

(1) 학술적 과제 : '균형 있는 법학연구'를 통한 '다원적이면서도 유기적인 법학'의 발전 필요성

최근의 판례중심적 연구경향의 강화는 구체적 문제해결에 강점을 갖는다. 그리고 이는 그 자체 소중한 성과일 수 있다. 예전에 우리 법학에 대해 '이론만을 위한 이론'을 전개한다는 비판이 곧잘 있었음을 상기해 본다면 더욱 그러하다. 고대 이래로 법학을 뜻하는 전래의 단어 "juris + prudence"는 법학의 사례중심적 성격, 그리고 현명하고 지혜로운 판단(prudentia, phronesis)을 중시하는 성격을 전형적으로 보여주는 지칭이었다.[36] 최근의 판례중심 연구는 법학의 바로 이러한 성격의 재복원을 의미하는 것일 수 있다.

그런데 판례를 중심으로 한 연구, 그리고 그 배면의 방법론으로서 결의론(casuistry)에는 앞서 말한 강점도 있지만 단점도 동반된다.[37] '구체적 사례에서의 적절성'이라는 것은 그것이 아무리 사례들의 유기적 연관성과 평등한 적용을 중시하더라도 구체적 타당성에 방점이 있게 된다. 그런데 다원화된 사회에서 삶의

---

36) 아리스토텔레스의 학문분류에 있어 '실천지(phronesis)' 개념에 대해서는 아리스토텔레스(강상진 외 역), 『니코마코스 윤리학』(길, 2011), VI, 5, 1140a 이하(국역본 210면 이하) 참조. 법학의 '실천지'적 성격에 대해서는 O. Ballweg, "Phronesis versus Practical Philosophy", in: H.-J. Koch/ U. Neumann (Hg.), Praktische Vernunft und Rechtsanwendung(ARSP Beiheft 53, Stuttgart, 1994), 63면 이하.

37) 구체적 사례를 중심으로 문제를 해결하면서 그렇게 확립된 전형적 해결방식과의 비교를 통해서 다시금 새로운 문제를 해결해 가는 추론 방식은 전통적으로 '결의론(casuistry, Kasuistik)'이라는 표제 하에 다루어졌다. 결의론의 역사적 전개와 발전에 대해서는 존슨/툴민(권복규/박인숙 역), 『결의론의 남용: 도덕추론의 역사』(로도스, 2014), 369면 이하. 법학은 결의론의 대표적 영역으로 위치지워져 왔다. 특히 '법적 문제중심론(juristische Topik)'은 법발견의 이러한 성격에 주목하면서 그에 대한 이론적 포착을 추구해 왔는데, 이들 역시 판결에서의 '사안비교'에 중요한 역할을 부여한다. 대표적으로 F. Haft, Juristische Methodenschule(München, 2014), 199면 이하.

공통된 기반이 상실될수록 구체적 타당성의 감각만 믿기는 어려워질 수 있다. 이를 통제하기 위한 법적 기반이 필요해질 수밖에 없고 이 지점에서 법도그마틱의 통제적 역할이 중요해진다. 바로 여기에 법규범을 유기적으로 파악하고 법명제의 체계적이고 합리적인 근거지움을 지향하는 법학, 근대 이후 legal science(혹은 Rechtswissenschaft)로 지칭되기도 했던 법학의 의미가 있다고 생각된다. 그러한 한에 있어서 현재 우리 법학계에서 도그마틱 연구의 상대적 비중 약화는 일정한 보완을 필요로 한다.

다만, 현재의 상황을 혹자처럼 '위기'로만 규정해야 하는가?. 그렇게만 볼 수는 없다. 높은 수준의 도그마틱을 구성하고자 하더라도 이는 다시금 구체적 사례의 축적을 상당 정도 전제하기 때문이다. 이는 저명한 민사법학자이자 현대 법학방법론의 틀을 구축하였다고 평가되기도 하는 헥크(Ph. Heck)가 법체계의 구성 역시 사례들의 축적에 의존한다고 이야기했던 통찰과도 맞닿아 있다.38) 이렇게 본다면, 작금의 판례중심연구의 흐름은 그것이 외적으로 도그마틱 연구의 비중 약화를 동반하고 있다고 하더라도 다시금 도그마틱 연구가 꽃 피울 수 있는 계기 역시 동반하고 있는 것이다.39)

또 한 가지 짚어 둘 부분은 도그마틱과 판례중심 연구가 자신의 논증부족분을 다시 한 번 법학이론이나 기초법학으로 불리는 분과에 의존하는 측면이 있다고 하는 점이다. 아울러 도그마틱은 '자기준거적(Selbstreferenz)'으로 작동하면서 '다른 구성의 가능성'이나 '자신의 외부'를 인지하지 못 할 여지가 있기 때

---

38) 예컨대 Ph. Heck, Begriffsbildung und interessenjurisprudenz(Tübingen, 1932), 131면 이하.
39) 그 하나의 실례를 필자는 최근의 헌법학에서 발견한다. 우리 헌법학은 80년대 이후 많은 이론적 발전을 이루었고 이미 90년대에 헌법의 주요 원리나 헌법철학의 관점에서 제반 조항들을 수미일관하게 설명해 낼 수 있는 단계에 도달했다. 우리가 알고 있는 90년대의 대표적 교과서들이 그러한 성취의 산물이다. 그럼에도 당시까지는 아직 교과서의 모든 절들에 그에 해당하는 우리의 사례들이 축적되어 있다고 보기 어려웠다. 그 때문에 설명을 위해 많은 국외 사례들이 동원되었고 그러한 한에서 도그마틱의 이론성은 아직 구체적 현재성을 획득하는 데에까지 이르고 있지 못했다. 하지만 헌법재판소 설립 이후 30여년이 지나는 최근에 이르러서는 상당히 많은 사례들이 축적되었고 교과서의 모든 세부항목에서 그에 해당하는 사례를 설명하는 것이 가능한 단계에 이르게 되었다. 이론과 사례들이 높은 수준에서 결합할 수 있는 여건이 된 것이다. 80년대 이후 축적되고 연마된 이론 연구의 성과가 이제 사례들에 대한 수미일관한 설명가능성과 조우함으로써 자신의 가치를 입증할 수 있게 되었고 또 자신의 적실성을 검증받을 수 있게 되었다. 바로 그렇게 이론과 사례가 상당한 수준에서 만난 성과가 최근 학계에서 많이 원용되는 교과서들이라고 필자는 생각한다. 그리고 이들 학계의 성과는 헌법재판소의 실무에서 적지 않은 영향력을 발휘하고 있고 또 참고되고 있다는 전언이다.

문에 그에 대한 '성찰'이자 '교란'으로서 '기초법학'의 역할을 필요로 한다. 기초법학의 자원들은 최근 여러 '학제간 연구'들을 통해 보다 확대되어 가고 있기도 하다. 이들의 역할 없이 법학은 자신만의 '해석공동체'에 갇히게 될 수 있다.[40] 혹자가 말하는 '법학의 패러다임' 변화 역시 바로 이런 '교란'의 성과일 수 있다.[41] 아울러 도그마틱 논증에 법외적 단위가 끼칠 수 있는 영향, 이들 사이의 상관성을 드러내는 '법비판' 작업은 전래로 기초법학의 몫이기도 했다. 그런데 최근의 우려스러운 점은 앞서의 조사에서도 보았듯 법학이론과 기초법학의 현저한 약화 경향이다.[42]

아울러, 법해석 문제에 집중하는 기존 법학의 흐름과 달리, 급속한 사회발전과 함께 올바른 입법과 규율방법에 대한 법학적 탐구 필요성 역시 증대되고 있다. 우리 법학계에 그에 대한 연구들이 다소 개별적으로 이어지고 있기도 한데, 좀 더 많은 학문적 관심을 기울일 시점이 되었다고 본다.[43]

종합적으로 보았을 때, 현재 우리 법학에 놓인 과제는 다소 특정 유형에 집중된 법학연구를 넘어, '다원적 전체로서의 법학'을 발전시켜 가는 것이라고 할 수 있다. 법학 내의 여러 연구유형 사이의 균형 있는 발전이 우리 법학계의 중요한 과제일 수 있는 이유이다.

---

40) 이에 대해서는 이계일, "법학의 학문성에 대한 반성적 고찰", 162면 이하. '해석공동체' 개념에 대해서는 아울러 S. Fish, "4. Working on the Chain Gang-Interpretation in Law and Literature", in Doing What comes Naturally: Change, Rhetoric, and the Practice of Theory in Literary and Legal Studies(New York, USA: Duke University Press, 1989), 87면 이하

41) 예컨대 한상훈, "패러다임과 법의 변화-한국형사법의 방법론 모색-", 저스티스 제158-1호(2017), 240면 이하.

42) 한국법학사의 조망을 통해 이러한 점을 확인하고 그 극복방향을 모색하고 있는 이국운, "로스쿨 체제에서 대한민국 법학자의 정체성 확립-'비판적 비교법사회학'의 문제의식을 되새기며-", 『한국법학교수회 창립 60주년 기념 학술대회 자료집』(2024.9.), 109면 이하.

43) 국내학계의 연구성과로 심우민, 『입법학의 기본관점』(주 10) 참조; 홍성수, "규제학-개념, 역사, 전망", 안암법학 제26호(2008), 377면 이하. 규제학의 연구성과를 행정법학에 생산적으로 접목시키고 있는 사례로 김성수, 『신사조행정법』, 신조사, 2023. 규제학의 성과를 민사집행법과 접목시키고 있는 사례로 양천수/우세나, "민사집행과 아키텍처 규제-아키텍처 규제의 성격과 관련하여-, 민사집행법연구 제16권(2020), 47면 이하, 아울러 김연식, "'적폐 청산'의 시대에 다원적 법형성", 법과사회 제57호(2018), 1면 이하.

[상호보충적 전체로서의 법학과 구성요소]

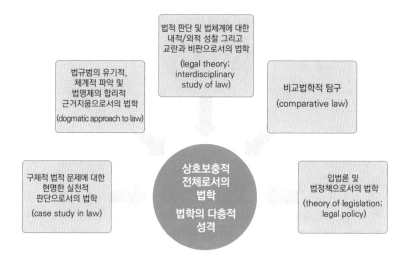

(2) 제도적 과제

균형 있는 법학연구가 이루어질 수 있기 위해서는 앞서 언급한 학술적 노력들 이외에 일정한 제도적 대응이 요청되는 측면들이 있다. 아래에서는 시론적이나마 이 부분을 간단히 짚어 보기로 한다.

① 조사연구를 진행하다가 한 가지 눈에 띄는 점이 있었다. 도그마틱 연구나 법학이론 연구가 상당히 깊이 있고 역량 있게 진행된 경우들을 보면 종종 그 연구주체가 다소 진득한 학문적 작업 경험을 가진 경우가 많았다고 하는 점이다. 그런데 연구자들이 이러한 경험을 확충하게 하는 데에는 몇 가지 형식이 있을 수 있다.

하나는 연구자가 채용 이전에 그러한 학문적 경험을 이미 갖추었음을 '연구물을 통해' 입증하게 하는 방식이 있을 것이다. 예컨대, 미국 로스쿨의 경우, 기존에 펴낸 장문의 논문들을 토대로 지원자들의 연구역량을 검증하는 형식을 취한다. 둘째는 연구자들이 채용 이전에 '일정한 제도적 과정을 밟도록' 하는 형식이 있을 수 있다. 예컨대, 강화된 학위취득에 대한 요청을 들 수 있다. 셋째는 오히려 연구자들이 자리를 잡은 이후에 그러한 학문적 경험을 쌓고 만회할 수 있도록 시간과 여건을 제공하는 형식이 있을 수 있다.

이 중 어떤 형식을 택하고 그 구체적 구성을 어떻게 할지는 해당 공동체가 정책적 판단을 어떻게 하고 제도적 디자인을 어떻게 가져갈지 문제일 것이다. 그럼에도 한 가지 환기해 두어야 할 점은 임용 이전의 인적 요건을 부과하는 것 못지않게 임용 이후에 제도적 여건을 마련해 주는 것이 중요할 수 있다고 하는 점이다. 실무에서 학계로 진입하는 연구자들의 경우, 바쁜 실무에서 일하다가 학계로 들어와 연구업적을 요구받게 되면, 불가피하게 짧은 텀의 연구물들에 집중할 수밖에 없는 측면이 있다. 이런 구조는 이론출신 교수들에게도 크게 다르지 않다. 학위과정을 마치고 학계에 들어오게 되면 현재의 시스템에서 가급적 많은 논문들을 다량으로 생산해 내야 하는 부담에 처해 지게 된다. 이는 지난 10-20년간 가속화된 현상이기도 하다. 따라서 이런 부분들에 대한 모종의 제도적 대응이 요청된다. 미시적으로는 단기 업적뿐 아니라 진득한 연구에도 나름의 가치를 인정해 주는 평가시스템이 고민될 필요가 있다.

② 또 한 가지 최근 눈에 띄는 점은 주요 변시과목에 속하지 않는 법학전공자들, 혹은 비실무 출신 연구자들이 학교에 자리를 잡을 수 있는 가능성이 현저하게 줄고 있다는 점이다. 앞서의 조사에서도 확인되었듯이, 최근 몇 년간 법전원에서 선택법 과목의 임용비율이 현저히 낮아지고 있다. 민사법과 형사법 영역에서 실무출신이 아닌 연구자들이 자리를 잡은 경우도 매우 줄어들고 있다. 이런 상황이 지속된다면, 비변시과목의 전체적 연구역량이 약화되는 것은 불가피한 수순이라고 할 것이다. 취직의 가능성이 요원한 한, 비실무출신들의 대학원 진입 역시 현저히 약화될 것이다.

이 부분 대응을 위해서는 일차적으로 대학평가의 요건들에 이 부분 개선을 위한 기준들이 적극적으로 반영될 필요가 있다.[44] 정 여의치 않다면 이들 연구인력을 받아 안을 연구기관들이라도 체계적으로 확충될 필요가 있을 것이다. 물론 현재 형사법무정책연구원, 법제연구원, 헌법재판연구원 등의 기관이 있기는 하지만, 계약직의 차원을 넘어 보다 연구에 집중할 수 있는 제도적 여건들이 근본적으로 확충될 필요가 있다는 지적이 많다.[45]

---

44) 실무 출신이 아닌 연구자도 학계에 진입할 수 있는 최소한도의 기준이 필요할 수 있음을 환기시키는 문헌으로 예컨대 김봉수, 앞의 논문, 18-19면.

45) 바로 이러한 맥락에서의 제도적 방안을 모색하고 있는 김봉수, 앞의 논문, 14면 이하. 김 교수는

③ 이는 기초법학 분과에 더욱 더 해당하는 부분일 수 있다. 여러 실정법 분과와 달리, 기초법 분과에는 전문적인 연구기관 자체가 없다. 그러다 보니, 기초법 연구자들은 대체로 대학연구소의 임시직들에 머물고 있는 형편이다. 이러한 상황은 연구자들의 안정적 연구수행을 어렵게 만들고, 장기적으로 기초법 연구자들의 신규진입을 어렵게 만든다.

아울러, 법전원 평가기준을 보면 기초법학 분과에 대한 요구기준이 시간이 지날수록 형해화되고 있음을 확인하게 된다. 무엇보다 조사대상 학교에서 최근 기초법 전임교원 채용이 전무하다는 점은 이를 잘 방증해 주는 대목이다. 법전원 개원 초에는 어느 정도 기초법 전임교원들이 있어야 하고 기초법 강좌가 제공될 수 있어야 한다는 점에 대한 문제의식이 공유되어 있었던 것으로 보인다. 당시 기초법 교원 임용숫자가 이를 잘 확인시켜 준다. 하지만 그간 법전원 분위기가 변시 일변도로 급속히 흐르고, 더욱이 기초법학 관련 평가기준 역시 현저히 약화되면서 그러한 인식은 더 이상 설자리를 잃게 되었다.

④ 법전원 개원 당시의 모토 중 법학연구의 다원성 확보와 관련된 부분 역시 다시금 상기될 필요가 있다. 법학 외의 학문을 공부한 사람들이 법학을 공부하게 함으로써 법학의 시야를 넓히고 영역별 전문성을 확충한다는 목표가 그것이다. 변시 일변도의 분위기로 인해 이러한 모토가 힘을 잃은 측면이 많지만 법학이라는 학문연구의 방향성 측면에서 보자면 그 함의는 여전히 작지 않다. 미국 로스쿨 교수진을 보면 법률가들이 타 영역에서 박사학위를 추가로 갖고 있는 숫자가 제법 됨을 확인할 수 있고, 아울러 법학이라는 틀 안에 타 영역 연구자들이 많이 들어와 있는 모습도 볼 수 있다. 물론 우리 법전원의 현실은 역량 있는 법학전공자들을 영역별로 균형 있게 품어 안는 문제부터 해결해야 할 것이다. 하지만 법학의 다원성 및 울타리 확장 문제는 법학의 전체적 학문적 역량 차원에서 여전히 고민되어야 할 과제일 수 있다.

⑤ 비교법 연구와 관련해서도 제도적 대응이 필요한 부분이 있다. 앞서도 언급했듯 비교법 연구는 전반적으로 법학연구의 저변이 약화되는 가운데에도 법학연구의 학문성을 보완해 주는 역할을 수행해 왔다. 또한 외국의 규율이나 법리현

독일의 막스 플랑크 연구소와 같이 '전문 연구소' 시스템을 마련하여 "연구소에 소속된 '연구원'이라는 신분과 재정적 안정을 함께 제공함으로써 학문적 연구에 전념할 수 있는 물적 태도를 제공"할 필요성을 환기시키기도 한다.

황을 검토하는 것은 입법론이든 해석론이든 제반 연구작업에 필수적으로 동반되는 작업일 수밖에 없다. 그럼에도 비교법 연구의 토대가 차츰 약화되어 가고 있다면 그 제도적 보완이 모색될 필요가 있다. 이 지점에서 일부 법영역의 경험들이 좋은 시사점을 제공해 준다.

법학의 발전과정을 돌이켜 보면, 헌법학은 그 어느 영역보다 비교법 연구로부터 받은 영향을 받은 분과라고 할 수 있다. 예전에는 몇몇 학자들의 역할이 컸다면, 최근에는 헌법재판연구원의 역할이 눈에 띈다. 그 중심에 '비교헌법연구팀'이 있는데, 이들은 국외의 판례들과 주요 문헌들에 대한 체계적 소개와 분석작업을 진행하고 있으며, 학계에 그 성과를 정기적으로 공유하고 있기도 하다. 예전과 비교해 볼 때, 오히려 그 체계성과 전문성이 강화되고 있다는 평도 있다. 이러한 경향성은 다른 분과에서도 확인되는데, 그 사례로 사법정책연구원에 의해 발간되는, 사법제도에 대한 의미있는 비교연구들을 들 수 있다. 이러한 모습들은 이제 비교법 연구를 개별연구자들의 다소 우발적인 연구가 아닌, 전담 연구조직을 통해 체계적으로 진척시킬 필요성을 환기시킨다. 우리 법학이 계수법학의 시기를 상당정도 벗어나기는 했지만, 비교법 연구가 갖는 항상적 가치를 생각해 볼 때, 이러한 제도적 노력은 여전히 유효성을 갖는다고 할 것이다.

V. 본고의 한계와 보완조사가 필요한 영역

지금까지 20여년 전과 최근의 신규임용교원들의 연구물들을 비교 분석하며 우리 법학의 학문성이 처한 현실을 돌아보고 학술적, 제도적 과제를 짚어 보았다. 글을 마무리 하며, 본 연구가 갖고 있는 일정한 한계와 보충연구가 필요한 영역을 짚어 두고자 한다.

일단, 본 연구는 앞서도 언급했듯이 필자의 제한된 여건상 민사법, 형사법 연구들에 집중할 수밖에 없었다. 하지만 공법이나 선택법 영역의 연구들은 이와는 다른 특징을 가질 수 있다. 특히, 영역 간에 신진연구자들의 인적 스펙트럼이 다르게 나타날 수 있음을 감안해야 한다. 더욱이 본고의 연구는 제한된 여건상 수도권을 제외한 로스쿨들의 교원들을 대상으로 삼았다. 물론 수도권 밖 로스쿨들의 경우 대상을 선별하지 않고 모두 분석대상으로 삼은 까닭에 어느 정도 일반적 의미를 추출할 기반은 되었다고 생각한다. 그럼에도 조사대상 로스쿨 교원들의 인적 스펙트럼과 연구 경향성이 수도권의 교원들과 꼭 같으리라는 보장은 없다. 따라서 앞으로 이 부분 연구가 보완될 때 본고의 분석은 보다 완전한 의미를 갖게 될 것이다.

또 한 가지 본고의 연구가 자신의 연구결과를 일반화하기에 일정한 유보를 붙여야 할 부분이 더 있다. 연구의 설계 부분에서도 밝혔듯이, 본고는 20여년 전과 최근에 임용된 교수들의 임용 인근의 특정 기간 연구물을 분석대상으로 삼았다. 교수들의 젊은 시절의 연구물이 주 분석대상이 된 것이다. 물론 교수들의 장기적 연구가 자신의 초기 학문작업의 문제의식의 연장선에 이루어지는 경우가 적지 않지만, 시간의 경과와 함께 연구의 스펙트럼이 상당히 달라지는 경우도 존재한다. 특히 임용 이후 일정한 시점 이후의 연구들은 연구자들의 학문적 출신이 아닌, 그가 놓인 현재의 제도적 조건이 연구에 끼치는 영향을 분석하는 데에 중요한 함의를 가질 수 있다.

아울러, 학자들의 연구가 표출되는 양식에는 꼭 학술논문만 존재하는 것이 아니다. 학술논문에 많은 시간과 노력이 들어가는 것은 사실이지만, 우리 학계의 경향성을 보건대, 연구자가 된 후 일정 시간이 지나면 – 교과서 형식이든, 전문학술서 형식이든 – 단행본을 출간하게 되는 모습을 보게 된다. 이는 학술논문뿐만 아니라 단행본들에 대한 종합적 연구 필요성을 시사해 주는 대목이다. 특히 최근 출간되는 단행본들에 대해 학술서보다 수험서에 가까운 경우가 너무 많아지고 있다는 우려 역시 적잖이 제기되고 있다. 이런 통념이 사실인지, 얼마나 근거지워진 것인지에 대해서도 조사가 이루어질 필요가 있을 것이다.

이러한 유보들에도 불구하고 본고의 연구가 우리 법학이 처한 상황과 관련해 시사해 주는 부분들이 적지 않다. 전환기 우리 법학이 보다 앞으로 나아가는 데에 본고의 분석이 조그마한 기여가 될 수 있기를 바라며, 이만 부족한 글을 갈음하고자 한다.

새로운 시대환경에서 법학의 사회적 기여와 세계화

박 혜 진*
김 정 연**

Ⅰ. 머리말

우리 법학이 세계화를 포함한 새로운 시대환경의 변화에 어떻게 대응하고 있는가? 혹시 부족한 부분이 있다면, 어떤 부분이고, 그러한 문제점을 보완하려면 어떤 방법이 있을까? 이에 대한 해답은 실제 관련한 연구를 수행하고 계신 법학 연구자 분들께서 가장 잘 아시리라는 생각에서 이 연구를 시작하게 되었다. 사회가 복잡해지고, 복잡한 사회를 연구하는 법학도 전문화되고 세분화되다 보니, 어느 한 사람이 법학의 모든 분야의 사정을 안다는 것은 상상하기 어려워졌다. 이 때문에 이처럼 큰 문제에 대한 답을 구하는 것은 문제를 잘게 쪼개고, 각각의 문제에 대한 전문가를 찾아가 다양한 목소리에 귀를 기울이는 것으로 시작하는 것이 좋겠다는 판단이었다.

우선, 첫 번째 단계는 새로운 시대환경에서 법학이 대응해야 할 문제가 무엇인지를 발견하는 것이다. 본 연구에서는 인구/고령화/돌봄, 다양성/다문화/이민자, 인공지능, 경제안보, 재해, 지역균형, 기후변화를 법학이 대응해야 할 일곱 가지 문제로 파악하였다. 다음 단계는, 그 각 주제별로 최근 10년 간 어떤 연구들이 얼마나 이루어져왔는지 파악하는 것이다. 마지막으로, 앞서 파악한 각 주제에 관한 연구를 수행한 법학연구자들을 상대로 인터뷰를 실시하여 우리 법학이 세계화

* 한양대학교 법학전문대학원 교수.
** 이화여자대학교 법학전문대학원 교수.
*** 본 연구를 위해 아무런 대가 없이 귀중한 시간과 경험, 그리고 고견을 나눠주신 인터뷰 대상자 분들께 깊은 감사를 전합니다.

를 포함한 새로운 시대환경의 변화에 어떻게 대응하고 있는지, 문제점이 있다면 무엇이고, 그러한 문제점을 보완하려면 해결방안은 무엇일지에 대한 답변을 듣고, 그 답변에서 공통적으로 지적된 내용들을 중심으로 문제점과 해결방안을 도출하는 것이다.

위와 같은 방법을 적용하여 발견한 법학이 새로운 시대환경의 변화에 효과적으로 대응하는 데 걸림돌이 되는 문제점은, 법학 연구 성과의 정책 반영의 어려움, 연구인력의 부족, 법학 분과 간 소통의 부족, 학제 간 연구 및 실증적 연구의 부족 등이다. 특히 그 중 학제간 연구 및 실증적 연구의 필요성의 문제는, 외국에 비하여 우리 법학계에서 비교적 관심이 적었던 부분으로 파악된다.[1] 위와 같이 파악된 문제점에 대한 해결방안에 관하여도 실제 연구를 수행한 연구자분들의 의견을 중심으로 논의를 정리하였다.

이렇게 수행한 본 연구는 본질적으로 탐색적인 연구에 머무를 수밖에 없다. 여기에서 제기된 문제점들에 대한 분석과 그에 대한 해결방안들은 그 자체로 하나하나가 하나의 연구주제나 토론주제가 되기에 충분하기에, 이 짧은 글에서 본격적으로 이를 다루기는 어렵다. 다만, 이 연구는 상향식(bottom-up) 접근방식, 즉 실제로 연구를 수행하신 연구자들의 관점을 반영하는 인터뷰를 통하여 문제를 발견하고, 이를 통하여 앞으로 관심을 기울일 가치가 있는 화두를 제시한다는 데에서 그 의미를 찾을 수 있을 것이다. 후속연구를 통해 이 글에서 미처 다루지 못한 더 깊이 있는 논의가 이어질 수 있기를 기대한다.

이하에서는 우선, 일곱 가지 주제 선정 방법, 각 주제별 연구현황 조사, 인터뷰 등 각 단계별 연구방법에 대한 구체적인 설명을 하고(Ⅱ), 연구현황 조사 결과 및 인터뷰 결과를 포함하는 연구결과(Ⅲ)에 대한 보고를 한 후, 그 결과를 바탕으로 문제점에 대한 분석과 해결방안에 대한 논의(Ⅳ)를 한다. 마지막으로 결론(Ⅴ)에서는 연구결과를 정리하면서 이 글을 끝맺는다.

---

1) 미국로스쿨협회(Association of American Law Schools, AALS)는 1982년부터 법과 사회과학 분과를 설립하여 사회과학의 방법론을 사용하여 법과 법제도를 연구하는 데 관심이 있는 사람들 간의 소통을 촉진하도록 하였고, 2005년 미국로스쿨협회의 연례 학술대회의 주제를 실증적 법학 연구로 정하기도 하였다. 미국이나 유럽에서의 실증적 법학연구에 관하여는 뒤의 Ⅳ.4. (3) 부분에서 상술한다.

Ⅱ. 연구방법

1. 새로운 시대환경에 관한 일곱 가지 주제 선정

새로운 시대환경에 관한 주제를 도출하기 위하여 현 정부가 출범하면서 밝히 6대 국정목표와 120대 국정과제, 국민통합위원회가 밝힌 10대 과제를 우선 참고하였다. 이를 기초로 우리 사회가 법제도적으로 대응해야 할 10가지 과제를 인공지능, 기후위기, 에너지, 돌봄, 고령화, 저출산(인구), 지역균형, 다양성, 다문화, 재해로 추렸다. 그 후 위 주제들 중 일부는 그 문제가 중첩되는 경우가 많고, 연구를 주로 수행하는 연구자도 중복되는 경우가 많다는 점 등을 고려하여 통합하였고, 최종적으로 일곱 가지 주제, 즉 인구/고령화/돌봄, 다양성/다문화/이민자, 인공지능, 경제안보, 재해, 지역균형, 기후변화를 본 연구의 대상으로 삼았다.

2. 연구현황 조사

위에서 선정한 일곱 가지 주제에 관한 법학 연구 현황을 파악하기 위하여 RISS에서 논문 검색을 수행하였다. 기간 2014년부터 2024년까지, 언어 한국어, 분야 사회과학, 주제어 법 또는 법학을 포함한 해당 주제별 키워드를 넣어 관련 논문을 추리고, 그 중 관련 없는 논문은 일일이 검토하여 제외하였다. 그렇게 정리된 주제별 논문 목록을 통해 연도별 논문 건수 및 발간 학술지 분야 별 논문 건수를 파악하였다.

3. 인터뷰

위 각 주제별 연구를 수행한 연구자의 시각에서, 새로운 시대환경에 대한 법학의 대응이 잘 이루어지고 있는지, 그렇지 않다면 어떤 문제가 있고 어떤 해결책이 있는지를 파악하기 위하여 인터뷰를 수행하였다. 위 연구현황 조사를 통해서 파악한 일곱 가지 주제를 수행한 연구자들 중 최근에 연구를 수행한 자 또는 가장 많은 수의 연구를 수행한 자들을 우선적으로 고려하되, 같은 주제 내에서는 전공, 세부분야 면에서 다양한 시각을 보여줄 수 있는지를 고려하여 아래 표 1의 기재와 같이 총 11명의 인터뷰 대상자를 선정하였다. 인터뷰는 전화로 약 20여

분에서 40여 분 가량에 걸쳐 반구조화(semi-structured)된 인터뷰 형태로 이루어졌
다.[2]

[표 1: 인터뷰 대상자 명단]

연번	성함	소속	관련 주제
1	백경희	인하대학교 법학전문대학원	인구/고령화/돌봄
2	윤태영	아주대학교 법학전문대학원	인구/고령화/돌봄
3	차진아	고려대학교 법학전문대학원	인구/고령화/돌봄
4	윤종행	충남대학교 법학전문대학원	다양성/다문화/이민자
5	이재협	서울대학교 법학전문대학원	다양성/다문화/이민자
6	박상철	서울대학교 법학전문대학원	인공지능
7	최경진	가천대학교 법과대학	인공지능
8	오선영	숭실대학교 글로벌통상학과	경제안보
9	(익명)	(익명)	재해
10	장철준	단국대학교 법학과	지역균형
11	박시원	강원대학교 법학전문대학원	기후변화

Ⅲ. 연구결과

1. 연구현황

앞서 선정한 7개 주제에 관하여 RISS 검색을 통하여 파악한 지난 2014. 1.
1.부터 자료수집 시점인 2024. 8. 중순까지 발표된 법학 논문 건수는 인구/고령화/
돌봄 102건, 다양성/다문화/이민자 136건, 인공지능 194건, 경제안보 117건, 재해
351건, 지역균형 100건, 기후변화 251건이었다. 이하에서는 위와 같이 수집된 각
주제별 연구 현황을 간략히 보고한다.

(1) 인구/고령화/돌봄

인구/고령화/돌봄에 관한 법학논문은 꾸준히 매년 6~11건 정도씩 발표되어
오다가 2023년 19건으로 그 수가 눈에 띄게 증가하였다. 인구감소 대응이 국가적
과제로 대두하면서, 최근 이 주제에 대한 관심이 급증한 것으로 보인다. 인구/고

---

2) 익명으로 하여 줄 것을 원하셨던 표 1 9번 인터뷰 대상자를 제외하고, 그 외 모든 인터뷰 대상자
분들은 성함을 밝히는 것에 동의하였다.

령화/돌봄 주제에 관한 법학논문은 일반 학술지에 가장 많이 실렸고(55건), 그 다음으로는 사회법(10건), 젠더법(10건), 민법(5건), 공법(5건)에 관한 학술지에 많이 실렸다.

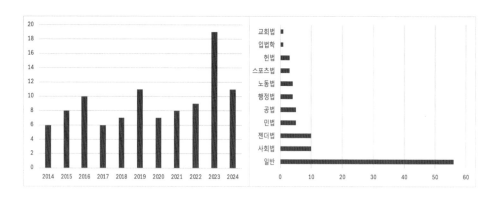

[그림 1-1(좌): 2014-2024년 인구/고령화/돌봄 관련 연도별 법학논문 건수]
[그림 1-2(우): 2014-2024년 인구/고령화/돌봄 관련 법학논문 발간 학술지 분야]

(2) 다양성/다문화/이민자

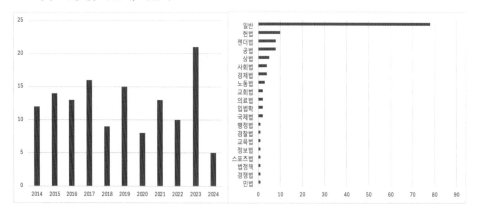

[그림 2-1(좌): 2014-2024년 다양성/다문화/이민자 관련 연도별 법학논문 건수]
[그림 2-2(우): 2014-2024년 다양성/다문화/이민자 관련 법학논문 발간 학술지 분야]

다양성/다문화/이민자에 관한 법학논문은 꾸준히 매년 10건~15건 내외로 발표되어 오다가 2023년 21건으로 그 수가 눈에 띄게 증가한 점에 비추어 보면, 역시 최근 이 주제에 대한 관심이 급증한 것으로 보인다. 다양성/다문화/이민자 주제에 관한 법학논문은 일반 학술지에 가장 많이 실렸고(78건), 그 다음으로는 헌법(10건), 젠더법(8건), 공법(8건), 상법(5건)에 관한 학술지에 많이 실렸다.

(3) 인공지능

인공지능에 관한 법학논문은 2016년에 처음 등장하기 시작하여 꾸준히 그 수가 증가하는 추세에 있다. 2022년(26건)에 비해 2023년(41건)에 발표된 인공지능에 관한 법학논문 수가 급증한 것을 보면, 특히 최근 들어 그 관심이 집중되고 있는 것으로 보인다. 인공지능 관련 법학논문이 주로 발간된 학술지는 일반 주제를 다루는 학술지가 가장 많았고(98건), 그 다음은 상법(14건), 공법(10건), 과학기술법(8건), 민법(7건), 소비자법(5건) 등이 뒤따랐다. 그 외에도 인공지능 주제를 다룬 논문을 실은 학술지의 분야는 앞서 언급한 분야 외에도, 헌법, 행정법, 지적재산권법, 경제법, 경쟁법, 법철학 등 매우 다양하였다는 점은 주목할 만 하다.

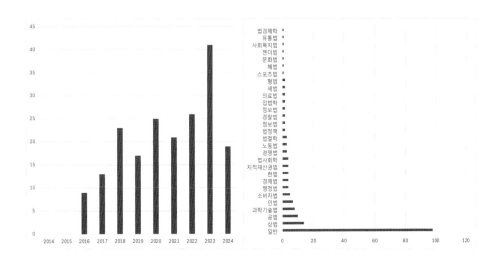

[그림 3-1(좌): 2014-2024년 인공지능 관련 연도별 법학논문 건수]
[그림 3-2(우): 2014-2024년 인공지능 관련 법학논문 발간 학술지 분야]

(4) 경제안보

경제안보와 관련한 법학 논문은 논문 수가 다소 적었던 2014년(7건) 및 다소 많았던 2020년(15건)을 제외하고는 꾸준히 10건 내외로 발표되어 왔고, 2023년에도 9건의 논문이 발표된 것으로 보아, 이와 관련한 관심은 꾸준히 지속되어 온 것으로 보인다. 경제안보에 관한 법학논문이 발표된 학술지는 일반 학술지(57건)가 가장 많았고, 그 다음은 국제경제법(14건), 환경법(8건) 순이었다.

2014년 이후 출간된 경제안보 관련 논문들 가운데 무역제한조치, 공급망, 경제보복조치, 수출제한 과 같이 전통적인 국제경제법 이슈와 직접 관련이 있는 키워드들이 꾸준히 관찰되는 한편, 사이버안보(정문식, 2024), 디지털통상법(정찬보, 2022), 우주법(채성희, 2024), 기후변화와 안보(김종우, 2023), 해양수산분야(박성욱, 2024), 데이터안보(2023), 에너지안보(권경선, 2023) 등 새로운 이슈들도 대두하고 있음이 확인된다.

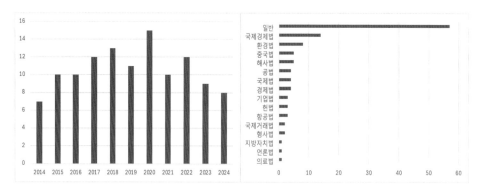

[그림 4-1(좌): 2014-2024년 경제안보 관련 연도별 법학논문 건수]
[그림 4-2(우): 2014-2024년 경제안보 관련 법학논문 발간 학술지 분야][3]

(5) 재해

재해 주제와 관련한 법학논문은 2019년(14건)에 조금 주춤한 것을 제외하고는 2014년 이후로 꾸준히 30~40건 내외로 발표되어 왔다. 재해를 키워드로 하는 법학논문이 주로 발간된 학술지는 일반 주제를 다루는 학술지가 가장 많았고(178건), 그 다음은 노동법(59건), 사회법(39건), 기업법(19건), 사회보장법(10건) 순이었다.

재해와 관련해서는 중대재해처벌법이 제정되기 이전부터 산업재해를 둘러싼 입법과 법리해석과 관련된 노동법, 사회보장법 분야의 연구가 많이 이루어졌다.

---

3) 세월호 이후 소위 '시민재난'에 대한 사회적 관심이 증가하면서 자연재해, 산업재해, 세월호 및 이태원 참사 등 소위 '인재'등을 포괄하는 키워드로 '재해'를 선택하였다.

조사대상기간 초기인 2014년과 2015년을 살펴보면 산재보험, 업무상 재해 등이 노동법과 사회보장법 분야에서 가장 빈번하게 등장하는 키워드이다. 2018년부터 중대재해처벌법 관련된 연구가 출간되기 시작하였고, 법제정을 전후하여 경영자의 책임이나(한성훈, 2022), 이사와 회사의 형사책임(윤성승, 2022) 등에 관한 연구도 다수 발견된다. 그 밖에 공법분야에서의 연구는 시민재해의 안전권 관련된 연구, 재난 및 안전관리 기본법에서 다루는 '재난'이나 위기대응법제 관련 연구 등도 다수 출간되었다.

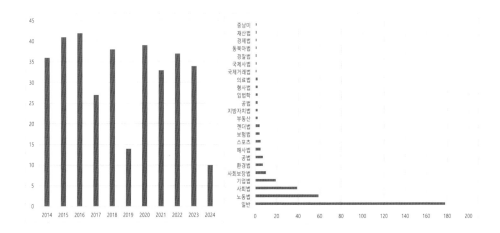

[그림 5-1(좌): 2014-2024년 자연재해 관련 연도별 법학논문 건수]
[그림 5-2(우): 2014-2024년 자연재해 관련 법학논문 발간 학술지 분야]

(6) 지역균형

지역균형 주제와 관련한 법학논문은 2014년 이후로 매년 3건 이상 꾸준히 발표되어왔는데, 2015-2016년, 2019-2020년, 2022년에는 10건 이상의 논문이 발표되었다. 지역균형과 관련 법학논문이 주로 발간된 학술지는 일반 주제를 다루는 학술지가 가장 많았고(46), 다음은 공법을 다루는 학술지(14건, 미국헌법 포함), 지방자치법(12건), 부동산법(11건) 순서를 이룬다. 비교적 다수의 논문이 출간된 연도라고 하더라도 특별히 어느 하나의 주제나 분야에 집중되는 경우를 발견하기는 어렵다.

지역균형 주제로 분류되는 다수의 논문들이 남북통일이나 대북관계와 관련된 내용을 다루고 있다는 점도 흥미롭다. 최근에만 하더라도 통일시 남북한의 경제적 지역격차 해소방안(2022, 장용근), 접경지역 지원을 위한 법제 개선방안(2022, 조성제), 통일 후 북한지역 공업지구 재편 및 활성화를 위한 입법 방향(2022, 오미진/김성욱), 통일한국에서의 북한지역 지방행정체제 개편방안에 관한 연구(2020, 최용욱) 등이 출간되었다. 해당 논문들은 통일법제나 남북관계법제를 다루는 저널이 아닌 일반 학술지 또는 지방자치법, 공법 분야의 학술지에 게재되었다.

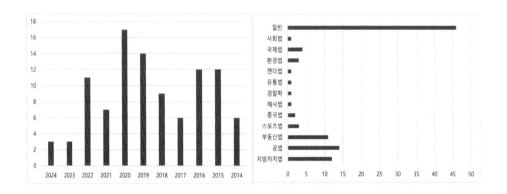

[그림 6-1(좌): 2014-2024년 지방소멸 관련 연도별 법학논문 건수]
[그림 6-2(우): 2014-2024년 지방소멸 관련 법학논문 발간 학술지 분야]

(7) 기후변화

기후변화 주제와 관련한 법학논문은 매년 25건 내외로 발표되어 오다가 2019년(17건)과 2020년(12건)에 다소 주춤하였으나 2023년(36건)에는 그 수가 증가한 것으로 보아, 최근 들어 이 주제에 대한 관심이 높아지고 있는 것으로 보인다. 기후변화 관련 법학논문이 주로 발간된 학술지는 일반 주제를 다루는 학술지가 가장 많았고(112건), 그 다음은 환경법을 다루는 학술지(77건)였다. 국제경제법(10건)이나 국제법(7건) 전문 학술지에서도 이 주제를 많이 다루고 있는 것으로 나타났다. 기후변화와 관련해서는 유엔 기후변화 협약과 같은 국제적인 규범이 주된 연구대상 가운데 하나이기 때문에 국제법, 국제법 분야의 연구가 활발히 이루어지고 있는 것으로 생각된다. 독일이나 중국, 대만 등 외국의 기후변화에 대응 법제에 관한 연구들도 다수 관찰된다.

한편 2020년 헌법재판소에 기후위기 헌법소송이 제기되었고, 2024년 4월 공개변론도 이루어졌기 때문에 이를 계기로 헌법을 전공하는 연구자들도 기후변화 연구에 참여하고 있다(이재홍, 2024 등). 또 ESG 담론의 확산으로 상사법 전공 연구자들의 기후변화 관련된 연구 성과가 출간되기도 하고(김광록, 2023), 기존의 환경법 연구자들이 기업경영의 관점에서 ESG와 컴플라이언스 문제를 다루는 논문을 출간(조홍식/박진영, 2023)하는 등으로 연구 분야가 확장되는 경향성이 관찰된다.

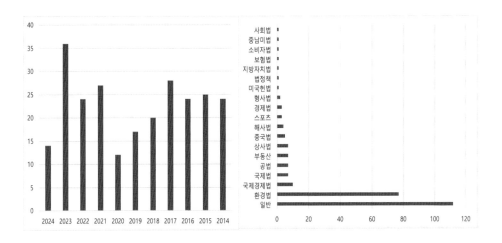

[그림 7-1(좌): 2014-2024년 기후변화 관련 연도별 법학논문 건수]
[그림 7-2(우): 2014-2024년 기후변화 관련 법학논문 발간 학술지 분야]

2. 인터뷰 결과

앞서 선정한 7개 주제에 관하여 논문을 저술한 연구자 중 11명에 대하여 인터뷰를 진행하였다. 이하에서는 인터뷰 대상자의 발언에서 공통분모로 드러난 테마들을 묶어서 인터뷰 결과를 보고한다.

(1) 주제의 선정

인터뷰 대상자들은 입법이나 정부에서의 정책포커스가 연구주제 선정에 중요한 영향을 미친다는 점을 공통적으로 언급하였다.

"재해라고 하면 시민재해, 산업재해 두 가지를 생각해 볼 수 있는데, 시민 재해와 관련해서는 헌법상 안전권과 관련된 연구가 상당기간 진행되어 왔고, 산업재해와 관련해서는 노동법 분야에서 연구를 수행해 왔다. 최근 중대재해처벌법 분야를 계기로 연구가 분야별로 더 심화되는 경향이 보인다." (익명)

"안보(security)라는 개념은 원래 전통적인 군사안보 관점에서 파악되어 왔지만, 에너지안보, 기후안보, 식량안보 등 경제적인 문제와 관련해서 연구의 발전이 있었다. 2010년대 이후 점점 연구가 많아지긴 했지만, 결정적으로 미중통상갈등 이슈가 부각되면서 '경제안보'를 키워드로 한 연구가 이루어지고 있다." (오선영)

연구대상 주제들이 갖는 중요성에 비해서 아직 정부의 지원이나 조직이 초기단계에 그치고 있다는 지적도 있었다.

"과거 인구구조 고령화 저출산의 문제가 소개되는 정도였으나 최근에는 학계에서 이 문제의 심각성을 깊이 인식하고 있다. 그러나 이 저출산고령화 위원회도 있고 저출산 대책 관련 예산의 비중도 상당히 높은 편이지만, 출산율 세계최저의 현실이 보여주듯이 실효성 있는 제도는 아직 만들지는 못하는 단계라고 느껴지고 있다. 또한 국민들은 아직은 심각성을 체감하지 못하고 있는 듯하다." (차진아)

한편, 정부의 정책적 관심 및 예산 지원이 각 부처의 입장과 직접 연결이 되다 보니 연구자로서는 독립적인 연구 성과와 각 부처의 이해관계 사이에서 고민하는 경우가 있다.

"한편으로는 정부 지원이 영향을 미치다 보니 주로 소통하는 기관의 입장과 conflict 가 우려되는 경우와 같이 연구자로서의 고민이 생기기도 한다." (오선영)

연구대상 주제에 대한 연구성과가 법제도로 귀결되는 입법과정의 중요성을 언급하고, 법학자들의 역할과 한계를 지적하는 견해들도 있었다.

"돌봄 관련 연구가 성과를 내기 위해서는 현행 법제도를 바꾸는 입법화가 필요한 부분이 많다. 그런데 입법화하는 작업이 익숙하지 않고 어렵다. 정부와 함께 같이 할 필요가 있다."(윤태영)

"법학계가 전문화, 세분화되고 실무와 접목되면서 실정법의 해석에서 벗어나 입법이나 정책 관련한 문제들에 대하여도 많이 다루기 시작하였으나, 실제 입법과 정책에서는 법학, 사회과학을 비롯한 학문적 시각이 잘 반영이 안되는 것 같다. 학문과 현실이 괴리되어 있기 때문이라는 비판도 있지만, 학계의 의견에 진심으로 경청하기보다는 도구적으로 소비하려는 경향 때문도 있을 것이다. 물론, 학자는 알아주거나 불러주지 않는다고 신경쓰지 말고, 연구와 강의 등 본연의 일을 열심히 하면 될 것이다. 그러나 우리 사회가 입법과 정책을 탄탄한 연구결과로 뒷받침하고 개선하며 선진화할 기회를 놓치는 것은 손실이다." (박상철)

"사회과학자들과 특정주제에 관해서 협력하더라도 법학에서는 이를 보편적인 원리로 끌어내서 제도화시킬 수 있을 것이냐가 중요한 문제이다. 실증주의적 방법론의 중요성을 인정하더라도 입법의 정치과정이라는 것이 별도로 있는 것이고, 그 과정에서 이견을 조정하고 타협을 해야 법이 만들어지는 것이다."(장철준)

(2) 법학 분과별 협업

연구자 단독으로 문헌을 읽고 해석하는 연구 방법론이 주를 이루다 보니 법학 내에서도 다른 분과와의 협업한 경험이 없다는 점이 우선 지적된다. 같은 법학 분야 안에서도 담을 치고 있는 것 같다는 지적이나 서로 잘 융합이 되는 것 같지는 않다는 평가도 있었다.

또한, 연구 대상 분야에 속하는 같은 주제를 다루더라도 법학 분과별로 접근법이나 관점이 다르다는 점을 인식하게 되는 경우가 다수 있었다.

"중대재해처벌법 제정 과정에서 헌법, 노동법 등 기존의 연구를 주도하던 분야에 더해서 산업재해 발생시 경영진의 형사처벌 문제가 사회적 이슈로 대두하면서 전통적 형법 관점에서 담론이 주목받았다. 원래의 입법 목적 달성을 위한 기존 연구진과의 소통 보다는 형법적 논의가 부각된 경향이 있었다." (익명)

"경제안보 관련 주제는 국제법, 특히 국제경제법 중심으로 연구가 집중되어 있다. 그런데 경제제재, 디지털 분야 등이 중요해 지다 보니까 연구 분야의 확장 필요성이 실감된다. 예컨대 경제제재와 관련된 분야에서는 금융법 분야에서 전문성이 필요하다. 최근 경제안보 관련 세미나에서는 경제제재, 금융제재, 대북제재(남북관계) 연구자들이 발표 하는 등 분야 확장 시도가 있다. 기후와 관련해서는 환경법, 디지털규범 관련해서는 또 해당 법분야와의 소통 필요성도 있다." (오선영)

분과별로 차이를 극복하기 위한 협동 연구를 경험한 결과, 이를 긍정적으로 평가한 경우도 있다.

"같은 의료법학을 하지만 형사법적 시각과 민사법적 시각에는 차이가 있다. 따라서 어떤 판결이 나왔을 때 서로 생각이 다를 수 있는데, 형사법 전공과 민사법 전공의 두 명의 머리를 맞대면 굉장히 좋다." (백경희)

국내외에서 중요한 소송이 진행되거나, 국제적인 레짐이 만들어 지는 등 외부 요인이 생기면 새로운 법학 분과에서 해당 분야의 연구에 참여하게 되면서 기존에 연구하던 분과의 연구자들과 협업하는 경우도 있다.

"기후변화를 주제로 하는 법학 연구는 2015년 파리협정을 계기로 본격적으로 활성화되었다. 이를 계기로 국제법이나 국제통상법, 환경법 분야 연구자들의 연구 성과가 축적되고 있다. 2020년 이후로 기후 관련 논문이 양적으로 많아지고 연구자들도 더 다양해졌다. 2019년 네덜란드 기후소송 선고, 그 이후 독일 헌법재판소에서 기후 헌법소원 결정이 이루어지면서 환경법 뿐만 아니라 행정법, 헌법 분야의 연구자들도 연구에 활발히 참여하게 되었다. 각 법학 분과에서 고유한 법리들을 고민하면서 연구들이 활발하게 이루어졌고, 특히 한국 헌법재판소에서 기후 관련 소송이 전개되면서 더 적극적으로 연구가 되고 있다." (박시원)

연구 대상 주제를 전담하는 교원이 일정 규모 이상 확보 될 경우 팀워크를 바탕으로 다른 법학 분과와 협업을 시도하기 좋은 환경이 만들어질 수 있다는 언급이 있다.

"소속 학교에서는 환경법 전공자가 3명이 되다 보니 학술지 발간, 학술대회 개최 등 계속 협업을 통해서 다른 법학 분과의 연구자들과의 소통을 시도할 수가 있다. 예컨대 다른 법학분과의 학회와 공동으로 학술대회를 기획하거나, 학술지에 시의성 있는 특집을 기획하면서 다른 분과의 연구자들의 투고를 이끌어 낼 수 있다. 그 결과 대상 연구분야에서는 의미있는 작업을 계속 이어갈 수 있는 동력이 된다." (박시원)

(3) 연구인력 부족

인터뷰 대상자들은 법학전문대학원 도입과 같은 법학 교육현장의 변화가 연구인력 양성에 미치는 영향을 언급하였다. 우선, 다양한 백그라운드를 가진 학생들이 법학전문대학원에 진입하고 있지만, 그 결과가 법학교육 내용의 다양성으로 연결되지 못한다는 지적이 있었다.

> "법학교육의 다양성 측면에서는 대응을 잘 못하고 있다. 학생 구성의 다양성 측면에서는 일견 법학전공자가 줄어 다양성이 향상되었으나, 막상 학생들의 다양한 전공과 경험들이 교육과정에서 발휘되지 못하고 있어 교육에서의 다양성 측면에서는 미흡하다고 할 수 있다. (이재협)"
> "법학전문대학원 출범 후 법학과에서는 대학원이 운영된다고 하더라도 주로 경찰관, 공무원, 직장인 등 취업자의 경력개발을 위해서 주력하는 경향이 있다. 전업 연구자로서의 미래를 보장할 수 없기때문에 변호사 자격증이 있거나 생업이 있는 경우가 아니면 대학원에서 법학 전공을 하도록 선발하는 것 자체가 곤란하다. 현재로서는 변호사 자격증을 보유하지 않는 다수의 연구자들은 강의를 할 기회 조차 얻기 어렵다. 이러한 상황에서 변호사 자격이 없는 자들에게 법학을 새롭게 연구하도록 하는 것은 개인의 인생이라는 관점에서 매우 어려운 선택이 된다. 변호사들이 연구자가 되도록 장려하는 것은 한 방법이 될 수 있지만 해결책이 될 수 있을지는 의문이다."(익명)

그 가운데서도 법학전문학대학원 설립 취지가 잘 발현되고 교육 정상화가 이루어진다면 문제해결적 법학 연구자 양성이 과거 보다는 더 잘 이루어질 수 있을 것이라는 평가도 있다.

> "로스쿨의 역할이 제대로 정립만 된다면, 오히려 이런 다양한 연구의 방향성이 실현될 가능성이 높아진다. 다양한 학부배경을 가지고 들어온 학생들도 있고, 법학 이외의 학문에 대한 장벽의식도 낮을 것이다. 미국처럼 결국은 문제의식 가진 학생들과 더 소통하면서 발전 시킬 수 있을 것으로 기대된다." (장철준)

해당 법 전공자가 연구하도록 기대되는 범위에 비해서 연구인력이 절대적으로 부족하다 보니 시의성 있는 주제로 연구가 몰리거나, 전통적으로 연구가 많이 축적된 분야와 다소 소외된 분야가 분화되는 현상이 여러 차례 언급되었다.

    "헌법학 분야에 한정해서 말씀드리면, 워낙 헌법학은 그 범위가 넓다 보니 모든 분야가 같은 강도로 연구되지 않고 있고, 자유권, 평등권 등 기본권과 국가조직의 구성, 국가권력의 통제 등의 분야가 헌법학의 핵심분야에 속한다고 할 수 있고, 사회보장 같은 분야는 이러한 핵심분야는 아니기 때문에 상대적으로 연구 인력이 많지 않아 사회보장 전체를 연구하기에는 여력이 안 되는 점이 있다."(차진아)

    "민사법 쪽에서는 후견에 관한 연구는 굉장히 많다. 후견이 중요하긴 한데 고령이나 장애에서 후견만 문제되는 것은 아니라 돌봄 관련 연구할 부분이 무궁무진하다."(윤태영)

    "가장 사건이 많이 터지는 의료법에 매몰이 되어 있다보니 다른 법역도 많은데 관심을 많이 안 갖는 측면이 있다. 국민건강보험법 정도만 사람들이 신경을 쓸 뿐이다. 노인장기요양보험법에는 법조인의 시각이 미치지 못하는 부분이 있었다."(백경희)

연구 인력이 충분하지 않은 상황에서 연륜 있는 연구자들이 새로 부각되는 주제에 대한 이론적 토대와 연구의 가이던스를 제시하여 줄 것이 기대된다는 지적도 있다.

    "연륜이 깊은 분들이 기초적인 이론을 바탕으로 응용 분야, 특히 인공지능 분야에 대한 연구를 해 주시면 좋겠다는 기대가 있다."(최경진)

연구인력이 부족한 결과 외국과 비교했을 때 연구 성과에서 큰 차이가 날 수밖에 없다는 한계를 지적하는 인터뷰 대상자도 있었다.

    "웨스트로에서 찾아보니 인종차별이나 증오범죄 관련 연구가 2023년 한 해 동안 미국에서 간행된 논문이 2000페이지 정도 된다. 그만큼 많은 연구성과가 있는데 우리나라는 연구자 수가 적다보니 한계가 있다. 더 많은 분들이 관심을 갖고 연구해야 하는 상황이다."(윤종행)

정부의 정책적 관심과 후속세대 양성에 예산 지원이 실질적으로 중요한 역할을 할 수 있다는 경험을 공유한 경우가 있었다.

"정책적으로 중요한 분야라는 점에서 정부에서 관심을 가지고 지원을 해 주는 것이 후속세대 양성에도 실질적인 영향이 있다. 예를 들어 특정한 과목 개설을 하는데 정부 예산 지원이 있으면 교재나 특강 등에 활용할 수 있어서 학생들의 관심을 유도하는데 도움이 된다. 정부 지원을 받는 과목을 학부에 개설하는 학교도 있지만, 대학원 과정에 개설해서 석, 박사 후속 인력 양성에 유의미한 역할을 한다. 또 큰 주제라도 각 부처나 기관들마다 입장이 조금씩 다르기 때문에 자신들의 외연확장을 위해서 연구자들과 소통하는 계기를 갖고, 그런 과정에서 발표 기회 등을 연구자들이 가질 수 있게 된다."(오선영)

기후소송과 같이 미래세대에게 중요한 주제의 경우 청소년 시기에 이를 고민하고 관련 활동에 참여한 경험이 후속세대 연구자 배출로 이어질 가능성이 언급되기도 하였다.

"유럽에서도 그렇고, 한국에서도 진행된 기후소송의 주된 동력은 10대들이었다. 이미 외국에서도 기후 소송, 캠페인에 참여한 경험이 있는 청소년들이 시간이 흐르면서 연구 인력으로 유입되고 있고, 한국에서도 기후소송이 제기가 된 때로부터 만 4년이 흘렀으므로 이들 가운데는 이미 대학교에 진학하거나 연구를 진행하는 경우도 있다. 결국 후속세대 연구자로 성장이 기대된다."(박시원)

(4) 학제간 협업 및 학제간 연구의 필요성
1) 학제간 연구의 필요성

해당 주제에 대한 법학의 대응이 잘 되고 있다고 생각하는지에 대한 답변에서, 대부분의 인터뷰 대상자들이 학제간 협업 또는 학제간 연구의 필요성에 대하여 언급하였다. 우선, 다른 인접학문 연구자들이 기존에 해당 주제에 관한 연구를 이미 수행해 온 상황에서 법학자로서 그 분야 연구에 뛰어드는 경우, 기존 연구성과를 충분히 소화하여 고려하되, 법학 연구자의 전문적 시각을 제공하여 논의에 기여할 필요가 있다는 의견이 있었다.

"초고령사회의 돌봄 요양과 관련하여 지역사회 간호학을 하시는 분들, 사회복지사 또는 요양보호사를 양산하는 계통의 교수님들이 관심을 갖고 많이 활동을 해오셨다. 이 분들의 시각와 의료법을 해 오신 분들 사이에 의료행위의 범위에 관한

시각에서 차이가 있었는데, 현실을 고려하여 전향적으로 관점을 바꿀 필요가 있다."(백경희)

"연령주의(Agism) 극복 관련 연구를 사회복지학 분야와 협업한 경험을 생각해보면, 실증주의적 방법론, 그 중에서도 특히 양적연구 기반의 분석을 토대로 하는 사회과학적 방법론과 법학 방법론에는 차이가 있다고 느낀다. 그러나 제도화 과정에서는 법학이 가지는 독자성이 분명히 있다. 한국에서 법학 연구가 규범적인 접근에 편중해 온 것도 사실이고, 사회과학적 방법론에 친숙하지는 않지만 협업은 충분히 가능했고 각자의 역할이 있었다. 심지어 입법 과정에서도 실증연구에서 비롯된 영향평가 등이 필수적인 과정으로 들어왔기 때문에 법학에서도 이를 잘 알고 수용하는 것이 바람직할 것이다. 미국에서도 법현실주의, 법경제학적 접근 등이 널리 활용된 것이 오래되었는데 우리도 열린 태도를 가지면 좋다."(장철준)

한편, 기술개발 및 적용으로 인하여 발생하는 문제를 다루는 인공지능, 기후변화 분야에서는, 이공계 연구자들이 주도하는 관련 기술과 실무의 현황에 대한 파악이 중요하므로 이러한 협업이 중요하다는 인식이 있다.

"인공지능 분야는 실무가 어떻게 돌아가는지에 대한 현상 파악이 정확히 된 상황에서 그 다음 논의가 이루어져야 하기에 비법전문가, 기술을 하시거나 사업하시는 분들과의 협력이 엄청 중요하고, 법을 하시는 분들이 공동연구를 통해 법적 안정성 측면에서 법전문가로서의 역할을 할 필요가 있다"(최경진)

"외국에서는 기후변화 주제 관련 기술적인 문제가 중요하므로 경제학, 국제정치뿐만 아니라 자연과학, 공학 등 다른 분야와도 학제간 연결이 활발히 이루어진다. 특히 유럽에서는 기후변화 분야의 학제간 연구가 매우 잘 되어 있다. 우리도 일부 대학의 경우 기후 변화 관련 학제간 연구 시도가 없지는 않고, 정책적인 관점에서도 학제간 연구에 대한 지원이 이루어지기도 한다. 그러나 법학 관점에서는 학제간 연구가 활발하다고 보기까지는 어렵고 법학자들이 학제간 연구에 소극적이다."(박시원)

2) 법학자의 학제간 연구 참여 한계 및 극복방안

그러나 학제간 협업 또는 연구가 실제로 얼마나 잘 되고 있는지에 관하여는, 긴밀한 협업이나 깊이 있는 공동연구는 제대로 이루어지지 않고 있다는 답변이 대부분이었다. 법학 연구자로서 다른 인접학문의 연구자들과 자연스럽게 만나 논의할 기회 자체가 없다는 답변이 그 이유로 제시되었다.

> "로스쿨은 학교 안에서도 섬 같다는 느낌이 든다는 말씀을 들은 적이 있다. 예전에는 다른 전공 교수님들과 사회대 안에 속하여 친하게 지냈는데 요즘은 그럴 기회가 많지 않다"(윤태영)

또한 법학에서는 단독 연구가 많이 이루어지다 보니 공동 연구라는 방식 자체에 연구자들이 익숙하지 않고, 특히 이공계 분야와는 연구방식과 연구 여건이 많이 다르다보니 제대로 된 공동연구를 하기가 어렵다는 지적도 있었다.

> "법학은 단독 연구가 많아서, 공동 연구를 많이 하는 다른 분야보다 협업의 기회가 적고, 대학원에서 연구 트레이닝을 받는 단계에서도 협업에 익숙해질 계기가 없다."(오선영)
> "실제로 공동연구라고 해 보면 부분, 부분 나눠서 하는 구조가 되어버린다. 아직 문과와 이과 사이의 연구방식이 많이 다르다. 문과는 개인사업, 이과는 법인 같아서 법인과 개인이 합병하는 느낌인데 특히 법학 쪽에서 공동연구를 할 만한 여건이 갖춰져 있지 않아서 아직은 제대로 된 공동연구를 하기는 쉽지 않다."(박상철)

뿐만 아니라 다양한 분야의 전공을 한 연구자들이 법학 분야로 유입되지 못한다는 점에서 학제간 교류가 활성화되지 못한 이유를 찾는 견해도 있었다.

> "미국의 유수의 로스쿨에서는 비법학 분야 출신 교수들이 임용되는 경우도 있다. 철학자, 사회학자, 인류학자 같은 분들이 법대에 와서 학제간 교류를 많이 하는데 우리나라에서는 이를 기대하기 어렵다."(이재협)

이러한 학제간 연구 또는 협업의 어려움을 극복하기 위한 방안으로는 융합연구에 특화된 연구비 등을 통한 인센티브 제공 등의 제도적인 접근이 필요하다는 점을 지적하는 의견이 있었다.

> "한국연구재단의 사회과학연구(SSK) 지원사업에서 연구비를 제공 받아 다른 전공 교수님들과 다학제적 연구를 하고 있다. 10년치 기사를 텍스트 마이닝을 통해 분석

함으로써 돌봄 관련하여 실제 문제가 되는 사건들을 파악할 수 있었다." (윤태영)

"연령주의(Agism)관련 SSK 지원사업에서 사회복지학 연구자들과 학제간 연구를 한 경험을 통해 기존의 연령별 기대행동에 대한 선입견을 해소하고 통합적으로 패러다임을 만들고 제도화를 시도할 수 있었다." (장철준)

"정부가 정책적으로 유도한 것인데, 융합과제의 연구비 액수가 크다 보니 법학 분야 연구자에 대한 수요가 생겼고, 이에 따라 공대에 법학 전공자가 임용되기도 하고 공대와 협업을 하여 많은 성과를 거두기도 하였다. 그런 면에서 정부가 제공하는 인센티브가 의미가 있었다고 본다." (박상철)

"협동연구 펀드와 같이 법학과 외부 다른 학문을 하는 연구자들이 함께 연구할 때 인센티브를 주는 것도 학제간 연구 활성화에 도움을 줄 수 있을 것 같다." (이재협)

또한 정부나 국회 등에서 정책에 관한 논의를 할 때 다양한 분야의 연구자들이 함께할 수 있는 자리를 마련하는 것이 협업에 도움이 될 것이라는 견해도 있었다.

"통상 분야는 정부에서 정책 의제를 조율하는 포럼 등에서 경제학, 경영학 전문가들과 얘기를 할 기회가 많아서 그 계기로 협업을 시도하기도 한다." (오선영)

"(다문화와 관련한 이슈는) 학제간의 연구와 대화가 필요하고, 사회학적인 연구 성과와 법학적인 연구 성과를 두루 섭렵하는 공론의 장을 많이 만들면 좋겠다. 특히 입법의 문제와 많이 연결되므로 국회나 행정부 등과 연계하여 이 문제를 공론화하는 세미나를 마련하는 것이 필요하다." (윤종행)

(5) 실증적 연구의 중요성
1) 실증적 연구의 필요성에 대한 공감

해당 주제에 관하여 법학이 제대로 대응을 하기 위해서는 실증적 연구가 중요하고 또 필요하다는 의견이 많았다. 실증적 연구가 필요한 이유에 대해서는, 현실에서 어떤 문제가 존재하는지, 어느 부분에 대한 법적 규율이 필요한지를 파악하기 위해서, 그리고 어느 정도 법적으로 규율할 것인지를 판단하기 위해서라는 의견이 있었다.

"현실의 문제점을 먼저 파악할 필요가 있다" (백경희)

"실제로 어디가 문제되는지 파악하기 쉽지 않다. 비교법에만 치중하다보면 해외에서 이런 게 있다 하면 가져와서 하면 되는데 그렇게 되면 실제 사회문제보다 법이 항상 뒤처지게 된다. 법학에서는 설문조사, FGI(Focus Group Interview) 등 다른 방법론에 익숙하지 않고 … 방법론이 다양해져야 한다." (윤태영)

"다른 어떤 분야보다 현상과 법적 규율과 접근 사이에 괴리가 가장 큰 영역 중 하나가 인공지능이다. … 우리가 규율하려는 것은 사회현상이다. 법적인 규율의 필요성을 찾아내는 과정에서 실증연구가 필요하다. 또한 최근 인공지능 법을 만들자는 얘기도 많은데, 어느 정도를 규율할 것인지를 파악하는 데도 실증연구가 필요하다." (최경진)

한편, 앞에서 언급한 학제간 협업과 교류를 하는 데에도 다른 학문분야에서 활용하고 있는 과학적 연구방법을 수용하는 것이 도움이 될 것이라는 견해가 있다.

"연구수준을 다른 학문만큼 높일 필요가 있다. 검증 가능한 과학적 연구방법을 사용할 필요가 있다. 과거에는 법학자의 권위가 높아서 주장만으로 통했지만 이제는 권위가 낮아져서 다수설, 소수설하는 랜덤 투표 방식보다 반증 가능한 과학적 연구방법을 수용해야 다른 학문과 교류할 수 있다" (박상철)

2) 실증적 연구 수행의 장애요인

다만, 법학에서 실증적 연구를 하는 데에는 어려움이 따른다는 의견들이 있었다. 구체적으로 들여다 보면, 우선, 법학 연구자들이 실증적 연구 방법론을 익힐 기회가 적어서 실증적 연구를 하는 인접 분야 연구자들과 공동연구를 하는 경우에도 소통에 어려움이 있다는 지적이 있다.

"법학과 경제/경영학 등 다른 분과학문과의 협업이 연구성과로 연결되는 경우도 있지만, 통계라든지 실증연구 방법론을 활용해서 '보여주기'는 경제학이나 경영학 연구자가 담당하고 그 정책적 함의를 분석하는 것은 법학연구자가 담당을 하는 경향이 있다. 이런 모습은 연구자들간의 화학적 결합이라기 보다는, 각 분과학문이 각자의 방법론에 따른 각자의 이야기를 하고, 이를 나중에 합쳐놓은 것 같다는 생각도 든다. 학부 때부터 대학원까지 국내에서 법학교육을 받은 입장에서 통계와 같은 실증연구 방법론을 익히거나, 경제학의 분석 모델을 공부할 기회가 적어서 그런 백그라운드를 갖추면 소통이 원활하겠다는 생각을 한다." (오선영)

다음으로는, 원활하게 실증적 연구를 수행하기 위해서는 분업을 위한 연구인력을 확보하여야 하는데, 연구실을 꾸리는 것이 법학 분야에서는 현실적인 어려움이 있다는 견해도 있었다.

> "공대 쪽에서는 랩 또는 연구실을 꾸리는 것이 (교수와 학생) 상호간에 이해가 맞아서 그렇게 굴러가는데 법학 쪽에서는 그렇게 하면 교수에게만 이익이 될 뿐이어서 현실적으로 연구실을 꾸리는 데에는 어려움이 있다." (박상철)

또한, 실증적 연구를 하기 위한 토대가 되는 데이터를 확보하는 것이 쉽지 않다는 의견도 있었다.

> "법학교육의 다양성 연구를 제대로 하려면 기초 데이터가 모아져야 한다. 경험연구를 활성화하려면 연구의 토대가 되는 정보가 집대성된 로데이터가 나와야 하는데 우리나라에서는 이런 데이터를 구하는 것에 어려움이 있다. 법학전문대학원협의회나 대한변호사협회와 같은 공신력 있는 기관에서 법률가 양성과 관련한 기초자료들을 정기적으로 축적하고 공개할 필요가 있다." (이재협)

(6). 세계화

인터뷰 대상자들은 연구 대상 7개 주제와 관련하여 법학의 세계화라는 관점에서 다양한 답변들을 제시하였다. 언. 다만 각각의 언급에서 법학 연구의 세계화가 의미하는 바는 모두 일치하지는 않았다. 우선, 우리나라보다 먼저 유사한 문제에 대응해야 했던 외국의 논의를 더 적극적으로 널리 참고할 필요가 있음을 언급하는 경우가 있었다.

> "외국인 근로자들과 유학생, 그리고 이민자들이 늘어나는데 아직 법학에서 충분한 연구와 대응이 부족한 상황이다. 그렇기 때문에 외국의 법적 대응에 대해 더 많은 연구를 할 필요가 있다. 유럽이나 미국은 다문화 문제와 인종갈등이 심각하므로 그곳의 현실과 대응 실태를 파악하고, 사회학 등 법학 외 분야를 아우르는 학제적 연구가 요청된다." (윤종행)

또한, 해당 문제에 세계적으로 표준화된 대응이 필요한 경우여서 국제적 표준화 연구가 이루어질 필요가 있다는 지적도 있었다.

> "돌봄과 관련하여 국제적인 표준화 연구가 필요하다. 장애인이 그림을 보고 표현을 할 수 있도록 하는 의사소통도구가 있는데 우리나라에서는 이것이 기관마다 다 다르다. 세계적으로 표준화된 의사소통도구가 있어야 휴대폰 등 첨단기계에도 접목시킬 텐데 이것이 기관마다 다르다는 것은 큰 불편을 초래한다." (윤태영)

다른 한편으로는, 우리나라에서 처음 도입한 제도가 해외의 법제도에 영향을 미치는 것을 우리 법학의 세계화의 긍정적 예로 평가하는 예도 있었다.

> "산업현장에서의 안전 문제는 많은 국가들의 노동법 학계에서 관심을 가지고 있는 문제이다. 한국에서 중대재해처벌법 제정 관련해서 경영진의 처벌 문제가 대두하고, 마치 이런 제도가 한국에서만 있다는 식의 비판이 많이 가해졌다. 그러나 중대재해처벌법 같은 경우 영국의 '기업살인및과실치사법' 등에서 시사를 받은 바도 있고 국제학술대회 등에서 중대재해처벌법의 제정이나 취지를 소개하면 놀라는 학자들이 많다. 국내 연구성과를 바탕으로 한 입법이 소위 주변국가에도 변화를 가져올 수 있겠다는 생각이 들어서 세계화 측면에서 평가할 수 있다." (익명)

마지막으로, 외국 학술지에 연구성과를 발표하는 것을 포함하는 외국 학계와의 교류와 관련하여 어려움을 지적하고, 이를 극복하기 위한 방법 중 하나로 앞서 언급한 실증연구를 드는 의견도 있었다.

> "법학 분야가 해외 진출하기가 가장 어렵다. 이를 위해서는 과학적, 실증적 방법론을 확충하는 게 의미가 있다. 우리 연구 여건에서 다른 학문과 같은 정도의 출력을 내려면 각자 비상한 노력을 기울여야 한다." (박상철)

IV. 분석

1. 새로운 시대의 법학의 연구과제

(1) 주제별 연구성과의 양적 분포

서론에서 언급한 바와 같이 본 연구에서는 모두 7개의 연구 분야에 관해 지난 10년간의 학술지에 게재된 연구 논문에 관한 데이터와 실제 해당 분야의 연구를 수행한 연구자들을 대상으로 실시된 인터뷰를 토대로 연구의 현황과 연구자들의 연구 동기, 연구 방법론, 법학내 다른 분과간 교류, 연구인력의 문제, 다른 인접학문과의 협업 및 실증연구의 필요성, 세계화의 문제 등을 검토하였다. 이러한 시대적 과제를 다른 사회과학이 아닌 법학분야에서 연구하는 장점은 이를 규범으로 제도화 하고, 제도화된 규범을 현실세계에 적용하는 것과 직접 관련이 있기 때문이다.[4]

우선 각 분야에 지난 10년간 이루어진 연구의 절대적 수치에 너무 많은 무게를 두는 것은 경계해야 할 것이다. 즉 양적인 측면에서 살펴보았을 때 100편의 연구가 발표된 지역균형이나 102편의 연구가 발표된 인구/고령화/돌봄의 분야가 그보다 3배 이상 많은 351건의 논문이 발표된 재해의 분야보다 중요성이나 관심이 떨어진다고 평가할 수는 없을 것이다. 재해 분야의 경우 자연재해를 포함하는 재난관리의 문제, 산업재해와 관련된 전통적인 노동법 및 사회보장법의 연구, 안전권과 관련된 시민재난의 문제 등으로 다층적 개념을 포괄하고 있어 법학의 다양한 분과들에서 활발하게 연구를 진행해 온 결과 다른 주제에 배하여 연구결과의 절대적인 수치가 많은 것으로 보인다.

다만, 그럼에도 불구하고 각 분야에서 이루어진 연구의 수가 변화하는 추세를 살펴보는 것은 의미가 있다. 연구진들은 2022년 출범한 현 정부의 국정과제나 국민통합과제 등을 참고하여 '시사적으로 유의미한', '현시점에서 미래지향적인' 연구 대상 주제를 선정하였기 때문에, 각 주제별로 수행된 연구의 시계열적 변화를 실제 조사하기 전에는 대부분의 주제가 2020년 이후에 연구성과가 집중되어

---

[4] 행정학과 행정법학에서 유사한 주제에 관해서 접근법 및 방법론의 차이를 설명하면서도, 각 분과 학문의 독자성을 중시하는 내용은 이진수, 행정학과 행정법학의 대화" 재조명, 행정법연구 제58호 (2019), 19면.

있을 것으로 예상하였다. 예컨대 미중갈등의 본격화, 탄소중립기본법이나 중대재해처벌법의 제정, 출산률의 급감 등 '해결'을 필요로하는 문제들이 사회문제로 등장한 이후인 2020년대 이후 어느 시점에서야 관련 연구가 본격화 되었을 수도 있겠다는 짐작이었다. 그런데 실제로 데이터를 분석해 보니, 인공지능분야와 같이 최근 들어 연구의 성과가 급격하게 증가하는 연구 주제도 있었으나, 다른 대부분의 연구주제들은 명확하게 특정 시점을 기준으로 연구의 양적인 많고 적음을 판단하기 어려울 정도로 2014년 이후 10년간 비교적 고르게 분포한 경향이 있었다. 이는 인터뷰 결과에서도 언급된 바와 같이 해당 문제에 대한 기초 연구가 2010년대 초중반부터 이미 꾸준히 이루어지고 있다가 최근 들어 법률 제정이나 국제적 동향과 연계하여 사회적 주목과 관심이 높아진 것으로 이해할 수 있다.

(2) 문제해결 법학을 위한 정부 정책, 입법 과정과의 관계

인터뷰 대상자들은 의회의 입법이나 정부에서의 정책포커스가 연구주제 선정에 중요한 영향을 미친다는 점을 언급하였고, 해당 주제가 중요한 만큼 법학자들/법률가들이 입법화 과정에 참여할 필요성과 한계를 지적한 경우가 있었다. 법학이 기후변화와 인공지능, 인구문제 같은 인류의 과제에 기여하기 위해서는 국가가 관련 주제들에 대한 장기적연구가 가능하도록 지원하는 것이 필요하고, 법학분과별 협업, 학제간 협업을 위한 플랫폼을 제공하도록 요구된다.

또 복수의 인터뷰대상자들은 문제해결을 위한 입법적 토대를 만드는데도 법학자들이 연구성과에 기반하여 적극 참여하여야 한다는 지적을 한 점도 흥미롭다. 기존의 법학연구는 주어진 텍스트를 해석하는데 주안점을 두었다면, 문제해결에 기여하는 법학은 새로운 시대에 요구되는 규범을 만드는데도 역할을 해야 한다는 취지이다. 인터뷰에서 지적된 바와 같이 입법과정에는 많은 이해관계자들이 참여하고, 해당 법을 집행하게 될 정부의 관료적인 기득권도 중요하게 작용한다. 그러다 보니 입법 결과를 보면 법학연구의 성과가 왜곡되게 '성문화'될 우려가 있다. 이러한 측면에서 법학 연구에서 비교법적 접근을 하더라도, 해외 제도를 그대로 소개하는데 그치지 않고, 이를 우리의 법체계 내에서 각 층위의 규범으로 성문화 하는 과정에 대한 고려도 필요할 것이다.

2. 법학 분과간 교류

(1) 연구주제별 참여 분과의 다양성

본 연구에서 선정한 연구대상 분야가 우리 사회에서 우선순위를 두고 해결해야 할 절박한 문제이고, 그 문제를 해결하기 위해서는 충실한 법학 연구가 필요하다는 점에 인터뷰 대상자들 모두 공감하였다. 연구 결과의 양적 분석 측면에서는 대상 연구주제들에 관한 연구성과가 출간된 학술지가 하나의 법학 분과에 치우치지 않고 복수의 학회지들에 출간되고 있다는 점을 확인할 수 있었다. 글로벌 차원에서나 국가, 지역 단위에서 문제해결이 요구되는 주제들에 관해서 다양한 법학 관점에서의 접근이 이루어지고 있다고 파악된다.

물론 경제안보의 경우 국제경제법 분야, 재해의 경우 노동법 분야, 기후변화의 경우 환경법 분야 등과 같이 연구를 주도하는 법학 분과가 명확한 경우가 많다. 그러나 인공지능의 경우에는 과학기술법, 상법, 민법, 소비자법 등이 다양하게 걸쳐있고, 지역균형의 경우에는 지방자치법과 공법, 환경법 등 분야에서 골고루 연구가 진행되고 있다는 점이 관찰되었다. 기후변화와 관련해서도 환경법 뿐만 아니라 국제법, 헌법, 행정법, 금융법 등 다양한 분야로 연구가 점차 확대되는 경향이 있다. 연구 대상 주제들이 정책적인 중요성을 감안하여 선정된 경향이 있다 보니 비-사법(私法) 분야에서의 연구가 치중되어 있다는 점이 명백하다.5) 그럼에도 돌봄이나 인공지능 분야 등 민법의 계약법리, 재산의 법적 취급, 후견 등 가족법 등 분야에서 연구가 진행되거나, 기업경영과 관련하여 변화하는 기후환경, 안보환경 등이 제기하는 법적인 문제를 다루는 상법 연구가 진행되고 있다는 점을 확인할 수 있었다.6)

다만 어떠한 연구대상 주제에 대해서 다양한 법학 분과에서 연구를 수행하고 있다고 하더라도 그것이 곧 법학 분과간 교류와 소통이 활발하게 진행되고 있다는 점을 의미하지 않는다. 이는 법학 이외의 다른 분과 학문과의 협업 문제에

---

5) 공법 분야에서의 새로운 시대적 과제에 대한 연구 분석으로는 조재현, "공법학연구의 학술적 성과와 의의- 헌법학에 대한 회고와 전망을 중심으로", 공법학연구 제22권 제1호, 2021, 33-34면.

6) 고령자 지원방안과 관련해서 민사소송과 형사소송의 측면에서 분과별 통합연구의 필요성을 제기한 견해로는 이은상·권건보, "고령자를 위한 사법지원방안 연구", 법학논총 제35권 제3호, 2023, 243면 이하. 해당 논문은 행정법과 헌법 연구자의 공동연구로 작성되었다.

서도 공통된 현상인데, 법학은 전통적으로 혼자서 텍스트를 해석해서 글을 쓰는 작업으로 인식된 경향이 있어서 협업 자체가 낯선 학문으로 받아들여진다. 그 결과 사회에서 벌어지는 다양한 현상을 해결하기 위해서 문제를 진단하고, 현상을 분석하고, 해결책을 제시하는 전통적인 사회과학적인 접근법과는 달리 독자적인 연구방법론을 구축해왔고, 법학의 각 분야에서는 나름의 분과의 장벽을 치는 경향이 있었다. 물론 같은 주제를 다루더라도 각 법학분과별 추구하는 가치나 접근 태도가 다르기 때문에 각각의 독자성은 전제로 해야 할 것이다.[7]

이러한 현상은 법학 교육 분야에서 어떤 연구자를 어떤 '전공'으로 분류하는 지와 관련하여 미국과 비교했을 때 더 엄격한 태도를 취하고 있다는 점에서 매우 잘 드러난다. 일단 특정한 '전공'으로 분류된 이상 그 분류와 직접 관련된 학회에 가입하고, 학회지에 투고하는 바운더리를 벗어나기 어렵고, 특히 연구자로서 대학에 취업하는 과정에서 전공의 구분에 순응하게 된다는 점을 부인하기 어렵다.

(2) 분과별 소통과 협업의 필요성

인터뷰 대상 연구자들도 지적하듯이 법학 내 '전공' 구별의 경향성을 극복하고 실무와 이론 간의 경계,[8] 법학 분과별 경계를 극복하는 것이 문제 해결을 위한 법학에 꼭 필요한 상황이다. 전공 간 구별이 특히 연구자로서의 기본활동, 즉 실적물 출간과 대학에의 취업에 기본값으로 고착화되었기 때문에, 분과간 협업 활성화, 유연한 연구주제 선정이라는 새로운 실험을 위해서는 재정과 인력의 지원이 요구된다. 법학자들은 자기 전공분야에 대해서 '담'을 치거나 '벽'을 친다는 표현에 마주치게 되는데, 그런 경향을 극복하기 위해서는 결국 공동연구와 팀티칭을 위한 다양한 인프라가 필요하다.

법학분과별 벽을 극복하고 소통을 활성화하기 위해서는 특정 주제에 관해서 '각자 자신의 방법론'에 따라 글을 쓰기보다는 문제의식을 공유하고 하나의 연구 성과를 모으는 경험을 축적해야 한다. 예컨대 어떤 기관에서 인공지능이나 기후변화와 관련된 주제로 학술대회를 하고, 그 결과를 어떤 일반학술지의 '특집'호에

---

7) 박광현, "형사법의 독자성과 민사법과의 법질서 통일성 관점에서 바라 본 학제 간 고찰", 서울법학 제20권 제1호, 2012, 263면.

8) 법학전문대학원 설립 이후 이론/실무의 분리현상 관련해서는 박준, "법학전문대학원에서의 이론교육과 실무교육", 최병조 외, 『근대법학교육 120년』, 박영사, 2021, 242-243면.

모아서 발간한다고 하더라도 각 연구가 단독연구로 진행되었다면 그것만으로는 공동연구의 본래 목표를 달성하기 어렵다. 이하 상술하듯이 다른 분과학문과의 소통이 어렵다는 점에 있어서는 기본적으로 법학과 다른 사회과학 방법론의 차이가 있기 때문에 별도의 훈련을 거쳐야 극복될 수가 있다. 그런데 법학에서 '전공' 간의 벽은 같은 언어를 사용하는 사이이기 때문에 훨씬 극복이 쉬울 것 같음에도 위에서 언급한 여러 가지 조건들로 인해서 공동 연구가 활성화 되지 않는다. 본 연구에서 대상으로 삼는 분야들은 그러한 경험을 축적시키기 가장 바람직한 분야가 될 것이다.

이와 관련하여 공저에 대해서 긍정적인 평가만 있는 것이 아니기 때문에 다소 소극적이 될 수가 있다. 공저에 대한 평가는 연구윤리 차원에서 극복해 나가야 하는 문제이므로 법학 분야간 협업의 경험을 넓히도록 학교나 정부 차원에서의 인센티브가 제공되는 것도 바람직하겠다.

3. 연구인력 부족

(1) 연구 인력의 절대적 부족 현상

본 연구에서 분석대상으로 삼은 연구주제들은 모두 공동체의 장기적 존속과 성장을 위해서 외면할 수 없는 과제들이다. 따라서 이를 해결하기 위한 제도를 설계하고 기존의 제도를 해석하여 변화, 발전시키기 위해서는 법학의 연구성과가 많이 축적되는 것이 바람직하다는데 이론의 여지가 없다. 연구 성과를 쌓기 위해서는 연구 인력이 많아야 하고, 특히 새롭게 대두하는 문제 해결에 우수한 연구 자원이 투입될 수 있도록 정책적 관심과 예산상의 지원이 매우 필요하다.

연구인력 자체의 절대적 부족은 외국과 비교할 때 연구 성과의 양적인 차이로 귀결된다. 연구인력이 부족하다 보니 문제해결을 위한 기초 원리에 대한 탐구는가 잘 이루어지지 않다는 평가도 있다. 모든 분야가 그런 것은 아니지만 인공지능과 같은 분야에서도 연륜 있는 연구자들의 법원리에 대한 통찰을 바탕으로 한 참여가 더 이루어지도록 기대된다는 지적이다. 또 한정적 연구 자원이 갖는 한계로서 한 분야 안에서도 소위 '흥행이 되는' 세부주제로의 쏠림 현상을 언급하기도 한다.

(2) 법학 교육의 문제와 연구인력 양성의 한계

인터뷰에서 드러나듯이 법학전문대학원 체제로의 변화는 연구인력 양성에 있어서도 큰 분기가 되었다. 법학전문대학원의 교원 채용, 수업 현황 등에서 변호사시험 과목이 아닌 기초법학의 위기가 일찍이 감지되었을 뿐만 아니라, 기록형, 사례형 시험에 대비하는 커리큘럼이 아닌 경우 전문선택과목들이라고 하더라도 강의 개설이 쉽지 않다.법학전문대학원의 경우 법률가를 양성하는 교육과정이기는 하지만 재학 중 수강한 과목에서 연구의 재능을 발견하거나 흥미를 유발할 기회가 생길 수 있으나 현 체제에서는 점점 어려워지고 있다.[9] 법학전문대학원이 아닌 법학과 설치 대학에서는 대학원 운영에 더 큰 어려움을 겪고 있다. 대학원이 후속 연구인력 양성보다는 지역 기반, 직장인들이 지식을 습득하고 전문성을 쌓고 네트워크를 형성하는 기능을 하는 경향이 있다.

본 연구에서 중점을 둔 시대적 과제에 대한 연구인력 양성을 위해서는 정부의 적극적 역할이 기대된다. 또 해당 문제를 해결하기 위한 정부 위원회는 학계에 관심을 불러일으키고 연구인력간 상호 교류의 틀이 되기도 한다. 또 연구재단이나 각 부처, 공공기관 등의 연구개발 예산이 없으면 다수의 인력과 장기적 안목이 요구되는 연구를 수행하기 어려운데, 법학 분야에 대해서는 그런 지원이 적극적으로 이루어지는 주제가 매우 한정되어 있다.

문제해결적 법학 연구를 수행하기 위해서는 자료 조사, 연구 방법론 등의 교육, 기초적인 사회과학적 지식을 익힐 수 있도록 교육의 기회를 제공해야 한다. 또 기후변화, 인공지능, 돌봄/의료 등의 문제에 있어서는 관련된 기술에 대한 이해가 필요하다. 또 기후변화나 경제안보 등의 주제에 있어서는 변화하는 국제질서에 대한 이해가 전제되도록 요구된다.[10] 현재의 법학전문대학원, 법학과의 교육 체계가 이러한 수요를 충족시키는 데 한계가 있다는 점은 여러 차례 지적되었다.[11] 법학의 문제해결능력 향상을 위해서는 결국 후속세대 양성에 주력해야 한다.

---

9) 법학전문대학원 체제에서 학생 선발의 다양성에 비해 획일적인 교육이 갖는 한계에 관해서는 이재협, "미국 로스쿨의 다양성 및 공공성 증진 프로그램", 법학연구 제60집, 2019, 309면.

10) 국제법학과 국제정치학의 상호관계에 대한 설명으로는 임예준, "국제법학과 국제관계학의 학제간 연구에 관한 고찰", 법학연구 제29권 제1호, 2021, 182면.

11) 송석윤, "법학전문대학원 제도의 성과와 발전방향", 최병조 외, 『근대법학교육 120년』, 박영사, 2020, 182–183면.

4. 학제간 연구의 필요성 및 실증연구의 중요성

(1) 학제간 연구 및 실증 연구의 관련성

일곱 가지 주제에 관하여 법학이 잘 대응하고 있는지를 묻는 질문에 대한 답변에서 일관되게 지적된 부분은 학제간 협업과 학제간 연구의 필요성, 그리고 실증연구의 중요성이었다. 학제간 연구란 어떠한 주제에 대하여 연구할 때 두 가지 이상의 다양한 학문으로부터 관점이나 방법을 적용하여 통합적으로 접근하는 것을 가리킨다.[12] 실증적 법학 연구란 좁은 의미에서는 법 또는 법 제도에 대한 이론을 제시하고 이를 사회과학에서 발전한 양적 연구방법론을 활용하여 검증하는 것을 말하고,[13] 넓은 의미에서는 다양한 학문적 관점과 다양한 방법론적 접근을 통해 법의 기반이 되는 현실 세계에 대한 가정, 법체계의 운영, 법과 법적 절차의 효과에 관한 모든 학문적, 과학적, 전문적 지식을 의미한다.[14]

법학에서도 물론 인접 학문분야와의 협업 없이도 법학 이론에서 출발한 독자적인 문제의식을 바탕으로 사회과학적 방법론을 적용한 실증적 법학 연구를 하는 것이 충분히 가능하다. 그러나 많은 다른 사회과학 분야에서는 20세기에 과학적 연구방법을 수용하여 사회과학적 연구방법론을 발전시켜 활용하고 있으나 법학은 이러한 방향으로는 한 발짝 늦었다. 특히 현재 우리나라에서는 아직 법학 분야에서 이러한 연구가 활발히 이루어지고 있지 않고, 법학전문대학원이나 법과대학에서 법학 연구자들이 단독으로 그러한 연구를 수행할 수 있을 만큼 사회과학적 연구방법론을 본격적으로 가르치고 있지도 않다. 이러한 현실을 고려하면, 사회과학적 방법론을 적용한 법학 연구는 많은 경우 해당 방법론에 대한 지식과 경험을 갖고 있는 인접 분야의 전문가와 협업 또는 공동연구를 통하여 이루어질 수밖에 없을 것이다. 이런 의미에서 위 두 가지 문제는 서로 연결된 측면이 있으므로 연구결과를 분석함에 있어서 위 두 가지 테마를 함께 다루기로 한다.

---

12) 간학문적 연구, 『네이버 지식백과』, <https://terms.naver.com/entry.naver?docId=5959448&cid=40942&categoryId=31606>.

13) Tracey E. George, An Empirical Study of Empirical Legal Scholarship: The Top Law Schools, 81 IND. L.J. 141, 141(2006).

14) U. Šadl, Who needs the European Society for Empirical Legal Studies?, 29 Maastricht Journal of European and Comparative Law 643, 644(2023) (이는 최근에 설립된 유럽 실증적 법학 연구 협회(ESELS)의 관점이다).

(2) 학제간 연구 및 실증적 연구의 중요성

인터뷰에서 학제간 연구 또는 실증적 연구의 중요성이 꾸준히 언급된 이유는 무엇일까? 학제간 연구의 필요성에 대하여 언급한 인터뷰 대상자들은 그 이유에 관하여, 인접학문의 연구성과를 충분히 고려하여 법적인 논의를 할 필요가 있음을 지적하거나, 기술과 실무의 현황에 대한 파악을 바탕으로 한 법적 논의가 중요하다는 의견을 피력하였다. 실증연구가 필요한 이유에 대해서는, 현실에서 어떤 문제가 존재하는지, 어느 부분에 대하여 어느 정도의 법적 규율이 필요한지를 파악하기 위해 필요하다는 의견이었다. 위 답변들을 종합하여 보면, 새로운 시대환경이 제기하는 일곱 가지 문제에 법학이 제대로 대응하기 위해서는 우선 현실, 즉 어떠한 문제가 있는지를 제대로 파악하고, 이 문제를 해결하기 위한 적절한 해결방법을 찾기 위해서 학제간 연구와 실증연구가 중요한 역할을 할 수 있다는 취지로 이해된다.

새로운 시대환경이 제기하는 일곱 가지 주제는 일단 우리가 풀어야 할 사회적 문제에 해당한다. 이 문제들은 과거의 법제도의 발전 과정에서 구체적으로 고려되지 않았던 새로운 문제여서 기존의 법제도가 제대로 작동하지 않는 경우일 수도 있고, 아직 그에 적합한 법제도가 마련되지 않은 경우일 수도 있다. 즉 책 속에 존재하는 법(law in books)과 실제 작동하는 법(law in action) 사이에는 간극이 존재한다는 인식을 바탕으로, 현 상황을 정확히 파악할 필요가 있는데, 이때 사회과학적 방법론을 활용한 학제간 연구나 실증적 연구가 도움이 될 수 있다. 다음으로 이 문제에 대한 해결방법을 고민하는 과정에서, 어떤 해결방안이 문제 해결에 효과적일 것인지를 판단하는 데에서는 이론에 근거한 예측을 하게 된다. 그런데 이때 그 이론에 근거한 예측을 데이터를 통하여 검증하는 것은 비단 자연과학 분야에서 뿐만 아니라 사회과학 분야에서도 의미가 있다. 즉 이론에서 출발하여 수립한 가설이 데이터에 의하여 뒷받침되는지를 확인하는 과정을 통하여 이론을 문제 해결을 위한 정책 결정에 더 자신 있게 적용할 수 있게 되고, 이를 통해 증거에 기반한 정책 결정을 할 수 있게 된다.

(3) 학제간 연구 및 실증적 연구의 어려움

인터뷰 결과에 따르면, 학제간 연구 또는 실증연구가 실제로 제대로 이루어지기 어렵다는 지적이 많았다. 그 이유에 관하여는, 법학자들이 다른 인접학문의 연구자들과 자연스럽게 만나 논의할 기회 자체가 많지 않다는 점, 법학자들이 공동연구나 실증연구를 포함한 인접학문의 연구방식에 익숙하지 않다는 점, 실증연구를 효율적으로 수행하는 데 유용한 연구실을 꾸리기 어려운 환경이라는 점, 데이터를 구하기 어렵다는 점 등에 주목하는 의견들이 있었다. 이러한 다양한 이유들은 자세히 들여다보면 연결된 문제라고도 볼 수 있다. 법학 연구자들이 인접학문의 연구방식과 연구방법론, 특히 실증연구방법론에 대한 이해가 부족하다 보니, 인접학문 연구자와의 대화와 소통이 어려워지고,[15] 자연스레 함께 만나는 자리도 줄어들게 되고, 또 법학자들 중에 실증연구를 하는 연구자가 드물다보니 법학에서 관심을 가질만한 분야의 데이터 확보 필요성에 대한 인식도 전반적으로 낮아지고, 또 연구실을 꾸려 연구를 하는 문화도 낯설게 된 것이 아닌가 생각해 볼 수 있다.

　이러한 문제점을 극복하기 위한 방안을 모색하기 위해 실증적 법학 연구가 비교적 활성화되어 있다고 평가할 수 있는 미국의 예를 살펴 보는 것이 도움이 될 것이다. 미국에서도 실증적 연구가 상대적으로 부족하다는 지적이 오랫동안 이어지다가 20세기 후반부터 미국 법학 학술지에 실린 실증연구의 비중이 꾸준히 눈에 띄게 높아진 사실이 있다.[16] 그 이유는 다음 몇 가지로 정리해 볼 수 있다. 첫째는 공급의 증가이다. 사회과학 분야에서 정식 교육을 받았거나 사회과학 방법론에 대하여 상당한 이해도를 갖춘 법학 교수들의 수가 지속적으로 증가하고 있고, 이로 인하여 실증적 법학 연구의 생산이 증가하고 있다는 것이다.[17] 둘째, 실증적 법학연구에 전문화된 법학 학술지의 수가 증가함으로써 실증적 법학 연구의 수요가 증가하였다는 점이다.[18] 셋째, 주요 로스쿨에서 실증적 법학 연구를

---

15) 인터뷰 내용 중에 학제간 협업을 활성화하기 위해서도 실증적 연구가 중요하다는 지적도 있었다.
16) Robert C. Ellickson, Trends in Legal Scholarship: A Statistical Study, 29 J. Legal Stud. 517, 528-29 (2000) (1982년부터 1996년까지 미국 로리뷰에 게재된 실증적 법학 연구의 수가 증가하였음을 보임); Tracey E. George, An Empirical Study of Empirical Legal Scholarhip: The Top Law Schools, 81 Ind. L.J. 141, 147 (2006) (1994년부터 2004년까지 실증적 법학 연구가 꾸준히 증가하였음을 보임); Michael Heise, An Empirical analysis of empirical legal scholarship production, 1990-2009, 2011 U. Ill. L. Rev. 1739, 1742-43(2011)(1990년부터 2009년까지 실증적 법학 연구가 증가하였고, 그 증가속도도 가속되었음을 보임).
17) Heise, id., at 1746-4.
18) Heise, id., at 1746, 1749 (실증적 법학연구에 중점을 두고 있는 주요 동료 평가 학술지로는, 1958

장려하는 센터, 프로그램, 컨퍼런스를 통하여 실증적 법학 연구에 중점을 두고 있음을 표방함으로써 이러한 경향을 가속화시켰다는 지적이다.[19] 넷째, 실증적 법학 연구에 관한 학회의 설립도 중요한 역할을 하였다.[20] 비교적 최근에는 유럽에서도 유사한 학회가 설립되었고,[21] 라틴 아메리카와 아시아에도 이러한 움직임이 확산되고 있다.[22] 마지막으로, 실증적 법학 연구의 결과들이 주요 언론의 주목을 받은 경우가 많았는데, 이것은 실증적 법학 연구에 대한 사회의 수요가 크다는 것을 보여준다고 해석된다.[23] 이와 같은 실증적 법학 연구의 증가와 로스쿨 내의 사회과학 분야의 박사학위를 가진 교수의 증가는 학제간 연구의 증가와도 무관하지 않다. 사회과학 분야의 학위를 가진 법학 교수가 존재함으로 인하여 다른 법학 교수와의 비공식적인 소통을 통하여 실증적 법학 연구에 대한 조언을 해 주거나 공동연구를 수행하는 것도 가능할 뿐만 아니라 다른 사회과학 분야와의 협업도 자연스럽게 증가할 수 있다. 실증적 법학 연구의 증가와 법학 분야에서의 공동연구의 증가가 관련성이 높다는 연구결과도 있다.[24]

　　우리나라에서 앞서 지적된 학제간 연구 또는 실증연구의 어려움을 극복하기 위해 어떤 접근방법을 취해야 할까? 인터뷰 대상자들은 융합연구에 특화된 연구비 등을 통한 인센티브 제공 등의 제도적인 접근이나 또한 정부나 국회 주도로

년에 창간된 Journal of Law and Economics, 1966년 창간된 Law & Society Review, 1972년에 창간된 Journal of Legal Studies, 1999년에 창간된 American Law and Economics Review, 2004년에 창간된 Journal of Empiricial Legal Studies, 2009년에 창간된 Journal of Legal Analysis 등이 있다).

19) Mark C. Suchman & Elizabeth Merz, Toward a New Legal Empiricism: Empirical Legal Studies and New Legal Realism, 6 Ann. Rev. L. & Soc. Sci. 555, 557-58 (2010).

20) 실증적 법학 연구 협회(Society of Empirical Legal Studies, SELS)는 법적 문제에 대한 실증 연구를 장려하고, 법학 및 기타 학문 분야의 학자들 간의 교류를 촉진하며, 실증적 법학 연구에 관한 연례 컨퍼런스를 조직하기 위한 목적을 위하여 2006년 설립되었다. <http://www.lawscholl.cornell.edu/sels/about.cfm>.

21) 유럽 실증적 법학 연구 협회(European Society for Empirical Legal Studies, ESELS)는 2022년 9월, 주로 유럽과 유럽 법 관할에 관련한 실증적 법학 연구에 관여하는 법학자들 사이의 건설적 대화를 장려하고, 연례 학술대회를 조직하기 위하여 설립되었다. U. Šadl, id., at 643.

22) 2022년 12월 대만 타이페이의 중앙연구원(Academia Sinica)에서 2022 Conference on Empirical Legal Studies in Asia (CELSA)가 열렸다. <https://www.iias.sinica.edu.tw/en/seal_post/1443?class=66>.

23) Theodore Eisenberg, Why do Empirical Legal Scholarhip, 41 San Diego L. Rev. 1741, 1743 (2004).

24) Tom Ginsburg & Thomas J. Miles, Empiricism and the Rising Incidence of Coauthorship in Law 2011 U. Ill. L. Rev. 1785(2011).

정책 논의에 다양한 분야의 연구자들이 함께할 수 있는 자리를 마련하는 것이 필요하다는 견해를 제시하였다. 또한, 다양한 사회과학 분야의 학위를 가진 법학 교수를 임용하는 것이 필요하다는 견해도 있었다. 이와 같은 견해와 앞서 미국의 예를 종합하여 보면, 융합연구 또는 학제간 연구에 특화된 연구과제 마련과 같은 직접적인 유인책은 물론이고, 미국에서처럼 다양한 사회과학적 연구방법론을 활용할 수 있는 연구 인력의 법학교수로의 임용, 실증연구를 적용한 법학연구를 주로 다루는 학회 또는 학술지의 설립 등을 통해 서서히 이러한 어려움을 극복할 수 있는 단초를 찾을 수 있을 것으로 기대한다.

5. 세계화

세계화에 대한 답변은 상당히 다양하게 제시되었다. 우리나라보다 먼저 유사한 문제에 대응해야 했던 외국의 논의를 인접 학문 분야의 연구를 포함하여 더 적극적으로 널리 참고할 필요가 있다는 의견, 해당 문제에 세계적으로 표준화된 대응이 필요한 경우 국제적 협력이 필요하다는 의견, 우리나라에서 처음 도입한 제도가 해외의 법제도에 영향을 미치는 것을 우리 법학의 세계화의 예로 긍정적으로 평가하는 의견, 외국 학술지에 연구성과를 발표하는 것을 포함하여 외국 학계와 적극적으로 교류하는 데에는 어려움이 있음을 지적하고, 이를 극복하기 위한 방법 중 하나로 앞서 언급한 실증연구를 드는 의견 등이 있었다. 그만큼 법학자들이 생각하는 세계화라는 것은 한 가지의 형태가 아니라 다양한 형태, 다양한 단계에 걸쳐 있다고 이해된다.

다만, 앞서 언급된 내용들 중 일부는 위에서 다룬 학제간 연구 및 실증연구의 필요성과 연결되는 면이 있다. 우선, 우리나라에서 본격적으로 논의되기 전에 유사한 문제를 먼저 경험한 외국의 논의를 적극적으로 참고할 때에는 법학뿐만 아니라 인접한 분야의 연구성과도 함께 참고해야 한다는 지적이 있었는데, 이는 인접학문에 대한 관심과 해당 학문의 방법론에 관한 이해를 전제로 하여야 할 것이므로, 학제간 연구 및 실증적 연구가 보다 활성화된다면 어느 정도 개선이 될 수 있다. 또한, 외국에 우리나라의 새로운 제도 도입과 그 성과를 객관적으로 알리기 위해서나 널리 읽히는 외국의 학술지에 우리 법학자가 수행한 연구를 더욱 수월하게 게재하기 위해서는 국경을 넘나들 수 있는 사회과학적 방법론, 특히 실증연구 방법론을 활용하는 것이 좋은 전략이 될 수 있을 것이다.

V. 맺음말

본 연구에서는 글로벌 차원에서부터 국가나 지역단위에서 시급한 '문제해결'이 요구되는 과제들에 대해서 법학이 어떻게 대응해 왔는지를 양적연구 및 질적연구 방법론을 활용하여 검토해 보았다. 본 연구는 인구/고령화/돌봄, 다양성/다문화/이민자, 인공지능, 경제안보, 재해, 지방소멸, 기후변화 모두 일곱 가지 주제를 선정하여, 2014년부터 2024년까지 연구재단 등재학술지 출간 결과를 양적으로 분석하였고, 해당 주제를 활발하게 연구하는 법학자들 11명에 대한 인터뷰를 수행하였다.

본 연구가 수행한 양적 분석과 그에 대한 연구자들의 인터뷰 결과를 토대로 할 때 다음과 같은 결론을 도출할 수 있었다. 첫째, 많은 법학자들이 시대가 요구하는 문제를 해결하기 위해서는 법학의 역할이 갖는 중요성을 인식하고 적극적으로 연구를 수행하고 있으며, 그러한 연구 성과가 입법이나 정책 결정 과정에 반영되어야 한다는 점에 공감하고 있다. 둘째, 각각의 연구주제에 대해 다양한 법학분과의 연구자들이 참여하고는 있으나, 단독연구 중심의 관행, 각 법학분과 고유한 법논리, 연구 재원이나 공동연구 인센티브 부족 등의 문제로 인해서 분과간 소통이 잘 이루어지지 않는다는 점을 확인하였다. 셋째, 대부분의 대상 주제들이 사회과학 각분과나 직접 관련이 있는 이공계 분야와 협업이 필요한 분야임에도 법학 분야가 특히 학제간 연구에 취약하다는 점을 알 수 있었다. 양적 분석 대상 연구 대부분이 법학자의 단독연구라는 점은 이 점을 극명하게 드러내 줄뿐더러, 인터뷰 대상자들도 사회과학 방법론 또는 관련 기술에 대한 이해 부족, 법학자들의 동질적인 백그라운드, 인센티브 부족 등의 이유로 학제간 연구에 소극적이라는 점을 지적하였다.

한국의 법학 연구가 시대적 문제를 해결하는 과제를 선도하려면 세계적인 눈높이에 부응할 수 있어야 하고, 다른 사회과학 등 학문분야와 활발히 소통할 수 있어야 하며, 이를 수행할 후속 연구자들이 많이 배출되어야 할 것이라는 숙제를 도출할 수 있었다. 법학의 세계화가 갖는 한계는 영어 등 외국어로 출간된 논문의 숫자가 소수라거나, 국내에서 수학한 연구자들 비율이 높은 이유도 있겠지만, 연구자 숫자의 절대적 부족이나 실증적 방법론에 대한 외면 등 다른 문제들과도 깊이 관련되어 있다. 로스쿨 제도가 자리잡으면서 다양한 백그라운드를 가진 학생들이 법률가가 되고는 있지만, 법학 분야에서까지 다양한 시각과 전문성이 성과로 반영되기 까지는 아직 미진한 상황이라는 진단이다. 한국의 법학 연구가 세계적 문제와 국가적, 사회적 과제를 해결하는 데 기여하려면 결국 후속세대가 그러한 몫을 할 수 있도록 분과간, 학제간 협업의 인센티브를 마련하고 실증연구와 같이 해석학 외의 다양한 방법론을 축적시켜 나가는 지원이 필요할 것이다. 이 연구가 앞으로 법학계 내에서 여기에서 지적된 문제들에 대한 더 많은 관심과 논의를 촉발하는 계기가 되기를 기대해 본다.

[논문출처]

제2부 한국법학교수회 60주년 기념학술대회

제1장 법학의 길을 새로 묻다
제2장 한국의 법학자
- 이영록, "한국 법학자의 초기 정체성-제1세대 법학자를 중심으로-"
  『안암법학』 제69호(2024. 11), 305-338
- 천경훈, "법학 학문후속세대 양성 체제의 현재와 미래"
  『저스티스』 제205권(2025. 2), 573-610
- 이국운, "로스쿨 체제와 법학자의 정체성"
  『법과사회』 제77권(2024. 10), 135-171

제3장 한국의 법학교육
- 정긍식, "근대 한국 법학교육 제도사"
  『법교육연구』 제10권 제3호(2015. 12), 97-140
- 홍영기, "법률가양성교육에 대한 성찰"
  『법과사회』 제77권(2024. 10), 179-204
- 안정빈, "학부 법학 교육의 위기와 대안"
  『법과사회』 제77권(2024. 10), 1-44

제4장 한국의 법학연구
- 양천수, "법학 연구의 역사"
  『안암법학』 제69호(2024. 11), 339-391
- 이계일, "전환기, 법학의 학문성 재고"
  『법과사회』 제77권(2024. 10), 87-134
- 박혜진·김정연, "새로운 시대환경에서 법학의 사회적 기여와 세계화"
  『법과사회』 제77권(2024. 10), 45-85

집필진 소개

조홍식 서울대학교 법학전문대학원 교수
송상현 서울대학교 법학전문대학원 명예교수
김현철 이화여자대학교 법학전문대학원 교수
이영록 조선대학교 법학과 교수
천경훈 서울대학교 법학전문대학원 교수
이국운 한동대학교 법학부 교수
정긍식 서울대학교 법학전문대학원 교수
홍영기 고려대학교 법학전문대학원 교수
안정빈 경남대학교 법학과 교수
양천수 영남대학교 법학전문대학원 교수
이계일 연세대학교 법학전문대학원 교수
박혜진 한양대학교 법학전문대학원 교수
김정연 이화여자대학교 법학전문대학원 교수

법학의 길을 새로 묻다

초판발행	2025년 4월 25일
엮은이	한국법학교수회
펴낸이	안종만·안상준
편 집	김선민
기획/마케팅	조성호
표지디자인	BEN STORY
제 작	고철민·김원표
펴낸곳	(주) **박영사**
	서울특별시 금천구 가산디지털2로 53, 210호(가산동, 한라시그마밸리)
	등록 1959. 3. 11. 제300-1959-1호(倫)
전 화	02)733-6771
f a x	02)736-4818
e-mail	pys@pybook.co.kr
homepage	www.pybook.co.kr
ISBN	979-11-303-4895-7 93360

copyright©한국법학교수회, 2025, Printed in Korea

정 가   25,000원